심연의 빛

심연의 빛

이창재 지음

아픈 마음의 뿌리와 마주하는
정신분석 수업

아를

차례

5 증상 파노라마 ────────────────

6 정신분석이 필요한 시간 ──────────

마음의 뿌리를 찾고 싶은 영혼들에게

이 책에는 낯설게 요동치던 나와 내담자들의 인생 체험을 '무의식의 눈'으로 접속해 힘겹게 소화해온 흔적이 담겨 있다. 다수 독자는 각 주제를 읽어가며 정신의 몸살을 겪게 될 것이다. 그 몸살에 당황하지 마라. 그것이 영혼의 녹슨 철망을 녹이고 새로운 기쁨을 창조해내는 묘약이 될 수 있기 때문이다.

철학에 몰입했던 젊은 시절에 불안할 때마다 "진리란 무엇인가?"를 되뇌곤 했다. 목숨을 바쳐도 후회 없을 '그 무엇'이 과연 있는가? 있다면 어디에 어떤 모습으로 있는가? 그것에 어떻게 다가갈 수 있는가? 그 물음은 내 삶을 자유롭게 해줄 '구원자'를 애타게 찾는 소리였다.

그런데 철학박사 학위 후 돌연 나의 인생 무대와 영혼의 질감이 소용돌이치며 변하기 시작했다. 생명을 바쳐서라도 만나고픈 '진리'를 찾던 영혼의 열기가 어느 순간 흐릿해졌다. 어찌해서 이런 변화가 생겼는가? 세상이 변한 건가, 내가 바뀐 건가? 당시엔 그 이유를 온전히 알 수 없었다. 그것은 오랫동안 책 속의 심오한 '의미'들에 취한 학자로서 살다가, '날것의 현실'에 접촉한 순간 충격을 받았기 때문이었다. 말로만 듣던 세속의 낯선 자극들이 강하게 정신에 침투하자 짙은 번뇌 몸살을 겪더니 그동안 구축해온 철학적 관념 체계와 의미들에서 에너지가 획 빠져나갔다.

"그대는 오랜 세월 허상을 붙잡고 살 수 밖에 없었던 상처 깊은 소년이야!"(정신분석가 소리)

"당신이 철학에 대해 뭘 안다고 그따위 말을 지껄이는 거야!"(거부하는 내면 소리)

*

철학은 현실의 부도덕하고 추한 모습들을 넘어 '사유'를 통해 이상적 세계에 도달하는 방법을 안내해준다. 철학자들이 제시한 이론과 개념, 철학적 사고를 익히면, 현실에서 채우지 못하는 전능감과 자부심을 보충할 수 있다. 특히 상식의 경계를 넘어 사유 활동의 극한으로 나아가는 과정에서 현실과 다른 신기한 의미 세계를 만나면 그 상태에 계속 도취하고 싶어진다.

그러나 철학에서 얻은 지혜를 현실에 적용하려고 마음먹는 순간 뜻밖의 난관에 봉착한다. 눈앞의 현실에선 철학자가 외면해온 세속의 권력, 돈, 경쟁심, 사회적 출세를 도와주는 실용 지혜 등이 위력을 발휘한다. 혹자가 철학에서 익힌 눈으로 현실과 접해 자기 의견을 주장하는 순간, 그는 곧바로 현실감이 결여된 사람이라고 무시당해 소외되고 만다. 심지어 학자들 간의 관계조차 철학의 가치 기준이 아닌 세속의 권력 원리에 의해 움직여지는 걸 대면할 때 당황하게 된다. 대학에서 철학을 가르칠 때와 달리 대학 밖의 현실 세계에서 철학은 왜 그리도 냉소당하는 것인가? 대체 인간의 정신성이란 어떤 것이기에 겉과 속이 다른 현상들이 도처에 만연한 것인가? 이런 문제 상황을 헤쳐나가려면 어찌해야 하는가?

두 가지 길 안내 등이 깜박였다. 하나는 철학적 관념을 내려놓고 현실이 요구하는 바를 적나라하게 바닥부터 체험하는 길이다. 다른 하나는 철학의 결함을 보충하는 보다 개선된 무언가를 찾는 것이다. 내게는 묘하게도 이 두 가지 길이 '정신분석'을 습득해 체험하는 25년 과정에서 동시에 발현되었다.

*

정신분석에는 진지한 영혼들이 발견하기 힘든 '현실과 접촉하는 통로'가 입체적으로 열려 있다. 그런데 정작 마음의 짐을 지고 힘들게 살아가는 많은 사람들이 그토록 유익한 길을 좀처럼 보지 못한다. 그것을 자각하는 순간 당신이 원하던 '진실 탐구'가 더욱 입체적이고 현실적으로 발현될 수 있다고 진심을 다해 전해도 그들에게 들리지 않는 현상이 반복된다. 정신분석의 메시지가 일반인과 학자들에게 그토록 쉽게 접속되지 않는 원인은 무엇일까?

그것은 삶을 암암리에 평생 좌우하는 '무의식'의 괴력을 임상에서 절절히 체험한 후, 대중이 이해하기 쉬운 언어로 전해주는 정신분석가가 아직 한국 사회에 극히 드문 것에서 기인한다. 또한 상식에 안주하는 사람에게 '무의식의 진실'에 관한 표현이 이질감을 일으키기 때문이다.

정신분석가는 일반인이 '경직된 방어기제'에 막혀 의지와 지적 노력으론 결코 다가가기 힘든 '무의식 심연'에 접속해서 문제를 일으키는 근원을 찾아내 대결함으로써, 타고난 잠재력을 온전히 발현하는 비법을 전해주는 영혼의 길 안내자다.

정신분석가의 주요 작업은 의식이 망각한 '무의식'에서 병의 뿌리를 찾아내 증상을 치유하는 것이다(프로이트와 라캉). 그리고 정신의 성장

원리를 파악해 성장을 방해하는 요소들에 주목해 '현실'에 대처하는 개개인의 자아 능력을 발달시키는 비법을 안내하며(자아심리학), 대인 관계 능력 발달을 촉진하는 조건과 방법을 소화해 관계 능력을 고양하도록 돕는다(대상관계론). 무엇보다도 개개인의 삶에 비합리적 욕망·사고·행동을 반복시키는 무의식의 감정 덩어리(x)를 해체하는 실천적 비법을 전해준다. 한마디로 정신분석은 인생에서 발생하는 제반 정신 문제들의 심층 원인과 치유법을 실연實演하여 심리적 힘듦을 헤쳐나가는 힘을 제공하는 실용 학문이다.

*

나는 청년기부터 원인 모를 불안이 들썩이는 실존적 곤경에서 벗어나고자 애써왔다. 돌이켜보면 '정체 모를 그것들'이 내 영혼을 진지하게 만들어 심연의 무엇(진리, 무의식)을 추구하게 하는 원동력이 되었다. 이제는 어두운 동굴에서 간절히 벗어나고 싶어 하던 '과거의 나' 같은 이들에게 오랜 기간 반복될 시행착오를 덜어줄 특별한 길이 있음을 알려주고 싶다.

철학과 정신분석. 이 두 영역은 정신의 결함을 보충해주는 고유의 장점과 에너지를 지닌다. 그런데 유독 '현실을 대면해 헤쳐나가는 힘'을 키우는 데 있어서 두 학문은 큰 차이를 드러낸다. 철학은 '자아의 손상된 틈' 위에 심오한 의미들을 덧대어 불만스런 현실을 잠시 버텨내게 한다. 이에 비해 정신분석은 '분석가와의 분석 세팅'이라는 현실 공간에서, 정신의 성장을 방해하고 삶을 위축시켜온 '무의식의 병인病因'들에 접속해 '그것'과의 대결 과정에서 현실에 대처하는 자아 능력이 자라나게 한다.

현실계는 각기 고유한 힘을 지닌 주체들의 다양한 욕망이 경쟁하고 충돌하며 굉음을 쏟아내는 전쟁터이자 축제의 장이다. 다중의 욕망들이 충돌하고 타협하다 뒤집어지곤 하는 이 세상은 책에서 만난 '영원한 진리' 세계와 '삶의 형식'이 매우 다르다. 영원한 진리를 추구하는 사람은 복잡한 경쟁 코드들로 얽혀 있는 다중 현실에 적응하기 버거워진다. 책 속의 지식만 익힌 사람은 현실을 외면해오다가 '실재'가 날것의 자극으로 엄습하면 정신의 방어막이 뚫려 상처와 충격을 받고 시름에 잠긴다.

현실에서는 '진리 쇼show'를 잘하는 사람들이 유명인, 가치 있는 삶의 모델이 되곤 한다. 그로 인해 '쇼'와 '진실'을 구분하지 못하는 순박한 진리 탐구자에게는 '현실의 실상'이 홀연 접속·침투되는 순간, 모종의 충격에 의해 '고귀한 진리'를 갈망하던 물음의 질감이 상당히 바뀌게 된다. 영원하고 완벽한 진리를 깨닫고 싶어 했던 그 욕망의 실체는 무엇인가? 그 욕망은 어디로부터 기원한 것인가? 이 물음에 대한 정신분석학의 응답이 이 책에 담겨 있다.

*

독특한 철학자를 만나 철학을 연마하면서 유독 감동적이었던 것은, '실재The Real'의 실상을 왜곡 없이 인식하려면 한 점 의심도 남지 않을 때까지 '끝까지 사고'하는 철학적 태도였다. 그 집요한 태도를 오래 유지하면 뜻밖의 상실과 큰 보물이 주어진다.

상실은 오직 '생각'을 통해 진리에 도달하려는 접근법이 정신의 균형적 발달에 큰 결함을 지닌다는 점이다. 정신이 균형 있게 성장하려면 생각과 더불어 다른 무엇이 보충되어야 한다. '그것'은 무엇인가? 그것은 그동안 의식 모르게 내 삶을 강렬하게 추동시켜왔던 심연의 무엇과 연관된다.

큰 보물은 철학적 사고의 방향을 '특정 생각을 일으키고 계속 도취하게 만드는 배후 힘'을 탐색하는 쪽으로 돌리고, 철학의 추상적 사고 범위를 구체적 개인사에 대한 관심으로 전환하는 순간 발견된다. 상식에 안주하지 않는 철학의 치열한 사고력이 '무의식'을 탐색하는 정신분석적 사고와 결합하면, 혼탁한 세상에서도 고귀한 의미를 발견하는 철학의 기쁨과 더불어, 현실에서 원인 모를 심리적 문제들로 고통받는 인간을 구원해주는 정신분석의 비범한 실용 능력이 발현된다.

정신은 '어떤 생각'에 이끌리기 이전에, 생각되지 못한 '그것'(무의식의 감정·욕망·불안 덩어리)의 위력에 좌우된다. 인생은 '생각되지 못하고 언어로 표현되지 못한 그것'들로 인해 비현실적이고 불합리한 생각과 태도와 감정 상태를 반복한다. 내 삶의 이런 실상을 40세부터 정신분석가와 만나 개인분석을 받는 과정에서 비로소 절절히 자각할 수 있었다(대학에서 학생들에게 자신 있게 철학을 가르치던 '그 나'는 과연 인생, 인간, 자신에 대해 온전히 알고 있었던가?).

편안한 환경에 놓여 있거나, 자부심 높은 사람의 정신은 좀처럼 변화되지 않는다. 개인의 정신을 새롭게 각성시키는 계기는 주로 우연히 겪게 된 현실 충격, 반복되는 불안에서 온다. 불안과 불편감이 적다면, 현재의 정신과 태도를 군이 변화시키려 애쓸 추동력이 생기지 않기 때문이다. 그래서 나는 언제쯤 벗어날지 알 수 없던 젊은 시절의 원인 모를 그 불안에 감사하게 되었다. 그때 그 짙은 흔적들이 정신분석을 접하는 과정에서 세상 사람들의 무거운 고통들에 낯설어하지 않고 접속해 소화할 수 있게 해준 소중하고 생생한 학습 자원이 되었기 때문이다.

정신의 심연을 탐구해온 '정신분석'은 기분 좋은 볼거리들이 넘치는 정보화 시대, 진리를 향한 갈망이 희미해진 포스트모던 현실에서 어느덧 너무 무겁고 불편한 무엇으로 퇴색되어가고 있다. '무의식'은 앎의 욕구가 강한 사람에게는 호기심을 불러일으키지만, 가볍고 안온한 삶을 원하는 대다수 사람에게는 부담스런 회피 대상이다. 무의식에는 금지된 욕망과 환상이 담긴 부분이 있고, 본능의 원초 율동, 상식 너머 번득이는 비전을 생성하는 창조력도 담겨 있다. 그런데 그것이 무의식이기에 사람들은 '그것'을 현실 삶에 활용하는 방법을 모른다.

지난 25년간 카우치에 누운 내담자의 자유연상을 통해 무의식의 '그것'을 발견해 해소하는 작업에 몰두해왔다. 세상에 완벽히 자유로운 인간은 없다. 각자 정신의 어떤 영역에 소화되지 못한 '그것'이 있기 때문이다. 인간은 자신의 불편 증상에 이질감을 느껴 문제의 근원을 애서 추적해 자기 삶을 좌우해온 '미지의 힘'과 대결하는 유형과, 문제가 있음을 지각하지 못하거나 느끼지 않으려 회피하며 사는 유형으로 구분된다. 정신분석가에게 스스로 찾아와 원치 않는 행동을 반복시키는 정체 모를 '그것'과 대면·대결하려는 행동에는 인간의 경이로운 잠재력이 담겨 있다. 그런 사람들과 더불어 일반 상식 배후에 잠재된 인류무의식과 개인무의식을 탐색하는 작업을 하다 보니 '인간'과 '세상'을 대하는 나의 생각과 관점이 상식과 꽤 다름을 종종 실감한다. 그때마다 오래전에 마음에서 내려놓았던 물음이 내면에서 다시 올라온다.

'인간'이란 무엇인가?

인간이 마땅히 이루어야 하는 궁극 목표가 있는가?

그와 동시에 정신분석 과정에서 만난 고유의 질감을 지닌 개개인이 떠오르며 보다 구체적인 질문이 몽실 피어오른다. 왜 어떤 인간은 좋은 환경 조건과 수준 높은 지식을 갖고 있으면서도 인생의 기쁨을 좀처럼 누리지 못하는가? 사회에서 꽤 성공한 사람인데 그의 내면 한편은 왜 늘 위축되어 있는가? 천사 같았던 그분이 왜 어느 순간 야수로 돌변하는 것인가? 왜 어떤 사람은 과도하게 죄책감을 지니는데, 어떤 사람은 타인에게 심각한 피해를 주고도 죄책감 없이 남 탓만 하는가? 원초 불안과 심각한 불안정 증상을 드러내는 사람의 정신은 언제 어떤 원인에 의해 저렇게 형성된 것인가? 개개인 정신에 구조화된 각각의 결함과 '한계'는 언제 어떤 환경 조건에 의해 형성되는 것인가? 만성화된 결함과 한계를 넘어서 정신을 회복시킬 구체적 방법은 무엇인가?

나의 정신분석 탐구와 분석 작업은 이 물음들을 하나씩 곱씹어 정리하는 과정의 연속이었다. 인류에 대한 보편 지식을 추구하던 철학과 달리, 정신분석은 개개인의 정신성에 대해 매우 구체적이고 심층적인 진면목을 투명하게 비춰주고 답해준다. 수십 년간 답답함에 갇혀온 사람의 내면에서 간절한 눈빛의 하소연과 물음이 던져질 때, 그의 정신에 쌓인 답답함을 한순간에 정화시키는 답을 제공해주는 정신분석학의 그 놀라운 현실감! 현장감!

*

모든 학문에는 각기 고유의 전문성이 있다. 그 전문성은 거대한 장점이자 동시에 한계이기도 하다. 정신분석학 역시 예외일 수 없다. 정신분석학은 '만성화된 정신적 고통'을 짊어지고 살아온 사람들에게 특화된 치료 위력을 제공한다. 그런데 정신분석의 이론·개념·관점만으로는 인간이라는 실재의 모든 면을 다 설명할 수 없다. '인간'을 다면적으로 이해하고 '인생'을 입체적으로 실감하려면, 다양한 학문과 예술의 상호 보완이 필요하다. 정신분석과 철학·예술·인문학·과학의 관계가 그러하다. 다른 학문들처럼 정신분석학에만 몰두하는 정신분석가의 삶은 내적 불균형에 처해 피폐해질 수 있다.

그런데 정신분석에는 세상에 다각도로 접속하게 하는 놀라운 출입구가 있다. 그 비밀 출입구는 모든 사람이 겪는 보편 현상인 '꿈'이다. 이 '꿈'을 차근히 음미하면 100만 년 전 인류의 정신, 1만 년 전 우리 민족의 조상들, 100년 전 내 부모와 조부모의 마음 흔적들, 수십 년 전 내 정신이 형성되던 시기의 흔적들, 그리고 현재 내 삶에 영향을 주는 외부 세계의 흔적들에 두루 접속할 수 있다. 이 놀라운 사실을 나는 내담자들의 꿈해석과 각 민족의 신화분석 작업을 하며 발견할 수 있었다. 그리고 수천 수백 년 전 예술 작품을 감상하고 해석하는 과정에서 생생히 체험할 수 있었다. 꿈을 해석하듯이 신화와 예술 작품을 해석하자 뜻밖에도 그것의 심층 의미들이 입체적으로 그 실상을 드러내는 '신기한 현장감, 현실감'이 눈앞에서 발현됐다.

정신을 확장시키고 회복시키는 이런 경험과 지식을 세상에 전하고 싶었다. 이 책을 통해 고통스런 마음의 뿌리를 탐색하려는 진지한 영혼들과 심리상담사들에게 정신분석이 다차원의 인생길을 열어주고 헤쳐가도록 돕는 구체적 힘을 안내하고 싶다. 이 텍스트 속 심연의 진실을 하나씩 차근히 음미해가며 독자 자신이 망각해온 무언가가 비로소 빛의 세계로 나오는 내면 소리를 듣게 되기 바란다. 운이 좋으면 세속 자극들에 쉽게 휘둘리지 않는 영혼의 무게감이 형성될 수도 있다. 그 힘으로 부당한 권력들에 위축되지 않고 '진실의 소리'로 이 사회를 개척해 가는 든든한 주역들이 생겨나기를 기원한다.

나의 정신을 확장시켜준 철학자 박동환, 장욱, 흄, 니체, 정신분석가 프로이트, 존 게도, 이재승, 홍택유, '무의식'을 함께 탐색하며 심연의 소리를 전해준 내담자와 정신분석 수업 동반자 한 분 한 분들, 20년간 써온 글들을 세심히 읽고 편집해준 아를 출판사 정상태 대표에게 감사의 마음을 전한다.

2022년 1월

이창재

1

마음은 어떻게 성숙해지는가

인간은 '지금 이 순간'을 통해 과거와 미래,

의식과 무의식, 자신과 타자의 흔적을 새롭게

재구성(통합)해낼 잠재력을 지닌 초시간적 존재이다.

즉 내가 인생의 어떤 나이에 처해 있든 바로 '현재'가

두 번째 시기(사춘기·청춘기)에 몰라서 외면해온

나의 무의식을 대면하고 대결해 '진정한 나'를

회복하고 생성해낼 최적의 순간이다.

두 번 꽃 피우는 인생

"꽃이 피는 인생의 전성기는 두 번 있다."

"지혜로운 인간은 '두 유형'의 생을 '두 번' 산다."

이 말은 정신질환과 욕망의 수수께끼를 푸는 열쇠이자, 인간의 실상에 대한 냉소와 연민이 담긴 프로이트의 근본 지식이다. 마음이 덜 자란 사람은 자기도취 속에 살기 때문에, 아무리 출중한 지식을 지녔다 해도 이 말의 참뜻을 실감하지 못한다. 현란한 언어의 홍수에 휩쓸려 아직 인류에게 온전히 전해지지도 자각되지도 못한 이 메시지의 의미는 무엇일까?

인간은 누구나 '욕동(정서)' 발달과 '자아' 발달을 성취할 수 있는 중요한 기회를 두 번 갖는다. 첫 번째 기회는 전적으로 타자에게 의존해야만 하는 '어린 시절'이다. 그 시기에 아이는 '대상'(양육자)의 욕망과 돌봄을 통해 쾌락과 고통, 만족과 좌절을 겪으며 (양육자의 욕망이 각인된) '어떤 나'로 형성된다. 그 '나'는 내가 '주체적으로 선택한 나'가 아니라, 양육자와 잘 지내려 애쓰면서 형성된 무엇이다. 그렇다면 그 후부터 '나'의 운명은 어떻게 될까?

엄마의 '좋은 양육자' 역할에 심각한 결함이 있는 경우, 아이는 외부 환경의 자극들을 받아들여 소화해내는 마음 기관인 '응집된 자아cohesive ego'를 형성하는 데 실패한다. 그 결과 외부세계의 자극들을 차단하는 자폐적 마비(블록화, 분열, 무덤덤) 상태에 처하거나, 자신이 감당할 수 있는 부분만 편집, 왜곡해서 지각하는 주관적 상상계 속에 살게 된다. 정신분열증자란 자신의 상태를 적절히 공감하며 반영해주는 안정된 초기 대상(엄마)을 갖지 못한 탓에 환상 속에서 만족을 추구하며 주관과 객관, 나와 타자의 경계를 구분하지 못하는 정신 구조를 가진 사람을 뜻한다.

내부 욕동과 외부 환경의 거친 자극들을 처리하기 힘겨워하는 약한 자아를 지닌 유아에게, 양육자가 불편한 자극들을 대신 처리해주는 안정된 '대리 자아' 역할을 제공하지 못하면, 아이는 원시 방어기제(분열, 투사, 투사동일시, 부인, 과도한 이상화, 평가절하)에 의존해 내면의 긴장과 불안을 처리한다. 투사가 심할 경우 주관지각과 객관지각의 차이 분별이 모호해진다. 그리고 '분열'이 심해지면 외부세계든 내면세계든 전적으로 '좋음 대 나쁨'으로 구획지은 이분법적 '부분 지각'을 마치 '전체 인식'인 양 착각하는 병리적(비현실적) 인격 구조가 형성된다.

분열과 투사가 심한 사람은 자신이 타자(외부세계)에 대해 원하는(보고 싶은) 것만을 현실로 받아들이며, 고통을 주는 현실 특성들은 '부인'하거나 무시(평가절하)하는 유아적(원시적, 자기애적) '방어 구조'에 고착된다. 그로 인해 주관적 환상을 참된 현실이라고, 불편한 현실을 하찮은 엉터리 환상이라고 반복해서 우겨댄다. 그는 다중의 메시지와 자극들로 구성된 외부세계를 있는 그대로 두루 수용하지 못하며, 성장하지 못한 내면의 유아적 요소(해결해야 할 문제)들을 온전히 직면하거나 통합해내지 못한다. 그런 사람은 생물학적 나이를 아무리 먹더라도, 정서와 자아의 새로운 '발달'이 좀처럼 이루어지지 않는다.

그에 비해 엄마의 안전한 울타리 환경을 나름 누릴 수 있었던 아이의 경우는 어떨까? 아이는 엄마와의 애착 관계에서 점차 벗어나 '아버지'라는 제3의 존재(상징적 권위자)와 관계하는 과정에서 복잡한 갈등(오이디푸스 콤플렉스)에 시달리게 된다. 이때 동일시하고픈 아버지상을 온전히 경험하지 못한 아이는, '상상계'(엄마 세계)와 '상징계'(아버지 세계) 사이에서 정착할 곳을 찾지 못한 채 방황하며 '갈등'을 반복하는 인격(신경증)을 형성한다.

첫 번째 인생 시기에 경험된 격동적 정서들과 갈등 흔적은 유년기 말엽에 형성되는 초자아의 명령과 자아의 방어 작용에 의해 대부분 무의식에 묻힌다. 자립으로는 풀 수 없었던 많은 의문과 문제를 내포한 첫 번째 인생 흔적들이 '의식에서 무의식'으로 사라져 망각되는 것이다.

그 후 아이는 자신을 둘러싼 '거대한 환경'(부모의 욕망, 학교와 사회의 요구)에 적응하기 위해 이것저것 '학습'하려 애쓰는 삶을 살아간다. 프로이트는 이 기간을 자연계에서 문화적 사회집단을 형성한 '인간'만이 지닌 독특한 '잠재기latency stage'(또는 잠복기)라고 불렀다. 사회에 대한 적응력을 키우는 오랜 잠재기를 살아가던 어느 날 드디어 인간에겐, 번데기에서 나비가 태어나듯, 생동감과 생생함이 넘치는 두 번째 인생이 발현된다.

두 번째 인생의 특성은 어떠한가? 육체의 운동 능력이 발달하고 자아가 어느 정도 성장한 두 번째 시기의 인생은, 얼핏 보면 첫 번째 시기보다 능동적이고 자유롭고 주체적으로 보인다. 그러나 그 속을 들여다보면 사춘기 청소년은 그동안 무의식에 묻혀온 첫 번째 인생기의 결핍과 문제를 해결해내라고 요구해대는 원인 모를 내부 압력, 들뜨고 심란하고 불안한 무드에 휩싸인다. 즉 사춘기는 아슬아슬한 격변기이면서 자기 자신을 '주체적 인격'으로 새롭게 재형성할 수 있는 절호의 기회가 주어지는 시기이다.

두 번째 인생 단계에 들어선 사춘기 청소년은 주체적 인생을 살고 싶은 욕구와, 첫 인생기 때 자기 마음속에 들어와 자리 잡은 '타자'(부모, 내적 대상, 특정 의미 체계)의 특성과 흔적을 반복하려는 욕구 사이에서 심한 갈등과 방황에 휩싸인다. 그에게는 내부에서 떠도는 정체불명의 (유아기 무의식적) 욕망과 불안을 견뎌내고, 외부세계의 냉정한 통과의례 요구들을 대면하여 삶의 방향과 목표를 주체적으로 정립하라는 정신적·사회적 과제가 주어진다.

그런데 (엄마의 과잉보호로 인해) 현실의 불편한 요구들을 스스로 감당하는 자아 능력을 발달시키지 못한 '의존형 성격'의 청소년, (엄마의 방치로 인해) 고통에 대한 인내력이 약해져 불편한 자극들을 '분열', '부인', '투사' 등의 방어로 처리하는 청소년은 성인이 되기 위해 반드시 거쳐야만 하는 험난한 '통과의례 과정'을 회피한다. 그로 인해 평소에는 웃으며 지내다가도 예기치 못한 순간 외면해온 현실이 한꺼번에 엄습해, 심각한 불안정 심리 상태를 겪게 되는 악순환에 빠진다. 그때마다 그는 자신의 문제를 대면하지 못한 채 끊임없이 환상(편집된 지각) 속으로 도망치려 들며, 해결사(구원자)에 의존해 그날그날의 안전과 만족에 급급해하는 인생을 살게 된다.

대부분의 사람들은 '첫 인생'에서 절대적 영향력을 지녔던 '그 대상'이 형성시켜준 '정신 내용과 구조'를 두 번째 인생기에서도 반복하며 산다. '반복'은 쉽고 편하고 안전하게 느껴진다. 그로 인해 많은 사람들은 (비록 겉으로는 많은 경험과 지식을 축적하는 듯 보여도) '두 유형'의 인생이 아닌 '하나의 인생'만 반복하며 산다. 가령 어린 시절에 자기애적 정신 구조가 형성된 아이는 타인에게 조롱당하지 않으려는 욕망과 결핍된 자존감을 보충하려 노력해 대학 총장이나 장관이 될지라도, 늙어서까지 자신을 위해 타인의 생명 에너지를 교묘히 이용하는 자기애적 성격의 굴레를 대부분 벗어나지 못한다.

지금 이 순간 우리 자신에게 묘하게 '반복'되어온 어떤 실수나 불편한 감정, 비합리적 행동, 부정적 생각, 실속 없는 습관이 있는지 곰곰이 살펴보자. 혹시 뭔가가 발견되는가? 정말 교묘하게도 수십 년간 나도 모르게 내 인생을 좌우해온 '첫 인생 흔적들의 못 말리는 힘!' 뿌리 깊고 운명 같은 무의식의 끌어당기는 힘.

　보이지 않는 그 끈질긴 힘 때문에 많은 사람들은 아무리 나이가 들더라도 단지 육체의 변화, 환경의 변화만을 지각할 뿐이다. 무의식의 '정신 구조'(성격 유형, 방어 유형, 환상 유형)가 근본적으로 변화하는 일은 좀처럼 일어나지 않는다. '주체성', '성인'이란 말은 무의식의 실상을 은폐해 의식을 잠시 안심시켜주는 관념적 허구이자 사회적 가면일 뿐이다. 우리가 무의식의 힘 앞에 보잘것없는 존재라는 근원적 사실을 은폐하고 위로하기 위한 한갓 화려한 '말'일 뿐이다.

　'통과의례'를 온전히 거치지 못한 채 생물학적 나이와 사회적 위치로 그럭저럭 자신을 포장하며 사는 인간에겐 결코 '두 번 꽃피는 인생'은 없다. 물론 자기 자신만을 본다면 어떤 인생을 선택하든 상관없을 수도 있다. 모두가 한 번의 인생을 살다 사라질 존재인데 어떤 인생을 살든 그것이 무슨 차이와 의미가 있겠는가? 그러나 단지 첫 번째 인생을 반복할 뿐인 사람의 '어른 되지 못함'은 그 여파로 자식과 가족 관계, 그와 접촉한 타인의 삶에 심각한 후유증을 남긴다.

나이 먹어 자식에게 진정한 부모 역할을 하지 못한다는 것. 자식이 부모의 문제를 고스란히 내사introjection해 (원인도 모른 채) 그 후유증을 똑같이 앓고, 비극의 여파가 대물림되고, 심지어 자신도 모르게 저지른 실수들의 여파를 죽을 때까지 떠맡아야 하는 결과로 되돌아온다는 것…… 이것이 분열, 투사, 부인, 회피를 반복하다가 나이 들어 뒤늦게 후회하는 사람들이 처하게 되는 비극적 자화상이다.

"조금만 더 젊었다면 그때 내 삶을 바꾸려 적극 노력했을 텐데……. 지금처럼 험한 꼴을 겪지 않았을 텐데……."

두 번의 정신성 형성과 재구성 시기를 각기 다르게 살지 못한 후유증이 예상보다 심각하다는 사실을 어렴풋이 지각할 때쯤이 되면, 가족과 자식과 주변 대상에게 오랜 세월 동안 흩뿌리면서 집요하게 '부인'해온 병리적 독성들을 회수해 추스르는 것이 매우 어려워진다.

그 상황에서 어찌해야 하는가?

다행히도 인간은 '지금 이 순간'(시간성)을 통해 과거와 미래, 의식과 무의식, 자신과 타자의 흔적을 새롭게 재구성(통합)해낼 잠재력을 지닌 초시간적 존재이다. 즉 내가 인생의 어떤 나이에 처해 있든 바로 '현재'가 두 번째 시기(사춘기·청춘기)에 몰라서 외면해온 나의 무의식을 대면하고 대결해 '진정한 나'를 회복하고 생성해낼 최적의 순간이다.

"내가 왜 그토록 꼬이고 불편한 삶을 반복할 수밖에 없었는지, 그 이유를 죽기 전에 꼭 알고 싶습니다. 너무 억울해요!"(60대 내담자)

정신분석학의 비밀 지식, 통과의례

"인생의 각 시기에는 정신의 발달을 위해 애써 대결해야만 하는 고유 과제가 있다."(에릭 에릭슨)

신화 속 인물이 사회에서 이름 없는 존재로 떠돌다가 영웅으로 변형되는 과정을 수년간 연구하던 중 "개인이든 집단이든 새로운 성장을 하려면 반드시 험난한 통과의례 과정을 거쳐야만 하는 것이구나!"라는 사실을 생생히 절감한 순간이 있다. "어떤 운명적 요인들로 인해 이 과정을 온전히 겪어내지 못한 존재는 그것을 재경험하여 '통과'해내지 않고서는 결코 자신의 '잠재 능력'을 발휘하지 못하는구나!"

개인이 '성숙한 사람·신경증·인격장애·정신증' 중 어느 영역에 위치하는가는 주로 그에게 주어진 과제를 직접 체험하며 해결해야 하는 통과의례 흔적에 의해 결정된다.

원시에서 문명사회로 변천하는 과정에서 대부분의 인류 집단은 '아이의 정신성'을 '성인의 정신 구조'로 전환시키려면 모종의 '제도적 장치'가 필요하다는 사실을 뼈아픈 비극 체험들을 통해 절감해왔다. 그래서 그에 적합한 제도를 만들고 유지하고 보완하는 데 정치가와 교육자, 정신 치유가들은 지대한 관심과 노력을 쏟아왔다.

일명 '영혼의 성인식'이라 불렸던 그 과정은 사회가 개인을 온전한 사회 구성원으로 키워내기 위한 '일련의 정신적·신체적 요구들'로 이루어져 있다. 그것은 스무 살의 어느 날에 공개적 행사로 치러지는 것이 아니라, 아기가 태어나는 순간부터 이미 그를 둘러싸고 있는 거대한 상징적 의미-가치 체계(문화)에 의해 준비된다.

가령, 학교에 입학해서 사회생활에 필요한 지식들을 학습하기, 인간관계 경쟁에서 살아남기, 대학 입시 치르기, 군대, 연애, 결혼, 직업 능력 개발과 직업 획득을 통해 인정받는 사회 구성원 되기 등등이 그것이다. 이 험난한 과정을 회피하거나 탈락한 사람은 그 사회에서 적응하기 힘든 '낙오자', '이방인'이 되며, 대인 관계에서 소외당하거나 정신질환자로 전락한다.

정신이 성장하려면 반드시 어떤 '힘든 과정'을 직접 거쳐야 한다. 정신분석학자들은 이것을 분리개별화 과정, 애도 과정, 개성화 과정, 오이디푸스 과정(상상계에서 상징계로, 엄마 품속에서 아버지 세계로, 2자 관계에서 3자 관계로, 쾌락 원칙에서 현실 원칙으로의 전환), 정체성 통합 과정, 어려운 시험, 치열한 경쟁 과정 등등으로 표현한다.

위에 언급된 그 어떤 것도 결코 유쾌하거나 만만한 과정이 아니다. 그 힘든 상태는 괴물들에게 포위되어 어떻게든 필사적으로 대결해야만 하는 두려운 장면이나 상황에 비유되곤 한다. 만약 지금 우리가 그런 상황에 처하게 된다면 어떤 느낌이 들고 어떻게 행동할까? 그 상황에는 목숨마저 위협하는 경악스런 공포와 불안이 있다. 이때 대부분의 사람들은 "제발 말 잘 들을 테니 부디 저를 편안히 살게 해주세요! 그냥 이대로 살다 얌전히 죽게 해주세요."라고 반응한다. '그것'은 모르는 상태에서 좌충우돌하며 한 번은 겪을 수 있어도, 그 힘듦과 상처를 겪어본 사람이 '일부러' 다시 겪으려는 경우는 좀처럼 없다(대학 입시, 군대

생활, 원치 않는 이별 등을 일부러 반복하고 싶지 않듯이 말이다).

남자든 여자든, 소년이든 소녀든 그 사회가 요구하는 통과의례를 무사히 거쳐야 당당한 '성인'으로 인정받고, 누군가에 의해 매력 있는 욕망의 대상으로 선택되어 성적 결합과 사회적 위치를 차지한다. 통과의례를 온전히 치른 성숙한 부모에 의해 양육된 아이들은 어머니와 아버지가 제공하는 '비언어적·언어적', '정서적·인지적' 관계 경험과 요구들을 '내면화'함으로써, 자신이 미래에 부모가 되어 부모 역할을 하는 데 중요한 내적 자원으로 활용한다. 대대로 이어지는 부모 자식 사이의 '존재 연속성', 안정된 자아 정체감, 세대 간의 심리적 동질감과 창조적 발달의 배후에는 바로 이 통과의례 기운과 흔적들이 보이지 않게 작동한다.

'성인식' 시험을 통과해 성공할 가능성이 높은 사람의 정신성과 실패할 수밖에 없는 사람의 정신성은 둘 다 어린 시절에 형성되고 사춘기에 구조화된다. 그렇다면 '성인식 통과의례'를 무난히 거쳤다는 것은 무엇을 의미하며, 그것의 성공과 실패를 좌우하는 근본 조건은 무엇일까?

청년기에 직면하게 되는 성인식 통과의례의 성패를 좌우하는 요인들은 유년기의 부모-자식 관계 체험과 사춘기의 선생-제자, 선배-후배, 동료 관계 체험에 존재한다. 특히 기억조차 나지 않는 유년기의 경험이 사춘기의 경험 양태에 상당 부분 영향을 미쳐 반복되므로, 유년기의 통과의례 경험이 가장 중요하다. 신경증, 성격장애, 정신증 요소가 깊은 사람일수록 인생 대부분의 시기 동안 최초 관계의 흔적들을 반복, 재현하는 까닭은 '그것' 때문이다.

인생의 첫 번째 통과의례 과정인 어린 시절 경험 흔적은 무의식에 억압되어 망각되기 때문에 사는 내내 영향을 미친다. 전통 정신분석이 유독 주목하여 학문으로 체계화한 최초의 통과의례는, 본능과 엄마 애착으로부터 분리되어 본능에 대한 통제 요구와 상징적 의미 관계들로 구성된 아버지의 세계로 욕망의 초점을 전환시키는 '오이디푸스기(아동기) 경험 과정'이다.

정신분석가들은 첫 번째 통과의례 과정을 보통 2단계로 구분한다. 1단계는 '엄마와 유아'가 친밀한 애착 관계를 '형성'하는 전前오이디푸스기(유아기)이다. 2단계는 아이가 엄마와의 애착 관계에서 '분리'되어 '아빠-엄마-나' 사이의 3자 관계에 위치하면서 겪는 험난한 오이디푸스기(아동기)이다. '어머니에게 계속 달라붙고 싶고, 아버지의 요구를 거부하고 싶다'는 '오이디푸스 욕구'를 극복하는 것이 미래의 주체적 성인이 되기 위해 반드시 체험해야만 하는 일차 통과의례다.

어리고 어린 이 기간에 너무 나쁜 환경에 처할 경우(엄마, 아빠가 제대로 된 관심과 애정을 주지 못했을 경우) 아이는 생리적·심리적으로 심각한 고통을 겪게 된다. 아이들이 겪는 고통과 불안의 강도는 어느 정도일까? 0~3세, 4~6세 사이의 아이에겐 얼마큼의 '고통을 감당할 힘'이 있을까? 아직 자아가 미성숙하고 연약한 아이는 그 상황을 어떤 방식으로 대처하게 될까? 엄습하는 '고통과 불안'을 처리할 줄 몰라 안절부절 당황할 때 누군가가 그 아이의 고통을 정서적으로 공감하고 이해하여 경감시켜주지 않는다면 어떻게 될까?

아이들이 겪는 불안과 고통, 즉 통과의례 체험은 (어른의 의식으로는 결코 지각할 수 없을 만큼) 엄청 당황스런 것이다. 이것이 바로 정신분석학이 선구적으로 성찰한 일종의 '비밀 지식'이다. 그토록 힘들기 때문에, 정신의 성숙을 위한 통과의례 과정은 결코 개인의 의지나 재능만으로 성취될 수 있는 무엇이 아니다. 통과의례가 온전히 이루어지려면 기존 보호막이 해체되는 고통과 불안에 압도되어 나락으로 떨어지기 전에 뜻밖의 힘을 제공하는 새로운 좋은 대상(환경, 조력자, 큰타자) 경험이 필요하다. 즉 정신의 발달은 개인이 알아차릴 수 없는 여러 요소들이 의식의 배후에서 '좋은 힘'을 제공해야 비로소 '성취'될 수 있다.

통과의례 과정을 온전히 감당할 때 비로소 타자와의 관계 맺기와 그 속에서의 역할을 머리로만이 아닌 '존재 전체'로 수행할 수 있다. 그러나 불행히도 여러 요인들로 인해 통과의례를 온전히 거치지 못한 채 중도 포기한 사람은 유년기에 고착된 채 생물학적 나이를 아무리 먹을지라도 더 이상 정신적 발달을 이룰 수 없게 된다. 바람직한 부모-자식 관계를 유년기에 경험해보지 못했기에, 진정한 선생-제자 관계를 사춘기에 경험하지 못했기에 머리와 속마음, 의식과 무의식, 말과 행동이 따로 분리되어 작동하는 것이다. 결과적으로 그런 사람은 늘 자신의 결핍을 채우고픈 욕구와 자기 문제에만 신경이 집중되어 인간 일반에 대해 진정한 정서적 접촉과 신뢰하는 마음을 지니기가 어려워진다. 겉으로는 부모나 인생 선배 역할을 행할지라도 결코 마음으로, 존재 전체로는 성숙한 부모 역할을 하지 못하는 것이다.

통과의례 과정에서 '안온한 어머니 관계 경험'이 박탈·결핍되거나 '닮고 싶은 아버지 경험'을 해보지 못한 사람(자기애적 인격)의 경우 겉으로는 주위 대상을 향해 "나는 당신을 소중하게 생각하고 사랑해. 진심이야."라고 말한다. 그러나 그의 무의식은 ('최초 대상'에 대한 분노와 불안, 그에 대한 방어가 작동되어) "내가 원하고 필요로 할 때 나를 돌봐주지 않은 이 쓸모없는 엄마 같으니라구! 이제부터 당신은 내가 원할 때 내가 원하는 방식으로 살아야 해! 당신은 나를 위해서만 봉사할 의무를 지닌 로봇이야. 당신은 나의 통제를 받아야만 하는, 나보다 낮은 존재야."라는 '환상'을 지닌다.

열악한 환경 속에서 오랫동안 홀로 적응해야 했거나 돌발적 상처를 받은 개인은 정신 발달 과정에서 타인에게 쉽게 이해되거나 공감될 수 없는 (스스로 수치스럽다고 느낀) 자기만의 문제를 지니게 된다. 그것은 생활의 안정을 위해 의식으로부터 '분열'되고 '억압'되어 무의식 속에 묻혀 있다가, 어떤 유사한 자극을 받을 때마다 '회귀'하여 실수나 증상에 시달리게 한다. 그로 인해 (자신도 모르게) 자신의 욕망과 생각을 만만해 보이는 타인에게 강요하며 좌우하려 들거나 마음에 들지 않으면 거리낌 없이 파괴하려는 모습을 보인다. 그가 '나쁜 사람'이라서가 아니라, 자신의 의지와 무관하게 유년기와 사춘기에 각인되고 구조화된 정신의 내부 요인들에 의해 그렇게 되어버린 것이다(이처럼 열악한 유년기 환경으로 인해 '방어적' 정신 구조를 형성할 수밖에 없었던 사람에게 '정신 환자'라는 명칭을 부여하거나, 유아적 불안과 미발달된 그 정신성에 책임을 물어 비정상적인 '이상한 사람'이라고 비판하는 것은 옳지 않다).

정신분석이란 무엇을 하는 활동일까? 정신분석학파, 분석가마다 이에 대해 관점과 생각이 다를 것이다. 내담자들과의 짙은 체험을 반추해 볼 때, 나는 정신분석을 내담자가 해결해내지 못한 채 억압해온 과거 문제를 정신분석가와 함께 '지금 여기'에서 다시 새롭게 체험하며 풀어가는 생생한 '통과의례 과정'이라 표현하고 싶다.

소통의 두 핵: 사고, 정서

정신의 특성은 개인마다 매우 다르다. 개개인의 성격에 따라 중요하게 생각하는 사회적·심리적 가치도 각자 참 다르다. 어떤 사람은 '정확한 앎과 공정한 관계'를 중요시하며, 어떤 사람은 '정서 공감과 위로'를 중요시한다.

　정확한 인식, 옳고 그름, 공정성 fairness 을 주목하는 사람에게는 상대방이 자신에게 어떤 감정을 지니고 있는지보다 자신과 상대방이 정확한 인식을 함께 공유하며 옳고 공정한 관계를 맺고 있는가가 중요하다. 사고가 정서와 분리된 정신 구조를 지닌 신경증 인격은 초자아가 비대하여 사회적 일과 대인 관계에서 지적·도덕적 완벽주의를 추구한다. 그 추구 과정에서 정서적 소통은 주요 요소로 주목되지 않는다(또는 과도하게 간과한다). 지적 사유 활동에 과도 몰두하는 신경증 인격은 인생의 맛인 감정을 풍성히 느끼거나 교류하는 정서적 소통에 무능한 성향을 보인다. 신경증 인격은 유아기 엄마 관계에서 나름 안전하게 돌봄 받는 경험을 했기에 성인이 되어서 모성적 정서 관계 보충에 일차적 관심을 갖거나 집착하지 않는다. 그는 이성의 부모와 세상으로부터 능력 있는 (훌륭한 남근적) 존재로 인정받기 전까지는 (오이디푸스기에) 자존감에 상처를 입은 복잡한 무의식 감정, 오이디푸스 갈등과 대면하기를 무심결에 계속 보류한다.

　신경증자는 무의식에서 금지된 소망과 연관된 갈등에 종종 휘둘리지만 강한 '억압' 방어 작용 때문에 자신의 원래 소망과 감정은 늘 변형(왜곡)된다. 이런 내면의 방어(억압) 작용으로 인해 그는 자신의 유년기 감정과 직접 접촉하지 못한다. 즉 자기의 진짜 감정을 거의 모른다! 강한 앎에의 욕구를 지녀 냉철한 인식을 추구하고 복잡한 자기 욕망의 근원을 알고 싶어 하지만, 무의식에 자리 잡은 신경증적 심리 구조로 인해 정작 자기 자신에게 늘 속임 당한다. 신경증 인격은 또한 유년기 자존감 상처 회복을 '주지화intellectualization'(지적 합리화) 활동으로 보충하기 때문에 타인의 정서와 직관적으로 접촉하는 원초 정신 작용인 '투사동일시'를 좀처럼 사용하지 못한다. 그는 자신이 소화하지 못해 골치 아픈 감정 덩이를 타인에게 옮기고 전염시켜 자신에게 동조하도록 만들지 못한다. 감정 이입과 투사동일시를 사용하지 못하기 때문에 그는 그 누구에게도 전적으로 공감해 편들거나 자기편으로 만들지 못한다.

　신경증자는 공정하고 꼼꼼한 지적 사고와 준엄한 초자아에 지배받는 규범적 행동으로 공적 사회 맥락에서는 타인에게 모범이 되는 유익하고 존경스런 사람이다. 그런데 내밀하고 친밀한 사적 관계 차원에서는 대상과의 정서 접촉이 정신 구조상 방어(방해)되어 있기에 정서적 공감과 합일을 욕망하는 파트너에게는 종종 오해와 답답함을 일으킨다. "도대체 당신의 진짜 마음이 뭐야? 진정으로 바라는 게 뭐야? 나를 사랑하는 거 맞아? 내 편 맞아?"

이에 비해 정서적 공감을 가장 중요시하는 사람에게는 옳고 그름, 참과 거짓의 정확한 '분별'은 주요 관심사가 아니다. 타자 관계에서 일차로 중요한 것은 상대방이 나에게 얼마나 우호적(내 편)인가, 내 감정을 잘 위로해주는가, 기분 좋게 해주는가이다. 그는 자신을 진정으로 위해주는 따스한 사람을 원한다. 정서적으로 좋은 느낌을 주는 대상이라야 비로소 그 대상과 연관된 무엇에 강한 관심과 긍정적 사유 활동이 작동한다. 정서 소통의 근본 모델은 어린 시절 엄마-유아의 관계이다. 엄마는 이 세상에서 아이의 마음을 가장 가깝게 교감해주는 존재다. 정서적 인간은 '유아기 엄마' 같은 파트너를 원하며, 엄마-유아 관계처럼 전적으로 돌봄을 주고받는 융합된 삶을 추구한다.

상징계의 언어적 사고와 상징적 의미 분별에 미숙하거나 엄밀하지 못한 채, 정서 보충에 집착하는 이런 인격을 '엄마 인간'이라 칭한다. 일종의 유아성 인격 요소에 고착된 엄마 인간은 유아기의 '엄마-유아'(정서적 친밀) 관계를 계속 반복하며 산다. 세상을 위험한 적과 안전한 아군으로 나누고, 과도하게 융합된 가족주의 성향을 지니며, 타자 일반에게 진정한 믿음을 주지 못한다. 이런 엄마 인간과 인연을 맺으면 자연스레 그의 정서 무드에 융합된 삶을 살게 된다. 이들은 비록 '말'을 사용하긴 하지만, 핵심 소통은 (말로 표현하지 못한) 자신의 감정 덩이를 상대에게 쏘아 집어넣는 투사동일시를 사용한다. "(굳이 말하지 않아도) 내 감정을 척 알아주길 바라."

부모 자식 관계, 형제 관계, 대인 관계에서 (상위의) 중요 위치에 있는 사람이 엄마 인간 인격일 경우 주위 대상들과 정서적 친밀감을 지닌 끈끈한 관계가 형성된다. "네 마음이 내 마음이고, 나는 곧 너야. 우리는 하나야." 어떤 면에서 그는 참 따뜻하고 인간적인 사람이다. 그런데 운명의 아이러니에 의해 어느 순간 주위 대상에게 '나의 욕구'는 더 이상 그 자신의 욕구가 아니게 된다. 그들은 엄마 인간의 욕망에 종속되고 전염되어 살면서 그것이 자신의 욕구인지 아닌지 분별하지 못한 채 그냥 엄마 인간이 이끄는 삶을 더불어 살아가게 된다. 몇 달, 몇 년, 관계가 이어지는 그날까지.

엄마 인간의 내면에는 엄마와 융합되어 행복했던 정서와 더불어, 엄마에게 상처 입어 소화되지 못한 채 분열된 부정적 정서(수치, 공허, 자기 삶을 살지 못한 분노)가 일렁인다. 그래서 엄마 인간은 그 정서를 자기 대신 담아주고 공감하며 소화시켜줄 제3의 대상을 원한다. 그는 유아기의 엄마처럼 아기의 결핍을 금세 알아서 채워주는 자상하고 전능한 마술적 대상을 원한다. 그로 인해 '구원'을 약속하며 달콤하고 화사한 말로 현혹하는 대상에게 속아서 상처 입는 쓰라린 경험을 반복한다.

그럼에도 그는 다정한 기운으로 화려한 말을 속삭이며 위로해주는 대상이 여전히 그립다. 엄마 인간이 사회적 약자일 경우에는 (생각과 정서가) 아이같이 미성숙한 그에게 도움을 주고 싶은 연민을 불러일으킨다. 반대로 엄마 인간이 사회적으로 힘을 지닌 위치에 있는 경우 그의 주변 대상들은 오직 그의 정서적 충족을 위해 봉사해야 하는 들러리 인생을 살게 된다. 가치 있는 무엇을 접할 때마다 금세 떠오르는, 힘 있고 다정하고 갑자기 화낼까 봐 무섭기도 한 그분!

그의 (분열된 감정 표상을 외부 대상 속에 쏘아 집어넣는) 투사동일시는 너무도 강하기에 누구도 감히 그의 뜻을 거부할 수 없다. 만일 누군가가 그의 뜻을 거스른다면 따스하던 그의 정신은 홀연 상처 입은 아이 상태 또는 자신의 말을 따르지 않는 아이에게 보복하는 가혹한 엄마 상태로 급변한다. 아울러 유아기부터 내부에 분열시켰던 부정적 감정들을 일시에(부지불식간에) 투사동일시로 그 대상에게 쏘아 상대의 영혼을 오물로 덧씌운다. 자신의 의지와 무관하게 타자의 부정적 투사동일시에 점령당한 사람은 정신이 마비되고 곤혹스러워져서 부모 자식, 형제 관계, 직속 부하일 경우 적절한 거리 두기나 정신적인 분리·독립이 불가능해진다. "그분을 결코 거스를 수 없어요. 제 정신이 없어지기 때문에……. 이 기분은 누구도 이해할 수 없을 거예요!"

위에서 언급한 두 성격 유형 간의 온전한 사회적 관계와 친밀한 사적 관계를 위해 필요한 두 유형의 소통 방법을 요약해보자. 하나는 사회적 과업 성취를 위해 필요한 '객관적 사고', '정확한 언어', '옳고 그름', '공정한 관계'에 근거하는 소통이 있다. 또 하나는 개인의 실존 무드와 희로애락을 좌우하는 근원인 '정서' 관계를 중시하는 소통이 있다.

사고는 엄밀한데 정서에 둔감한 신경증자, 정서에 민감한데 객관적 사고가 미숙한 엄마 인간이 현실에서 만나면 그들 사이의 소통은 어떻게 될까? 두 사람은 가치관과 의사소통 방식이 너무 달라서 서로 오해와 싸움을 반복하는 불행한 사태가 발생한다(분쟁 커플의 상당수는 이 문제를 지닌다). 이 두 부류의 사람은 외적으로 동일한 시공간에 함께 있지만 실상은 각각 전혀 다른 주관적 세계를 체험한다. 이들은 서로에게 영원한 이방인이다.

물론 현실에서는 한 개인에게 아동기에 고착된 신경증적 정신 요소와 유아기에 고착된 엄마 인간 요소가 다양한 비율로 혼합되어 있다. 따라서 위 내용은 극단적 경우에 해당한다. 만약 서로 다른 두 인격이 (정신분석의 도움으로) '언어적 사고'와 '비언어적 정서'를 조금씩 통합하여 서로를 조화롭게 보충하는 방법을 터득한다면, 두 인격 사이의 진정한 소통 관계를 가로막아 답답하게 만들어온 '미묘한 그것'(무의식)에 관한 심연의 수수께끼 또한 상당 부분 풀리게 될 것이다.

싸움의 진정한 가치

"이 나쁜 놈아! 네가 나한테 단 한 번이라도 제대로 해준 게 뭐가 있어?"

"이 못된 년아! 네 쓰레기 같은 본성이 이제야 바닥을 드러내는구나!"

인간의 속마음과 성격 유형이 가장 적나라하게 드러나는 건 싸울 때다. 싸울 때의 모습은 보통 때와 확연히 다르다. 그의 진면목이 적나라하게 드러나기 때문이다.

편집증적 자기애 인격자는 엄청난 공격성을 퍼부어 상대를 파괴하고도 일말의 죄책감조차 느끼지 않는다. 타인을 향한 진정한 관심 자체가 없기 때문이다. 경계선 인격은 소화하기 힘든 부정적 자극을 받으면 긍정적 인격이 부정적 인격으로 갑자기 확 바뀌며 격노를 분출한다. 그러고는 전체 상황을 감당할 수 없고 보복당할까 봐 불안해져 곧 모든 관계에서 '철수'한다. 신경증자는 주로 '말'로 다투는데, 뱉고픈 말을 다 뱉으면서도 억압 방어 때문에 속마음을 충분히 표현하지 못했다는 아쉬움과 후회감에 젖는다. '인간'이라는 보편 개념은 개개인마다 성격·인격이 얼마나 다른지를 종종 망각하게 한다.

사람의 품성은 천차만별이다. 자신이 '대단한 존재'임을 끊임없이 확인받고 싶어 타자를 자신의 존재 위상을 높이는 데 이용하려 드는 자기애 인격, 힘 있어 보이는 자들을 '이겨먹고' 싶어 하고 타인을 조종하려 드는 반사회성 성격, 힘 있는 존재에게 순응하고 융합해 안정감을 확보하려 드는 유아성 인격, 대상을 자기 곁에 붙잡아두려고 강한 기운으로 조종하려 드는 경계선 인격, 사회적 경쟁에서 성공해 거세된 패배자가 아님을 확인받고 싶으면서도 사회 규범에 대한 양가감정과 갈등 때문에 보람도 향락도 누리지 못하는 신경증도 있다.

싸울 때에는 이 모든 무의식의 특성들이 한꺼번에 적나라하게 돌출된다. 그로 인해 뜻밖의 인생 파노라마가 만들어진다. 싸움의 결과는 각양각색이다. 보통의 건강한 사람은 '싸움'을 통해 막혀 있던 답답한 관계를 뚫고 전진해 더 깊은 마음 교류를 모색한다. 그러나 자존감이 약해 타인이 자신에게 친밀히 다가오는 걸 두려워하는 자기애 인격자나 부정적인 상황이 주는 긴장을 오래 버티지 못해 격노하는 경계선 인격자의 싸움 결과는 항상 파국이다. 그런 성격장애자들은 싸울 때마다 자신의 은폐된 문제를 더 강하게 반복하며, 인격에 변화를 일으킬 만한 요소들에 강력히 저항한다.

성격장애자는 부정적 자극들에 대한 정신적 소화 능력이 약하다. 그로 인해 평상시에도 진정한 대화를 못 하지만, 부정적 자극이 대량으로 배출되는 싸움 상황일수록 더더욱 감당하지 못해 소통이 불가능해진다. 싸울 때마다 내면의 부정적 문제들을 '직면'하는 것이 너무도 수치스럽고 고통스러워 분열·투사·부인하는 원초 방어기제가 자동으로 작동된다. 자신의 약점을 직면하게 하는 타자의 음성은 대화가 아닌 적대적 공격, 침범으로만 느낀다. 타인의 말을 진정으로 수용하지 못하기에 말로 시시비비를 가리려 할수록 인간관계는 더 꼬이고 파국으로 치닫는다. '대화' 운운하며 그의 입에서 배설하듯이 뱉어진 말들은 진정한 관계를 파괴·회피하고 자신을 방어하기 위한 수단일 뿐이다. 그 독성 배설물은 소통하려고 애써 마음을 연 타인의 정신을 마비시키고 자신의 병든 상태를 타인에게 오염시킨다.

"아, 내 대화 능력이 이 정도밖에 안 되는구나! 내가 이토록 무능하고 형편없는 인간이었구나!"(자책하는 건강한 인격)

성격장애를 변화시킬 수 있는 일상의 통로는 거의 없다. 변화를 거부하며 유아적 불안과 분노와 시기심을 내면에서 분열시켜 밖으로 배설(투사)해 처리하는 정신성이 이미 '구조화'되었기 때문이다. 이들의 의식은 자신의 문제를 '문제'로 자각할 수가 없다. 진정한 대화나 인격 개선은 좀처럼 이루어지지 않는다. "이 엉터리 개자식아, 나는 결함이 없는 분인데, 웬 엉뚱한 잔소리가 그리 많아?"

갈등 상황에서 그는 단지 자신이 위치한 사회적 관계 속에서 대화하는 '것처럼 보이는as if' 행태만 반복할 뿐이다. 성격장애자의 꽉 막힌 기형적 인격을 일상에서 개선시키려면 무수히 많은 사람들이 희생되어야 한다. 자기애 인격자는 타인의 생명 에너지를 자신을 위해 쓰도록 교묘하게 이용하고 착취한다. 상대가 자신의 말을 잘 들으면, 그 대상의 가치를 인정하고 그 가치만큼 대우해준다. 그러나 자신의 말을 거부하면 그 순간 그 대상의 존재 가치는 '쓰레기' 내지 '없음' 상태가 된다. (무의식을 모르는) 보통 사람들이 자기애 인격자의 이런 특성을 막연히 직감하고 그에게 잘 보이려 드는 순간부터 그 사람은 자기애 인격자의 기분을 맞추는 들러리로 평생을 살아가야 한다.

힘 있는 자기애 인격자와 궁합이 잘 맞는 성격 유형은 힘 있는 대상과의 융합을 갈망하는 경계선 인격자다. 경계선 인격자가 충성을 다하는 한 자기애 인격자는 대상의 존재 가치를 인정해주고 보호해주며 북

돌아주기도 한다. 그런데 그런 관계를 십수 년간 맺어도 그 관계는 한 순간에 깨지는 덧없는 가짜 관계일 뿐이다. 각자의 환상에 의해 맺어진 부분적 대상관계일 뿐이기에 상대방의 부정적 특성이 갑자기 부각되는 순간 평소 그토록 잘 맞는 것처럼 보이던 관계는 최악의 관계로 돌변한다. '전적으로 좋음all good / 전적으로 나쁨all bad' 이분법 구조로 분열된 정신성의 좋음 투사가 나쁨 투사로 돌변하여 존경스럽게 보이던 교주님·대표님·선생님이 악마·쓰레기·개자식이 된다. 그가 겪었던 유아기의 분열된 심리 상태와 유아적 대상관계 패턴이 무의식에 잠재해 있다가 싸울 때 극명하게 재연되는 것이다.

성격장애자의 대인 관계는, 진정한 소통이 아닌 유아적 환상으로 맺어진 관계이다. 그것은 새롭고 전인적인 교류가 아닌 자신의 심리적 결핍을 채우거나 심리적 상처와 불안을 반복하는 편집되고 분열된 부분 대상good object/bad object 관계이다. 이들이 타인과 만나 웃고 떠들며 나누는 시간은 자아의 새로운 발달(통합)이나 인간성의 고양에 긍정적 기능을 하지 못한다. 진정으로 '자기 삶'을 찾고 싶은 사람은 성격장애자와의 반복적이고 소모적인 관계를 깨고 나와야 한다. 무의식이 온전히 숨 쉬기 위해, 참 자기(개성)를 느끼기 위해, 어린 시절 '상처의 굴레'에서 벗어나기 위해 성격장애자와의 관계는 과감히 청산하는 게 유익하다.

'싸움'의 진정한 가치는 바로 여기에 있다. 더 이상 거짓된 관계를 하면 자기 존재가 숨 막혀 죽을 것 같을 때 일어나는 '진정한 자기표현'으로서의 싸움. 그동안 참아왔던 속상함이 과도 축적되어 자기와 자아가 붕괴될지 모른다는 불안이 일어나 순간적으로 배출되는 무의식의 표현.

"숨 막히는 고통을 겪고서도 대상에게 버림받고 박해당할까 봐 두려워 나를 온전히 표현하지 못했던 어린 시절 상황을 또다시 반복하다간 '나 자신'이 영영 없어질지도 몰라!"

그런데 이 싸움이 각자의 인격 발달에 긍정적 기능을 하려면 무의식의 일방적 분출이 아닌 불쾌와 불안을 감당하면서 자신의 한계와 문제를 직면하고 자신과 다른 상대의 입장과 장단점을 두루 수용하며 꾸준히 소통하는 '과정을 견뎌내야' 한다. 이런 과정은 내외부의 방해 요인들 때문에 결코 쉽지도 간단치도 않다.

자아심리학파의 대표 정신분석가 랠프 그린슨Ralph Greenson은 '정신분석 과정'에서 분석가와 내담자 사이에 힘든 싸움이 일어나는 '부정적 전이' 과정의 치료적 가치에 주목한다. 그 과정을 거치지 않은 원만한 정신분석 관계는 결코 내담자의 정신성을 진정으로 변화시켰다고 볼 수 없음을 강조한다. 분석가는 자신을 향한 내담자의 긍정적 전이를 유지하려 노력하다가 적절한 때가 되면 반드시 자신을 향해 부정적 감정을 표출할 수 있는 기회를 제공해야 한다.

긍정적 분석 관계를 오래 유지해온 내담자에게 정신의 심연에 있는 분열되고 억압된 독한 감정들을 분석가를 향해 한껏 퍼부을 수 있도록 기회를 제공하는 것은 분석가가 정신적으로 버틸 힘을 지닌 만큼만 가능하다. 그것은 내담자의 파괴적 기운을 온전히 내면에 담아 과거 인물과 다르게 반응하고 관계하면서 무의식의 감정 덩어리를 내담자와 함께 변형시켜가는 무척 힘들고 고통스런 과정이기 때문이다.

내담자의 무의식적 격노가 표출되는 싸움의 순간은 단순히 분석가의 의식에 의해 계산된 형식적 기법 과정이 아니다. 그것은 서로 다른 두 개인의 무의식이 치열하게 부딪히는 숨 막히고 불안정한 실존 상태다. 수십 년간 묻혀 있던 파괴욕동과 독기들이 일시에 속에서 튀어나와 분석가를 향해 덮칠 때, 무의식에 숨어 있다가 비로소 정체를 노출하는 내담자의 '진짜 주인'을 대면하는 그 순간, 무의식에 분열되어 있던 무시무시한 파괴성·시기심·탐욕·수치감·열등감이 한꺼번에 분석가의 정신 깊숙이 침투한다. 좋은 것을 모두 혼자 지닌 채 아기에게 온전히 주지 않고 아기의 고통스런 몸짓조차 외면하던 자기애 인격 엄마에게 향했어야 할 분노들이, 정신분석 과정에서 쌓인 환경에 대한 신뢰감으로 무의식의 방어가 느슨해졌을 때 비로소 분출되는 것이다. 그 섬뜩한 순간, 분석가의 정신성은 엉망이 되고 엄청난 몸살을 앓게 되지만, 그 순간이 바로 내담자의 '막힌 숨'을 트이게 한다. 수년간 지속되어온 비일상적이고 다채로운 정신분석 경험 과정들이 열매를 맺는 가장 아슬아슬하고 귀중한 순간이다.

내담자가 내뿜은 파괴 에너지로 인해 무기력해지고 숨이 막히고 말이 막힌 분석가는 정신의 균형이 깨진 채 불안감·수치감·위압감에 당황한다. 지옥 같은 그 상황에서 빨리 벗어나고 싶어진다. 그러나 분석가는 그 상황을 거부할 수 없다. 아니, 거부해선 안 된다. 거부하거나 회피하면 내담자의 고통을 체감하고 담아주고 버텨주는 '진정한 관계'를 위해 수년간 애써온 정신분석 과정이 결실을 맺지 못한 채 미지근하게 끝나거나 두루뭉술하게 정리되고 만다.

분석가는 싸움 상황에서 오한이 나고 죽도록 힘들고 자존심이 상하고 눈물이 나도 결연히 버티고 끝까지 싸워가며, 이것이 내담자가 분열(마비)시켰던 바로 그 참담한 심정임을 '거울' 비추듯 상처 주지 않고 부드럽게 되돌려주어야 한다. 그래야 비로소 내담자의 무의식에서 반복되던 유아의 공포가 소산되고, 빙하 속에 갇혀 있던 마법 기운이 풀려 정신에 생명의 온기가 돌게 된다. 자신의 진면목에 접촉함으로써 이

제는 '제대로 살아보고 싶다'는 주체적 욕구가 심연에서 파릇 피어나는
것이다.

"이전에 안 보이던 게 요즘 갑자기 눈에 띄기 시작했고, 뭔가를 해보
고 싶은 욕구가 생겼어요. 저를 버텨주셔서 감사해요!"

진정한 정신 성장을 이루어내기 위한 '두 정신 사이의 싸움' 과정은
정신분석가조차 예측하기 어렵고 감당하기 힘든 것이다. 정신분석 상
황에서는 뜻밖의 나쁜 결과들이 종종 발생한다. 분석가가 힘이 부쳐 내
담자를 내치기도 하고, 내담자가 분석가에게 실망하여 관계를 깨뜨리
기도 한다. '싸움'이란 이토록 무의식의 힘에 의해 진행되는 것이기에
의식이 통제하기 힘든 무엇이며, '좋은 싸움'은 그만큼 희소하고 귀하
다. 현실에서 우리는 어떤 싸움을 하는가? 정신분석이라는 임상 상황
과 현실의 싸움은 어떻게 다른가?

보통의 현실 싸움은 주로 자기 이익을 극대화하려는 욕심을 드러내는
치열한 경쟁 상황에서 일어난다. 싸울 때 각자는 '도덕 언어'들을 동원
해 진리·정의·선의의 이름으로 상대방의 약점을 집요하게 물고 늘어
져 상대를 추락시키고 자신을 고상한 인격으로 미화한다. '대화'는 말
뿐이고 속마음은 바뀌지 않는다. 사춘기가 지나면 개인의 성격은 이미
굳어져서 무의식과 대결하는 특별 체험을 하지 않는 한 좀처럼 변화되
지 않는다. 싸움은 개인이 지녀온 성격의 속살을 적나라하게 노출시켜
상대로 하여금 생생히 확인케 하는 장면이다. "겉만 번지르르했던, 결
국 그렇고 그런 사람이었군! 더럽다, 퉤!"

진정한 마음 소통은, 가족과 극소수 친구와만 가능한 것인가? 사회
에서 만난 사람들과의 관계에서 싸움을 통해 마음 깊이 소통하고 인격

의 발달을 이룩하는 귀중한 경험은 존재할 수 없는 것인가? 그런 걸 기대하는 사람은 아직 세상의 냉엄한 현실을 잘 모르는, 순진하고 어리석은 인간일 뿐인가? 세상은 정녕 자신의 내면 문제를 온전히 자각하지 못하는, 진정한 대화나 생산적 싸움이 불가능하고 꽉 막힌 성격장애자들의 무대인가?

엄마 인간

인간을 이해하고 치유하는 서로 다른 관점, 이론, 기법을 지닌 여러 학파들로 구성된 국제정신분석학계가 오늘날 보편적으로 동의하는 정신질환자의 근본 특성은 무엇일까? 프로이트부터 최신 정신분석학파들에 이르기까지 신경증, 성격장애, 정신증 분석가들에게서 공통으로 발견되는 메시지에는 늘 '엄마 인간'이 담겨 있다.

'엄마 인간'이란 엄마의 욕망과 요구를 충족시키는 것에 일차적 관심을 지출하게끔 정신성이 길들여진(구조화된) 사람이다. 유아는 양육자(생애 최초 관계 대상, 엄마)에 절대 의존하여 생리적·심리적 만족을 누리고 불안을 해소한다. 그런데 유아가 청소년·성인이 되어서도 어떤 불안 요인 때문에 양육자에게 과도하게 의존하고 융합되면 어떻게 될까? 최초 대상을 향한 유아적 관계 흔적·환상·패턴이 정신 내부에 구조화되어 나이가 들어서 다수의 대상들과 관계할 때도 계속 반복되고 만다. 유년기에 동일시하여 내면화된 '그 대상(들)'이 주체의 정신 구조 내에 중요한 자리를 차지하고 욕망 에너지(리비도)가 그것에 부착·고착되기 때문이다. 그로 인해 그는 '그 대상'을 향한 '유아기 욕망(환상)의 관점'으로 자신과 세상을 판단·평가하며 살아갈 수밖에 없게 된다.

이들의 정신에서는 어릴 때 각인된 엄마의 말, 엄마의 욕망, 엄마의 모습이 무의식적으로 강하게 역동한다. "애야. 부디 너만은 엄마를 불행하게 한 '그것'을 꼭 해소해내기 바란다." 주체적 사유 능력이 형성되기 전에 이미 '그분'의 결핍과 욕망을 충족시키는 충실한 하인으로 자기 존재를 그분에게 바친 것이다. "저는 저의 전부를 바쳐 당신의 결핍된 '그것'을 채워드리는 낙으로 사는, 당신의 영원한 분신입니다. 그러니 부디 저를 외면하거나 버리지 말아주세요! 저를 소중히 대해주세요!"

그분의 결핍(욕망)을 채워드리려 열심히 노력한 결과 그는 때로 사회에서 주목받는 전문가 자격을 획득한다. 그런데 안타깝게도 수수께끼처럼 모호한 '엄마의 욕망'을 알아내려는 애씀과 변화무쌍한 '엄마의 요구'를 채워주는 활동에 정신·신체 에너지가 소모되어 탈진하곤 한다. 그로 인해 그의 자아 에너지는 새로운 대상들과의 관계 경험에 투여되지 못해 성장이 멈추고, 주체성이 결여되어 삶이 공허해진다.

엄마-유아 사이는 '한 몸'이었다가 신체적으로 분리된 각별한 공생적 융합 관계이기에 진정한 타자 관계가 아니다. 두 대상은 세상의 그 누구도 대체할 수 없는 '존재 공속성'을 지닌다. 그런데 나이 든 주체가 그런 원초 관계에서 분리되지 못한 채 그 상태에 고착되면 상징적 의미 소통 관계들로 구성된 상징계 문화에 진입하기 어렵고, 개성 있는 주체적 적응도 어려워진다. 또한 엄마-유아 관계는 돌봄-의존 관계이기에 엄마 인간은 설령 사회에서 전문 지식인일지라도 심리 차원에서는 엄마 없이 결코 자기 힘으로 자립하거나 주체적 생존이 어렵다. 그의 외부세계 관계는 오직 내면의 엄마와 관계했던 패턴을 그대로 반복한다. 즉 그의 내면에 자리 잡은 '엄마'의 특성과 한계가 곧 그의 외부 생활의 특성과 한계를 결정한다.

가령 그가 겉으로 합리적 학문을 가르치는 학자 생활을 할지라도 실상은 그의 '내적 대상inner object'에게 조종당해 그 대상이 허락하는 한계만큼만 생각하고 행동하며 살아갈 뿐이다. "애야, 너는 의사가 되어 사람들에게 대우받는 인물이 되어야 해." "엄마. 의사가 되어보니 저에게 의존하려 드는 환자들이 부담스럽고 버거워요. 이젠 내가 원하는 삶을 살아보고 싶어요. 그래도 되나요? 엄마가 없어질까 봐 불안해요."

그의 리비도는 대부분 '심리적 현실'(내부 환상)에 집중되어 있기에, 외부 현실(상징계)은 진정한 관심 대상도 가치 대상도 아니다. 살아 움직이는 내적 대상(환상)인 엄마 이마고imago가 내면세계의 주인이기에 '주체성'(참 자기)은 이미 오래전에 거세되어 실재하지 않는다. 그로 인해 그가 대면하거나 경험하는 현실은 늘 '진짜 현실'이 아니며, 그가 '열심히 책만 보며' 현실에서 이루어낸 것들(학력, 자격증)은 덧없고 공허하게 느껴진다.

프로이트는 엄마 인간을 오이디푸스기에 '아버지 동일시'에 실패해 엄마 세계로부터 분리·독립하지 못한 사람으로 본다. 라캉은 오이디푸스기에 '아버지의 이름the name of father'을 내면화하는 데 실패하여 언어적 상징계에 진입해 타자들과 소통하고 관계하는 데 무기력하고 주관적 상상계에 집착해 사는 사람을 엄마 인간이라 이해한다. 아이가 아버지, 아버지의 말씀, 아버지의 이름을 온전히 동일시해 내면화하려면 무엇보다도 최초 양육자인 엄마의 승인과 도움이 필요하다. 그런데 엄마가 자존감 결핍이 심한 사람이고 엄마-아버지의 부부 관계가 나쁠 경우, 그 엄마는 아이가 아버지와 가까이 관계하는 걸 결코 용납하지 않는다. 자신의 욕망을 좌절시킨 나쁜 대상(남편)에게 아이를 빼앗겨 유일한 피난처인 가족 내에서 자신이 고립된 존재가 될지 모른다는 불안이 솟기 때문이다. 그래서 무의식적으로 아이에게 아버지(남편)에 대해 온갖 험담을 반복하게 된다.

아버지를 비난하는 엄마의 그 부정적인 말, 표정, 기운은 아이의 정신에 그대로 각인(내사)되어 (훗날 엄마 자신도 당황해할) 엄청난 심리적 위력을 발휘한다. 즉 그 엄마의 아이는 나이가 들어서도 평생 '아버지다움'을 지닐 수 없고 사용할 수도 없는 영혼의 불구자가 되고 만다! 아울러 제3자(아버지)에 대한 '부정적 대상표상' 때문에 사춘기 이후 사회적 관계와 이성 관계가 불편해져 평생 외롭게 지내기도 한다.

미래에 정신질환자가 될 그 아이에게 (엄마의 욕망과 언어에 함입된) 눈앞의 아버지는 어느덧 아버지가 아니다. 집이라는 공간에 함께 거주하며 아버지라 불리던 어떤 육체(사물)만 남을 뿐 닮고 싶은 정신적 권위자로서의 아버지는 존재하지 않는다. 즉 하찮고, 무능하고, 못나고, 성가시고, 성난 괴물 같은 어떤 대상이 있을 뿐 아이에게 '넓은 세상'에 대한 호기심을 일으키고 경탄스런 지식을 안내하고 삶을 냉철하게 대면시키는 '아버지'는 존재하지 않는다. "제 아버지요? 그 사람은 아무 느낌도 의미도 없는 그냥 그런 사람이에요. 굳이 말하고 싶지 않아요. 귀찮아요." "아무 기억도 없어요. 다 지워진 것 같아요."

융은 엄마에게 영혼이 잡아먹혀 '자기'를 상실한 정신증적 인격장애자의 정신을 어떻게 회복시킬 수 있을지를 평생 연구했다. 그는 치료의 모티브를 '신화'에서 발견했다. 고대의 신화 속 영웅들은 거대한 괴물(고래, 용, 뱀, 야수, 동굴, 지하계 여신)의 입속(영혼)으로 삼켜져 죽은 상태로 지내다가 필사의 투쟁과 기인(마성 인격)의 도움으로 괴물의 배를 가르고 탈출에 성공한다. 융이 오랜 탐구 과정에서 성찰해낸 "엄마 인간으로부터 벗어나 '영웅의 정신성'으로 전환되는 과정"을 주목해보자.

영웅은 대부분 복잡한 환경에서 태어나 심각한 운명적 상처를 입는다. 그로 인해 오랫동안 자신의 힘을 발현하지 못하는 무능한 엄마 인간 상태로 죽은 듯이 산다. 그러다가 비범한 기운을 지닌 '조력자'(제3자, 상징적 아버지)를 만나 잠재된 능력이 발현되어 과거 모습에서 탈피해 비범한 능력과 무기를 획득한다. 그는 그 힘으로 자신을 어두운 동굴에 가두거나 집어 삼켰던 괴물(엄마)과의 처절한 싸움 끝에 마법의 굴레에서 탈출(독립)한다. 그리고 자신에게 운명적 상처를 주었던 기성 사회(최초 환경)로 되돌아가 투쟁 끝에 기존 권위자를 처치하고 새 지도자가 되어 그 사회 집단(정신)을 새롭게 발전시키는 업적(개성화)을 이룬다.

융은 '엄마 인간'이 정신분석 임상 치료에 등장하는 특정 병리적 정신 유형에 국한되지 않는다고 생각한다. 어머니라는 존재, 그리고 인생 초기 엄마 관계 체험의 어마어마한 위력은 개인사 차원을 넘어 태초부터 인류에게 주어진 운명적 조건이다. 그것은 또한 인류가 대결하여 정신적으로 극복해야 하는 인생의 근본 주제이자 보편적 정신 발달 과제이다.

융은 인간 정신의 이런 '숨겨진 진실'을 동서양의 신화를 통해 발견하고는 그가 살던 시대의 사람들을 향해 외쳤다.

"'엄마 인간'이 기존의 유아적 정신 상태에서 벗어나 새로운 존재로 발달하려면 반드시 (신화 속 영웅들처럼) '죽었다가 부활하는 곤혹스런 통과의례 체험'을 견뎌내야만 합니다."

통과의례란 정신 구조가 아이에서 어른으로 변형되기 위해 반드시 거쳐야만 하는 심리적 변환 과정을 의미한다. 달리 표현하면, 엄마의 영혼에 의지하고 융합하는 엄마 인간이 부모를 통해 전달된 인간 고유의 잠재력(집단무의식)을 하나씩 완성해가는 과정에서 반드시 겪어야만 하는, 방해물들에 대한 일련의 투쟁 과정을 뜻한다. 보호자에게서 보호받아온 낯익은 고향을 떠나 낯설고 위험한 세계로 홀로 용기 있게 나아가는 모험의 결과가 어찌 될지는 누구도 장담할 수 없다. 결과가 뻔히 예측되는 안전하고 긴장 없는 통과의례는 진정한 통과의례가 아니기 때문이다. 통과의례엔 낯선 괴물(무의식)에 함몰되어 정신이 붕괴될 수도 있는 불확실함과 불안이 배경에 늘 존재한다.

문제는 엄마 인간들이 안타깝게도 (유아적 정신 구조에 고착되어) 불안을 견뎌내는 자아 능력이 취약하다는 점이다. 조금의 불편감과 불안도 즉시 무의식으로 추방했다가 외부 대상에게 투사(배설)해왔기에 그는 불편한 내면의 진실을 직면하는 상황이 너무도 낯설고 두렵게 느껴져 끊임없이 부인·회피한다. (기분이 갑자기 돌변해 가혹하게 야단치던 어린 시절 엄마의 태도에서 느꼈듯이) 그에게 안심하고 신뢰할 만한 안전한 환경(세상, 대상)은 없다! 그래서 그는 나이가 들어 자식들에게 어머니, 아버지, 할머니, 할아버지 소리를 들어도 타자와 진실한 대화를 나눌 수 없다. 그는 평생 자신의 그림자들이 들끓는 무의식과의 직면을 회피하며, 무심결에 자신의 후손을 자신과 유사한 제2, 제3의 엄마 인간들로 복제시키는 존재로 기능한다.

자신이 낳아서 키운 자녀에게서 '엄마 환상'의 섬뜩한 힘을 생생히 깨달아 새로운 치료 이론을 정립한 최초의 여성 분석가가 멜라니 클라인 Melanie Klein 이다. 그녀는 편집·분열 증상을 지닌 내담자들의 정신을 분석하는 과정에서 그들이 어떤 때는 정신분석가인 자신을 무서운 적대적 대상으로 지각하여 불안과 공격적 태도를 보이다가 또 어떤 날은 구원자로 지각하여 자신에게 전적으로 의존하는 모습에 주목했다.

클라인은 자신을 정반대(all good object/all bad object)로 지각하는 이

정신 현상들의 심리적 원인을 추적하다가 그 뿌리가 생후 첫 1년간 엄마가 유아의 정신에 미친 어떤 영향과 연관되어 있음을 발견했다. 클라인에 의하면 아기는 죽음본능과 삶본능을 갖고 태어난다. 문제는 갓 태어난 생명체가 파괴욕동이 들끓는 죽음본능을 어떻게 처리하느냐이다. 스스로 처리하지 못하는 이 문제를 해결하려면 양육자의 도움이 필요하다. 엄마가 '좋은 돌봄'을 제공하여 죽음본능을 중화해주어야 영유아가 내부의 죽음욕동으로 인한 박해 환각과 극심한 불안에 시달리는 최초 정신 상태(편집·분열 자리)에서 벗어나 불안을 견뎌내고 박해 환상에서 벗어나 양육자를 온전히 지각할 수 있는 정신 상태(우울 자리)로 발달해갈 수 있다.

갓 태어난 아기의 심리는 원시 인류의 심리, 성인 편집증자의 심리와 유사하다. 클라인이 명명한 '편집·분열 자리'에서, 아기는 자신을 삼키는 무시무시한 '괴물 환상'과 생명을 구해주는 '천사 환상'을 마치 실재처럼 환각한다. 엄마가 유아의 죽음욕동을 대신 처리해주지 못하면 유아는 생존을 위해 죽음욕동을 정신 내부의 한곳으로 분열시키고 외부로 방출(투사)한다. 그 투사로 인해 외부 대상(엄마, 환경)이 자신을 위협하는 섬뜩한 괴물로 지각되어 박해 환상, 박해불안에 시달리게 되는 것이다.

이처럼 죽음욕동을 원시 방어기제인 분열, 투사, 투사동일시로 처리하는 정신 작용이 만성화되면 정신의 발달이 생애 초기 단계에 고착된다. 이런 상태가 구조화되면 생물학적 나이를 먹더라도 세상을 적과 아군으로 나누게 된다. 아울러 편집적 부분 지각(좋음/나쁨)에 사로잡혀 현실을 온전히 총체적으로 인식하지 못하고 평생 세상을 비난·공격하며 경직되게 방어하는 태도를 반복하는 편집증자가 된다.

대상관계object relation 학파의 창시자인 페어베언과 위니콧은 모든 정신 질환의 뿌리에 '엄마와의 최초 관계' 문제가 자리 잡고 있음을 강조한다. 신생아가 접촉하는 최초 대상인 엄마의 모성적 돌봄 관계가 심하게 박탈되거나, 유아가 자족한 상태에 있을 때 엄마에게 침범당하는 과잉 자극을 겪을 경우 그 아이의 정신은 어찌되는가?

정신분석은 '과도함'이란 말에 여러 병리적 의미를 부여한다. 아이가 필요로 하는 '그것'을 과도하게 좌절시키거나 과도하게 충족시킬 때 아이의 정신에 문제가 생긴다는 것이다. 그때 생긴 문제는 그것이 해소될 때까지 정신을 그 상태에 고착시켜 새로운 정신 발달을 방해한다. 과도한 박탈·침범을 겪은 아이는 '보통의 좋은 엄마good enough mother'에 의해 '온전한 모성성'이 보충되는 경험을 하지 않는 한 모성적 느낌을 주는 '대상'과의 유아적 융합 관계를 '갈망'하거나 자신에게 침범한 대상이 준 상처로 인해 친밀 관계를 '회피'하는 패턴에 평생 휘둘리게 된다.

"제발 저에게 관심 좀 가져주세요."

"어어. 다가오지 마. 저리 꺼지란 말이야!"

페어베언은 애정 관계에서 좀처럼 결실을 맺지 못한 채 쓸쓸히 살아가는 분열성 인격Schizoid의 내면세계에 주목한다. 분열성 인격은 유아가 감당하기 힘들어 무의식에 억압시킨 부정적 '엄마 환상'에 평생 휘둘려 인간관계의 결실을 결코 맺지 못한다. 그의 무의식에는 '아이를 흥분시키는 엄마'(리비도적 대상)와 '아이를 비난하고 거부하는 엄마rejecting inner destroyer'가 내적 대상으로 자리 잡고 있다. 누군가에게 '흥분시키는 엄마'가 느껴지면 관심을 갖고 다가서다가 그와의 관계가 너무 가까워진다고 느끼는 순간 자신의 사랑을 '비난하고 거부하는 엄마'가 작동되어 좋아지던 애정 관계를 영망으로 만들고 만다.

그는 무의식에 자리 잡은 유아기 엄마 환상과 유아기 엄마 관계 패턴으로부터 결코 벗어나지 못하기 때문에 현실에서 타인과의 온전한 친밀 관계 경험이 불가능해진다.

"내가 누군가를 좋아하거나 누군가가 나를 좋아하면 그 관계는 반드시 깨져버려요! 아, 저도 모르는 이 재수 없는 인간관계에서 어떻게 해야 벗어날 수 있을까요!"

소아과 의사 생활을 오래 하다가 정신분석가가 된 위니콧은 아이들의 신체적·심리적 병이 엄마의 병과 밀접히 연관되어 있음을 주목한다. 가령, 자기애 결핍이 심한 여성이 아이를 낳아 엄마가 될 경우 자신이 유년기에 엄마 관계에서 경험해보지 못한 모성적 돌봄을 자신의 아이에게도 온전히 제공하지 못하고 있음을 발견한다. 자기애 인격 구조가 이미 형성된 엄마는 타인은 물론이고 아기에게조차 사랑을 헌신적으로 베풀 수가 없다. 그녀는 오히려 아이에게 혹은 아이를 빌미로 주변 대상들에게 자신의 결핍을 채워줄 뭔가를 기대한다. 그로 인해 따스하고 헌신적인 돌봄이 주어질 수 없음을 절감한 그 아이는 생존을 위해 환경에 순응하여 양육자인 엄마의 자기애 욕구와 기분에 자기를 맞추는 정신 구조를 형성한다. 엄마의 욕구에 종속되어 순응하는 정신성을 지닌 '엄마 인간', '거짓 자기'로 살아갈 수밖에 없어지는 것이다.

정신 깊이 각인되고 내면에서 내적 대상으로 자리 잡아 개인의 삶을 좌우하는 엄마 환상에 아이의 정신이 고착되면 생물학적 나이를 아무리 먹어도 정신의 나이는 먹을 수 없게 된다.

"따스하고 자상하고 제 마음을 알아서 채워주는 힘 있는 분이 나타난다면, 저는 그에게 저의 모든 걸 다 바쳐 따를 겁니다. 그런 분이 어디에 있는지 부디 알려주세요."

"나는 헌신적인 사랑이 있다는 말을 절대 믿지 않아. 이 세상에는 단지 내 기분을 잠시 좋게 만들어주는 대상이 있을 뿐이야. 그들을 적절히 이용해 쓰다가 버리면 돼."

엄마 문제에 고착된 그들은 겉보기엔 자기가 원하는 삶을 주체적으로 선택하며 사는 듯 보이지만 실상은 주체성과 '참 자기'가 상실된 공허한 존재다. 그에게 '현실'은 실체가 의심스러운 뿌연 영상물(유사 실재)에 불과하다. '주체'가 이미 엄마에게 잡아먹혀 모호하기 때문이다. 그리고 '엄마의 죽음'과 함께 그는 죽은 존재가 된다! 주체로서 죽은 것이 아니라 '대상으로서 죽었다'는 사실(엄마의 욕망 대상으로서만 삶의 기쁨, 의미, 가치를 지녔으므로)을 그는 자각하지 못할 뿐이다.

무의식의 엄마 환상에 고착되어 아버지의 세계로 나아가지 못한 사람들. 아버지의 세계가 무엇인지 '말'로만 '머리'로만 알 뿐 단 한 번도 온전히 경험해보지 못한 안타까운 사람들. 그들은 세상의 복잡한 관계들과 대결하며 뜻밖의 시행착오들을 겪어내고, 고유한 모습으로 살아남아 뜻 깊은 뭔가를 전해주는 아버지의 말씀을 경험해보지 못한 자들이다.

"세상이란 이러이러한 것이란다. 네가 이런 선택을 하면 이런 힘듦을 겪게 되고, 저런 선택을 하면 저런 장단점을 경험하게 된단다. 그러니 너 자신을 위해 무엇이 유익한지 스스로 잘 판단해 직접 경험해보기 바란다! 나의 소중한 딸아, 아들아!"

이런 아버지의 말이 자식에게 어떻게 들릴지, 어떤 영향을 미칠지는 상당 부분 이미 '엄마의 인격과 말'에 의해 결정되어 있다. 아버지의 말이 자녀에게 늘 부정적이고 하찮게 들렸다면 그가 이미 엄마에 종속된 '엄마 인간'이 되었기 때문일 수 있다. 긍정적으로 들렸다면 그 아이는 성숙한 인격의 어머니 덕분에 다양한 의미들과 가치들이 생성·소멸하고 혼재하는 넓은 '세상'으로 나아가 냉혹한 통과의례들을 무던히 견뎌낸 후 세상을 창조하는 '주체'로 재탄생할 수 있게 된다.

물론 현실의 아버지가 '말'만 번지르르하게 뱉을 뿐 행동은 무기력하거나 개차반인 경우도 있다. 그 경우 말과 실천이 다르고, 겉과 속이 다른 '아버지의 말'은 아이의 정신 내부에서 긍정적인 힘으로 통합되지 못한다. 말 따로 행동 따로 작동되는 부모의 이상한 모습은 '현실'을 신뢰할 수 없는 무가치한 것으로 연극화시킨다.

말과 행동이 심각하게 괴리된 인격을 지닌 사람이 자식을 낳아 아버지가 될 경우 그는 결코 세상에 대한 온전한 안내자이자 '자아 이상ego ideal' 역할을 제공하는 '아버지'가 되지 못한다. 그는 '생각만으로 원하는 모든 것을 처리할 수 있다'고 착각하는 사유 전능 상태에 고착된 자기애 인격 내지 유아성 인격자이며, 한 번도 온전히 드넓은 상징적 아버지의 세계로 나아가본 적이 없는 '엄마 인간'일 뿐이다.

엄마 인간은 나이를 아무리 먹어도 결코 '아버지 역할'을 온전히 수행할 수 없다. 나이 들어 결혼하고 자식 낳는 역할을 했다고 '아버지'가 되는 것이 아니다. 생물학적 '육신의 아버지'와 (목숨을 바쳐 인류를 곤경에서 구해낸 영웅처럼) 자식의 정신 발달을 위해 (험난한 통과의례를 거쳐 이룩해낸) '자기'를 기꺼이 내어주는 '진정한 아버지'는 너무도 다른 존재다.

'엄마 인간'의 병리적 스펙트럼은 신경증-성격장애-정신증에 이르기까지 다양하다. 그런데 정작 이들은 한결같이 자신이 엄마 인간임을 알지 못한다. 강박신경증자는 아동기에 각인된 엄마의 어떤 매력적 모습을 욕망의 원인이자 모델로 내면에 간직한 채 살아간다. 그런데 그것이 억압된 무의식의 성 환상이라는 사실을 좀처럼 자각하지 못한다. 그는 부모에 대한 도덕적 의무(효도) 관념을 표면에 내세워 엄마 주변을 강박적으로 맴돈다. "어머니. 당신을 위해서라면, 당신이 진정 원하신다면, 이 목숨 기꺼이 돌려드릴게요!"

성격장애자(유아성, 자기애, 경계선 인격)들은 자신을 돌봐주던 양육자(최초 대상, 엄마)와의 융합 상태를 갈구하며, 만족스럽고 고통스럽던 유아기 심리 상황을 평생 반복해서 재연한다. "난 복잡한 건 모두 싫어! 좋으면 좋은 거고 싫으면 싫은 거야. 날 좋아하는 거 맞지?"

정신증자는 '엄마와의 유아기 만족'에 함입된 정신 구조가 형성되어 '아버지의 이름', '아버지의 금지 명령'이 전혀 기능하지 못하며 '상징적 아버지의 개입'이 불가능해진 사람이다. 또는 (아이에게 무관심한) 엄마가 유아에게 아무것도 욕망·요구하지 않아, 즉 유아가 엄마의 심리 현실 속에서 자신을 위한 어떤 자리도 발견하지 못함으로써 망상 시나리오로 자기만족을 보충해 정신을 유지하는 사람이다. "엄마는 전지전능한 신이야. 나는 엄마가 이 세상에서 가장 사랑하는 딸이야. 엄마는 곧 나야!"

이들 각각은 정신의 한편에서 자신을 엄마의 굴레에서 해방시켜줄 거대한 힘을 지닌 구원자 아버지를 간절히 원한다. 히스테리는 오이디푸스기에 '성 차이'를 지각한 후 엄마 애착에서 분리되어 아버지에게 리비도를 부착하는 데 성공한다. 그는 엄마-나 2자 관계에서 엄마-아버지-나 3자 관계로의 변화를 통해 엄마와의 욕망 관계를 넘어 자신을 아버지(타자)가 욕망하는 '대상'으로 의미화하고 자리 잡을 수 있게 된다.

유아성 인격, 자기애 인격, 경계선 인격자들은 엄마 관계에 융합되어 온전한 아버지 경험에 도달해보지 못한 상태이다. 그로 인해 (전능했던) 엄마보다 더 대단한 인물이 '현실'에 존재하지 않을 것이라는 의심이 늘 역동한다. 그래서 엄마 인간은 한편으로 자기 삶이 자유롭기를 원하면서도 그 자유 상태로 나아가는 행동을 현실에선 좀처럼 취하지 못한다. 엄마에게 버림받고 구원자도 없는 고립된 상황이 너무도 불안하기에 무의식을 대면해 엄마 환상을 떠나보내는 모험에 능동적으로 참여하기보다 차라리 세상과 거리를 둔 채 고통 없이 죽기를 기다린다.

"(성가시고 귀찮고 무섭고 실망스런 아버지의 잔소리는 묻어버리고) 영원한 잠 속에서 어떤 불안도 죄책감도 없이 '그분'과 소망하던 그 융합 상태로 영원히 머물고 싶어요! 어머니!"

경험 영역의 한계

"아주 오래전부터 인격의 발달이 멎은 것 같아요. 나이 오십이 넘었는데 아이 때와 지금이 변한 게 없어요. 늘 같은 삶이 반복돼요. 왜 그런 건가요?"

K는 사회생활을 나름 열심히 해온 사람이다. 많은 사람이 부러워할 전문직 지식인이다. 그런 그가 왜 정신의 성숙감이 느껴지지 않는다는 것일까? 그것은 여러 요소에 기인할 수 있다. 그중 하나는 과거 어느 시점부터 그의 지각이 특정 '경험 영역'(전前반성적 경험 구조, 틀, 관점)에 갇혀버렸기 때문이다. 세상 사람 다수는 각자 자신의 특정 경험 영역에 갇혀 있다. 우리는 사회, 소속 집단, 타인(중요 대상)이 요구하는 '유사한 그것'들에 정신과 몸을 집중하며 살아가야 한다.

특정 사회 환경과 직업이 요구하는 경험 영역에 정신과 몸이 갇히면 나중에 생활 환경이 바뀌어도 기존 경험 구조의 한계를 벗어나는 새로운 체험을 하기가 쉽지 않다. 지각과 감각 기관이 특정 영역 내의 자극들에만 반응하고 작동되는 데 익숙해져 있기 때문이다. 그런 사람들은 기존 영역 밖의 자극들에 대해서는 무감각한 상태가 되어 정신의 균형 있는 성장이 어려움을 겪는다.

전문 지식을 지닌 박사, 의사, 법률가, 세상 정보를 두루 접하는 언론계 방송인도 예외가 아니다. 외적으로 많은 경험 자료를 접했을지라도 그의 정신은 실상 자신의 직업 활동에 익숙한 특정 자극들에만 반응할 뿐이다. 다문화 사회이자 정보화에 접어든 오늘날 개개인은 다차원의 자극들, 다양한 질감의 에너지와 다중 의미들에 에워싸여 지낸다. 여러 곳에서 '나'를 향해 발산되는 원초적·상징적 신호들, 그 다중 존재들의 실체를 적절히 수용하고 일련의 고뇌 과정을 거쳐 주체적으로 소화해내지 못하면 기존에 형성된 정신 상태(특정 관점·욕동·방어 구조)가 자동 반복되고 정신의 새로운 확장(발달)이 멈춰 늘 유사한 경험 지각만 반복하게 된다. "나 기업가야, 대학 교수야, 법률가야, 의사야, 방송인이야, 정치가야, 연예인이야, 운동선수야."

대다수 사람들은 특정 직업에서의 안정성을 유지하고 강화하는 데 삶의 에너지 대부분을 사용한다. 그들은 자신의 기득권 유지에 변화를 일으킬 새로운 대상과 에너지의 유입을 원치 않는다. 말로는 열린 마음을 지녔다고 주장하지만 실상은 자동 방어 구조에 갇혀 새로움을 수용할 정신적 공간을 갖지 못한 사람들이 꽤 많다.

집단 구성원들이 바라고 필요로 하는 바를 정확히 감지해 만족시켜야 하는 지도자 위치에 있는 사람일수록 사회와 집단이 기대하는 역할을 수행하느라 정신 에너지를 계속 쏟아야 하는 부담을 지닌다. 그런 사람들은 소속 집단의 요구를 벗어나는 새로운 관점과 경험 영역을 수용하여 정신의 확장을 꾀하기가 좀처럼 쉽지 않다.

"뭐하며 살았어요?"

"기업주가 내게 바라는 바를 채워주려 일하고 돈 벌면서 30여 년을 살았어요."

"무슨 낙으로 사셨나요?"

"낙이요? 돈 벌고 돈 쓰고, 힘자랑도 하고 술 마시고 섹스하고……."

"그동안 새로운 체험 같은 걸 해보신 적은 없었나요?"

"새로움이요? 글쎄요……."

오늘날의 한국인은 청년이건 중장년이건 '새로운 경험'을 해낼 수 있는 정신 능력과 환경 조건을 얼마나 지니고 있을까? 사이버 관계들에 익숙해져가는 오늘날엔 자신과 다른 행동을 (시도)하는 타자를 발견하는 순간 다양한 반응들이 생겨난다.

물론 나와 '다름'을 새로움의 가치로서 긍정적으로 수용하는 사람들도 있다. 그런데 무의식에 해소하지 못한 분노와 시기심이 가득 찬 사람이나 안전 불안에 시달려 같은 생활을 반복하는 사람들의 반응은 매우 다르다. 그들은 자기 상식을 벗어나는 말·생각·행동을 하는 타자가 마치 큰 결함을 지닌 양 '도덕의 이름'으로 무자비하게 비난하고 희생양을 만드는 데서 낙을 찾곤 한다.

21세기 한국은 반성적 사유, 통합적 사유가 아닌 이분법적(편집적) 사고로 무장된 극좌/극우로 분열되어 있다. 진실을 왜곡 없이 보도하는 사명을 지녔다고 알려진 언론조차 대립되는 생각들을 통합하는 능력을 상실한 채 분열된 상태다. 이런 환경에서 지내는 오늘날의 한국인은 자신의 이상적 정신 모델을 어디에서 찾을 수 있을까? 인터넷에서의 과시적 경쟁 문화와 인간의 모든 활동을 상품 가치로 단순화시키는 자본주의 문화의 위력에서 벗어나는 경험을 시도하거나 체험할 가능성은 얼마나 될까?

"직장에 들어가고 결혼한 후 지난 30년간 아내와 자식과 직장을 위해 열심히 일하며 살아왔어요. 그런데 자식도 배우자도 직장도 내가 원하는 대로 되지 않더군요. 가족 보살피고 돈 버는 낙으로 살았는데 나이 들어 직장에서 퇴출당하고 건강도 좋지 않고…… 앞으로 어떻게 살아야 할지 당황스러워요."

개인은 어린 시절에 이미 형성된 특정 경험 구조를 가지고 이후의 삶을 지각·판단하며 살아간다. 그 경험 구조는 정신을 안정화하는 보호막인 동시에 '실재'를 있는 그대로 체험하지 못하도록 제한·차단하기도 한다. 즉 기존에 형성된 경험 구조·관점이 바뀌어야 비로소 변화된 환경에서의 경험 영역이 새롭게 확장되어 신선한 자극과 쾌감, 삶의 풍성함을 느낄 수 있다. 물론 과거 환경에 필사적으로 적응한 결과로서 구조화된 경험의 틀을 개인의 의지로 바꾸는 것은 결코 간단한 문제가 아니다. 혼자만의 생각이나 노력으론 이미 형성된 정신의 관점과 틀이 결코 변화되지 않는다.

그것을 변형시키려면 존재를 왜곡 없이 지각하는 비범한 정신 구조를 지닌 인물과의 관계 속에서 자기 '무의식과 대면'하는 작업이 일련의 격동적 과정을 통해 수행되어야 한다. 그러나 안타깝게도 경험 구조와 틀을 확장하도록 돕는 인물과의 관계는 인생에서 쉽게 생기지 않는다.

개개인의 경험 구조와 영역은 주로 출생 후 유아와 양육자 사이의 관계에 의해 최초로 형성된다. 유아가 안팎의 새로운 자극들에 흥분을 느껴 온몸으로 자신의 느낌을 표출할 때 양육자가 온전히 반응하지 않으면 그 자극과 정신 지각은 무가치하고 허용되지 않는 무엇으로 각인되어 경험 영역에서 제외된다. 반대로 양육자가 유아의 특정 몸짓에만 반응하면 유아의 경험 영역과 경험 지각은 그것에만 한정된다. 이처럼 아이의 경험 영역과 전반성적(무의식적) 경험 구조는 양육자(주요 대상)와의 상호 관계 반응 양태에 의해 형성되고 한계지어진다.

우리는 어린 시절 부모와의 관계, 학교와 사회가 요구해온 특정 방식의 삶에 적응하려 애쓰는 과정에서 경험 영역이 특정 양태로 제한된다. 그로 인해 인생은 늘 좁은 궤도의 쳇바퀴를 돌 뿐이다. 주부는 주부의 삶을, 의사는 의사의 삶을, 상인은 상인의 삶을, 학자는 학자의 삶을, 종교가는 종교가의 삶을, 군인은 군인의 삶을, 사업가는 사업가의 삶을, 소비자는 소비자의 삶을 각자 살아가게 되는 것이다.

"사회에서 출세해 남들은 부러워하건만 정작 내 자신은 사는 기쁨이 손톱만큼도 느껴지질 않아요. 이 상태가 계속되면 무슨 큰일이 일어날 것 같아 불안해요. 직장을 그만두고 다른 뭔가를 찾아야 할 것 같아요. 어떻게 해야 기쁨이 오롯이 느껴지는 삶을 살 수 있을까요?"

겉으론 미소 짓는 세련된 중년의 얼굴인데 그 배후에서는 누구와도 기쁨과 아픔을 공감해보지 못해 꽉 막힌 아이의 우울과 신음이 한껏 뿜어져 나온다. 언제부터 저 상태를 반복해온 것일까? 1년? 10년? 50년?

저 뭉친 감정을 풀어내려면 경험 구조를 변형시키는 시간이 꽤 필요한데 상담할 시간조차 낼 수 없이 바쁜 직장을 과연 그만둘 수 있을까?

각자의 경험 영역 내에서 자신의 전문성과 정체성을 유지하려 애쓰며 살아가는 우리. 그중에 누가 더 지혜롭고 가치 있다고 판단하기 어려운 각자의 인생길. 어느 날 직장에서 은퇴해 자유가 주어지면 어떻게 될까? 드디어 사회적 요구들로부터 해방되어 주체적이고 신선한 제3의 경험 영역, 드넓고 깊은 '지혜의 눈'이 저절로 열리게 될까?

도덕 언어라는 함정

살아가는 동안 인간은 내부의 무의식과 외부세계로부터 예기치 못한 자극들을 끊임없이 받을 수밖에 없다. 좋은 자극만 받고 살 수 있다면 인생은 얼핏 낙원처럼 느껴질 수도 있다. 그러나 그 낙원엔 반드시 역기능이 있다. 기분 좋은 자극도 계속되면 더 이상 쾌락으로 느껴지지 않으며, 사유 활동의 절실함이 사라져 새로운 사실에 대한 탐구와 종합 과정에서 얻어지는 정신의 확장이 일어나지 않는다. 좋음(행복)은 나쁨 (좌절, 상처, 불행)이 있기에 비로소 가치 있다고 느껴지는 것이다. 이것이 인생의 묘한 아이러니다.

살아가면서 누군가에게 자신의 속마음을 진정으로 이해받고 공감을 얻으면 소외감과 억울함이 덜어져 좀처럼 깊은 불행감에 빠지지 않는다. 타인에게 진정 이해받는다는 느낌이 들면 그는 비로소 자신도 모르게 분열된 내부의 상처(감정·사고 덩어리)를 방어 없이 밖으로 표현해 소화(통합)해내고, 고유의 개성과 온전한 정신성을 발달시키려는 욕망과 의지를 갖게 된다. 그러나 중요 대상과의 진실한 의사소통이 좌절·단절되면 마음속 상처와 결핍감이 지속되어 타자를 믿지 못하고 눈치를 살피게 된다. 또한 속마음을 드러냈다가 이해받지 못하고 무시·비난당하면 자존감이 손상된다. 그러면 불안정해지는 정신을 회복시키기 위해 '방어'가 작동되어 상처 준 대상과 세상을 거부·과소평가하거나 악하고 두렵게 느껴지는 세상과의 진정한 교류를 포기한 채 거짓 자기로 살게 된다. "세상이 원래 믿을 수 없는 것이었건만 어리석게도 사람을 믿고 내 속마음을 내보이다니……."

속마음을 드러냈다가 피해를 입는 안전하지 않은 환경에서 진정한 대화란 불가능하다. 한국인과 한국의 문화는 세계 어느 나라보다 타인에 대한 비교 의식과 평가 욕구가 심하다. 끊임없이 타인을 비교·관찰하고 시기·폄하하는 말들이 생성되며, 많은 사람들이 다시 그것에 영향을 받는다. 타인의 시선에 괘념치 않고 자신이 원하는 삶을 주체적으로 선택해 사는 사람은 참 드물다. 자신이 진정으로 원하는 것이 무엇인지 탐구하는 데 관심을 두기보다는 어려서부터 나의 자존감에 상처 주는 타자를 의식하는 '눈치 보는 문화'에 길들여진 것이다. 그렇게 되지 않으면 안 되게끔 누군가에게 (망각된 시절에) 이미 어떤 섬뜩한 상처를 입은 것이다. "정직해야 한다고 배워서 용기 내어 가족, 소속 집단의 문제점에 대해 의견을 솔직히 밝혔더니 모두가 저를 피하고 비난하며 따돌렸어요."

누군가의 속마음을 진심으로 청취하는 데는 전문적인 심리학·철학 지식들이 필요하지 않다. 생물학적 나이나 사회적 연륜조차 중요하지 않을 수 있다. 핵심은 그 사람이 얼마나 자기 자신과 타인에 대해 열린 마음을 가질 수 있느냐에 있다. 자기 아닌 외부 대상에게 진정한 관심을 갖는다는 것은 쉬운 일이 아니다. 물론 자신의 주관적 생각과 감정과 관점을 넘어서 상대방의 정신성과 문제와 사유의 관점을 상대방의 입장에서 청취한다는 것은 독립된 삶을 지향하는 개인주의 문화에선 쉽지 않다. 프로이트는 말한다.

"자기('나')에게 관심을 갖고 애착하는 상태로부터 '타자'를 향한 관심과 애정으로 리비도의 방향이 전환된 것은 인류의 정신 발달사에 일어난 참으로 희귀하고 신비로운 사건이다!"

대학 강의 20년 중 10년간 윤리학을 가르쳤다. 그러다 어느 순간 '정신의 균형을 회복하기 위해' 윤리 강의를 일시에 내려놓았다. 타인을 향해 발설한 윤리·도덕 언어들이 그대로 나 자신에게 되돌아와 영혼의 어느 부분을 고결하게 만든 동시에 준엄한 도덕적 평가 굴레에 속박시켜 욕망 에너지가 침체되고 있음을 느꼈기 때문이다. 짜릿한 쾌락 만족을 원하는 본능욕구와 고결한 도덕 명령 사이의 내적 갈등이 고조되어 정신의 균형이 위태해졌기 때문이다. "원 없이 쾌락을 누리고 싶다. 아니다. 고결한 인간으로 세상에 불멸의 이름을 남기고 싶다."

도덕관념은 파편화되는 인격의 조각들을 하나로 견고히 응집하고 본능을 넘어선 고급 실존을 실현하도록 안내한다. 그런데 온전한 도덕심은 도덕적 생각에 의해 생성되는 것이 아니다. 도덕관념에 부응하는 정서적 감동이 현실 관계들에서 생생히 체험되어야 비로소 형성된다. 자기중심성을 넘어 타자를 배려하는 도덕적 심성은 인생의 어느 시기에 어떤 체험 과정을 거쳐 형성되는 것인가?

도덕성은 무기력한 유년 시절에 아이가 불안하고 힘들어할 때 조건 없이 헌신적 돌봄을 베풀어주는 대상(양육자) 관계 체험, 이상적인 목표와 말씀(의미)을 전해주는 권위자(아버지, 선생) 관계 체험이 내면화되어 두 요소가 조화롭게 결합할 때 형성된다. 유년기에 내면화된 어머니의 사랑과 아버지의 규범 말씀은 개개인의 내면에서 '심리 구조'(초자아)로 자리 잡아 지속된다.

정서적 충만감이 결여된 환경에서 오랜 기간 과도하게 도덕적 사고에 몰입하거나, 타인을 향해 도덕 언어를 자주 사용하는 사람의 정신은 어떻게 될까? 그는 다중의 요소와 힘들로 구성된 현실로부터 동떨어진 특정 도덕관념들에 갇히게 되고, 자신이 내뱉은 언어에 구속되어 삶의 다면성을 다양하게 음미하지 못한 채 창조적 활력을 상실하게 된다. 이 점에서 도덕 지식과 도덕 언어 사용 능력은 성숙한 도덕심과 서로 차원이 다른 것이다. 따라서 실망스런 현실의 문제들과 차분하게 대면·대결하고 반성하여 자아에 통합해내는 과정을 '실천'하기보다 타인과 세상을 향해 도덕적 평가 언어를 반복해서 표현하는 사람은 자신과 타인의 정신성을 고양시키기는커녕 관념과 현실, 의식과 무의식, 초자아의 요구와 본능욕동 사이의 괴리가 심해져 정신 균형이 위태로워진다.

자기 자신은 물론 타인과의 진솔한 대화 단절은 주로 자기애 인격, 편집성 인격자가 도덕 언어로 자신을 치장(방어)하고 타인을 향해 도덕적 심판 언어를 날리는 장면에서 생생히 확인된다. 그들의 도덕 언어는 증오와 불안을 솟구치게 하는 대상을 향한 비난 섞인 공격과 방어, 시기와 회복, 죄책감과 관용, 이상화와 자기 과시 활동과 병행된다. 그리고 그 도덕 언어를 듣는 사람들은 '말하는 자'의 인격이나 심리적 동기보다 그가 내뿜는 카리스마와 고상하게 구사되는 언어에 매료된다. "아, 말씀이 참 든든하구나. 나도 저분 같은 힘을 갖고 싶다……."

윤리·도덕은 '상징적 의미 체계와 규범 체계들로 구조화된, 사회가 구성원들의 정신에 각인시키는 금지 요구' 기표이다. 그 금지 요구의 원본은 무의식에서 오이디푸스기에 이성의 부모에 대한 애정에 들뜨고 최초 양육자(엄마)로부터 분리되는 불안과 갈등에 시달리는 아이의 곤경을 해결해주는, 힘 있는 구원자인 '아버지의 권위 있는 말씀'과 연결되어 있다. 그로 인해 인간은 누구나 곤경에 처할 때 신성한 구원자와 그의 도덕적 말씀을 떠올리고 '아버지의 이름', '도덕의 이름'으로 자신의 고뇌와 바람을 토로하거나 다스리게 된다. "연약하고 혼란스러웠던 어린 시절 전지전능하게 느껴졌던 아버지가 저를 바로잡아 인도해주셨듯이, 지금 이 절망스럽고 혼탁한 세상에서 내 생명의 근원인 '아버지의 이름'을 걸고 엄숙히 말하노니, 부디 나의 말을 경청해주세요."

도덕은 인간이 '사회적 타자'를 향해 아버지의 이름과 자신의 존재를 걸고 심경을 표현하는 자기 정신성의 얼굴이자 골격이다. 도덕성은 유년기 말엽에 아동이 동일시한 이상화 대상(아버지, 어머니)의 언행이 아이의 정신에 내면화되어 정신 구조로 자리 잡으면서 생겨난다. 본능욕구들을 즉각적으로 표출하고 채우려는 원초적 태도에 대한 금지 명령을 담고 있는 아버지의 말씀과 행동은, 아이의 쾌락 추구 욕동을 그 사회의 요구들(현실 원칙)에 적응할 수 있는 문명적 정신성으로 변환시킨다. 그 결실로 아버지의 금지 명령과 고귀하고 냉엄한 도덕 평가가 내면에서 평생 동안 작동되는 것이다.

그런데 문제는 시대와 사회마다 필요로 하고 요구하는 행동 규범이 다를 수 있다는 점이다. 본능 일반에 대한 엄격한 금욕주의를 강조하던 기독교 문화, 엄격한 사회 질서와 예절을 중시하는 유교 문화, 그에 대비되는 자본주의 문화, 자유주의 문화에 따라 요구되는 '규범' 양태가 다르며, 초자아의 도덕 명령 내용도 상당히 다르다. 즉 '도덕 자체'와 도덕을 생존에 유용한 하나의 가치관으로 수용하여 실행하는 관점들 각각의 배후에, 각기 다른 도덕규범을 생성해낸 (의식에 규명되지 않은) 무의식적 요인들이 매우 많다.

도덕적 사고와 행위 현상을 생성해내는 이 무의식적 요인들을 충분히 숙지하지 못한 사람들이 타인에게 일방적으로 '윤리·도덕'의 진리성을 강하게 설교하거나 요구하면, 삶 전체가 도덕관념에 과도하게 구속되고 도덕은 현실 삶의 다면적 자율성을 침범·박해·기만하는 허구로 변질된다.

도덕과 연관해 파생되는 현실 문제 대부분은 '인간을 안전히 보호하고 정신성을 고양시키는 도덕의 본질 자체'가 아니라 '도덕의 이름'을 부당하고 부적절하게 이해하거나 사용하는 사람들에게 있다. 즉 '병리적 정신 유형의 인간'들이 도덕을 얼마나 '자기중심적으로' 왜곡하느냐에 기인한다. 보통의 성숙한 사람-신경증자-성격장애자(자기애 인격, 반사회성 인격)가 각각 도덕을 이해하고 사용하는 방식은 매우 다르다.

성격장애자들은 현실 지각을 자기중심적으로 왜곡하며, 타인에게 피해를 주고도 부인하는 특성이 이미 성격 구조화(자아 동질화)되어 있다. 그는 자신의 왜곡된 정신 상태와 자기중심적 행위에 대해 이질감이나 문제성을 좀처럼 자각하지 못한다. 그리고 도덕 언어를 자신의 욕구와 필요를 충족시키기 위한 하나의 효율적 수단으로 사용한다. 가령, (진정한 인간관계 능력이 부재하지만 사회적 활동은 꽤 활발한) 반사회성 인격은 이타적 선을 추구하고 공정한 정의를 실현하려는 목적이 아니라 오직 남을 이겨먹고 조종하며 자기 힘을 과시하기 위한 도구로서 도덕 언어를 거리낌 없이 제멋대로 이용한다.

편집형·반사회성 인격이 견고한 자기 방어와 타인에 대한 무자비한 공격을 목적으로 사용하는 도덕 언어는 힘차고 거창하며 이분법적이다. "하나님과 진리의 이름으로 이웃과 인류를 위한 사랑과 정의는 반드시 실현해야만 합니다. 그대가 진정 쓰레기가 아닌 '인간'이라면, 이 사회의 악을 결단코 말살해야 합니다!"

그런데 정작 그의 내면에서 도덕은 '아이를 통제할 때만 도덕 언어를 썼던 무섭고 이기적이고 변덕스럽던 엄마처럼, 그리고 감동을 주지 못했던 무능하고 무책임한 아버지의 말처럼' 신뢰되는 무엇이 전혀 아니다. 그래서 그 자신은 도덕에 대해 별 관심도 책임감이나 죄책감도 느끼지 않으며, 부모를 조롱하며 화풀이하듯 도덕('부모의 말')을 진정성 없이 자기 편리대로 마구 내뱉는 것이다. 이처럼 그때그때 필요와 심리 상태에 따라 오락가락 바뀌는 성격장애자의 도덕 언어는 (마치 분열되고 정체성이 결여된 그의 내면세계처럼) 타인에게 심각한 혼란을 전염시키는 독으로 변질된다. "위대한 대한민국. 애국의 이름으로 빨갱이 공산당과 왜놈을 다 죽여 없애야 한다!" "나에게 따스하게 잘해주는 힘 있는 당신이 곧 절대 선이고, 당신의 말씀이 무조건 다 옳아."

한편 신경증자에게 도덕은 (성격장애자와 대조적으로) 좀처럼 외면하거나 벗어날 수 없는 강력한 심리적 힘을 지닌다. 그에게 도덕의 내적 시선과 소리는 '자아 이상'이자 엄격한 자기 평가·처벌 수단으로 작동된다. 신경증자는 도덕규범 일반과 사회('아버지')의 금기 명령을 존중하며 성실히 수행하는 동시에 저항하는 양가감정 사이에서 갈등한다. 그리고 도덕(아버지)의 권위를 무시하고픈 자신의 무의식적 욕망에 가해질 초자아의 가혹한 처벌이 두려운 나머지 (아버지를 넘어서고자 하는 성공 욕구와 성적 쾌락을 누리지 못한 채) 스스로의 언행에 과도한 도덕적 심판을 내려 죄책감에 시달린다.

"대학 시절 데모하다 구치소에 끌려가 밤새 취조당할 때 너무 무서워 조사관의 요구대로 주동자 이름을 대고 풀려났어요. 그게 25년 전 일인데, 마치 며칠 전 일처럼 여전히 생생해요. 죄로 물든 내 영혼은 그때부터 지금까지 계속 죽어 있어요."(40대 우울증 수강생)

신경증자의 마음 한편에선 도덕적 금기에서 일탈해 금지된 쾌락을 즐기고픈 욕구가 강렬하다. 그런데 현실에선 금지된 욕구를 강력히 억압한 채 수도자 같은 금욕적·도덕적 삶을 삶으로써 '최후의 심판'(거세, 죽음)을 모면하려 든다. 신경증자는 내면에서 이미 아버지의 말씀을 거부하고 '금지된 향락'을 소망했기 때문에 준엄한 도덕 심판관인 초자아에 늘 시달리는 죄인 아닌 죄인이다. 그는 욕망을 금지당하는 사회적 삶을 무미건조하게 여기면서도 타인의 말과 시선에 과도하게 신경을 쓰고, 고통 증상에 고착되어 향락의 실현을 끊임없이 '지연'시키며, 불안과 고통에서 일시에 해방되는 죽음의 순간을 막연히 기다린다.

성숙한 사람은 도덕의 진정한 권위와 도덕의 탈을 쓴 자기애적 파괴 충동들의 가혹하고 음흉한 목소리를 분별할 줄 안다. 아버지의 자상하고 엄격한 말씀을 어린 시절에 긍정적으로 경험하여 내면화했고 아버지의 말씀에 감동과 거북함을 느끼는 양가감정을 꾸준히 스스로 소화해왔기에 도덕 언어의 양면성을 하나로 통합해 음미할 줄 아는 것이다. 도덕 언어를 이용해 타인을 기만하고 공격하는 자기애 인격자와 달리 성숙한 사람은 소외된 타인에게 관심을 갖고 힘을 보충해준다. 그리고 초자아의 도덕 평가에 과도하게 지배당해 자기 심판을 하는 신경증자와 달리 (도덕 언어를 남발하는 인간일수록 겉모습과 속마음의 괴리에서 오는 부담이 커짐을 조심하며) 도덕적 완전성에 대한 요구를 자기 고양의 계기로 삼는다. "경직된 도덕관념들의 굴레, 부담스런 타자의 도덕적 평가에서 벗어나 진정으로 내가 옳다고 느끼는 그것을 꼭 실행해야지."

보통의 인간에겐 출생 순간부터 성장 과정에 이르기까지 다양한 종류의 좌절된 욕구들과 상처의 흔적들이 있다. 좌절된 상처와 만족의 결핍은 '생각'만으로는 치유되기 어렵다. 과거와 다른 타자 관계 체험과 생생한 욕구 충족을 해야만 보충·정화·해소될 수 있다. 그리고 인생의 목적과 방향 감각이 절실히 필요한 과도기 혼돈 상황에 직접 처해봐야 비로소 도덕의 가치가 절절히 자아에 자각된다. 사회적 금기를 대변하는 도덕 언어를 일상에서 과도하게 쓰면 자기 자신은 물론 타인의 무의식과 진정으로 소통할 수 없다. 의식/무의식, 좋은 대상/나쁜 대상, 선/악 사이의 이분법적 분열 상태와 소통 불능 상태를 숨기기에 가장 안전한 기호가 도덕 언어이기 때문이다.

도덕 언어는 타인을 믿기 힘들어 친밀 관계가 두려울 때 보편 규칙 속에 자신을 안전히 숨겨주며, 적절하게 거리를 두고 세상과 고상하게 관계하는 것처럼 보이게 할 수 있다. 도덕규범은 전쟁 같은 세상에서 불안을 망각(마취)시키는 안전한 보호막이자 도덕적 실천에 대해 거대한 보상이 주어질지 모른다는 관념적 위로와 희망의 등불이기도 하다.

서로의 정신 발달을 위해 타인에게 도움을 주고 타인의 무의식과 깊이 소통하려면, 도덕 언어 없이 실존의 정서와 질감들을 다채롭고 솔직하게 표현할 줄 알아야 한다. 타인의 도덕적 평가에서 한 걸음 더 나아가 자기 내면을 당당히 드러낼 수 있어야 한다. 자신의 견고한 방어막을 뚫고서라도 '무의식의 진실'을 대면하고픈 자라면 더더욱 그렇다. 감성을 자극하는 도덕 언어를 사용해 유명해진 그분은 진정 정신이 성숙한 인간인가? 진실로 품격 높은 인간은 어떤 모습으로 살아가는가?

스승 콤플렉스 극복하기

학자의 지혜는 그가 어떤 선생을 만났는가에 의해 전적으로 좌우된다.

성품이 따스한 인문학자 M이 말한다.

"학부 논문을 떠올리면 다정히 대해주시던 G 선생님이 생각나요. 그분에게 배울 때는 내 안에서 학문 열정이 대단했었어요. 그런데 Y 선생님에게 지도받은 박사 논문에 대해서는 이상하게 아무 생각이 없어요. 그때 당시 골치 아팠던 논문 주제는 20년이 지난 지금까지도 혼돈 상태예요."

이 말을 듣는 순간 심연에서 스르르 깊은 공명과 직관이 솟아오른다. 어떤 영혼의 선생을 만났는가가 학자로서의 성공과 실패에 이토록 중요하구나.

M은 말과 행동이 일관된 사람이라 만나면 마음이 편안해지고 좋은 여운이 남는다. 그런데 M의 지도교수 Y를 떠올리면 겉은 고상한데 여운이 늘 먹먹하다. Y와 관련된 나의 기억 저장소에도 그에게 도움을 받았다는 흔적이 없다. 그에게 들었던 수업 주제는 오랜 세월이 지났음에도 여전히 멍한 상태다. 차라리 그 주제를 독학했더라면 더 좋았을 텐데, 하는 아쉬움이 종종 솟는다.

Y와 연관된 중요 사실은, 그의 수업을 듣거나 깊은 대화를 나누려 하

면 고상하고 현란한 말들이 들리고 나서 영혼이 멍해진다는 것이다. 이런 묘한 현상의 원인은 무엇인가?

삶에 영향을 미치는 세상 요소들을 두루 객관적으로 이해하지 못한 채 부분 지각하며 왜곡하는 '편집·분열 사고'의 원인을 규명한 클라인이 심연에서 솟아나 전한다.

"그것은 극복되지 못한 시기심 때문이야." (시기심이란 사랑받지 못한 분노로 인해 '좋음을 파괴'하는 마음이다.)

영유아기에 엄마의 돌봄을 충분히 받지 못해 무의식에 시기심이 가득 찬 아이는 성장 후에도 타인이 좋음을 지녀 잘사는 꼴을 못마땅해한다. 그래서 내부에서 역동하는 부정적 기운(어릴 때 상처 입어 손상된 자아 요소, 소화하지 못한 충격, 콤플렉스)을 관계하는 대상에게 무의식이 쏙 배설한다. 그 결과 자신의 정신은 잠시 청량감을 유지하게 되지만, 타인의 정신은 좋은 아이디어들과 사고 기능이 마비된 바보 상태가 된다.

고상한 학술 언어를 표출하는 Y와 접촉하는 순간, 학자의 에너지를 흡수하려고 열린 마음으로 접촉한 신세대 예비 학자들의 정신은 (Y가 모호하게 소화해 마음 밖으로 배설해낸) '영혼 없는 단어'들로 채워져 (Y처럼) 멍한 상태로 변질된다. 강의자의 둔감한 정신 기능에 동화되어 텍스트를 '전체적으로 종합'해내지 못하는 것이다. 결국은 텍스트에 대한 부분 지각만을 전하는 말들, 외국 책에 기록된 언어를 메마르게 번역한 사전적 의미로만 대면하게 된다. "나는 나의 시간과 에너지를 쏟아 힘들게 소화한 양분을 결코 타인을 위해 베풀어줄 수 없어. 너희들은 내 배설물을 감사히 받아먹어야 해."

무의식의 시기심으로 인해 타인에게 자신의 좋음을 주고픈 욕망이 발현되지 못하고, 타인의 좋음과 자기 내부의 좋음이 파괴되고 파괴욕동에 의해 자아 기능의 상당 부분이 손상·마비되면, '수많은 이질적 요소들이 압축된 인생의 문제'를 인문학의 눈으로 종합해서 풀어낼 수 없다.

Y처럼 자신의 좋은 에너지를 타인에게 온전히 전수하지 못하는 무능과 콤플렉스들이 내면에 가득 차면 어떻게 될까? 그가 제대로 소화해내지 못한 내용물이 밖으로 배설되는 순간, 그것에 접촉된 타자의 정신도 그와 유사한 상태로 전염·변질된다. 학생들은 선생의 상태가 마치 학자의 모델인 양 내면화한다. 그 결과 미래에 훌륭한 학자가 되기를 꿈꾸던 학생들의 정신은 Y와 접촉하는 순간 (원인도 모른 채) 성장이 멈추거나 퇴보한다. "이제 관념으로만 살게 하는 철학에 흥미를 잃었어요. 머리도 멍하구요. 그냥 자유롭게 원 없이 놀아보고 싶어요."

'진정한 인문학자'는 학생들에게 어떤 기능을 하는가? 그는 뭔가에 막혀서 낑낑대는 사람들의 무거운 문제들에 자신의 왕성한 정신 에너지를 투여하여 막힌 것을 풀어내도록 도와준다. 내면을 마비시키는 타인의 복잡한 감정과 사고 덩어리를 자신의 영혼에 대신 담아내어 적절히 소화시켜 상대방이 감당할 수 있는 자료로 되돌려준다. 그런 '선생-학생 관계', 그리고 (영혼의 진액을 쏟아) 막힘을 뚫어내도록 도와주는 '지적 소통 모델'을 불과 몇 번만 경험해도 학습자의 자아 기능, 경험 영역, 지적 욕구는 새로운 차원으로 확장된다. 그리고 자신이 무심결에 동일시해 내면화한 선생과 어느덧 동등한 정신 능력을 소유하여 활용할 줄 아는 비범한 존재로 성장한다.[*]

M은 타인이 곤경에 처했을 때 상대의 아픔과 불안을 담아주고 덜어주어 자존감을 유지할 수 있게 해주는 인격의 소유자다. 좋음을 조건

없이 베풀어주던 부모·형제·배우자 체험에서 나온 긍정 에너지를 자신이 관계하는 주위 대상들에게 꾸밈없이 나누어주는 모델이다. 그와 가까이 관계하던 시절엔 염려하던 현실 문제가 스르르 해결되고 영혼에 안정감이 그득했다. 그런데 안타깝게도 긍정적 베풂의 소유자 M은 박사과정에서 Y 교수를 만난 후로 사고력과 학문에 대한 열정이 둔화되어 꽃을 피우던 정신 기능과 활동이 모호해졌다.

'무의식'에 주목하지 않고 살아가는 보통 사람들은 (심지어 인문학자조차) 자기 정신이 그렇게 된 원인을 도무지 알지 못한다. "이상해요. 예전엔 정말 우수하다는 말을 많이 들었는데 박사과정 들어와 (Y를 지도교수 삼아) 논문 쓸 때부터 머리가 멍해졌어요. 공부에 대한 자부심도 관심도 사라졌고요."

소중한 학문 열정과 명민했던 자아 기능이 어떤 이유로 어느 때부터 침체되어버렸고, 거기서 벗어나려면 어떤 '통과의례의 길'을 가야 하는지도 모른 채 명민하던 학자 M의 영혼이 그냥 그렇게 저물어간다.

정신분석가는 삶을 방해하는 중요한 '무의식의 진실'을 포착할지라도 현실 관계를 맺고 있는 그 대상에게 그것을 알려주지 않는다. '무의식의 메시지' 전달은 일상의 소중한 인간관계를 종종 어색하게 만들기 때문이다. 그로 인해 무척 소중한 인연의 만남에서조차 누군가를 구원해

---

* 세상과의 접촉을 매개하는 부모의 세상 보는 눈이 좁고 경직되거나, 부모가 자식의 자발적 자기표현에 대해 '자기중심적·편집적·부정적 반응 태도'를 취할 경우, 자식의 정신성은 부모의 좁은 경험 영역에 갇히거나, 주어진 현실에서 감당해내지 못한 무엇에 막혀 더 이상 발달하지 못하게 된다. 그 상태로 평생을 그렁그렁 살아가게 될 그 사람들에게, 경험 영역을 새로운 차원으로 확장·도약시키는 영감을 주고, 보통 사람이 풀지 못해온 오래된 인생 문제들을 당당히 대면하여 비범하게 풀어내는 정신 능력을 고양시키는 점에서, 진정한 인문학 선생의 기능은 정신분석가의 기능과 유사하다.

줄 '무의식의 진실'은 종종 어둠에 묻혀 있다.

　"명민한 당신을 멍청하게 만든 장본인은 바로 그대의 선생이야."

　"뭐가 어쨌다구? 알 수 없는 소릴 하는 참 이상한 사람이네."

2

고통의 뿌리를 찾아서

정신의 뼈대인 '정신 구조'의 변환이 가능하려면

무엇보다도 자기 정신에 어떤 결함이 있음을

스스로의 힘으로 직면하고 '인정'할 수 있어야 한다.

그리고 자기 성격이 불편하게 느껴져야 한다!

그 불편감은 열등하고 불길한 징표가 아니라

그가 자신의 문제를 스스로 지각하고 반성할 수 있는

자아 능력의 소유자라는 징표이다.

이것이 진짜 나인가?

"내가 정말 뭘 원하는 건지 종잡을 수가 없어요. 남자를 원하는지 여자를 원하는 건지도 모호하고요. 자꾸 쓸쓸함이 밀려오는데, 대체 바쁘게 사는 저에게 왜 이런 현상이 생기는 건지. 호호."

거대한 몸집의 젊은 남성 K가 자신의 뭔가를 혼란스러워하며 인간관계와 진로 선택의 어려움을 호소한다. 특이하게도 그의 음성과 말투에서 소년의 소리와 60대 여성의 소리가 번갈아가면서 들린다. 그의 인격이 하나가 아닌 여럿으로 느껴진다. 대체 왜 이런 현상이 생겨난 것인가.

합리적 지성으로 통제되지 않는 이 증상들의 근원을 알려면 무엇보다 그의 정신이 최초로 형성되던 양육 환경에서 무슨 일들이 있었는지 주목해야 한다. 젖먹이 시절 유아는 양육자의 모습, 정서, 행동을 마치 젖(가슴)을 '삼키듯' 덩어리째 자기 안으로 흡수한다. 그러고는 그 양육자의 에너지와 능력이 그대로 자기 안에 있는 것처럼 착각한다. 유아는 현실 분별 능력이 미발달하고 주관지각과 객관지각 사이의 경계가 아직 모호하기 때문이다. 유아의 내면에서 이루어지는 최초 대상과의 이원초 동일시 과정은 신비롭지만, 그것이 성인에게 작동될 경우 당혹스럽기도 하다.

"아니, 그분의 표정과 태도와 목소리가 내 안에 들어와 있네. 나의 생각도 스타일도 그분과 똑같잖아!"

"어라. 만난 지 얼마 안 된 저 사람이 오랜 기간 고심해 이룩해온 내 생각과 말을 마치 자기 것처럼 사용하고 있네. 글의 내용도 문체도 비슷하고……. 언제 내 능력을 허락도 없이 다 가져간 거지?"

내사는 보통 누군가를 경외하거나 사랑할 때 자연스레 일어난다. 그 경우 정신에 들어온 '그 대상'은 개인 정체성의 일부가 된다. "나는 ○○의 자손이며, ○○의 아들/딸이고, ○○의 남편/부인이며, ○○의 친구다." 정신 정체성의 뼈대를 이루는 내사 대상은 원시인과 유아에게 일종의 보호자이자 생명의 양식이자 에너지 원천이다. 따라서 그 대상이 어떤 이유로 상실되면 자기 환경이 초라하게 느껴지고, 정신이 위축·공허해지며, 자기의 일부 내지 전부가 죽었다고 느껴진다.

원시 시대 전쟁터에서는 왕이 적에게 살해당하면 괴력을 발휘하던 병사들이 갑자기 시체처럼 무기력해져 적장에게 무릎을 꿇거나 혼비백산해 도망쳤다. 이는 왕이 죽는 순간 병사들 내부의 '내사된 왕'이 함께 파괴되기 때문이다. 원시 부족들은 강력한 내사 작용을 통해 힘 있는 왕과 하나로 융합됨으로써 생명력 자체로 지각된 왕의 분신처럼 활력을 발휘할 수 있었다. 왕성한 내사로 인해 왕이 불편하면 부족원들도 불편하고 왕이 기분 좋고 힘이 솟으면 부족원도 똑같이 된다. 따라서 부족원들은 왕을 최대한 안전하고 유쾌하고 힘 있는 상태로 유지하기 위해 기꺼이 순종하며 헌신했다.

반대로 왕이 불치병에 걸리면 부족원 모두가 병든 상태가 되기 때문에 회복이 어려운 '병든 왕'은 부족의 생존을 위해 가능한 한 빨리 제거되고 강력한 새 왕으로 대체되어야 했다. 공간과 시간, 사회와 세대를 걸쳐 끊임없이 반복되는 '왕중왕' 결투가 사람들의 관심을 끄는 이면에는 '내사'라는 원초적 정신 기제와 연관된 고대 인류의 생명 유지 비법이 담겨 있다.

"부디, 우리 부족의 수호신이 적들의 수호신보다 훨씬 강력하기를 간절히 빕니다!" "죽는 그 순간까지 수호신과 우리 부족은 영원히 하나다!" "무능한 부모(선생, 지도자, 배우자)를 만나 내 인생은 늘 불안하고 불편해." "그분이 어떤 상태에 있는지 척 보면 척 느껴져."

이것이 생존불안을 해소하기 위해 내사로 긴밀히 융합된 채 살아가는 원시인과 유아의 마음이자 강력한 융합을 필요로 하는 집단(가족, 학교, 군대, 조폭, 밀교 단체, 단일민족)의 마음이다. 내사 작용이 왕성한 유아는 양육자의 기분을 금세 심신으로 느끼며 양육자의 마음이 평안해야 자기도 평안해질 수 있음을 느낀다. 그런데 아이의 정서적 안정을 책임져야 할 엄마들 중 일부는 자기 문제에 빠져 아이가 자신을 내사하고 있음을 모른 채 종잡을 수 없는 양육 태도를 보인다. 아이보다 자기 삶에 몰두하는 자기애 인격 엄마를 둔 유아일수록 야단맞고 버림받을까봐 긴장하며 '내사'를 더 강력히 작동시킨다.

적절한 내사는 엄마-유아의 정서적 교감을 위해 필요하고 유용하다. 그러나 특정 대상을 향해 집중되는 과도한 내사 작용은 여러 기능을 동시에 수행해야 하는 자아의 불균형을 초래해 '자아 발달'을 저해하며, 현실에 대한 '전체적 인식'을 방해한다.

구강기 유아는 아직 언어 습득이 되지 않아 외부세계를 상징적으로 분별하지 못하며 정확한 인식이나 '옳고 그름'을 분별하는 데 관심이 없다. 마찬가지로 내사가 강한 성인 역시 유아처럼 현실에 대한 객관 지각이나 '옳고 그름'에 대한 분별이 모호하며 관심을 두지 않는다. 유일한 관심은 자신의 심신을 안정되고 기분 좋게 만들어주던 최초 내사 대상(엄마) 같은 '따스하고 자상하며 힘 있는 대상'을 지금 여기에서 만나 뼛속 깊이 내사해 함께 행복해지는 것이다.

유아가 성장해 아동이 되면 (기분 좋은 그것을 반성 없이 꿀꺽 삼키는) 내사 작용이 줄어들고 '중요 대상'의 장단점을 두루 객관적으로 인식할 수 있게 된다. 그때부터는 대상으로부터 자신에게 필요한 특성만을 주체적으로 선택해 정신에 수용하는 성숙한 동일시가 작동되기 시작한다. 그러나 성인이 되어도 내사 작용이 여전히 강하고 유아기에 내사한 내적 대상과 정신적으로 분리할 수 없는 사람들은 새로운 대상들과 성숙한 관계 경험을 할 수 없게 된다. 그 상태가 오래 지속되면 자아가 또래보다 상대적으로 발달하지 못해 자신이 고립된 아이처럼 작고 하찮고 메마르고 박탈당했다고 느껴진다. 또한 유아기의 원초 불안을 방어하고 자기 응집성과 정체성을 얻기 위해 힘 있어 보이는 대상(연예인, 드라마·소설의 주인공)을 계속 내사한다.

유아기에 전적으로 의존하던 '그 대상'은 원초 불안을 없애주는 든든한 기둥 역할을 했다. 그러나 전혀 다르게 바뀐 성인의 환경에선 유아기의 정신 기제(내사)가 폭넓은 대상관계 경험과 주체적 삶에 방해가 된다. 또한 그가 내사해 동일시한 나이 많은 양육자의 (구시대적) 사고와 판단으로 인해 그는 현실 부적응 문제들을 지니기도 한다. 어릴 때 내사한 유모에게서 분리되지 못한 30세 남성이 (친자식에게 버림받은 아픔을 지닌) 유모의 목소리로 말한다.

"인생은 어차피 쓸쓸한 거죠. 멋진 남자의 벗은 몸을 보고 싶어요. 못 해본 세상 구경도 많이 하고 싶고요. 그러면 이 쓸쓸함이 진정되겠죠."

도대체 어찌해서 과거 내 정신의 든든한 후견인이던 그 내사 대상이 성인이 되면 반드시 '분리', '애도'해야만 하는 부적응적 병인으로 변질되는 것인가? 그 핵심 이유는 유아가 정신에 흡수한 내사물이 유아-청소년-성인 시기를 거쳐온 자아에 의해 온전히 '소화(통합)되지 못한 채 현실에 부적합한 무엇(내사 대상)'으로 존재하기 때문이다. '그것'은 아이의 자아에 통합되지 못한 상태로 정신 내부에 머무르면서 '의식이 모르게' 마치 '그분'이 현재도 보호자인 양 나의 기분과 판단과 행동을 조종한다. 이런 내면의 실상을 의식하지 못한 채 나는 분명 나의 삶을 살고 있다고 생각한다. 그러나 자아가 통합(정신화)해내지 못한 그 내사 대상은 자아가 주체적으로 사용할 수 있는 무엇이 아니기에 진정한 '나의 것'이 아니다. 그 내사 대상이 제공해온 자부심과 정체성은 진정한 나의 자부심과 정체성이 아니다.

어릴 때 내사한 대상과 융합된 채로 살아가는 인격은 '본래의 나'와 '내사 대상'이라는 두 인격이 번갈아가며 외부 대상관계와 세상 관계에 반응한다. 그로 인해 정체성은 모호해지고 인간관계는 안정되지 못하며 가끔씩 해리 행동을 보인다. 오래전부터 지속되어온 지금의 이 기분과 생각과 행동은 과연 '내'가 원한 것이며 내게 필요한 나의 것인가? 나는 정말로 나인가?

비록 무력하고 미성숙했던 시기의 내가 '어떤 필요' 때문에 '그분'을 내 안에 게걸스럽게 정신없이 꿀꺽 삼켰지만, 그분은 '그분'일 뿐 온전한 '나'는 아니다. 정당한 상호 관계 속에서 숙고해가며 서서히 나의 일부로 소화한 무엇이 아니기 때문이다. '진정한 나'가 되지 못한 내 속의 이물질이자 주인이자 손님인 '내사된 이마고'들! 그것이 오래전부터 지금까지, 더 나아가 죽을 때까지 나의 삶에, 새로운 관계에, 기분에, 향락에, 말과 행동에 끼어들어 '투사'와 '해리'를 일으키며 자유롭고 주체적인 '나'로 살지 못하게 한다.

통합 기능이 발달된 자아로 '성숙한 동일시'를 이룩한 개인의 적절한 내사와 그 내사 대상들은 정체성의 귀중한 뼈대와 자원으로 기능한다. 그러나 성숙한 동일시를 방해하는 과도한 유아적(원시적) 내사는 '통합된 정체성'의 형성을 방해하여 그를 유아적 정체성에 고착시키는 병리적 기능체로 전락한다.

다른 한편으로 자식이 너무 소중하게 느껴져 엄마가 자식을 과도하게 내사하는 경우도 있다. 삶의 모든 가치를 특정 자식에게 부여하면서 사는 엄마는 내사 대상인 자식과 융합해 계속 살아가는 정신 상태에 처한다. 그런데 이런 정신성은 역으로 자식에게 큰 부작용을 일으킨다. 그 이유를 살펴보자.

독립된 인격체로 성장하고 복잡한 관계들로 구성된 현실에 적응하기 위해 자식이 감당해야만 하는 심적 고통과 힘든 과제가 인생의 각 단계마다 존재한다. 그런데 자식의 후견인인 엄마의 내사 작용이 강할 경우 자식이 겪는 고통이 너무도 생생히 엄마에게 전해지게 된다. 그로 인해 엄마는 고통을 스스로 버티며 소화해내고 있는 자식의 귀중한 정신 발달 과정에 끼어들어 중단시키는 행동을 한다.

"곱게 자란 심성 고운 네가 살벌한 바깥세상에서 고생이 심하구나! 상처받을 네 모습이 너무 안타까워 차마 볼 수가 없구나. 그래, 내 힘과 재산을 네게 다 줄게. 고생하지 말고 편히 지내거라."

여러 자식들 중 '보물 같은 아기였는데 나이 들고 나서 무능해진 자식'이 유난히 신경 쓰여 평생 돌보는 엄마들의 무의식적 배경에는 자식에 대한 엄마의 '원초적 내사'가 작용하고 있는 것이다.

"힘들고 괴로워하는 네 마음이 (엄마 안에 그대로 들어와) 내 가슴을 찢는구나! 그래 네가 평안해질 때까지 무슨 일이든 다 해줄게. 걱정 마라 애야!"

내사 작용, 투사 방어

내사가 강한 사람은 자신의 내적 활력을 유지하기 위해 내사할 '좋음'
과 '에너지'를 지닌 대상을 늘 곁에 두고 싶어 한다. 그런데 그 대상에
게 좋음·에너지가 느껴질 땐 본능적으로 가까이 다가가려 하지만, 좋
음·에너지가 사라졌거나 불안해 보일 땐 자신에게 '나쁨'이 전염돼 생
명력이 소멸될까 봐 두려워 곁에 있으려 하지 않는다.

　"정승집 개가 죽으면 문상객이 문전성시를 이루고, 정승이 죽으면 문
상객이 끊긴다."라는 속담은 권세가의 개가 죽으면 '힘 있는 그를 내사
하고 싶어' 사람들이 몰려들고, 권세가가 죽으면 내사하고픈 가치 대상
이 없기에 아무도 오지 않는다는 뜻이다. 이는 인성의 '선/악' 문제가
아닌 '내사' 방어기제에 고착된 유아적 정신 구조, 유아적 불안, 유아적
욕망 때문이다.

　"부디 내가 당신의 좋음을 마음껏 삼키고 공유하게 해줘. 그런 자비
롭고 풍요로운 대상들과 영원히 가까이 있고 싶어. 힘없고 불안한 대상
은 끔찍해. 전염될까 봐 두려워.""힘 있고 넉넉한 사람들이 많이 사는
동네에서 살고 싶어요. 그들이 곁에 두고 사용하는 고급 물건들로 나와
내 주변을 치장하고 싶어요. 권세 있고 유명한 사람들과 가까이 있고
싶어요. 그렇게 하면 정말로 힘이 나요!"

사람들은 대개 사회적으로 무능하고, 좋음을 별로 지니지 못하고, 범죄 전과가 있고, 정신병 병력을 지닌 '불안정한 대상'들을 피한다. 그리고 능력 있고, 인기 있고, 풍요롭고, 스펙 좋고, 성품 좋고, 비범한 지혜나 멋진 육체를 지닌 '에너지 있는 대상'과 가까워지기를 원한다. 그 이유는 바로 유아적 정신 기제인 '내사'가 성인에게도 여전히 작동하기 때문이다. 어떤 성품과 능력을 지닌 대상과 접촉하고 관계를 맺었는가에 따라 개개인의 희로애락과 운명이 뜻하지 않게 요동치는 까닭도 내사 작용 때문이다. 이런 현상을 다반사로 겪었기에 원시 인류가 유독 '접촉 터부'에 민감했던 것이다. "병들거나 악독한 대상과 잘못 접촉하면 생명이 위태로워진다." 이처럼 내사가 만연한 집단일수록 '공정한 정의'에 대한 냉철한 판단과는 무관하게 자신의 생명 보존에 실익을 주거나 좋은 '느낌'을 주는 대상을 좋음[善], 정의, 진리의 모델로 간주한다.

선거철이 되면 '내사형 인격'들을 유혹하는 각종 정치 선전, 연설, 광고들이 현란하게 등장한다. 내사 인격들의 정신에 누가 더 유혹적인 선전image making을 성공적으로 각인시키느냐에 따라 권력 쟁취의 승패가 결정된다. "나를 뽑아주시면 그날부터 내가 지닌 좋음들을 모두 다 당신을 위해 사용할게요. 당신을 불행에서 구원해줄게요. 내 곁에서 나와 더불어 행복한 미래를 살아갑시다."

내사형 인격은 권력을 잡고 싶어 하는 대상에게 결함, 거짓, 이기적 요소가 숨겨져 있음을 망각한 채 그에게서 배출되는 모든 것을 '선별 없이' 흡수한다. 그리고 자신이 흡수한 것에 약과 독이 섞여 있음을 분별할 능력을 지니지 못한 탓에 자기 인생이 아닌 (타인에게서 온 내사물에 지배되는) 남의 인생을 살게 된다.

내사 작용이 강한 사람에게는 그가 친구나 가족일지라도 부정적 소식이나 약점을 드러내지 않는 게 좋다. 내사하는 그가 '지금 당장' 불편해진 상황을 못견뎌하기 때문이다. 중요한 만남일수록 좋은 기분, 좋은 모습으로 만나 좋은 말과 행동을 해야 상대에게 긍정적인 내사를 일으켜 좋은 관계를 맺어나갈 수 있다.

내사 작용은 타인과의 공감 능력을 활성화하는 장점을 지닌다. 그러나 이것은 유아에게 적합한 방어기제이므로 성인이 내사에 과도하게 의존할 경우 현실에서 많은 문제를 일으킨다. 내사는 대상을 향해 즉시 자동적으로 작동되는 유아적·원시적 흡입(삼킴)이기에 대상의 상태 중 일부를 '빨리' 감지할 수 있다. 그런데 바로 그 빠른 직관이 복합적 요소들이 공존하는 현실, 복잡한 과거 흔적들과 다중의 심리적 층위로 복합 구성된 '현실 대상'에 대한 냉철한 종합 판단을 방해한다. 그로 인해 정서적 직감력은 일부 커질 수 있어도 대상과 현실의 다중 요소들에 대한 종합적 판단을 바탕으로 한 성숙한 관계와 심오한 대화는 힘들어진다.

성인이 되어서도 내사 작용이 크다는 것은 그의 자아 기능이 유년기 단계에 머물러 있고 내면세계가 여전히 유아적 불안, 환상, 부분 지각, 부분 욕동 등에 고착되어 있다는 신호이다. 또한 유아처럼 자신의 상태를 종합적으로 인식할 능력을 지니지 못했다는 징후다.

내사 작용은 투사 방어기제와 밀접한 짝을 이루고 있다. 인간의 자아와 정신은 불편한 경험을 했을 때 그로 인한 긴장을 곧바로 밖으로 투사하지 않고 마음에 적절히 담아둔 상태에서 스스로 소화하려고 노력하는 과정을 거치며 비로소 성장한다. 따라서 투사와 내사를 반복하는 인격은 자아 기능과 정신 발달에 취약성을 지니게 된다.

내사가 강한 인격은 유아기에 (양육자에 의해 대신) 처리되지 못한 무의식의 원초 불안과 박해망상의 뿌리를 차근히 직면하고 견뎌내며 정신화하지 않는 한 정신의 발달이 계속 유아 상태에 머물게 된다. 집안에 재난이 엄습하고, 자식이 엇나가고, 사회적 관계에서 추락해 망신을 당하고, 후회하고 또 후회해도 그 인격 구조와 병인은 무의식의 뿌리에 세세히 접속해 소화해내지 않는 한 좀처럼 바뀌지 않는다.

내사하는 그와 진정으로 소통하려면 그 자신도 모르는 유년기의 불안과 환상의 근원에 조심스럽고 참을성 있게 접속해야 한다. 이는 곧 그의 숨은 주인인 '내사된 내적 대상'(무의식적 환상)과의 소통을 의미한다. 그를 도와주려는 누군가가 그의 내면에 있는 '보이지 않는 그분'(내사 대상)과 잘못 관계하면 그와의 현실 관계도 엉망이 되거나 붕괴된다.

분석 장면에서 만나는 내담자들은 상당 부분 어린 시절 자신을 무섭게 야단치던 보호자에 대해 '공격자와의 동일시' 방어로 대처해 그로 인한 병리적 내사물(부정적인 내적 대상, 무의식적 환상)에 사로잡혀 있다. 그 때문에 든든한 보호자인 줄 알았던 어린 시절의 '그분'이 막상 돌이켜보니 아이(나)의 삶을 자기중심적으로 강요하고 통제해 두려움을 준 인물로 드러나곤 한다. 침범당하고 학대당하는 유아는 공포 상태에서 학대자의 특성을 그대로 내사(동일시)함으로써 이질적 환경에 대한 두려움과 고통을 극복하려 한다. 두려운 대상의 특징을 자기 것으로 흡수해(심할 경우 '학대자 자체'가 됨으로써) 그 대상에 대한 원초 불안을 방어하는 것이다. 대상과 융합해 동일한 상태가 되면 그 대상이 자신을 박해하거나 버리지 않을 것이라 믿은 것이다.

"저는 (이물질이 아닌) 당신의 꼭두각시, 분신이니 부디 절 해치지 말아주세요! 보세요. 말투, 표정, 태도 모두 당신과 똑같잖아요!"

"나는 결코 무기력한 희생자가 아니야, 어떤 놈이든 파괴할 수 있는 힘 있는 존재란 말이야(무시무시한 내 힘으로 그 시절 당신처럼 훗날 내 자식과 타인을 학대하고 말거야!)."

이성적 '대화'로는 좀처럼 해결되지 않는 반복되는 부부 싸움의 경우, 아내와 남편의 무의식에서는 자신의 현재 정신 상태에 대한 온전한 자각을 방해·부인하도록 하는 어린 시절 '내사 대상'들이 강력한 영향을 미친다. 서로 싸우는 것이 엄청난 손실을 초래함을 머리로는 앎에도 불구하고 무의식에서는 유아기 때 자신을 학대하고 방치했던 가학적 '내사' 대상에 대한 분노와 불안이 활성화된다. 그리고 '정신에 소화되지 못한 부정적인 그것'이 현재 자신을 불편하게 하는 눈앞의 대상에게 '투사'되어 격노(무의식 감정 배설)를 일으키는 것이다. "당신이 또다시 내 말을 무시하고 나를 비난하며 상처를 줘서 기를 꺾으려 하네. 결코 용서 못 해. 나도 악랄하게 복수하고 말거야."

억울함과 피해의식이 증폭되는 만성적이고 고질적인 부부 싸움은 실상 정신 속에 거주하는 보이지 않는 그것(내사 대상)들 사이의 싸움이다. 두 커플은 서로 협력해 잘 살고 싶다고 생각하면서도 각자의 무의식적 환상(내사 대상) 간의 궁합이 맞지 않아 엉뚱한 대상에게 지독하게 한풀이를 하는 것이다. "사소한 일로 부부 싸움을 하게 되면 상대를 죽이고 싶은 감정이 자동으로 치솟아요. 끔찍한 일이 벌어질까 두려움이 밀려와요. 그가 내게 어떤 말을 해도 듣고 싶지 않고, 같이 사는 게 너무 힘들어요."

젖먹이 시절 돌봄받지 못해 치솟던 분노, 파괴욕동, 공포감이 외부로 투사되고 내부로 내사되어 형성된 내사 대상들이 의식으로 지각되지 않는 해리 상태로 아우성친다. "오래전부터 '너'에게 복수하고 싶었어.

내가 겪은 고통만큼 네 곁에서 죽을 때까지 널 괴롭히고 파멸시킬 거야." 그러다 어느 순간 제정신이 들고 좋은 내사 대상이 활성화되어 투사되면 대상(배우자, 부모, 자식)을 향해 방긋 미소 짓는다. "사랑해요. 내겐 오직 당신뿐이에요."

내사와 투사. 이것은 성인 무의식에서 여전히 작동되고 있는 유아의 심리 작용이다.

내사물: 내 안 '그것'과의 조우

망각된 어느 시절 중요 대상에게 상처 입은 A가 소리 지른다.

"(어. 저놈이 나한테 함부로 하네.) 야, 이 못된 새끼야! 쓰레기야!"

아, 미치겠다. 내가 왜 이러지……. 품격 망치는 행동을 왜 또 저질렀지? 이건 내가 아니야. 나는 결코 그런 저질 인격이 아니야. 도대체 나는 왜 자꾸 사소한 자극에 그토록 민감해지고 불안해져서 나도 모르게 괴성을 질러대는 거지? 아, 세상에 믿을 사람이 하나도 없네. 불안해……. 그런데 나는 사람들이 부러워하는 좋은 것들을 많이 갖고 있잖아. 안정된 지위와 재산도 많은데, 대체 내가 왜 저질스런 행동을 해서 스스로를 위험하게 만든 거지. 내 안의 '그 저질 괴물'의 정체가 도대체 뭐야?

기억이 가물가물한 인생의 어느 시기, '나'라는 존재가 힘없던 시절에 '거대하게 느껴졌던 그 대상'에게 무섭게 학대당하고 공포에 떨던 '그때의 나'는 어디로 갔을까? 망각된 그 시절 두렵던 그 대상의 모습과 공포감은 정신 속 깊이 침잠되어 지각 영역에서 망각된다. 특히 '그 대상'이 자신의 인생을 절대적으로 좌우하던 존재일수록 그 대상의 모든 것이 정신 깊이 '내사'(흡수)되어 '내사물'(X)로 저장된다.

'내사물'이란 차근히 소화해서 내면화한 동일시 대상과 달리 중심 자아에 온전히 통합되지 못한 이물질이다. '그것'은 정신 속에서 마치 '나'인 양 '중심 인격과 다른 특성'을 발현하여 독자적 영향력을 행사하는, '나이면서 내가 아닌' 심리 내적 실재psychic inner reality를 의미한다.

그렇다면 무의식에 억압된 내사물은 그때 그 순간 이후 내 삶에 어떤 영향을 미치는가? 그것은 본래의 내가 아님에도 불구하고 현실에서 뭔가 불편한 자극을 받을 때마다 불쑥 튀어나와 '과거에 견디기 힘들어 섬뜩했던 그때 그 모습'을 눈앞의 대상 또는 환경에 '투사'한다. 그로 인해 눈앞의 어떤 대상이 과거에 나를 흥분시키거나 학대하던 위험하고 나쁜 대상으로 지각(환각)된다.

"아이 때 어떤 남자가 '이쁘다'며 제 몸을, 성기를 계속 만졌어요. 중학교 때부터 지금까지 남자가 가까이 오면 긴장되고 혐오감이 일어나 혼자 살아요."(40대 여성)

무의식에 저장된 그 내사물과 연관된 정신은 '과거 학대당할 때 느꼈던 그 감정'이 다른 누군가의 영혼에 있는 그대로 온전히 담아져서[containing] 공감과 위로를 받고[holding], 이해[mentalization]되고 재해석·재경험되는 체험을 해낼 때까지 '성장을 멈춘 채' 과거의 감정·지각 상태를 계속 반복한다.

"이 나쁜 X야! 더 이상 너한테 그때처럼 당하지 않을 거야."

의식이 자기 것으로 소화해내지 못한 채 정신 깊이 각인된, 정신에 삼켜진 '내사물'의 인생 영향력은 꽤 대단하다. 보이지 않는 그것은 내 안에 있기에 내 인격의 일부이지만, 내가 원하는, 내가 조화롭게 사용할 수 있는 그런 인격 요소가 아니다.

"저는 결코 일부러 그 사람을 상해하려 한 것이 아니에요! 나도 모르게 그 순간 그 대상에게 갑자기 증오심이 솟아 마구 욕하며 때린 거예요 아. 무섭고 억울해요. 그건 결코 제 진심이 아니에요. 저는 심성이 착한 사람이에요!"

또 어떤 사람들은 평생 소망해온 높은 사회적 위치에 도달했을 때 평상시와 '매우 다른' 행동을 하곤 한다. 제멋대로 행동하기, 독재, 학대, 원초적 자기애 행동을 무심코 저지른다. 주변에서 걱정하는 말을 아무리 해주어도 그의 정신에는 그 말들이 좀처럼 접속되지 않는다.

"어, 예전에 저런 분이 아니었는데 유명한 자리에 오르더니 어떻게 저렇게 확 다른 모습이 나오는 거지? 사람 속은 참 알 수가 없어."

유명 종교가, 교육자, 정치가 들이 한순간에 위선자나 이중인격자로 지탄당하며 추락하게 되는 요인 중 하나는, 성장 과정에서 온전히 소화해내지 못한 채 속으로 삼켜진 망각된 내사물의 돌발적 괴력에 상당 부분 기인한다. 내사물은 잠잠히 자신을 숨기고 있다가 경쟁에서 승리해 긴장이 완화되고 방어가 느슨해진 틈을 타 불쑥 솟구친다. 중심 자아의 기능과 분리된 채 내면에서 따로 작동하는 이 내사물이 괴력을 발휘하는 순간 갑자기 평소의 인격과 다른 행동이 돌출acting out한다.

"이제 그동안 숨죽이고 표현 못 해온 '그것'을 (그 시절 나에게 괴력 내뿜던 '그 대상'처럼) 나에게 굽실대는 힘없는 대상(어린 시절의 나)들을 향해 똑같이 마구 표출하고 말 거야!"

눈에 보이지 않는 이 내사물을 어찌해야 자아에 통합된 유익한 무엇으로 바꾸어놓을 수 있을까? 인생의 성패, 행불행을 좌우하는 이것을 누가 어떻게 변화시킬 수 있단 말인가? 정신분석가의 주요 역할 중 하나는 각기 다른 강도와 질감으로 무의식에 자리해 어둠 속에서 개개인의 삶을 불합리한 방향으로 좌우하는 내사물과 전쟁을 치르는 것이다. 개인의 정신 속에 어떤 종류의 내사물이 그의 자아가 모르는 내면 한편에 자리 잡고 중요한 순간마다 반복해서 문제 증상을 일으키는지, 분석가는 세심히 주목한다.

무심코 표현된 내담자의 언어와 행동 속에서 (일반 상식에 갇혀 사는 사람들이 보지 못하는) 무의식의 징표를 발견해내고, 숨겨진 병인(내 중심인격과 다른 이물질, 즉 병리적 내사물)을 찾아내는 작업은 단숨에 이루어지지 않는다. 심연의 내사물이 의식 밖으로 그 정체를 드러내도록 하려면 방어기제들을 하나하나 이완시키거나 정신 성장에 유익한 방어 유형으로 대체해야 한다. 그리고 '그것'이 의식 밖으로 불쑥 튀어나와도 안전하게 느껴지는 분석 환경, 든든한 분석가 관계가 공존해야 한다.

나의 자아가 감당해낼 수 없어서 무의식 속에 집어넣은 그 내사물은 내 안에 계속 존재하기 위해 치료 환경을 필사적으로 방해한다. 따라서 내담자가 자발적으로 내사물과의 전투에 몰입할 수 있기까지 기초 훈련에 드는 시간이 적잖이 걸린다. 내사물을 처리해주는 '분석가의 현존'은 또 다른 현실 문제다. 내담자가 처절하게 겪었던 감정 덩어리와 섬뜩한 장면을 무의식에서 *끄*집어내어 오랫동안 다시 겪어주고 대신 소화해서 변환시켜주는 '분석가의 현존'은 개인주의와 상업주의적 가치관이 만연한 현실에서 얼마나 가능할까?

견실한 영혼을 지닌 정신분석가들 중 상당수가 내담자의 강력한 내사물을 자기 정신에 과도하게 수용하다가 정신 균형이 깨지거나, 정신 기능이 마비되거나, 불안증과 공황장애를 앓거나, 심지어 직업을 바꾸는 사례도 적지 않다. 자본주의 가치관이 현실 도처에 둥둥 떠다니며 정신을 물들이는 이 세상에서 버거웠던 상처들로 인해 (자신의 의지와 무관하게) 성장하지 못한 타인의 인격 요소(내사물)를 섬세히 *끄집어내* 온유하게 품어주고 변환시켜주는 상담가는 많지 않다.

내사물과의 처절한 전투 없는 정신 성장이란 (해석되지 못한 채 망각되는 꿈처럼) 몽상에 불과하다.

융합형 인간

'정신분석'은 내담자와 분석가가 서로 협력해 삶의 향유를 방해해온 숨어 있는 힘들의 정체를 탐색하고 소화하여, 자아가 현실에서 사용할 수 있는 긍정 에너지로 변환시키는 격동적 체험 과정이다. 이 과정에서 개인은 자신의 주체적 욕망이 어느 시점에서 포기·거세·마비되었으며, 어떤 이유로 특정 환상과 증상에 고착될 수밖에 없었는지 절실히 깨달아 '정신화'한다.

'정신분석 관계'에 진입한 내담자에게는 분석가에 대한 '전이transference'가 활성화되어 그동안 의식에서 억압·망각되었던 어린 시절 핵심 인물과 연관된 복합 감정과 기억들이 반복해서 일어난다. 그 강한 정서 격동 상태 속에서 비로소 자신이 그토록 절실히 원하며 두려워한 욕망의 정체가 무엇이었는지 생생히 대면되고 깊이 체득된다. 분석가는 내담자의 무엇이 어떤 이유로 억압·망각·반복될 수밖에 없었는지 주목하여 그 원인과 배경을 '평가 없이' 있는 그대로 수용·공감해야 한다. 무엇보다도 과거에 중요 대상을 향해 조금도 표현되지 못했던 심연의 복잡한 감정들을 내담자가 '말'로 자유롭게 한껏 표현하게 도와야 한다.

내담자의 정서·태도·말에 분석가의 정신이 어떻게 반응할지는 누구도 예측할 수 없다. 내담자와 분석가 사이에는 말로 설명하기 힘든 운명적 인연(상호 주관적 사이 무의식 역동)이 존재한다. 타인의 병을 공감하고 인식한다는 것은 오랫동안 원인 모를 (누군가의) 병을 (대신) 앓다가 정신분석 과정을 통해 (어느 정도) 극복해본 사람의 무의식과 연관된 어떤 운명이다.

정신분석 상황에서 내담자마다 원하는 바가 조금씩 다르다. 필요와 결핍 내용, 불안 유형이 개인마다 다르기 때문이다. 어떤 내담자는 분석가가 '투시의 눈'으로 자기 마음속에 쑥 들어와 전체를 파악하여 뭉쳐 있는 불안과 한恨을 단숨에 녹여주거나 가져가주길 원한다. 마치 말 못하는 유아의 고통과 불안을 어머니가 쓱 헤아려 말끔히 담아주고 처리해주듯이. 이처럼 유아기에 자기 인생의 전부였던 거대한 존재(어머니)를 다시 만나 모든 걸 표현하면 만사가 잘될 것이라 기대하는 사람을 엄마로부터 분리되지 못한 '융합형 인간'이라고 부른다. "내 내면 아이의 불안을 말끔히 해소해주기만 한다면 당신이 원하는 걸 기꺼이 모두 바칠 수도 있어요!"

강력한 보호자처럼 느껴지는 누군가를 만나면 그를 전적으로 신뢰하여 자신의 모든 것을 믿고 맡기고 기쁘게 융합해 살아가는 정신 유형. 한마음으로 모여 사는 가족, 연인, 스승–제자, 성직자–신도, 연예인–팬, 보스–조직원……. 이들 사이엔 종종 이러한 융합 관계가 형성된다. 그 울타리 안에 들어가 사는 동안 이 세상은 그에게 안전한 에덴동산이다.

융합형 인간은 순진하고 민감한 '유아의 영혼'처럼 직감이 강하다. 그들은 사람을 만나면 그가 나의 욕구를 온전히 충족시켜줄 대상인지 아닌지를 금세 (편집적으로) 직감(부분 지각)한다. 마치 아기가 자신의 '평안/불안'을 좌우하는 절대 존재인 엄마의 마음 상태를 (나름대로) 직감하듯이, 상대방의 정서 상태를 파악하는 데 유난히 민감하다. (엄마 같은) 대상이 평안하면 자신도 평안하고, 대상이 불안하면 자신도 불안해진다. 상대방의 심리 상태를 흡수해 상대방과 똑같은 상태가 되는 놀라운 동일시 능력! 이 경탄스러울 정도의 민감한 (편집적) 감수성!

힘 있는 대상과 융합을 반복하는 사람은 대부분 어린 시절의 '절대적 보호자 환상'에 고착되어 있다. 그는 무의식적으로 '강력한 대상'의 눈치를 살피고 따스한 보살핌을 그리워하면서도 버림받고 상처 입었던 유년기의 수치심과 불안 때문에 자신의 '진짜 마음'(무의식)을 직면·대결하고 표현하는 능력이 결여된 유아성 인격에 머물곤 한다. "어머니, 부디 따스한 마음으로 저에게 관심과 애정을 베풀어주세요! 저의 불안한 심정을 자상히 보듬어주시고, 저를 있는 그대로 당신 마음에 담아주세요!"

그의 무의식은 완벽한 사랑을 갈구한다. (절대 권능을 지닌 양육자에게) 영원히 보호받는, 완전히 융합된 사랑! 어린 시절 그것이 잠시 충족되었다가 당혹스럽게 단절(상실)되었기에, 무조건적이고 헌신적인 엄마의 사랑을 받지 못했다고 느끼기에, 엄마가 늘 어떤 결핍과 피곤한 상태에 있다고 느껴져 그런 엄마가 죽거나 사라질까 봐 차마 애정을 달라는 요구를 '표현'조차 하지 못했기에, 그는 제대로 융합하지 못했다는 근원적 결핍감과 불안이 심신에 둥둥 떠도는 것을 느끼며 살아간다.

그러므로 그에게는 이 불안을 해소해줄 대상을 찾는 것이 평생의 과제가 되고, 삶의 초점을 은연중에 늘 그것에 맞추게 된다. 동성·이성과의 성적 융합, 절대자와의 영적·종교적 융합, 위대한 학문·학자와의 관념적 융합, 강력한 약물·술과의 감각적 융합, 친밀한 가족과의 상상적 융합, 힘 있는 유명인 또는 명품과의 융합……. 그것이 어떤 유형의 관계이든 초점은 가치 있는 대상과의 '충만한 융합'이다.

인간의 마음속엔 누구나 어느 정도 이 '융합을 소망하는 유아'가 살고 있다. 애틋한 유아의 마음과 환상에 매달려 사는 이에게 현실에서 무의식의 결핍을 채워주고 상처와 불안을 대신 해소시켜주는 대상 역할을 어떻게 해줄 수 있을까?

융합형 인격이 타인에게 의존하지 않는 자유로운 주체적 인격으로 변화되려면 몇 가지 조건이 필요하다. 그 하나는 '투사·융합 동일시' 활동 대신에 인간관계에서 느껴진 것을 '있는 그대로' 대상을 향해 진솔하게 최대한 '말'로 표현할 수 있어야 한다. 이때 '말'은 수다스런 일상의 의식 언어가 아니라 억압된 욕망을 드러내는 (망각됐던) '무의식의 언어'여야 한다. 타인의 마음속을 직감력으로 한순간에 꿰뚫어보는 활동은 '대상'이 안정되게 곁에 있어주지 못할까 봐, 상처 입을까 봐 불안해하는 아이의 조급한 심리에서 기인한다.

버림받은 상처가 깊은 아이는 대상의 마음 상태를 순간적으로 투시하여 그 기분을 순발력 있게 맞춰주어야 그 대상이 자신을 버리지 않을 것이라 판단한다. 그에게는 자신의 욕망을 '말'로 직접 표현해서 얻었던 이익과 쾌락보다 힘 있는 타자의 욕망을 맞춰줌으로써 얻었던 이익과 쾌락이 훨씬 크고 안전하게 느껴진다. 그래서 자신의 속마음을 솔직하게 표현하는 대신에 타인의 마음을 투시하고 동일시(융합)해 타자의 욕망에 맞춰 말을 던지는 작용이 자동으로 작동된다. 문제는 그가 타자를 동일시하는 작용이 '대상의 전체성'이 아닌 '특정 부분에 대한 편집적 내사'라는 데 있다.

투시, 직관, 투사동일시는 대상의 어떤 마음 상태를 예리하게 포착하는 비범한 능력이다. 그런데 인간의 마음은 '정지된 화면' 같은 무엇이 아니다. 그것은 욕망의 율동처럼 변화무쌍하며 다중의 층들로 조합되어 있기에 융합인은 타자 마음의 일부만을 파악하거나 흡수할 수 있을 뿐이다. 그로 인해 대상에 대한 온전한 판단이 총체적으로 실패하곤 한다. 즉 그는 인간관계에서 실망과 실패를 반복하게 된다. "그가 그렇게 나쁜 사람인 줄은 꿈에도 몰랐어요. 믿었던 그 사람이 날 배신하다니! 내가 그토록 잘 대해줬는데⋯⋯. 못 믿을 게 인간이야."

그는 반복해서 실망을 주었던 세상과 인간을 더 이상 신뢰하기 어렵다. 분석가도 간절히 믿고 싶고 융합하고 싶은데 믿지 못한다. 그래서 상처 깊고 불안한 무의식을 다시 떠올려 대면해 '말'로 표현하는 작업이 너무도 힘들다. 불편한 속마음을 꾸밈없이 표현하면 지금까지 타자의 기분을 맞추며 이루어낸 관계가 일시에 파괴되지 않을까 두려워하며 시간을 공허하게 흘려보낸다. 인간을 믿고 싶은 마음, 상처 입고 버림받는 두려움과 공포. 자신의 '진짜 마음'을 대면하고 싶지 않은 필사적 방어⋯⋯. "이렇게 말로 표현한다고 내 삶이 변할까요? 골치 아팠던 과거를 굳이 끄집어낸다고 내 삶이 정말 좋아질까요? 그냥 요술 램프의 요정처럼 선생님의 힘으로 고통 없이 금세 좋아지게 하는 방법은 없나요?"

융합형 인간에게 필요한 것은 '신뢰할 수 있는 안정된 돌봄 관계'(불안 담아주기와 위로)다. 무의식의 실망, 분노와 증오, 상처, 불안을 있는 그대로 말로 표현해도 외면당하거나 야단맞는 수치스런 반응이 아니라 현실 세계(분석 관계)가 그대로 존재하며 오히려 더 풍요롭게 엮이는 경험을 스스로 체험으로 확인해야 한다. 이것이 그에게 결여된 '대상 항상성object constancy', 자아 정체성의 성장을 돕는다.

분석가가 융합인에게 베풀 수 있는 또 다른 배려는 분석가와 싸울 기회와 기운을 주거나 자신보다 모성성이 풍부한 (유사한 상처와 극복 경험을 지닌) 제3의 분석가를 안내해주는 것이다. 자존감이 약한 분석가의 경우 융합인의 격노를 버텨주고 담아주는 보호자 역할이 불편하게 느껴져 회피하거나 거부한다. 이 경우 '힘 있는 대상'에게 버림받을까 봐 불만을 '말'로 표현하면서 싸워보지 못하며 살아온 융합인은 분석가의 안위를 배려하고 기분을 맞춰주는 착한 자식 역할을 반복하면서 권위자에 대한 불신과 거짓 자기를 더욱 공고히 한다.

원인 모를 불안과 고통스런 자극에서 완전히 벗어나는 순간(죽음)을 희망하며 한 해 두 해 유예된 삶을 살아가는 인간의 고통을 뿌리 깊이 체험하고 공감해본 분석가라야, 사회 권력과 재물의 유혹을 넘어 내담자의 무의식에서 뿜어져 나오는 독기를 흡수하고 대결하는 작업으로부터 실존적 가치를 느낄 수 있다. 그런 분석가만이 융합인을 감당하며 회복시키는 역할을 온전히 수행할 수 있다. 이것은 내담자가 처리하지 못하는 상처, 불안, 나쁜 기운을 직접 자기 내면에 담아내는 고난의 과정이기에 결코 말(이론)처럼 간단한 일이 아니다.

우리 인간은 유년기에 고정된 특정 방어기제 때문에 정신 구조적으로 자기 자신의 무의식을 대면하거나 통제하기 힘든 존재다. 자신의 내면(진면목)을 들여다보려면, '내가 알지 못해온 나'를 있는 그대로 거울처럼 비춰주는 정신력을 지닌 특별한 '대상'(타자)이 필요하다. 상처 입은 유아 속 독 기운을 흡입해 담아주는 '초일상적 인격'에 접속되지 않는 한, '융합인을 독립성 지닌 주체로 변환시키는 치유 작용'은 일어나기 어렵다.

인생의 주인

나는 과연 내 인생의 주인인가? 그렇다고 진정 확신할 수 있는가? 목에 칼이 들어와도 한마디 외칠 수 있는 '나만의 나다움'이 있는가?

은퇴한 친구가 우울한 표정으로 자기 딸이 걱정된다며 도움을 청한다. 딸이 직장을 들어간 얼마 후부터 자신을 대하는 느낌이 예전의 딸 같이 느껴지지 않는다고 토로한다. "정감 어린 아이였고 정답게 잘 지내왔는데 어느 순간 벽이 느껴지고 영 몰라보게 달라졌어."

정신분석가는 사람을 만날 때 눈에 보이고 귀에 들리는 상식 요소에는 별로 관심이 없다. 즉 내담자가 이미 알고 있는 사실들에 주목하지 않으며, 그가 어떤 말을 하고 있지만 그 뜻이 뭔가 모호하고 색다른 느낌을 주는 요소들에 주목한다. '정신분석의 눈'으로 몇 번 마주하면 그가 어떤 이유로 지금과 같은 삶을 살 수 밖에 없었는지 심연의 얼개가 대강 드러난다.

열심히 살고 있다 말하는 '개성 씨'는 만나자마자 자신의 부모에 대해 불만을 토로한다. "제 부모님은 늘 당신들의 관점에서 저에게 간섭을 하고 요구를 해대세요. 그래서 늘 답답해요. 같이 얘기하고 있으면 에너지가 고갈되고 시간이 낭비되는 느낌이 들어요. 저는 저대로 살고 싶어요. 부모님이 원하는 대로가 아니라 제가 원하는 대로요."

부모에 대한 불만이 세상 불만으로 이어진다. "우리나라는 너무 불공평한 것 같아요. 힘들게 사는 사람들도 많고 사회적 차별도 도처에서 느껴져요. 아무리 열심히 일해도 보상이 충분치 않은 것 같아요."

그녀의 표현이 활기 있고 개성 넘친다. 표현 내용도 꽤 자연스럽고 견실하다. 그런데 뭔가가 힘들어 보인다. 뭐가 문제인가? 개성 씨의 말들은 얼핏 보면 총명하고 주관이 뚜렷해 보인다. 그러나 정신분석의 귀로 경청해보면 그녀 말은 상당 부분 내면에 축적된 부정적 흔적들이 외부 현실에 투사되어 지각된 결과물로써 온전한 그녀 자신의 것이 아니다. 그녀가 표현한 생각 대부분은 엄마, 언니, 친구의 말로 구성되어 있다. 아울러 자신이 마땅히 받아야 했던 엄마의 애정을 대부분 언니에게 빼앗겨 우울해하고 분노하는 '내면 아이의 말'이다. 그녀에게는 톡톡 튀는 '나'가 선명히 있는데 스스로 편안해하는 개성이 있는가? 그것은 차근히 음미해야 하는 주제다.

그녀에겐 흥미를 끌거나 압력으로 주어진 이런저런 외부 자극들에 즉각 반응하는 '원초적 나'가 있다. 그런데 주어지는 자극들의 긍정적·부정적 의미들을 차근히 대면·대결하고 극복해내서 정신의 무게를 형성해낸 '소신 있는 나'가 미약하다. 그녀의 사고 작용은 깊은 내면을 향해 진중하게 나아가지 못한 채 대부분 의식의 표면에서 출렁이다 사라진다. 사람들의 기분을 북돋우는 조적 재능을 지니지만, 그 속을 보면 자주 침체되는 자기 기분을 일으켜 세우기 위해 자극 주는 말로 스스로를 위로하는 것이다. 자기 말의 의미와 결과를 종합적으로 사유해 '책임지려는 나'가 애매하다. 그녀 입에서 뱉어진 말들은 스스로 오래 곱씹어 소화해낸 '자기 말'이 아니라 '중요 대상에게서 빌려온 말들'이다. 그렇기 때문에 그런 말들에 대해 왜 책임을 져야 하는지 좀처럼 이해하지 못한다. "왜요? 왜 그래야 하는 건데요?"

개성 씨의 정신을 채워주고 좌우하는 주인은 누구인가? 과거에는 전능한 힘을 발휘하던 엄마였다. 그런데 현재는 엄마가 아니다. 엄마는 이미 그녀 안에 내면화되어 그녀가 이미 엄마의 분신이다. 현재 그녀에게는 남자 친구, 직장 대표, 그리고 엄마 대신 자신을 관리하는 언니 '똑똑 씨'가 정신의 거울이자 보물 창고다. 엄마에게 야단맞은 상처로 종합적 사고의 어느 부분이 막혀 있는 개성 씨는 명민한 언니에게 열등감을 가진 동시에 언니를 자랑스러워한다. 개성 씨는 자신에게 부족한 것을 수시로 언니에게서 흡수해서 자신의 것으로 사용한다. 언니의 안정감을 자신의 것으로 취하는 모방적 동일시 과정에서 열등감이 해소되는 느낌을 갖는다. "자랑스러운 언니와 더불어 나는 가치 있는 존재야." 그녀의 열등감은 진정으로 해소된 것인가? 언니를 '내사'함으로써 (반성 없이 삼켜서) 얻은 심리적 안정감이 과연 '자신의 것'이며 지속적 안정을 줄 수 있는가?

　개성이 톡톡 튀는 정신의 다른 영역에서 그녀는 종종 무기력하고 우울하다. "내 몫의 엄마 애정을 홀딱 가로채 간 미소 짓는 대상들!" 그녀는 주관적 상상계 속에서 살고 있기에 상징계의 직장이 자신에게 요구하는 것이 정확히 무엇인지 총체적으로 이해되지 않아 업무에서 뜻밖의 문제가 생기고 문책을 받는다. 세상이 자신에게 무엇을 원하는지 '부분 지각'(부분적 이해)만 할 뿐 현실감 있는 종합적 사유 기능의 일부가 가끔씩 내면에서 방해받는다.

　그녀는 기분이 어둡게 가라앉을 때마다 인터넷이나 주변에서 뭔가

에너지 있어 보이는 것을 끊임없이 찾아내 흡수하려 든다. 그런데 그녀가 흡수한 정보들은 대부분 일시적 흥미를 끄는 것에 그친다. 정신 깊은 곳에 맺혀 있는 아픔·분노·우울을 한순간에 해소해줄 충만한 '그것'은 좀처럼 그녀의 눈에 발견되지 않는다. 그녀가 원하는 자기 방식의 삶이란 심리적 부담을 주지 않는 자극들에 마음껏 접속하여 그것들을 즐기며 살아가는 것이다.

그녀의 이런 마음과 태도는 아이 때 그녀의 생활을 과도하게 통제해온 엄마의 양육 방식에 대한 반발에서 유래한다. 아울러 언니보다 공부 못하고 정신 산만하다며 끊임없이 비교당하고 평가절하당한 과거의 상처와 열등감에서 유래한다.

가장 심각한 것은, 엄마가 직장 일에 쫓겨 가정에 집중하지 못했던 아버지에게 '아버지의 자리'를 넘겨주지 않은 채 그 자리를 점유하며 자식의 삶을 전적으로 통제해왔다는 데 있다. 이런 가족 구조에서 양육된 자식의 경우 '나의 정체성'은 자신에게 있지 않고 아이의 삶을 좌우해온 '그분'에게 종속되거나 '나'를 지키려 충돌이 일어난다.

그녀는 사춘기 시절 자기 자신을 회복하려고 애쓰며 절대 권력자로 지각된 엄마에게 격하게 반항하곤 했다. 그러나 엄마의 (병리적 통제) 기운이 워낙 강해서 그 투쟁의 결실은 애매하다. 오히려 반항 과정에서 자신이 벗어나고 싶어 한 그 대상과 인격의 한 부분이 동일시되었다. 그로 인해 개성 씨는 어떤 때는 본연의 개성을 드러내다가, 또 어떤 때는 자신이 내면화한 타자의 삶을 모방·재현하면서 '본연의 나'와 '나 아닌 나' 상태를 교대로 반복한다. 진짜 나와 가짜 나, 화통한 나와 꽉 막힌 나, 감정이 살아 있는 나와 엄마의 말과 행동을 내사해 그대로 따라 하는 나, 분노하는 나와 순응하는 나 사이를 오락가락한다. 서로 대비되는 두 인격을 하나로 연결하여 (혼란 상태를 버텨내며) '통합'하지 못한 채 양쪽을 오락가락하는 삶을 계속 반복하는 것이다.

'통합하는 자아' 기능이 균형 있게 발달하지 못한 개성 씨는 어떤 작업을 하면 그 성과물이 꽤 좋다가 또 어떤 때는 형편없는 상태가 반복된다. "하하, 이 세상엔 같이 놀고 싶은 사람들도 많고 하고픈 일도 참 다양해요. 지금 이 순간을 최대한 기분 좋게 누리고 싶어요." "이 사람 말을 들으면 이 말에 영향받고, 저 사람 말을 들으면 저 말에 영향받고. 이 사람의 요구, 저 사람의 요구를 거절하지 못한 채 받아들이다가 내가 하고픈 것에 쓸 시간이 없어져 몹시 피곤해요." "나를 이용해먹고 힘들게 만드는 이기적인 사람(무의식의 언니)들과 '차별이 심한' 이 나라 (무의식의 엄마)를 떠나 좋은 환경을 지닌 외국에서 살고 싶어요."

끊임없이 뭔가를 표현하는데 자기가 뱉은 말들이 어떤 의미를 지니는지 스스로 온전히 자각하고 있다는 느낌이 모호하다. 상담가가 긍정적인 말을 전해줄 땐 얼굴이 밝아지고 심각한 문제를 대면시켜줄 땐 놀라는 표정을 짓는데, 그렇다고 그것에 집중해 뭔가를 애써 소화해내려 노력하는 느낌이 없다. 마치 끊임없이 새롭게 나타났다가 바뀌고 사라지는 인터넷 기사들처럼 정신의 어딘가에 보관되어 있던 이런저런 정보들이 뇌 회로와 입을 통해 흘러나오고, 그것들 중 어딘가에 잠시 관심과 감정의 무게가 머물긴 하지만 이내 새로운 이야기 대상을 향해 관심이 흘러가는 느낌이 든다.

한 주제에 진득이 오래 머물지 못하는 그녀에게 타인의 말에도 쉽게 휩쓸리지 않는 '무게 있는 나'를 지니게 해주려면 자상하고 비범한 누군가가 '오랜 기간 지극한 정성'을 들여야 한다. 무엇보다 그녀가 온전히 받지 못한 것들, 즉 자신을 '존귀한 존재'로 응시하는 헌신적 양육자의 눈, 그리고 그 누구와도 비교될 수 없는 소중한 사랑의 대상으로 대우받는 따스한 애정이 채워져야 한다. 아울러 어떤 이유들로 그녀가 고통을 겪고 자존감에 상처를 입게 되었는지 '아이가 지각한 눈'이 아닌 '성인이 된 현재의 눈'으로 세심히 공감해주고 이해하는 과정이 필요하다. 그리고 엄마가 집요하게 독점해온 '아버지의 자리'를 엄마가 아닌 제3의 권위자(큰타자)에게 연결하여 보충하는 체험을 해야 한다.

자존감이 약한 그녀는 자신의 약점이 혹여 주변 대상에게 발각되어 수치스런 상황에 놓일까 봐 늘 두려워하며, 겉으론 미소 짓고 속으론 외롭게 지내왔다. 그래서 수치스런 상황에 처하지 않기 위해 어려서부터 자신을 보호하는 여러 방어기제 중 하나로 힘 있어 보이는 대상의 말과 생각과 행동을 빨리 흡수해 자신의 것으로 사용하는 정신 기제를 형성한 것이다. 그것이 그녀의 정신 구조로 굳어져 그것으로 자신을 그럴듯하게 보호(포장, 자기망각, 자기도취)할 수 있었다. 그런데 그로 인해 뜻밖의 곤혹스런 부작용들인 비현실감, 원인 모를 분노, 부정적 대상표상(자신을 비난하고 평가절하하는 엄마), 약한 자존감(하찮게 느껴지는 나), '존재의 무게감' 결여, 무기력과 우울증에 주기적으로 시달려왔던 것이다.

학교를 졸업하고 직장 생활을 시작한 뒤 처음으로 냉정한 현실 요구들을 직면할 때마다 내면에서 미해결된 문제들이 반복해서 솟구친다. 그리고 '그것'을 방어해내는 데 자아 에너지가 과도하게 사용되어 고갈되면 정신의 균형이 깨지며 총체적 위기 상태에 처한다. 그 순간 생존을 위한 비상(병리적이고 과도한) 방어가 자동 작동되고 자신을 불안과 위기에서 구해줄 것 같은 타인(중요한 대상)의 정신성에 전적으로 의존·종속되어 '나 아닌 나'로 변질되는 일종의 증상 인격이 생겨난다.

이 상태는 '자아 동질적'이기 때문에, 당사자는 자신이 문제 상태에 처해 있음을 좀처럼 지각하지 못한다. 그로 인해 은퇴 후 모처럼 딸에게 관심을 쏟는 아버지의 마음에 지각된 딸이 더 이상 정겹고 귀여웠던 과거의 딸이 아닌 제3자로 느껴진 것이다.

어떤 문제를 지닌 성격 구조 내지 증상이 생겨나는 근본 원인은 최근의 요소에 기인하지 않는다. 최근의 힘든 상황은 하나의 촉발 원인에 불과하다. 근본 원인(들)은 대부분 사춘기와 망각된 유년기에 그 뿌리가 있다.

개성 씨의 삶이 오락가락하며 생각과 행동이 어긋나 현실 관계가 꼬인 근본 원인은 그녀 인격의 상당 부분이 자기 자신이 아닌 내사된 인물의 것이라는 데 있다. 그녀는 어떤 면에서 자신이 삼켜서 동화된 '엄마 자신', '언니 자신'이다. 개성 씨의 직장 생활이 꼬이고 힘들어진 이유는 그녀 속에 내사된 엄마가 직장 생활에 부적응했던 인격이기 때문이다. 따라서 문제를 지닌 성격 내지 증상의 원인을 뿌리부터 이해하고 치유하려면, 그 개인이 거쳐온 전체 삶의 과정을 세밀히 탐색하고 전체적으로 조망하여 주요 결핍들을 보충하고 기존의 반복되는 (병리적) 정신 구조를 재구조화하는 과정을 거쳐야 한다.

그런데 '정신분석 과정'을 통과해내기엔 현재 그녀의 조건이 여러 가지로 부적합해 보였다. 분리·독립해야 할 부모에게 아직 경제적으로 의존해야 하는 상황에서는 분석 예후가 좋기 어렵다. 또한 기존 대상들이 비록 그녀를 염려하긴 하지만 그녀가 변화되어 그들의 통제 영역을 벗어나는 것을 진정으로 원할지도 의문이다. 그런 경우 분석 과정을 손상시키는 집요한 방해들이 주위 대상에게서 '무의식적으로' 일어나게 된다. 또한 자아가 강하지 못한 현재 상태에서 거북한 감정과 상처가 쌓인 무의식을 하나씩 대면해가는 힘든 정신분석 과정을 그녀가 얼마나 버텨낼 수 있을지 애매하다. 아직 정신이 변화될 '운명의 때'가 오지 않은 것이다. 또한 정신분석가는 자신의 친구와 가족에 대해 심층(무의식) 분석을 하지 않는 것이 암묵적 규약이다. 그런 경우 단지 5회 예비 상담을 통해 현실 문제의 근본 원인을 알려주고 새로운 미래를 위한 생산적 조언을 해줄 수 있을 뿐이다.

예비 상담 마지막 시간에 개성 씨가 그동안 왜 힘든 상태에 반복해서 처하게 된 것인지 '무의식의 원인' 몇 가지를 '가볍게' 전해준다. 통합 기능이 덜 발달한 개성 씨에겐 '무의식의 그것'을 짙고 명료한 언어로 전해줘도 이해하거나 소화할 능력이 아직 부족하다. 그것의 일부만 '가볍게' 전해야 조금이나마 이해하고 수용한다. 뭔가 측은한 마음이 들어 한마디 덧붙인다.

"절망감이 밀려들 때, 신뢰감 드는 분석가를 찾아내 당차고 거대한 '본래 나'를 꼭 만나 봐요."

자아 동조: 난 아무 문제없다

"저는 나름대로 잘 살고 있어요. 그런데 어째서 주위 사람들이 저한테 뭔가 이상하다며 정신치료를 받아보라고 떠들어대는지 정말 모르겠어요. 한심한 사람들 같으니라고……."

내면의 진실을 기억해내 '활용 가능한 내 것'으로 정신화mentalization하고 자아에 통합해내는 작업은 정신이 회복·발달하는 데 꼭 필요하다. 그런데 그것이 그리 간단한 일이 아니다. 아무리 중요한 진실일지라도 그것이 내면의 불안 요소를 건드릴 경우 방어가 자동 작동되어 '부정negation' 해버리기 때문이다.

감당하기 힘든 충격이나 계속되는 위협적 환경을 '현실' 그대로 인정하면 암담해진 나머지 '나'가 소멸될 것 같은 불안이 밀려들 때 자동으로 작동되는 방어가 '부정'이다. 부정이 일어나면 숨 막히고 끔찍하게 느껴지던 환경이 어느 순간 보정된 사진처럼 쓱 보기 좋게 바뀐다. "휴, 다행이다. 다시 보니 살 만한 세상이네! 난 괜찮아."

부정 방어는 고통과 불안에 떠는 개개인에게 진통제처럼 참 고마운 구원 작용이다. 프로이트는 '부정'을 세 유형으로 분류한다. 가장 강한 것이 '분열splitting'(폐제foreclose)이고, 다음이 '부인denial'이며, 가장 성숙한 유형이 '억압repression'이다. 정신 내면에서 작동되는 이 '부정의 유형'에 따라 개개인의 정신 구조, 임상 구조가 결정된다. 일단 형성된 구조는 (기존 정신성을 뒤엎는 일련의 강렬한 깨달음 과정을 겪지 않는 한) 평생 그를 따라다닌다.

정신분석이 누군가에게 강한 힘을 줄 수 있는 것은, 운명처럼 형성된 이 '구조'에 대해 누군가가 심각한 문제(고통·불쾌·불안)를 느껴 능동적으로 도움을 청하는 경우에 국한된다. 그리고 그 도움은 문제 증상이 그 주체에게 계속 고통스레 지각되는 동안에만 가능하다.

문제를 문제로 지각하지 못하는 사람의 경우 겉으로는 편안해 보이지만, '부정 방어가 작동된 정신 구조의 부작용' 때문에 불행한 상황이 계속되어도 온전히 대처하지 못한다. 그리고 부정된 그 요소들이 주체의 무의식에 자리 잡아 암암리에 가족과 가문에 투사·내사되어 대물림(복제)되는 비극의 씨앗이 된다.

대체 주체가 무엇을 부정하기에 그의 정신 구조와 삶이 그토록 엄청나게 시달리는 것인가? 주로 중요한 정신 발달 시기인 유년기와 사춘기에 감당할 수 없었던 고통·불안과 연관된 그것을 대상관계론자들은 '어머니의 돌봄 박탈'이라 명명한다. 그리고 프로이트와 라캉은 그것을 '손상된 아버지의 이름'(부정적 말씀·권위·위치·힘)이라 칭한다.

'아버지'란 눈에 보이는 구체적인 아버지가 아니라 유아를 엄마와의 본능적·의존적·자기애적·자아도취적 융합 상태에서 '분리'시켜 상징적 의미로 소통하는 현실 세계와 주체적으로 관계하도록 기능하는 제3의 권위 대상을 의미한다. '아버지'는 또한 엄마가 함부로 좌우할 수 없는 '공공의 힘'으로 아이를 든든히 지켜주면서 본능을 통제하라고 규범적 요구를 하는 상징계의 주인이다.

남녀평등이 정착된 현대 사회에서 생물학적 남성/여성으로서 아버지/어머니의 구분은 정신에 미치는 의미가 약하다. '아이의 눈'에는 가정에서 모든 의미·가치·호칭을 좌우하며 생물학적 아버지보다 월등한 힘을 지닌 듯 보이는 어머니가 '아버지의 위치'와 기능을 계속 독점할 수도 있다. 그런데 어머니가 아이의 융합 대상인 동시에 융합을 금지하는 대상의 이중 역할을 수행하는 경우, '그 대상'을 동일시한 아이는 정신성과 정체성에 혼란을 겪게 된다.

가정에서 그림자같이 존재감 없는 대상, 말로만 권위를 과시할 뿐 실상은 무능하고 자식에게 의존하는 언행 불일치의 대상, 닮고 싶은 점이 도무지 보이지 않는 대상으로서의 생물학적 아버지는 '아버지'가 아니다. 그런 대상은 아이에게 거대한 존재로 지각되는 '아버지의 이름'을 동일시하여 정신 내면에 자리 잡게 하는 성공적 모델이 되지 못한다.

어머니의 과잉보호와 자기중심적 집착, 아버지의 빈약함, 부모의 불화 등등 여러 요인으로 인해 '아버지의 이름'을 온전히 내면화하지 못한 채 '부정'(분열, 부인, 억압)한 개인은 의지와 무관하게 평생 원인 모를 후유증을 안고 살아간다. "사람들이 많은 곳에 가면 다른 사람들의 시선이 신경 쓰여 마음이 늘 안정되지가 않아요." "사람들 앞에 서서 중요한 발표를 해야 할 때마다 원인 모르게 늘 마음이 불안해요." "수십 년을 혼자 고립되어 살아왔는데, 이 생활이 변화될 수 있을까요?"

분열·폐제 ―

분열(폐제)은 원치 않는 낯선 자극이 내 심신에 침투했을 때 지각 기능 자체를 차단하거나 마비시키는 기제다. 이런 고성능 방어기제를 만성적으로 지닌 사람은 무언가를 의미 있게 지각하는 데 필요한 정신 구조를 형성하지 못한다. 그로 인해 귀한 경험을 하더라도 그것이 내면을 풍성하게 하는 의미로 수용되지 못한다. 생물학적 나이를 아무리 먹어도 정신의 새로운 통합과 발달을 이루어낼 수 없게 되는 것이다. 그에게 외부세계 경험들은 이미 분열된 정신에 어떤 새로운 영향도 미치지 못하는 '무의미'한 자극의 연속일 뿐이다. 아울러 본능을 억제·지연시키고 상징적 의미 체계를 작동시키는 중심 기표인 '아버지의 이름'이 부재하기 때문에 상징계의 복잡한 의미 작용이 내면에서 온전히 작동되지 않는다. 주관 환상적 만족을 제공하는 상상계를 대체할 '상호 주관적 상징계' 의미 체계가 정신에서 작동하지 못하기에 그는 주관적 상상계에 고립되어 타자와의 상징적 언어 소통이 늘 어긋난다.

"도무지 말이 통하지 않는 답답하고 지겨운 이 세상. 내 마음을 알아줄 수 있는 대상은 그 누구도 없어!"

'아버지' 내면화에 실패한 사람은 유년기의 부분 욕동들을 아이처럼 여과 없이 불쑥 표출하거나, 현실에서 자신이 보고 싶은 부분만 (편집해서) 지각하는 편집적 부분 지각을 자동적으로 반복한다. 또한 수많은 대상과 힘들로 구성된 현실 세계로부터 밀려드는 복합 자극들과 양가 감정들을 전체적으로 균형 있게 지각하거나 종합적으로 연결해 사고하지 못한다.

그의 정신적 판단과 지각에는 (폐제된 '아버지의 이름'처럼) 늘 모든 의미를 삼켜 없애버리는 거대한 '블랙홀'이, 타자와의 연결을 차단하는 '벽'이 있다. 따라서 치열하게 경쟁하면서도 대상의 장점과 단점을 두루 인정·수용하여 다양한 관계를 맺는 상징계의 현실에 적응하지 못한다. 그는 '대리 자아' 역할을 기꺼이 감당해줄 마음을 지닌 가족과의 일차적 대상관계만 간신히 유지할 뿐이다.

소위 정신증으로 분류되는 이런 유형의 사람은 대인 관계에서 소외

되며 '사회적 중요 위치'를 욕망하지도 경쟁하지도 않기에 집단의 정신성에 그다지 영향을 미치지 않는다. 폐제(분열)된 자극들은 그에게 뜻밖의 '환각과 환청으로 회귀'하여 그를 박해하거나 비현실적 명령을 내려 일상의 질서에 어긋나는 특이 행동을 저지르게 한다. 그 때문에 그는 사회로부터 주목해야 할 위험성을 지닌 '이질적 대상'으로 낙인찍힌다.

문제는 그의 가족이다. 그가 가족에서 부모·장남의 '위치'에 있다면 가족은 그의 '존재'와 '정신성'과 '말'에 영향받지 않을 수 없다. 가족 구성원 중 정신이 약하고 예민한 인물일수록 정신증 요소를 지닌 가족의 특성이 무의식적으로 내사(전염)되어 제2의 복제물·희생양이 되고 만다. 정신증자에게는 '아버지의 이름'이 폐제되었기에 '아버지의 위치와 역할'이 뭔지도 모르고 원하지도 않으며 온전히 수행할 수도 없다. 그는 단지 힘 있는 대상에 의존한 채 (유아처럼) 자기가 원하는 대로 마음껏 욕구를 표출하고 보살핌을 받으며 살고 싶을 뿐이다.

부인—

사회와 주변 사람에게 부정적 영향을 미치고도 그 사실을 자각하지 못해 만성적 피해를 일으키는 사람은 대부분 '부인' 기제가 구조화된 성격장애자이다. 그는 '아버지의 이름' 자체를 인지 못한 것(분열)이 아니라 일단은 인지했지만, 부모와 연관된 어떤 불편한 경험 흔적(수치감)을 감당하지 못해 그것과 그것을 연상시키는 요소들을 고집스레 부정한다.

성격장애자(내지 성도착자)의 근본 문제는 자기 정신의 어떤 부분에 '아버지의 이름'과 연관된 부정적 감정과 상처로 인한 편집적 인지 왜곡이 있다는 것이다. 그는 자신의 결함 있는 그것을 자동적으로 '부인'하기 때문에 주위 대상과의 관계에서 어떤 문제가 생겨도 자신으로 인한 문제 원인을 좀처럼 지각하지 못한다. 그의 무의식은 자신이 유년기에 겪은 수치심으로 인해 '아버지의 권위'를 부인하며, 사회의 요구나 규범을 불편하고 하찮게 여긴다. 그러나 의식에서는 '아버지의 말씀'처럼 보이는 언어를 그럴듯하게 사용한다. 그에게 '사회적 언어'는 권위를 상실한(경시하고 싶은) 아버지의 말과 아버지를 조롱하는 내사된 어머니 말의 연장이다.

유념할 점은, '부인된 그 요소'들이 소멸된 것이 아니라 무의식에 보관되어 있다가 '해리 상태로 회귀'해 사고·정서·행동에 돌연 영향을 미치며 직간접적으로 표현된다는 것이다. 가령 그는 가정과 사회에서 (자신이 각색해 상상한) '아버지의 위치'를 차지하고자 시도하면서도 무심코 '아버지의 이름'(권위와 품위)을 경멸하는 비합리적 행위를 해리 상태로 표출하곤 한다. 마치 '전능한 그분'의 위치에서 '아버지의 이름'으로 (두려웠거나 불쾌했던) 아버지를 조소하는 행동을 하는 것이다. 그러나 그의 정신에서 힘 있고 권위 있는 아버지는 허울뿐이거나 부재하며, '아버지의 자리'는 사실상 집안의 실권자 역할을 해온(전능한 양육자로 지각되었던) 어머니가 차지하고 있다.

이들은 이러한 자신의 부인·해리된 현재 정신 상태 내지 성격 구조를 결코 '문제'로 지각하지 않으며 고통을 느끼지도 않는다. 오히려 전능한 최초 양육자와 융합해 지냈던 과거의 쾌락 지각들에 집착하며 자신의 성격 특성을 주관 환상적으로 즐긴다. 자기 문제를 자아가 지각하지 못하는 이런 심리 상태를 자아심리학에서는 '자아 동조ego syntonic'라 칭한다.

자아 동조 상태는 다른 사람이 그의 사고나 행동에 문제가 있음을 아무리 애써 전달하려 해도 자동 '부인'되어 자신의 병리 상태가 이상하고 이질적이라고 느끼지 못한다. 그에게 '부인 방어' 기제는 이질적 '문제problem'이기보다 수치심과 불안을 덜어주는 '해결책solution'으로 기능하기 때문이다. 어떤 면에서 그는 성도착자처럼 '증상의 향락Sinthome'에 빠져 사는 것이다. "난 멀쩡하게 내 취향대로 살고 있어. 단지 세상이 이따금 잡스럽고 언짢을 뿐이야."

'결함'은 완벽할 수 없는 인간 존재가 운명처럼 지닐 수밖에 없는 것이기에 그 자체로는 이상한 것이 아니다. 그런데 '부인' 구조를 지닌 사람은 '아버지의 이름'을 부인했기에 아버지 세계를 온전히 경험할 수도, 아버지 역할을 온전히 수행할 수도 없는 결함을 지닌다. 그는 이런 내밀한 사실이 외부로 드러나면 세상으로부터 (아이 때처럼) 야단맞고 망신당하고 버림받아 모든 쾌락을 상실할지 모른다는 환상과 불안에 시달린다.

성격장애자는 클라인이 제시한 '편집·분열 자리'에 고착된 구조와, 어머니 세계로부터 분리되어 아버지 세계로 전환되는 오이디푸스기 초기에 경험한 '어떤 충격' 때문에 두 세계의 '차이를 부인'한 사람이다. 그가 수용하고 내면화한 상징계는 '아버지의 이름'이 중심에 위치하는 공적public 세계가 아니라 어머니 이름과 아버지의 이름이 혼합되어 공사 구분이 모호해진 세계이다.

심리적으로 유아기의 전능한 어머니 세계에 거주하는 사람은 '경쟁적 오이디푸스 상황' 이전 상태에 머물면서 분리·버림받음·박해 환상, 낯선 환경에 대한 불안에 계속 시달린다. 그래서 어떤 대상이 (아버지 세계에서의 지혜로운 생활 방식과 연관해) 도움 주려 다가와도, 타자에 대한 의심과 불안(힘은 있었지만 애정이 의심됐던 어머니, 안정감을 주지 못해 의존할 수 없었던 무가치한 아버지)이 일어나 그 도움을 온전히 수용하지 못한다.

내면에서 솟는 파괴욕동, 분노와 불안을 방어하는 데 자아 에너지가 소모되면 현실을 객관적으로 지각하고 타자와 진실한 관계를 맺기 어려워진다. 방어 에너지를 적게 소비해도 될 소수의 낯익은 대상들, 안전한 환경에만 반복해서 머물 뿐이다. 결국 그는 낯선 환경으로 나아가 새로운 경험을 온전히 수용해 내면화하지 못한다. 그로 인해 자아의 성장이 정지되고, 복잡한 지각의 다발로 구성된 현실에 대해 종합적으로 판단하거나 효율적으로 대처하기가 점점 힘들어진다. 그가 현실을 안정적으로 영위하려면 누군가의 도움, 보조 자아, 자신을 위해 봉사해주는 대상이 매우 필요하다.

'성격장애'란 어떤 원인들로 인해 유아기의 의존적 융합에서 온전히 분리·독립하지 못한 어떤 상태를 말한다. '증상'이란 극심한 내적 '위기'와 그것에 대처하려는 자아의 방어 사이에서 생겨난 타협 형성물이므로 심각한 위기와 불안을 나름 진정시킨 일종의 치유 상태이기도 하다. '문제 있는 성격' 역시 증상과 같은 기능과 의미를 지닌다. 그렇기 때문에 '부인하는 성격'은 '방어적(병리적) 정신 구조' 형성 이전 상태에서 불안했던 과거 상처나 위기 사태를 다시 대면하고 싶지 않고, 진정으로 대면할 수가 없다. 그 일차 이유는 그의 연약하고 미성숙한 자아가 부정적 자극을 감당해내지 못하기 때문이다. 그리고 간신히 이루어낸 치유책인 방어적(병리적) 성격 구조조차 소실되어 더 나빠질까 봐, 자존감이 훼손되고 '자기'가 깨질까 봐 몹시 두려워하기 때문이다.

그가 한 가정의 부모 또는 제사를 주도해야 하는 장손의 위치, 사회나 집단에서 높은 위치에 있을 경우 사태는 더 복잡해진다. 열린 마음으로 외부 세상과 정신 내면을 두루 소화해서 독창적인 무엇을 생성해내야 함에도 그는 '부인된 아버지의 이름' 때문에 결코 스스로 자신의 역할을 온전히 수행해내지 못한다. 전체의 핵심을 놓치고 자신에게 편한 (부분적) 사실들만 (마치 그것이 전체 진리인 양) 편집 지각하기에 그가 하는 일에는 늘 뭔가 결함이 있다. 그러다 큰 실패가 닥쳐 자신과 주변 대상들이 억울한 고통에 시달릴지라도 그는 결함의 '근원'을 결코 알고 싶어 하지 않는다.

그는 타인에게 돌봄을 베풀어야 하는 위치가 되었음에도 오히려 자신이 타인의 돌봄을 계속 받아야 하는 (심리적으로 취약한) 상황을 차마 사실로 인정하지 못한다. '아버지의 세계'에 진정으로 거주하지 못한 채 어머니 환상으로 버텨왔으면서도 자신이 생물학적·사회적 어른이라는 이유로 그 무능함을 더욱 '인정'할 수 없게 되는 것이다. (아이 때처럼) 문책당하고 무시당하는 하찮은 존재로 전락(거세)될 것 같은 불안! 그래서 그의 방어 기능은 점점 강하게 작동되어 자신이 타인에게 의존해왔다는 점을 자동 부인·망각한다.

"나는 아무 문제없이 떳떳하게 잘 살아왔다!"

그는 자신이 사용할 수 있는 능력과 주변 환경을 최대한 이용해 그 사실을 부인하고 회피하며 삶을 소모한다. 자기 때문에 주변 사람에게 심각한 사태가 발생할지라도 투사와 합리화 기제를 작동시켜 '남 탓'을 하거나, 복잡한 상황을 단순하고 편리하게 금세 정리해버린다. 이 모든 태도의 배후에는 아버지의 이름을 '부인'할 수밖에 없었던 자신의 수치스럽고 불안한 과거, 그 원인이 됐던 (거대 어머니와의) 원초 융합과 유기 불안에 대한 기억을 필사적으로 '부인'하는 활동이 작동한다.

성격장애자의 이런 '부인'은 '자아 동조'로 인해 죽을 때까지 좀처럼 지각되거나 바뀌지 않는다. 그가 죽어야 주변 사람들이 그의 병리성에서 간신히 벗어나 '자기 숨'을 온전히 쉴 수 있다. 자신의 골치 아픈 문제들을 외면한 채 인생을 자기중심적으로 즐기려 드는 성격장애자의 이런 자아 동조성 배후에 숨겨진 심각한 병리적 독성은 그 자신이 아닌 주변 대상에게 투사되어 주변 대상의 심신을 망친다. 주변 대상이 다 붕괴되어 더 이상 의존할 대상이 일절 존재하지 않는 상황이 되어서야 비로소 '잠시' 뭔가 이상함을 느낄 뿐이다.

성격장애는 특정 상처로 인해 자아 기능이 일부 저하된 것이 아니라 '부인'과 연관된 정신의 '구조적 결함'에 기인한다. 그로 인해 약물로 치료되기 어렵고 정신분석으로도 치료가 간단치 않다. 정신의 뼈대인 '정신 구조'의 변환이 가능하려면 무엇보다도 자기 정신에 어떤 결함이 있음을 스스로의 힘으로 직면하고 '인정'할 수 있어야 한다. 그리고 자기 성격이 불편하게 느껴져야 한다! 그 불편감은 열등하고 불길한 징표가 아니라 그가 자신의 문제를 스스로 지각하고 반성할 수 있는 자아 능력의 소유자라는 징표이다. 아울러 의지와 무관하게 유년기와 사춘기에 운명처럼 구조화된 자신의 특정 정신성을, 지금 이 순간에 운명과 대결하여 주체적으로 재구성할 수 있는 귀한 기회가 주어졌다는 신호이다.

억압—

금지된 소망과 그것에 대해 처벌당하는 불안 사이의 갈등에 시달리는 신경증자는 자기 내부에 좀처럼 정리되지 않는 무엇이 있음을 '부인' 하지 않는다. 대신 그는 그것을 '억압'한다. 그가 억압하는 '그것'은 주로 오이디푸스기의 금지된 욕망들, 거세와 연관된 표상들이다. '억압' 은 예기치 않은 순간 솟구쳐 자아를 놀라게 하는 '억압된 것의 회귀'에 반복해서 시달리게 한다. 그 시달림에 나름 능력껏 대처하고 타협한 결과가 신경증 증상이다. 그 증상으로 인한 불편감과 고통은 결코 만만치 않다. 그럼에도 그 증상을 통해 내부의 여러 긴장과 요구들이 상당 부분 '분출'(해소)되는 이점 때문에 특별한 동기가 주어지지 않는 한 신경증 증상은 좀처럼 소멸되지 않는다. 가령 자동화된 증상적 분출(긴장 해소) 통로를 바꾸려면 더 강하고 새로운 만족을 얻고픈 욕구와 그것을 제공하는 무엇이 무의식과 의식에서 활성화되어야 한다.

다행스럽게도 신경증자는 무의식과 소통하게 해주는 누군가의 도움이 주어진다면 의지를 희롱하는 듯한 '억압된 그것'을 뿌리까지 파헤치고 대결해 주체성을 실현하고픈 욕구와 강한 자아를 갖고 있다. 단지 억압된 무의식의 위력이 대단하고 자아의 방어가 매우 견고해 '무의식의 그것'을 직면하는 과정에 시간과 노력이 꽤 필요하다. 신경증자는 '아버지의 이름'을 '폐제'하거나 '부인'하지 않고 나름 인정하여 내면화한 인격이다. 그로 인해 그는 '아버지의 이름'이 작동하는 상징계 내부에 진입하여 어떤 위치를 차지한다. 그리고 외부세계를 왜곡 없이 지각하며, 타자와의 상징적 의사소통을 무리 없이 행한다.

신경증자의 자아는 자신의 신경증 증상에 대해 이질감을 느끼고 불편함과 고통을 느낀다. 아울러 증상을 일으키는 자기 내면에 깊은 문제 요인이 있을 것이라고 추정한다. 그는 마치 자신에게 어떤 큰 잘못과 책임, 수치스런 사실이 있기 때문에 고통에 빠진 양 자신을 과도하게 책망한다. 아울러 삶의 쾌락과 성공을 망설이고 자책하듯 비효율적 인생을 산다. 금지되어 억압한 소망과 환상 때문에 초자아의 징벌과 억압 방어가 늘 작동되어 좀처럼 쾌락을 향유할 수 없는 삶. 큰 성공을 이루고 싶지만 성공으로 가는 길을 무심결에 계속 지연시키는 삶. 욕망의 불씨(유아성욕)가 내면에서 끊임없이 일어나지만, 불안 때문에 향락을 멀리하는 수도자와 유사한 삶. 타인을 버리기보다 자신이 버림받는 게 덜 불안한 삶을 반복한다.

내밀한 소망과 환상, 죽음욕동과 초자아 불안이 내면에서 솟구치며, 서로 다른 두 욕구 사이에서 자아가 끊임없이 갈등에 시달릴 수밖에 없는 삶…… 신경증자는 이런 갈등과 반복강박의 굴레에 갇혀 인생을 낭비하듯이 흘려보낸다. "언젠가는 내 소망이 이루어지는 그날이 오겠지. 그날을 맛보기 전까지 나는 계속 살아 있을 거야!"

지극한 향락 욕구와 지독한 향락 금지 명령 사이에서 갈등을 해결하지 못한 채 '진짜 삶'을 끊임없이 미래로 '유예'하는 신경증자. 그에게 불안 없이 허락된 것은 정서와 분리된 '생각의 자유'와 소소한 일상의 즐거움뿐이다.

정신분석 치료에 가장 적합성을 지닌 주요 대상이 바로 이 신경증 인격이다. 그 근본 이유는 자신의 증상에 대해 느끼는 '자아 이질ego-dystonic' 불편감 때문이다. 자아 이질과 자아 동질(자아 동조)의 차이는 무엇인가? 그것은 지속적인 삶에의 의지와 자율적 자기반성이 가능한 존재이냐 불가능한 존재이냐의 차이다.

지금까지 인간 사회는 고통 없는 얼굴을 하고 있는 사람을 완전한 인격의 표상인 양 포장해왔다. 위대한 존재는 늘 얼굴에 환한 미소와 광채가 그득해야 한다. 어떤 고뇌도 다 해결한 완벽한 자유인이어야 한다. 인류가 숭배해온 신과 영웅들은 결과적으로 삶의 모든 문제를 해결한 완벽한 정신성을 지닌 존재로 가정되었다. 우리가 존경하고 믿고 따르고 동일시되고픈 '그분'은 상처, 갈등, 불안, 금지된 욕망, 거세, 어떤 정신적 결함도 없는 분이어야 한다.

이런 마음은 곧 대상을 '전적으로 좋은 대상/전적으로 나쁜 대상',

'완벽한 이상적 대상/형편없는 쓰레기'로 분열시켜 바라보던 원시인의 마음, 유아의 마음, 유아적 돌봄을 갈망하는 광신도의 마음이다. 이들은 자기 내면의 결함·상처·불안을 직면할 힘이 없어 '분열·폐제', '부인'하고 그 상태를 '자아 동조'시킨다. 그리고 설령 자신에게 어떤 문제가 있다 해도 '마술적 힘을 지닌 외부 대상'의 도움으로 금세 해결되리라고 믿는다. 이것이 정신의 자아 기능이 유아 상태에 고착된 성격장애자의 마음이다.

그들은 기분 좋은 것들만 지각하려 하고, 누군가와 함께 있을 땐 좋은 얘기만 하면서 웃으려만 드는 '부인'의 모델이다. 그리고 주관 환상 속에 거주하기 때문에 자신의 현실 문제들을 객관적으로 성찰해 대처하는 계획이나 의논을 좀처럼 하기 어렵다.

어떤 충격에 의해 파손되거나 구멍 난 방어막이 불완전하게 씌워진 정신은 외부에서 낯설고 강한 자극이 밀려들 때마다 덮개가 들썩들썩 불안해진다. 그러나 그가 일단 자기 상태를 있는 그대로 직면하고 인정하면 새로운 기운들이 보충되어 경탄스런 주체로 발달할 수 있는 모종의 길이 새로 열릴 수 있다. 그러나 자신의 결함인 그것을 '부정'하거나 자신이 부정한다는 사실조차 기억에서 지우는 방어 작용이 성격 구조화되면, 불편감을 주는 모든 자료들을 자동 망각하는 상태가 오히려 자연스러움(정상)으로 느껴지게 된다.

"나는 불편하고 부담스러운 건 다 싫어. 질색이야. 그러니 나와 있을 땐 늘 기분 좋은 대화만 하길 바라. 나한테 문제가 있든 없든 그냥 이대로 살다가 죽으면 그뿐이잖아."

자아 동조의 힘은 참 대단하다. '나는 아무 문제없다'는 환상에 속게 만드는 '자아 동조'의 놀라운 위력은 자신이 '장점'이라 여겨온 중심 성격 속에 뜻밖의 불편한 진실이 숨어 있음을 외면할 수 없게 되는 그때에 비로소 자각된다. 유난히 흠 없다고 지각되던 '그곳'은 고도로 위장된 결함들이 숨을 수 있는 최적의 장소다.

"으악! 이럴 수가! 내가 가장 자부심을 느끼고 자랑스럽게 생각해온 그 성격이 그토록 '부정해온 그것'에 대한 불안감 때문에 경직된 유아적 반응 패턴이었다니!"

자기도취 부모와 그 자녀

아이를 보면 그 부모의 모습이 쓰윽 떠오른다. 그리고 부모를 대하면 그들의 아이가 앞으로 어떤 삶을 살게 될지도 '보인다.' 부모는 자식의 영혼, 행복과 불행을 평생 좌우하는 운명적 대상이다. 아이가 '부모로 부터 분리·독립'에 실패하면 부모는 자식에게 뿌리 깊이 내사되어 자식의 영혼 자체가 된다.

개개인 삶을 들뜨게 하거나 불편하게 만드는 '그분'은 '의식에 떠오르는 지금의 부모'가 아니다. 어둠에 묻혀 기억도 나지 않는 먼 옛날의 어떤 분, 즉 예민한 아이가 경험했던 '그 부모'이다.

'그 부모'는 어떤 사람인가? 아이의 욕구를 채워주고 불안을 담아주는 섬세한 영혼과 헌신적 태도를 지닌 부모, 현실의 복잡함과 고단함에도 위축됨 없이 사는 걸 기뻐한 부모, 기대와 실망으로 굴곡진 삶을 돌아보며 그들 자신이 지닌 결함 요소들을 진지하게 반성한 부모, 자녀에게 꼭 이루어보라고 말해줄 만한 가치 있는 목표를 지닌 부모, 그 목표에 도달하려고 치열하게 노력한 부모…….

아니면 이미 세상을 다 알고 있는 양, 자신이 보는 것만이 최상의 진실인 양 고집하며 기분이 몹시 좋을 때만 잠시 타인에게 관심을 보일뿐, 늘 자신 속에 갇혀 타자에 대해 진정한 관심도 믿음도 갖지 못한 부모, 자신의 결함을 직면하거나 인정하지 못하고 행여 자신의 문제가 타인에게 드러날까 두려워 '깊은 대화'를 피하며 뻔한 일상의 말들만 반복한 부모, 겉으로 드러내는 경건한 말이나 표정과 달리 정신 깊은 곳의 결핍, 분노, 부정적 언어들을 어리고 약한 자녀나 배우자에게 주기적으로 분출해 (그들의 정신마저 자기처럼 엉망으로) 감염시킨 부모, 무엇보다도 '마음이 닫혀' 그 어떤 정신의 변화도 거부한 부모……

그가 어떤 부모인가에 따라 자식의 정신성 형성과 발달에 심대한 영향을 미친다. 가령, 카우치에서 자유연상을 못 하고 반복해서 침묵에 빠지거나 소소한 일상 이야기만 반복하는 사람은 '마음이 닫힌' 영혼이다. 견디기 힘든 양육 환경(아이의 욕구에 좀처럼 공명하지 못하는 부모, 아이의 불안을 담아주기보다 자신의 불안을 아이에게 전염시키는 부모)에 적응하기 위해 이미 오래전에 '진정한 자기'의 욕구 표현을 포기한 사람이다. '그 욕구'에 대한 느낌과 지각조차 마비된 존재. 그래서 겉으론 미소 짓고 무던해 보이지만, 실상은 살맛을 상실한 채 비현실적인 무엇에서 보상과 위안을 찾아온 억울한 영혼이다.

오래전에 포기된 '그것'이 의식에 분출하는 보이지 않는 기운 때문에 그의 높은 지성과 큰 목표를 실현하려던 욕망은 주기적으로 뒤틀어지고 무기력해진다. 아울러 가족과 주위 대상의 삶조차 비탄에 빠져 있는 그의 상태처럼 어두워지고 꼬여버린다. 더욱 심각한 것은 (아이 때 내사된) '그분'이, 파멸을 초래하는 '고약한 그것'의 정체가 외부로 드러나는 것을 거부한다는 데 있다. 그래서 그는 망각된 그 힘들었던 부분을 결코 알고 싶어 하지 않는다. "그것과 다시 대면하는 게 너무 피곤해서 그냥 아무 생각 없이 살아요."

먼 옛날에 위협적으로 느꼈던 현실, 초라하게 상심한 자신의 모습을 다시 보고 싶지 않은 그에게는 이미 진실을 '차단'하는 경직된 방어 구조와 자족적 환상이 구축되어 있다. 그로 인해 그의 리비도와 공격성은 새로운 발달 체험을 시도하지 못한 채 늘 과거의 '그 욕구', '그 상처'에 고착되어 있다. 아울러 그의 자아는 '망각된 그것'들을 억누르는 정신 활동에 에너지가 소진되어 늘 지치고 민감한 상태다. 그로 인해 자신을 향한 사소한 부정적 자극에도 자아가 불안정해지며, 어린 시절 누군가에게 표출하지 못한 채 내향화된 분노가 그 주위 다른 좋은 내적 대상들마저 파괴해 매우 빈곤한 내면을 지닌다.

"제 안에 좋은 것이 하나도 없어요! 하나도 안 느껴져요."

그는 (정신분석 상황에서조차) 이런 자기 모습이 외부에 드러나는 것 자체가 견디기 힘들다. 타인에게 자신의 내면을 탈취·침범·발각되어 모욕당할까 봐 누군가와 진지하게 소통하거나 도움 청하기도 부담스러워한다. 단지 적절한 거리에서 나를 괜찮게 바라보는 사람 정도와 잠시 만날 수 있을 뿐이다. "신뢰하기 힘든 이 세상에서 나는 나 자신을 <u>스스로</u> 보호하기 위해 나만의 내밀한 피난처를 구축하며 <u>스스로</u> 희생자–구원자 역할을 겸해야 하는, 조금은 가엾지만 위대한 인물이다!"

외부 대상과 전인적 관계를 맺고픈 의욕이 줄어들면 자연히 타자로부터 새로운 정신 에너지를 흡수할 수 없다. 그로 인해 자아의 성장 가능성은 차단되고 정신은 이내 침체되어 지루해진다. "내가 관리하는 가족 안에서 나는 여전히 '왕/여왕'이다. 나는 결코 폐쇄된 성에 갇혀 사는 독불장군, 잠자는 숲속의 공주, 권력자의 그물망(매트릭스)에 길들여진 하찮은 꼭두각시가 아니다. 아…… 그런데 이 삶이 때로는 답답하고 너무 싫다."

문제는 그의 배우자와 자식 관계이다. 일정한 거리와 관계 규칙이 있는 사회적 대상들 사이에서는 내게 주어진 역할을 수행하면서 상대에게 '진정한 관심'을 주지 않고도 그럭저럭 공존할 수 있다. 그런데 사회적 관계와 달리 '가족'은 진정한 관심과 애정을 주어야만 그에 부응하는 좋은 반응이 순환된다. 자기 외의 대상에게 진정한 관심과 사랑을 줄 수 없는 자기애 인격자의 결함과 부작용은 헌신적 애정과 친밀함을 나누어야 하는 가족 관계에서 확연히 드러난다.

가족들이 그를 떠받들고 그의 욕구에 잘 부응해준다면, 그는 제멋에 취해 살 수 있다. 그런데 내 마음대로 움직여주지 않는 성장한 자식과 자립성을 지닌 배우자는 종종 자기 내면의 결함을 외면하며 살아온 그를 골치 아프게 한다. 가족들은 마음이 넓지도 따스하지도 않은 고집스런 그의 성품에 불만을 표현한다. 그런데 그는 결코 바뀌고 싶지 않다. "그냥 이대로가 좋다. 지금 이대로의 내 가치를 몰라주는 자식도 배우자도 다 귀찮다."

유년기에 처음 형성되는 인간의 정신 구조는 사춘기에 이르러 재구조화될 (하늘이 준) 기회를 가진다. 개개인이 미래에 심리적·사회적으로 어떤 삶을 살게 될지는 부모가 이 두 번의 기회(유년기와 사춘기)를 어떻게 심층 이해해 잘 활용하느냐에 달려 있다. 대부분의 부모는 자식의 평생을 좌우하는 이 기회의 절대 가치를 잘 모른다. 부모 각각은 이미 형성된 자신의 특정 성격 틀에 사로잡혀 자식을 향해 자신의 욕망과 관점을 반복해서 각인·복제시키는 데 시간과 정성을 쏟는다(자식을 자신의 말을 잘 듣고 그대로 실행하는 대상으로 만드는 활동은 부모의 내적 결핍을 보충해주기 때문에 자기도취적으로 반복·지속된다).

상당수의 부모들은 뭔가 답답해하는 자녀의 상태에 관심을 기울여 불편한 마음을 진솔하게 표현하게 하거나, 그 말을 경청해 부모의 성숙한 지성과 정서적 포용력으로 막힌 곳을 풀어내는 대화를 하지 못한다. 그들은 (자기 부모의 강력한 요구들에 적응하는 과정에서 과거에 형성된) 자신의 정신 관점과 성격 틀을 (실망스러웠지만 무섭고 의존할 수밖에 없었던 자신의 부모처럼) 자식을 향해 권위와 진리의 이름을 내세워 일방적으로 각인시키는 행위를 재연한다. 그러면서 (자기 부모가 그랬듯이) 자식을 위해 '마땅히 해야 할 최선의 행위를 했다'고 자위한다. 그로 인해 많은 사람은 아이 때 부모가 편집해 주입시킨 세계에 적응(전염)되어 살다가 사춘기가 되면, 부모의 입장에 계속 순응할 것인지 '진정한 나'를 찾아 표현할 것인지 선택해야 하는 상황에 직면한다.

조그만 아이에겐 전능한 신(왕)처럼 군림하던 부모였지만, 몸집과 지성이 자란 사춘기 청소년에겐 더 이상 '왕/여왕'처럼 지각되지 않는다. 여기서 문제와 변화의 기회가 생겨난다. 아이는 부모보다 더 완전하고 이상적인 대상을 가족 밖에서 찾을 것인가, 부모의 요구와 욕망에 자신을 맞추어 분란 없이 살 것인가 사이에서 갈등한다. 이처럼 자식과 부모 사이는 '부모가 자식의 개성을 존중해 자식을 진정으로 분리·독립시키는 그날까지' 불협화음에 시달린다.

부모는 사춘기에 접어든 자식을 위해 그동안 지켜온 왕의 자리를 가족 밖의 이상적 타자에게 '잠정적으로' 양도해야 한다. 아울러 자식이 권위 있는 '자리'를 스스로 성취하도록 지적·정서적으로 도움을 주고, 때가 되면 그 자리를 내어주기도 해야 한다. 그래야 자식이 자신보다 탁월한 존재로 성장하는 데 기여해 '영원히 감사한 부모'로 남을 수 있다.

그러나 버림받는 불안이 심한 경계선 인격 엄마는 자신으로부터 분리·독립하려는 자식의 시도에 심각한 위기감과 실망감을 느낀다. '분신' 같은 자식을 외부 대상에게 빼앗겨 홀로 남겨질 것 같은 불안감 때문에 그 엄마는 아이에서 성인으로 몸과 정신의 변환을 겪는 사춘기를 하찮게 평가절하한다. 아울러 자식이 자신의 말에 전적으로 순종하는 생활 패턴을 계속 유지하도록 강요함으로써, 주체성을 찾으려는 자식의 영혼을 마비시키거나 어린아이 상태에 영원히 고착시킨다.

부모에게서 독립하려는 자식의 자유로운 영혼에 '신의 권위와 이름'으로 굴레를 씌우고 개성을 마비시켜 자기 곁에 붙잡아두는 부모는 자식의 개성과 영혼을 살해하는 전능한 천사-악마가 된다. 그토록 민감한 정신 변환 시기에 자식에 대한 어머니의 전능성을 잠시 더 누린 대가는 무엇인가? 그/그녀는 평생 동안 자식의 정신 성장이 마비된 모습을 바라보면서 책임져야 하는 짐을 떠맡게 된다. 자식의 '정신적 분리' 시도를 묵살한 부모는 결국 자식을 그가 각인시킨 '그것'의 복제물로 만든다. 그러고는 뭔가 정신이 이상해진 자식을 못마땅해하며 비난하거나 남 탓을 한다. "대체 어디서 저런 한심한 놈이 생긴 거야." 그토록 부인해온 무의식의 자기 모습을 너무 닮았기에, 그 못마땅한 자식(부인하고픈 자기)을 대면하는 것이 너무 수치스럽고 힘든 것이다.

최초 양육자로부터 온전히 '분리'되지 못해 생기는 각양각색의 비극적 후유증들! 수많은 파노라마가 펼쳐지는 듯 보이지만 실상은 구조가 유사한 필름들이 지루하게 반복되는 인생극장의 핵심 주제이다.

'예비 상담'에서 분석가는 고통을 호소하는 내담자의 정신성이 얼마나 굳게 닫혀 있는지 주목한 뒤 무의식의 내용물들을 하나씩 의식 표면에 드러나게 하는 활동을 진행한다. 의식이 무의식을 대면하는 활동은 심리적으로 불편하지만, 지금까지 살면서 자아가 부담해온 비합리적 방어에너지 소모를 줄인다. 더 나아가 자아의 지각 범위가 넓어지고 불안 감당 능력이 점점 높아진다. 이처럼 원인 모를 불안에 시달리는 분열·마비된 정신 구조를 유연하게 변화시키려면 오랜 기간의 정신분석 과정이 소요된다.

경직된 정신 구조를 지닌 사람들의 내면을 들여다보면 대부분 그의 부모가 부모 아닌 다른 대상에게 진정으로 도움받을 수 있다는 걸 의심하고 거부해왔음이 드러난다. 그런 부모에 의해 형성된 그의 정신 구조는 상당 부분 자신의 지성과 의지대로 움직여지지 않는 어린 시절 '그분'의 것이다. 그의 부모는 누군가에게 진정한 믿음을 주고 의존하며 소통해본 경험이 없다. 그는 부모에 대한 실망과 분노를 표현하지 못한 채 꽁꽁 숨겨 왔기에 타자에게 도움을 청했다가도 마음을 열어야 하는 순간이 되면 내면에서 홀연 의심과 불안이 엄습해 급히 철수한다 (진실해야 하는 생소한 정신분석 상황에서 그의 본래 자아보다 내면의 '그분', 즉 내적 대상이 놀라며 거부하는 것이다).

정신이 극적으로 '성장/퇴보'할 수 있는 기로에 선 청소년들을 구하려면 어찌해야 하는가? 그의 영혼을 뒤덮고 있는 (성격 결함이 심한) 부모의 마술적 기운에서 어찌해야 풀려나게 할 수 있는가? 청소년의 정신 내부와 외부의 (성격장애) 어머니는 결코 자식이 자신의 욕망 울타리에서 벗어나는 걸 원치 않는다. 그러므로 자식이 진정으로 '정신의 전환'을 성취하려면 일차적으로 부모의 마술적 기운이 묻어 있는 기존의 일상 환경에서 과감히 떠나야 한다. 현실에 적응하지 못해 아웃사이더가 된 소년이 '영웅으로 변신하기 위한 필사적 모험'의 기회는 바로 이런 결연한 '분리' 시도에서 시작된다.

환경이 변화되는 걸 두려워하여 이런저런 이유로 모험을 떠나지 못한 채 기존 생활을 반복하는 사람들이 상당히 많다. 이런 사람들 대부분은 뭔가가 불편하지만 무엇이 문제인지 자각하지 못한 채로 살다가 중장년이 되어서도 같은 문제, 같은 상황에서 여전히 벗어나지 못한다.

"어머니는 나의 피요, 살이요, 나 자체이시다! 그분이 진정 원하신다면 이 삶을 기꺼이 드릴 수도 있다." 낳아주고 길러주신 어머니가 문제인 것이 아니라 분리를 못 한 채 자식에게 집착하는 어머니가 문제인 것이다!

유아성 인격 내담자에게 어머니와 아버지의 부정적 영향을 직면시키면 혼란·회피·부인·마비·철수 반응을 보인다. "그분들이 미워지면 대체 난 누굴 믿고 어떻게 살란 말이야!" 이는 그의 내면에서 여전히 '왕의 자리'를 차지하고 있는 진짜 주인(유아기 그분)의 반대하는 힘이 너무나 강하기 때문이다.

그분의 목소리: "나 이외에 그 누구도 감히 이 아이의 삶을 바꿀 수 없어! 누구도 내게서 자식을 갈라놓을 수 없어. 죽음조차도……"

이렇게 '그분'이 끝까지 반대하면…… '가족의 끈끈한 유대와 판'이 깨지고 자식의 정신이 마비됨에도 '그분'으로부터의 분리·독립은 너무도 험난해진다. 당신은 진정 '분리'에 성공했는가?

3

무의식이 피워 올린 불꽃

인간은 자신의 무의식을 대면하고

입체적으로 이해·공감하는 '그만큼만'

타인과의 진정한 소통이 가능해지고,

긍정적 변화의 계기를 만들 수 있게 된다.

그 소통의 힘을 통해 (무의식의) '그'는

'본연의 나'를 되찾거나 바꿀 수도 있고,

타자를 향해 축적해온 좋은 기운을 전해

순환시킬 수도 있다.

지혜의 이상야릇한 조건

프로이트의 《꿈의 해석》을 처음 접한 것은 대학 1학년 때였다. 당시 한국 사회는 유신 독재 체제가 지배하고 있었고, 내겐 지성인으로서의 자부심을 북돋아주고 불안을 달래줄 사람과 사상이 절실했다. 뭔가 거대한 힘을 지닌 철학자와 자신을 동일시함으로써 암울한 현실을 이겨내고 싶은 욕구는 아마 당대 젊은 지성인들의 공통 현상이었을 것이다.

그 당시 한국에서 프로이트는 '성性'과 관련해 화끈한 주장을 한, 유명하지만 이상한 학자로 막연히 알려져 있었다. 그의 명성과 성에 대한 관심에 《꿈의 해석》을 읽게 되었다. 그런데 첫머리의 해설부터 시작해 본문으로 들어가자 따분함과 당혹감이 밀려들었다. 프로이트에 관한 잘못된 선입견 때문인지, 아니면 자존감을 높여줄 고상한 지식이나 뭔가 흥분되는 자극을 바랐던 정서 상태 때문이었는지 그 책은 지적 흥미도 성적 만족도 제공하지 못했다. 결국 나는 몇십 쪽도 차분히 음미하지 못한 채 책을 집어던졌다. "프로이트는 참 한심한 놈이구나. 인간성이 얼마나 심오하고 다양한데 인간의 본질을 고작 성으로밖에 설명하지 못한단 말이냐."

그 후 원인 모를 불안의 의미와 가치를 존중해주는 볼노브의 《실존철학이란 무엇인가》, 사르트르의 《실존주의는 휴머니즘이다》, 카뮈의

《이방인》등의 독서에 몰입했다. 그런데 다른 한편으로 극도로 억압된 성적 긴장을 해소해줄 뭔가를 바라는 묘한 이중성을 지니고 있었다.

누군가에 대한 사랑과 욕망, 성적 쾌락에 대한 기대와 엄격한 도덕감, 지성인이라는 과대 자존감 등이 각기 따로 함께 역동하면서 내 마음엔 불안이 둥둥 떠다니고 있었다. 프로이트가 바로 그 심란함의 원인을 설명해줄 최상의 전문가라는 것을 당시의 누군가로부터 안내받을 수 있었다면 내 인생은 지금과 상당히 달라졌을 것이다. 그러나 1970년대에는 '정신분석'이 무엇이며 '꿈해석'이 어떤 정신적 가치를 지니는지 알려주는 사람이 아무도 없었다. 그 누구도!

그런데 이상하다. 억압된 성욕이 목까지 차오르던 당시의 내게 왜 정작 프로이트의 '성 담론'이 그토록 혐오스럽게 느껴진 것일까? 왜 나는 그토록 찾던 '진리'를 바로 눈앞에 두고도 알아차리지 못한 채 지내온 것일까? '그것'에 접촉하지 못하도록 나를 교묘히 방해해온 그 심연 속 세력의 정체는 무엇이었을까?

그 답은 무려 20여 년의 긴 우회로를 거치고 나서 우연히 다시 만난 프로이트에게서 얻게 되었다. '무의식'과 '신경증'에 대한 저변 지식이 어느 정도 축적되고 나서야 비로소 《꿈의 해석》의 심오한 내용 하나하나가 뇌리에 깊이 각인되었다. 그리고 나도 모르게 "당신 고통의 원인을 찾아내 상실했던 활력을 되찾게 해주는 비밀 열쇠가 꿈에 있습니다."라고 외쳐대는 꿈 선생이 되어 있었다.

그 후 20년 동안 라캉, 클라인, 페어베언, 위니콧, 코헛, 컨버그, 브레너 등등을 만나면서 내 삶을 힘들게 한 또 다른 심연 세력들의 정체가 가슴으로 겹겹이 전해져왔다. 꿈결같이 흘러간 세월! 어느덧 장년이다. 감당기 힘든 욕동과 불안을 잠재우느라 학문이라는 관념 세계 속에 몰입해온 인생……. 그 어떤 향락도 접근을 허락하지 않았던 내 심연의 세력들은 꿈 많던 소년이 벗겨진 머리의 장년이 되자 비로소 그 정체를 알아도 된다고 허락하는 양 슬며시 자태를 드러낸다. 생이 어느덧 저물어간다는 신호인가? 누군가가 나 모르게 '나'라는 존재에게 기입해놓은 묘한 인생 각본…….

"'지혜의 여신'은 본능의 격동과 불안이 수그러든 황혼녘이 되어서야 심연의 자태를 드러내며 뭔가를 간절히 찾아 헤매던 인간에게 살포시 날아든다."

"억압되고 망각되어 원인을 알 수 없던 그것 때문에 당신은 그렇게 방황하며 살 수밖에 없었던 거야. 정신분석의 도움으로 비로소 '그것'을 간신히 대면해 감당하게 되고……. 꽃 한 송이 피워냈네. 그게 바로 너 자신이야!"

X의 파동: 재난의 실체[*]

"이대로 영원히 잠들고 싶어요. 아침에 눈을 뜨지 말게 해달라고 날마다 간절히 기도해요."

　뜻밖의 큰 재난을 당해 몹시 힘들어하는 분들이 종종 눈에 띈다. 안정되고 따스하던 그분들이 어찌해서 갑자기 그리된 것인가? 대체 무엇이? 의식의 눈으로 정체를 확인하기 어려운 낯선 힘들이 우리 내부와 외부에 늘 드리워져 있다. 우연히 접촉하는 순간 갑자기 생체 리듬을 마비시키는 바이러스, 도시가 계속해서 내뿜는 공해 물질, 범죄의 그물망…….보이지 않는 '그것'들이 가지각색의 위장막 배후에 도사리고 있다.

　일생을 좌우하는 재난 사건들은 현재 내 의식이 '알고 있다'고 믿는 눈앞의 그 대상이 일으킨 것이 아니다. 그것은 의식의 언어로 명료히 설명하기 힘든 전혀 뜻밖의 무언가에서 기인한다. 곤혹스런 충격 속에서야 언뜻 정신에 지각되는 그 'X'를 철학자들은 '존재', '일자', '물자체', '무無', '큰타자', '절대자', '도道', '잉여 에너지', '권력에의 의지', '하부 구조', '차연' 등으로 명명한다. 또 어떤 사람들은 '악마', '괴물', '에이리언', '운명의 신'으로, 정신분석가들은 '무의식', '본능', '그것Id', '실재

---

[*] 이 글에는 철학자 박동환에게 직접 배운《X의 존재론》내용이 정신분석의 관점으로 담겨 있다.

the Real', 'O' 등으로 호명해왔다.

인류는 이성(의식)의 소통 수단인 언어와 논리와 개념을 통해 '그것'을 안정된 의미로 규정하고 명료화하려 부단히 노력해왔다. 그러나 인류사를 살펴보면 특정 관점과 사유 틀에 근거한 의식의 언어로는 좀처럼 포획(분석, 규정, 의미화)되지 않는 잉여물(X, 낯선 기운)의 거대한 파동이 수없이 존재해왔다. 한때 번창했던 인류의 주요 계획들, 목표들, 의미들, 생존 체계들은 의식이 예측하기 힘든 '그것'에 의해 홀연 전복되어 사라지곤 했다.

정신분석이 인류사에 출현한 19세기 말 이후 인간은 그 'X'에 접근하는 데 있어 기존 학문과 다른 관점이 있음을 보다 생생히 자각하고 주목하기 시작했다. 의식의 '논리-언어-의미'와 매우 다른 무의식의 '원리-정서-힘'은 현대정신분석학자들이 대면하여 풀어내야 할 핵심 화두로 부각되었다.

인간은 이제 언어와 논리를 통해 '실재'를 해명하고 질서를 잡으려는 '의식의 나'와 더불어 어떤 개념 체계로도 포섭되지 않는 괴이한 'X/무의식의 나'를 지닌 존재로 재인식된다. 따라서 자기 자신의 '정체'가 무엇인지 온전히 알려면 의식의 틀을 넘어 의식을 뒤흔들고 뒤엎는 무의식의 힘, 날것의 '실재', 통제할 수 없는 'X'의 괴력을 주목해야 한다. 그 미지의 실재는 우리 정신의 내부와 외부에 없는 듯 있으며 늘 우리를 응시하다 뜻밖의 순간 불쑥 모습을 드러낸다.

개인에게 닥친 치명적 사건·사고나 실수들은 대부분 자아의 방어 체계에 심한 균열이 생겨 그 사이로 무의식의 실재가 의식 밖으로 돌출하는 상황에서 발생한다. 그때 우리는 정신 균형이 깨진 상태에서 결코 대면하고 싶지 않은 '무의식의 나'(콤플렉스, 그림자)를 만나게 된다. 그

'X'에 접속되는 순간 주체는 예측하지 못했던 어떤 강력한 힘에 압도·함입된다. 그 순간 (생각과 말로) 뭐든지 할 수 있는 주체인 양 뽐내던 '의식의 나'는 홀연 마비되어 제 기능을 못하게 되고, 그동안 분열·억압됐던 '그것'들이 파동을 일으키며 정신에 엄습한다. 메두사의 머리를 보고 영육이 굳어져 돌이 되는 페르세우스 신화 속 인물들처럼 세상을 편집적으로 왜곡해 자신의 실상(진면목)을 집요하게 부인하는 성격장애자나 정신분열증자가 되는 것이다.

의식이 미처 포착하지 못했던 이질적 타자성이 기분 나쁜 말과 독 기운으로 내 심신에 침투하는 순간 기존의 나와 그 낯선 타자(또 다른 나) 사이에 치열한 전투가 시작된다. 보이지 않는 그 전투에서 개체가 탈진하면 큰 몸살을 앓거나 심신에 재난이 일어나기도 한다. 또한 교란된 정신 때문에 뜻밖의 증상이 생기거나 최악의 경우 정신이 영원히 마비될 수도 있다.

"이젠 아무런 느낌도 생각도 없어요. 그냥 멍할 뿐이에요. 저에겐 매일이 똑같아요. 변하는 것도 없고, 어제가 오늘 같고, 10년 전과 지금이 뭐가 다른지도 못 느끼겠어요."

안정적일 때의 인간은 온 우주를 정교한 언어와 생각으로 이해·정리·각색·창조하는 대단한 힘을 발휘하는 존재이다. '나는 내 삶을 자유롭게 선택할 수 있는 자유인이다, 욕망의 화신이다, 초인이다!' 그러나 억압·망각해온 내부의 무의식과 위장막으로 정체를 숨기는 외부의 무의식이 어떤 계기로 의식 영역에 침입해 모습을 드러내는 그 순간, 일상의 사고와 신체 리듬은 순식간에 마비되고 위험을 알리는 신호인 '불안'이 진동한다.

자아 기능이 마비된 이때야말로 누군가의 도움(자아 지원)이 절실한 때다. 그러나 이런 상태를 누구에게 표현해야 할지도 모르겠고, 어떻게 표현해야 하는지도 생소하고 힘이 든다. 결국 누구의 도움도 제대로 받지 못한 채 불안에서 벗어나려 좌충우돌하다가 자포자기해버리고 만다. 그 불안과 일상의 생명 리듬이 침체·마비되는 우울 상태는 안타깝게도 주로 가까운 주위 대상(자식, 배우자, 형제자매, 친구)에게 전염되어 통제할 수 없는 연쇄 부작용을 일으킨다. 자극적인 언어가 사람들 사이를 이리저리 떠돌며 나쁜 소문이 되듯, 나쁜 기운 역시 각기 다른 양태로 사람들 사이를 옮겨 다니며 재난과 희생양을 만든다. 보통 사람은 시작과 끝을 알 수 없는 이 떠돌아다님(전치, 환유) 때문에 자신에게 닥친 재난의 '근본 원인'을 좀처럼 대면할 수도, 명확히 알 수도 없다.

"대체 내 인생이 왜 이렇게 된 거야? 내가 뭘 잘못했다고 이런 일이 내게 생기는 거야?"

곤혹스런 재난에 처한 뒤에야 그는 비로소 자신이 해결되지 못한 오래된 문제(재난의 씨앗)들을 지닌 '본래의 나'를 억압하고 망각한 채 살아온 이중인격이라는 자각이 밀려든다. 내가 의식해온 '그 나'는 결코 이 세상의 주인도 주체도 아닌, 알 수 없는 타자(무의식)의 파동에 놀라며 움츠린 채 휩쓸려온 무력한 존재라는 사실을 비로소 깨닫는 것이다.

'의식의 나'를 교란시키고 무너뜨리는 그 섬뜩한 실재의 아가리 속에 직접 들어가서야 비로소 언뜻 지각되는 그것. 자기 자신과 인생의 숨은 실상! 인류가 만들어낸 거대한 의미 체계(상징계)들은 개개인의 영혼이 거대한 흡입력을 지닌 원초 실재(X)에 함입되지 않기 위해 애써 만들어낸 일종의 환상적 보호막이다.

'모르던 실재'의 낯선 모습이 의식 영역에 쓱 드러나는 충격적 재난 사태를 겪고서 혼비백산하는 개인에게 인류 사회는 '실재(X)'에 대한 공포불안을 완화시키고 위로와 치유의 길을 제시하는 '의미'(생각, 환상)의 보호막을 제공해왔다. 그 보호막(의미 그물망)은 거대하고 영원할 것처럼 공고되지만, 실상은 결코 완벽하지도 영원하지도 않다. 사회로부터 개개인 정신에 교육되어 흡수된 '의미'들은 잠시 안정을 주는 신경 안정제일 뿐, 결코 현실 불안과 심리 불안을 완전히 해소하거나 구원을 보증하지 못한다. 보호막에 난 작은 구멍 사이로 미지의 '실재'가 모습을 불쑥 드러낼 때 '의미'를 통해 자신과 세상이 안전하다고 판단(착각)해온 '의식의 나'는 당황하고 불안해한다.

"아, 힘들어 죽을 것 같아! 제발, 단조로웠던 일상의 질서 상태로 다시 돌아가게 해줘!"

삶이 계속되는 한 재난은 언제든 예측하지 못한 양태로 순식간에 우리에게 일어날 수 있다. 섬뜩한 재난이 일어나느냐 아니냐는 우리의 의지나 판단에 달려 있는 게 아니라 지금껏 알지 못했던(또는 외면해온) 'X의 움직임'에 달려 있다.

정신분석은 예상치 못한 강한 자극의 침투로 일상의 방어막이 파손되어 고통과 불안에 처한 개인이 섬뜩한 '그것'의 실상을 망각·은폐·회피하지 않고 직면하게 하여 자아의 '긍정적 자원으로 전환'시키는 담대한 치료술이다. 무의식과 대결한다는 것은 결코 단순한 작업이 아니다. 좋은 마음으로 대화하고 껴안아 어떤 좋음이 서로에게 전달되는 낙관적 관계가 결코 아니다.

어느 누구도 무의식을 의식의 언어나 지식으로 명확하게 정리해 전하거나 대면할 수 없다. 내부로부터 돌출하고 외부로부터 침투하는 무의식의 형용할 수 없는 파동과 질감들. 거칠고 껄끄럽게 펼쳐지는 양태들: 섬뜩한 기운, 따스한 손길, 구역질 나는 괴물, 뜻밖의 구원자, 초월자, 신, 반복되는 자기 파괴, 한 맺힌 시기심, 조건 없이 생성되는 생명력……

인류와 개인이 평생 이루어낸 의미 세계를 단숨에 붕괴시키고 거두어가는 X의 파동. 존재, 물자체, 무無, 죽음, 운명, 타자, 무의식, 죽음본능이 일으킨 재난과 창조 작용 앞에서 이성을 지닌 주체라고 자만해온 우리 인간은 겸손해야 한다. 우리의 이성이 미처 보지 못하고 보려 하지 않아온 것이 무엇인지 겸허히 반성해야 한다. 그리고 지금 이 순간 '미지의 실재'가 불쑥 우리의 정신 표면에 섬뜩하고 적나라하게 출현하게 된 까닭과 의미를 곱씹어야 한다.

우리 자신과 늘 함께하고 우리를 구성하며 우리가 모르는 우리의 '실상'이자 지배자인 'X'. 만일 '그것'이 괴물이라면 인간은 누구나 괴물에 함입될 수 있다. 만일 그것이 '신'이라면 우리 역시 '신'에 동화될 수 있다. 우리는 '그것'에서 온전히 떨어져나올 수 없는 분신이다. 아울러 우리는 너무 강한 괴물에게 무방비로 잡아먹히지 않기 위해 나름대로 '숨쉴 공간과 거리'를 확립해내는 전투사이며, 때로는 자기 자신과 집단(가족, 민족, 인류)을 구원해내는 영웅이다.

뜻밖의 재난으로 인한 상실감과 우울감에서 벗어나 보다 성숙된 새로운 삶에 이르려면 '이중 전략'이 필요하다. 우선 일상의 좋음과 자아 기능을 순식간에 파괴하고 마비시킨 'X'를 (거부하지 말고) 존재의 자연 실상으로 받아들여야 한다. 그리고 재난의 주요 원인인 기존의 '자기 상태'를 온전히 반성하고 깊이 이해하는 '새로운 고성능 거울, 심오한 의미' 습득이 필요하다. 주체가 간절한 마음으로 불안을 곱씹어 재창조해낸 삶의 의미는 교란된 자아 상태를 응집시키고 불안을 정화하는 놀라운 기능을 한다. 이와 더불어 X의 실상을 끝까지 직면하는 과정에서 주체적으로 체험된 경험의 흔적들을 자아로 곱씹어 하나씩 통합해내야 한다.

통합을 이루려면 무엇보다 나에게 황당한 고통을 준 타자를 전적으로 재수 없는 '이물질'로 단순 평가하거나 '부정'하지 말아야 한다. 많은 사람들이 기존 경험 흔적들의 의미와 가치가 '현재' 정신 상태에 따라 끊임없이 변할 수 있다는 '사후 작용$_{retro-active\ action}$', 새옹지마 원리를 간과한다. 지금 자신에게 쾌락과 이익을 준 것이 마치 '전적으로 좋은' 대상이고 고통과 피해를 준 것이 영원히 '전적으로 나쁜' 대상인 양 단순 평가하는 것을 조심해야 한다.

고통스런 '그것'을 '부정'할수록 그것은 정신 깊이 잠복되어 언젠가 내부와 외부에서 곤혹스런 증상이나 흉측한 재난 사태로 돌출한다. 또한 이미 오래전에 정신이 손상되어 (알게 모르게) '병 기운'을 타인에게 흩뿌려 전염시킨 사람들 역시 타인에게 피해를 입힌 만큼 자기 내부와 외부의 X로부터 만성적 처벌에 시달리게 된다.

지금 몹시 힘들어하는 그대여. 드러난 현상들의 감추어진 본성이자 생명과 파괴의 근원 율동인 'X'로 인해 일어난 재난의 원인과 의미를 되새기고, '그 실재'의 소리를 외면하거나 경시하지 않는다면 당신은 보통 사람들이 보지 못하는 진실을 깨달은 비범한 영혼으로 성장할 것이다.

화합·충돌하는 상호 무의식

동서양의 고대인들은 세상일이 독특한 '기氣'와 '기운氣運'(기의 변화 운동)에 의해 일어난다고 생각했다. 그들은 인간은 물론이고 자연 만물에 고유의 기운을 지닌 정령anima이 깃들어 있다고 믿었다. 이것이 애니미즘이다. 따라서 인간 개개인과 인간을 둘러싼 생활 환경, 가구와 소품조차 고유의 '기'를 지니며, 기와 기의 조화·충돌에 의해 정신과 생명에 크고 작은 변화(길흉화복)를 겪게 된다고 생각했다.

그래서 그들은 매순간 우연히 접하게 된 환경과 개개인이 지닌 기의 질감에 대해 민감히 느끼고 반응했다. '좋은 기'를 지닌 환경이나 대상에게서 태어났거나 그런 대상에게 좋은 기(온전한 돌봄)를 받으며 가까이 관계했다면 그 사람의 정신은 안정되고 강해지며 잠재력이 꽃을 피우게 된다고 생각했다. 아울러 그가 전수받고 흡수한 좋은 기에 힘입어 그 자신이 주위 사람들에게 좋은 기를 전하는 존재가 되며, 많은 사람들이 접촉하고 싶어 하는 귀인이 될 확률이 높다고 판단했다. 원시 인류는 불가피하게 접촉한 외부 대상들이 '좋은 기'를 지녔는지 '위험한 기'를 지녔는지 판별하는 데 온 직관력을 쏟아 자신들을 타자의 위험으로부터 보호하고 미래의 안위를 도모했던 것이다.

원초적 직관(육감)이 아닌 과학적·합리적 지성을 통해 삶의 안정을 도모하는 문화가 중심에 자리하면서부터 기와 기 사이에서 일어나는 조화·충돌(사이 무의식)에 대한 관심은 점차 옅어졌다. 그러다 20세기 후반 클라인 학파를 통해 타인의 정신을 '기'로 점령하여 조종하는 '투사동일시' 개념이 부각되자 눈에 보이지는 않지만 다양한 느낌으로 전해지는 기에 대한 관심이 다시 주목받기 시작했다.

20여 년간의 강단 생활 동안 나에게도 '기'와 연관해 기억에 남는 장면들이 있다. 1990년대 초반, 오전 9시 반에 도착하는 통학 버스에서 내려 강의할 건물 입구에 들어서는 순간부터 2층 강의실로 걸어 올라가는 동안의 시공간. 그 학기 내내 그곳은 묘하게도 빛과 그림자뿐인 적막에 싸여 있었다. 강의실 문을 열고 들어가 강단에 서서 쭉 학생들을 바라본 다음 잠시 마음을 추스르며 어떤 생각을 정리하고 첫마디를 꺼내기 직전까지 그 건물의 온 공간과 시간은 '고요 그 자체'였다.

학생 80여 명이 있던 그곳은 두어 시간 동안 다양한 소리·침묵·언어·표정·감정의 '기'들이 교차하고 뒤엉키다 다시 깔끔히 정돈되는 특별한 영혼의 작업실이 되곤 했다. 그때 강의했던 내용은 흐릿하지만 인상적이던 수업 분위기와 기운은 마치 특별한 작품의 그윽한 배경으로 정신 깊이 각인된 느낌이다. 선생의 첫 언어가 나오기까지 마치 '신성한 의례'에 함께 참여하고 있는 특수 집단인 양 80여 학생들이 만들어낸 소리와 침묵의 기운들!

그로부터 얼마 후 학생들 몇이 찾아와 운동권-비운동권 학생 연합 투표에서 "학생들의 정신에 힘을 주는 가장 필요한 교육자"로 내가 작년에 뽑혔었다는 말을 전해주었다. '그래서 지난 학기 수업 때 학생들의 표정이 유난히 진지했던 거였구나.'

당시 그들이 전해준 말에 나는 그다지 주목하지 않았다. 내 속에 자리한 권위적 선생상 때문이었는지, '거대한 관념'들에 함입되어 현실에 무감각했던 학자적 나르시시즘 때문이었는지, 단지 '그 말' 또는 '학생의 말'이 대단치 않게 느껴졌기 때문이었는지 확실치는 않다. 선생의 무덤덤한 반응에 실망한 듯 초롱초롱한 눈빛의 여학생이 점쟁이 같은 말을 쏙 뱉었다.

"선생님. 이번 투표는 개교 이래 아마도 처음이자 마지막이 될 큰 사건이에요. 나중에 오랜 세월이 지나 선생님이 힘든 일을 겪으실 때 지금의 이 소식이 선생님께 대단한 힘과 명예로 기념될 날이 있을 겁니다."

"……."

최고의 경험은 당사자가 그것의 의미를 온전히 음미하지 못하는 순간 역으로 미래 추락의 전조가 된다! 그 학기를 정점으로 이후 나의 인생은 묘하게 꼬여 7년간 강의하며 정들었던 그 학교를 떠나게 되었다. 뜻밖의 역경이 밀려와 영혼이 바닥으로 추락했으며, 급기야 자부심의 원천이던 철학 전공 직업을 내려놓게 되었다. 그리고 뜻밖에도 철학자가 아닌 외국과 한국의 정신분석가들에게서 손상된 기운을 보충하는 새로운 '기'를 흡수한 후 나의 정신과 기운은 마치 다른 사람인 양 절반쯤 변했다. 그렇게 나의 내면에 새로 들어와 자리 잡은 정신분석가들의 기운으로 '무의식'을 탐색하는 정신분석가, 정신분석 선생이 되었다.

어느 정신분석 교육 기관에서 심리상담사들에게 '프로이트 입문'을 가르칠 때였다. 당시 그 단체는 좋은 조건에서 내 능력을 차원 높게 펼치게 해주는 고마운 장소였다. 그런데 긴 테이블의 선생 자리에 앉아 강의를 하는데 이상하게도 학자로서의 자긍심이 흩어지고, '나는 돈을 받고 지식을 팔러 다니는 장사꾼일지 모른다'는 엉뚱한 생각과 느낌이 속에서 불쑥 일어나 정신을 집중하기 힘든 상태를 여러 차례 겪었다. 그 묘한 순간에 주위를 둘러보면 선생을 향한 진지한 시선, 미소 띤 표정, 번뜩이는 눈의 수강생들이 낯설지 않은 모습으로 있었다. 그런데 내 정신 상태는 여느 때의 내가 아니다. 주관적 환각인가? 대체 이게 뭐지? 내가 가장 편안해하는 공간인 강의실에서 처음 겪는 뜻밖의 이질감! 원인 모를 그 생각과 느낌이 어디에서 기인했는지를 제대로 파악하는 데 꽤 긴 시간이 흘렀다.

내게 익숙한 프로이트 이론으로는 포착되지도 소화되지도 않는 뜻밖의 부정적 자극들로 인해 정신의 뿌리가 수차례 흔들림을 겪은 후에야 나는 비로소 클라인의 '원시적·유아적 정신성'의 특성들(분열, 투사동일시)에 관심을 갖게 되었다. 그것을 세세히 깨닫고 나서야 그동안 인간관계에서 이해되지 못한 채 내면에 싸여 있던 미해결 수수께끼들의 실상이 낱낱이 정신에 떠올라 지각되었다.

그 후 내담자, 수강생, 미지의 타자에 의해 돌연 뜻밖의 이질적 생각, 곤혹스런 느낌, 근육 마비, 지독한 불안 등이 일어날 때마다 역으로 '지금 그 상태'를 세심히 반추하여 나에게 '기'(투사동일시)를 쏘아댄 타인의 정신 유형과 무의식 상태를 생생히 읽어내고 현명히 대처하는 힘이 생겨났다. 백만 년 전 원시 인류가 지녔던 세계관(애니미즘)과 생존 질감이 '지금 여기'에서 생생히 재현되는 듯한 신기함.

가령 그 교육 기관의 경우, 수업 환경이 안전하다고 느껴 방어가 이완된 나의 정신에 어느 자기애 인격 수강생이 무심결에 쏘아댄 '시기심의 기'(투사동일시)가 불쑥 침투해 그의 내면 감정이 '원시 언어'(기)로 적나라하게 표출된 것으로 추정된다.

"너와 나는 별로 다를 바가 없어. 고상한 척하지 마. 박사든 학자든

돈 받고 강의나 하는 허접한 장사꾼일 뿐인 주제에……."

"어어, 악……!"

수업 욕구가 흐릿해지고 머리가 잠시 멍해진다.

존경하는 선생의 음성을 듣는다는 사실 자체에 기뻐하며 선생의 한마디 한마디가 최상의 작품이 되게끔 자기 내부의 가장 진지한 '기'를 품어내 '잊지 못할 고요'를 만들었던 80여 학생들의 '기'. 그리고 '학자의 기'를 오염시켜 자신의 가장 하찮은(분열시킨 무의식) 부분과 같게 만들려던 어느 대상이 쏘아댄 '시기심의 기'!

난데없이 출몰하는 거칠고 이질적인 자극들과 병리적 타자가 뿜어내는 강한 '기'에 전염되어 자신의 잠재력과 정체성을 미처 자각하지도 형성하지도 못한 채 타자의 기에 끊임없이 지배되고 떠도는 여린 '영혼'들! 가까운 대상임에도 온전히 소통하지도 조화를 이루지도 못한 채 서로 충돌하고 파괴하는 개개인의 '기'(투사동일시)들! 그 기운들에 의해 롤러코스터처럼 출렁이며 펼쳐지는 희로애락의 파노라마.

당신은 지금 어떤 미지의 '기운'들에 둘러싸여 자신도 모르게 휘둘리고 있는가? 그대 자신은 주위 대상들에게 무심결에 어떤 '기'를 뿜어대고 있는가?

손가락 퍼즐: 무의식에서 솟아난 음성

어린 시절에 각인된 '부모 말씀'의 일부는 소화되지 못한 흔적으로 정신에 저장되어 무의식에서 '모종의 기능'을 한다. 그러다 우연한 순간에 현재 의식에 연결돼 솟구치는 순간 정신을 각성시키고 뒤흔드는 뜻밖의 꿈·실수·증상·환각을 발생시킨다. 이 순간을 '정신분석의 눈'으로 세심히 주목하면 자신의 '진짜 욕망'을 대면할 수 있게 된다.

무슨 서운함이 그리도 많았는지 어려서부터 어머니를 들볶고 속 썩이며 늘 뭔가를 요구해댔던 모양이다. 어머니가 웃는 얼굴로 나를 바라보시며 물으신다.

"두 손을 쫙 펴고 열 손가락을 바라봐. 어느 손가락이 가장 소중하지?"

이 말을 들을 때마다 왜 저런 말을 하는 거지, 의아해하던 아이. 돌이켜보면 그때 나는 눈물을 질질 짜며 어머니를 원망하는 눈초리를 했던 것 같다.

"아무 손가락이든 깨물어봐라. 어느 손가락이 가장 아프지?"

어머니는 또 나를 바라보며 파스스 미소 지으셨다. 그 말에도 여전히 화가 풀리지 않았던 나……. '대체 뭐야!' 다섯 자식을 키우신 어머니에게 그 어린 꼬마가 참 서운했던가 보다. 그래서 무슨 독설을 뱉었나 보다.

"왜 누구만 좋아하고, 누구한테만 잘해주고……. 나한텐 아무것도 안 주는 거야!"

기억도 나질 않았다. 무슨 말을 뱉었는지, 왜 울어댔는지, 왜 그때마다 당신은 '열 손가락' 얘기를 반복하셨는지.

어머니가 세상 떠나신 후 중년이 되어서야 삶은 비로소 그 말의 의미를 느끼게 허락했던 것 같다. 복잡한 환경임에도 여러 집단에서 지도자 역할을 하며 자식들에게 약한 모습을 좀처럼 보이지 않으셨던 어머니. 재물을 쌓아두고도 자식 걱정만 하던 답답한 노인…….

오랫동안 사회 활동을 하셨기에 외부 일과 관련된 것들을 정리하러 가서 유품을 살피는 도중 어머니의 점포에서 일하던 누군가가 내게 다가와 은밀히 말했다.

"아, 철학하신다는 그 자제분이시군요. 말씀 많이 하셨어요. 기쁜 얼굴로……. 회장님은 참 지독한 분이셨어요. 명랑하시고 남부러울 것 없어 보이던 분이었건만…… 점심때마다 늘 저렴한 칼국수를 시켜 드셨거든요. 종업원인 저희가 민망할 정도로요(세상 물정 모르고 호강한 이 '고상한' 학자야. 네가 엄마의 마음을 알기는 알아?)."

그 순간, 망각되었던 기억 조각들이 활동사진처럼 솟아오르며 어둠 속에서 어떤 단어와 음성이 꿈틀대며 휘몰아친다.

"(불만 많은 요 녀석아.) 깨물어 안 아픈 손가락이 있으면 어서 말해봐."

"아니야 당신은 나보다 ○○를 더 사랑했잖아!"

어머니의 일터를 빠져나오는데 건물 복도가 유난히 어둠침침하다. 시간이 멈춘 느낌. 이상하고 찝찝한 기분…….

"젠장, 누굴 위해, 왜…… 왜 그랬어!"

투사동일시: 엄습하는 기운

유명인들이 초대받는 어느 고급 모임에 참석한 적이 있다. 그런데 그곳에서 뜻밖의 사람을 만났다. 소위 '투사동일시'(염력, 심령술)로 타인의 마음속에 침투하여 자신이 원하는 대로 생각하고 느끼고 행동하게 만드는 기인! 심각한 경계선 인격자와 대면하는 과정에서 이따금 겪는 복잡한 기운을 예상치 못한 곳에서 뜻밖에 겪게 되니 나의 정신 역시 그 인격이 내쏜 기운에 전염되어 들썩거린다.

투사동일시란 '기'로 상대를 제압하여 잡아먹는 야수나 원시 인류가 위험한 외부 환경에 대처하기 위해 작동시키던 원초 방어기제다. 이는 자기 정신의 일부분을 외부 대상 속에 '쏘아 집어넣음'으로써 자신의 내부 긴장을 덜어내고 외부 대상의 상태를 파악하며, 자신의 심리 상태를 전염시켜 대상의 마음을 자신의 소유물처럼 지배·조종하는 일종의 심령술이기도 하다. 소중하거나 이상적인 대상에게 자기 인격의 좋은 부분을 쏘아 넣어 친밀한 관계를 맺거나 의사소통하는 긍정적 투사동일시도 있다. 오늘날 이 심령술은 무당, 기인, 조폭, 유흥업 종사자, 사이비 종교가, 법과 도덕을 무시하는 반사회성 인격, 경계선 인격과 자기애 인격 구조를 지닌 자들이 주로 사용한다.

정신분석 임상 장면에서 원시적 정신 구조 내지 병리적 인격 조직 비율이 높은 내담자는 분석가에 대한 기대가 좌절되거나 자신에 관한 '견디기 힘든 부정적 진실'을 지각하는 순간 그것을 견뎌내는 대신 분열시킨다. 그리고 불안해진 감정들이 저장된 분열된 인격 부분을 분석가를 향해 내뿜는다. "제발 이토록 힘든 나를 제대로 느껴 공감해주던지 내 힘듦을 모조리 가져가서 대신 처리해줘!"

그때 분석가는 언어와 생각으로 정리(의미화)하지 못한 내담자의 괴기스런 불안과 병리성을 회피하는 대신 담아주고 버텨주어야 한다. 그것이 분석가에게 기대되는 역할 중 하나다. 이때 분석가는 내담자의 투사물에 전염되어 정신이 교란되는 무척 힘든 상태에 처하게 된다. 그래도 꿋꿋이 버티며 '그것'을 내담자 대신 소화(정신화)하여 '변형'시키려 노력해야 한다. 그러면 자신의 배설물을 보복 없이 대신 처리해주는 그 정성이 내담자에게 긍정적으로 감응되어 내담자의 무의식은 이내 분석가를 '보호'하려는 마음으로 전회하게 된다. 좌절감을 일으키는 부정적 현실에 대한 고통을 감당하지 못해 그것을 분열시키고 외부로 투사함으로써 내적 빈곤의 악순환을 반복하는 경계선 인격 구조는 이런 힘든 과정을 거쳐야 조금씩 안정되고 통합된 정신으로 발달해간다.

그런데 분석가에게 도움을 요청하는 정신분석 관계가 아닌 소위 사회관계에서 병리적 인격 구조를 지닌 사람이 다른 누군가에게 시기심과 부정적 감정을 (무의식적으로) 쏘아대는 순간 상황은 복잡해진다. 타자에게 부정적 감정을 배설하듯이 쏘면 돌이킬 수 없는 희생자가 생겨 응분의 책임을 져야 하는 '윤리 차원'이 개입되기 때문이다. 자신이 타자에게 미친 악영향에 대해 반성을 거부하거나 '자신처럼 타인을 배려하라'는 '도덕규범'(아버지의 이름)에 더 이상 구애받지 않는 순간 그는 자신의 정신성을 응집하고 통제하는 경계(보호막) 일반을 상실한 정신증 영역에 함입된다.

'정신분석적 만남'은 여러 조건들을 서로 합의한 뒤에 이루어지는 안전하고 상호 주체적이며 심층적인 관계다. 그러나 사회관계에선 '안전한 심층 대화'가 보장받는 환경이 좀처럼 존재하지 않는다. 가령 자기애가 취약하여 자신이 잘난 존재라는 걸 끊임없이 확인받아야만 불편감에서 벗어나는 자기애 인격은 자존감 상처를 '겪지' 않기 위해 사회적 만남이 이루어지는 순간 무의식에서 '권력의 높고 낮음, 유능함과 무능함' 등의 평가에 민감해진다. 그러다가 조금이라도 신경을 건드리는 불편한 자극을 받으면 내부에서 부정적 감정(시기심, 수치, 분노, 불안)과 이에 대한 원시적 방어가 곧바로 활성화된다. 즉 부정적인 감정과 생각을 내부에서 소화해내지 못한 채 외부 대상 속으로 맹렬히 쏘아 집어넣는 것이다.

무방비로 있다가 돌연 투사동일시를 당하는 사람은 원인도 모른 채 타인의 부정적 정신성(분열된 자아의 파편, 이물질)에 점유당한다. 그 결과 일상의 정신적·신체적 균형이 깨지고 심한 불안과 자괴감에 시달리게 된다. 그런 불쾌한 감정들 중 일부는 당사자의 무의식에 잠재된 유아기의 상처와 불안이 활성화된 것이다. 그러나 상당 부분은 자신의 것이 아니라 타자로부터 온 이물질이 일으키는 알레르기 반응이다.

"그 사람을 만나면 왠지 뒷골이 아파요."

사람들 대부분은 웃는 얼굴로 위장한 채 부정적 요소를 투사동일시로 쏘아댄 상대방의 정체를 제대로 알아보지 못한다. 그로 인해 자신의 힘든 상태를 자기 탓으로 오인해 스스로 억울한 희생양이 되거나 엉뚱한 대상을 희생양으로 만들고 만다. 경우에 따라 부정적 투사동일시의 후유증은 개인의 인생을 망가뜨릴 정도로 심각할 수 있다. "그토록 지혜롭고 덕망 있던 그분이 왜 언젠가부터 갑자기 이상해졌지? 마치 전혀 딴사람 같아."

투사동일시가 만성화된 인격은 큰 사건을 겪어도 그 원인을 반성하지 않고 외부로 곧바로 축출해버린다. 그로 인해 어떤 경험에서도 배움을 얻지 못한 채 기존의 병리적 지각과 행동 패턴을 반복하게 된다.

"나는 아무 잘못도 없어! 이 세상이 위험하고 엉망일 뿐이야."

자신의 내면 문제를 계속 외면한 채 그 굴레를 벗어나지 못할 경우 그의 병리성, 그의 무의식은 무심코 주위 대상에게 투사, 투사동일시된다. 그것이 가족 구성원에게 내사·전염되면 원인 모를 병증을 앓거나 곤혹스런 사건·사고를 겪게 되는 등 더욱 심각한 비극의 굴레에 갇히게 된다. 또한 투사동일시가 강한 사람이 집단에 끼어들어 부정적 기운과 말을 내뿜으면 그 집단은 '정체불명의 기운'에 휩싸여 본래 정체성을 잃고 혼란에 휘청거리다가 붕괴되곤 한다.

절대 안전을 보장받기 힘든 인간 환경, 주체적 인생길을 방해하는 어둠의 힘들, 뜻밖의 상처, 원인 모르게 증폭되는 불안, 무기력, 위축된 자존감, 부정적 대상표상, 엉뚱한 화풀이, 심화되는 증상, 나쁜 대상관계의 악순환……. 이것이 타자 관계 속 무의식적 투사동일시들이 일으키는 예측하기 힘든 인생 드라마다.

의식의 세계에서는 이따금 법을 위반하더라도 잘 위장하면 처벌받지 않고 무사할 수 있다. 그러나 무의식의 세계에서는 죄를 짓고도 처벌받지 않는 예외는 없다. 의식의 눈은 속일 수 있어도 무의식의 눈은 절대 속일 수 없기 때문이다. 암암리에 부정적 투사동일시를 쏘아 타인의 영혼을 오염시키거나 파괴해온 사람은 진실을 회피하고 망각하게 하는 방어 활동인 분열·부인·투사로 인해 편집되고 자기 미화된 '가짜 세상', '가짜 인생'을 살게 된다. 그러다 뜻밖의 순간에 자신이 부인·투사한 부정적 요소로 인해 외부세계가 부정적 환각(기괴한 대상)으로 되돌아와 자신을 공격해대거나, 가혹한 원시 초자아에 의해 내적으로 처벌 당하는 사태에 처하기도 한다. '무의식의 힘'에 의해 자신이 자신을 망치거나, 해를 끼친 대상으로부터 보복을 당하는 것이다.

현실에서 겪게 되는 이런저런 고통들을 비록 힘이 들더라도 병리적 방어(분열, 투사동일시) 없이 '견디며 소화해내야' 비로소 우리는 건강한 인격을 형성·발달시킬 수 있다. 뭔가 불안하고 인간관계가 이상하게 꼬인다고 느끼는 사람은 주변 누군가가 나쁜 기운을 쏘았거나 쏘고 있지 않은지 한 번쯤은 둘러볼 필요가 있다. 그래야 인생을 꼬이게 만드는 어둠의 기운에서 헤어날 수 있다.

우리가 세심한 노력을 기울이지 않으면 무의식의 정신 작용은 개개인의 삶에 가혹할 정도로 불멸적 영속성을 지닌다.

좋은 환상, 나쁜 환상

"행복감이 느껴지려 할 때마다, 갑자기 불길한 생각과 장면이 떠올라 그 순간을 누리지 못하게 돼요."

"버림받을까 봐 두려워 속마음을 한 번도 제대로 표현하지 못하고 살아왔어요. 제 자식이 저처럼 될까 봐 두려워요."

"내 말에 호응하지 않는 사람들은 모두 악마, 쓰레기처럼 느껴져요. 모조리 죽이고 싶어요."

환상의 힘은 참 대단하다. 삶을 좀처럼 못 누리며 답답히 지내거나 (신경증), 세상을 편협하게 지각하고 타인에게 피해 주면서 자기 문제를 부인하고 제멋대로 행동하는 사람(성격장애)을 접할 때면 '생물학적 나이와 사회적 지위가 인격의 질과 결코 비례하지 않는구나'라는 생각이 자주 든다. 도대체 이런 불합리한 현상들이 왜 반복되는 것인가? 만성적 문제를 지닌 사람들은 그 정신성이 왜 좀처럼 바뀌지 않는 것인가?

엄마 몸에서 분리돼 태어나는 순간부터 인간은 운명적으로 뜻밖의 낯선 자극들이 침투하는 위험에 던져진다. 거대한 미지의 환경과 타자들이 발산하는 무수한 자극들이 매 순간 '나'를 에워싼다. 그 어떤 존재도 '살아가는 한' 원치 않는 자극들의 침입 위험에서 전적으로 벗어날 수 없다. 모든 생명체는 원치 않는 돌발적 고통과 자극들을 그럭저럭 견디며 살아야 한다.

그런데 미성숙한 어린 생명체의 경우 '자아'가 약하기에 고통 자극을 참아낼 수 있는 양이 매우 적다. 특히 자신이 의지해야 하며 거부할 수 없는 '대상' 환경으로부터 오는 부정적 자극일수록 그것을 계속 감당하기가 너무 힘들다. 그래서 아이는 심리적 생존을 위해 정신을 '좋은 자극을 담는 영역'과 '나쁜 자극을 담는 영역'으로 분리시킨다. 그리고 환경 속 대상들을 '전적으로 좋은 대상'과 '전적으로 나쁜 대상'으로 편집·왜곡하는 환상을 만들어 나쁜 대상들을 자기 밖으로 축출(투사)한다. 그렇게 함으로써 정신 내부로 침투된 외부의 부정적 자극들로 인해 '정신이 오염되고 깨지는 불안'에서 벗어나는 것이다.

'좋은 환상'은 내가 어떤 힘든 환경에 처하든 나의 정신을 든든히 응집하고 위로해준다. '나쁜 환상'은 비록 종종 비합리적 박해불안을 일으키지만, 외부로 '투사'되어 남 탓을 할 수 있게도 하므로 현실에서 짊어져야 할 각종 책임과 내적 문제를 직면하는 부담에서 벗어나게 해준다. 이처럼 '환상'은 자아가 미성숙한 아이가 극심한 원초 불안과 고통을 버텨내게 도와주는 긍정적 방어 기능을 한다.

고통스런 현실을 있는 그대로 지각하는 대신 환상으로 대처한 아이가 자라 어른이 되면 어찌될까? 복잡한 요소들로 구성된 현실과 냉엄한 평가적 시선들로 얽혀 있는 경쟁 사회에서 그는 어떤 삶을 살아가게 될까?

상처 주는 고통스런 현실을 환상으로 버텨온 아이가 사춘기에 접어들어 만족스런 새로운 대상이나 환경을 접촉해 내면화할 경우, 환상에 의존하던 기존의 분열된 정신 구조는 보다 통합된 구조로 바뀐다. 그러나 사춘기에 유년기와 유사한 나쁜 환경이 반복될 경우, 유아적 환상은 정신 구조의 중심에 자리 잡아 평생 환상에 지배되는 삶을 살아가게 된다. "현실은 너무 실망스럽고 역겹고 불안해!"

그가 아무리 나이를 많이 먹고, 풍부한 지성을 쌓고, 높은 사회적 지위를 지닐지라도 일단 무의식에 자리 잡은 환상은 좀처럼 개인의 의지로 변형되거나 해체되지 않는다. 죽을 때까지 지속되는 '무의식의 진실'은 의식의 눈으로 보기에 너무 황당하다.

성숙한 인간과 미숙한 인간(성격장애, 자아발달장애)의 차이는 어찌 보면 단순하다. 미숙한 인간은 자신이 환상에 갇혀 있음을 간절하게 알고 싶어 하지 않는다. 왜곡된 정신 구조에 갇혀 자신의 본모습을 지각할 수도 없다. 뭔가 안전치 않고 복잡하게 느껴지는 '현실'은 불안 때문에 회피되거나 감당하기 편한 모습으로 자동 '편집'된다.

"머리 아픈 얘기는 하지 마세요. 좋은 얘기만 듣고 싶어요. 지금 이 상태로 계속 머물고 싶어요."

미숙인은 누군가가 '신뢰할 수 있는 안전한 환경'을 지속해서 제공해 주지 않는 한 결코 무의식적 환상에서 빠져나오려 하지 않는다. 처리되지 못한 유아기의 불안과 공포가 무의식에서 역동하기 때문에 오랫동안 유일하게 의존해온 무의식의 환상을 결코 포기할 수 없는 것이다.

"내가 인정할 수 있는 유일한 진실이자 위안인 그것을 잃느니 차라리 죽는 게 낫다!"

냉엄한 현실 원칙과 가혹한 도덕 평가의 칼날이 난무하는 이 세상에서 충격을 체험했거나 억압된 분노와 수치심이 큰 개인은 환상만이 안전하게 의존하고 휴식할 수 있는 유일한 환경이라고 느낀다. 그래서 무의식의 환상은 결코 '의지'로 포기될 수 없는 것이다. 진정으로 인정하거나 대면하기 쉽지 않은 무의식에 열등감·수치감·우울·무기력·불안·분노가 숨겨져 있으며, 자신이 상처 입어 불안해하는 힘없고 가엾은 존재였다는 걸 인정하고, 타인과 진지한 대화를 시도할 줄 아는 사람은 설령 어떤 증상에 시달릴지라도 성숙한 정신성의 소유자다.

　'무의식의 그것'은 주체가 '그것'을 자유롭게 (비형식적, 비일상적) 언어로 표현하고 자발적으로 대면·대결하는 과정에서 그 구조가 서서히 변화한다. 그런데 무의식을 드러내고 대면하는 것이 정신의 성장을 돕는다고 믿어지는 '신뢰할 수 있는 환경'이 제공되지 않으면, 무의식은 결코 자체를 의식에 개방하지 않으며 결코 변화하지 않는다.

　인간은 자신의 무의식을 대면하고 입체적으로 이해·공감하는 '그만큼만' 타인과의 진정한(비환상적) 소통이 가능해지고, 긍정적 변화의 계기를 만들 수 있게 된다. 그 '소통'의 힘을 통해 (무의식의) '그'는 '본연의 나'를 되찾거나 바꿀 수도 있고, 타자를 향해 축적해온 좋은 기운을 전해 순환시킬 수도 있다. 이처럼 무의식에 잠재된 과거(주로 유년 시절)의 상처들을 현재의 의식 위로 떠올려 대면하는 순간, 그를 하찮게 여기고 공격하는 것처럼 불안하게 지각되던 나쁜 환경은 어느덧 위력을 상실하게 된다.

무의식의 괴력이 만들어낸 증상symptom과 성격장애 사례들을 매일 다채롭게 접하며 대결해온 정신분석은 정신의 '강함/약함'이 단순히 '의식의 기준'으로만 판단될 수 없는 것임을 인류에게 끊임없이 전해왔다. 자신의 내면에서 요동치는 문제를 외면한 채 부모·형제·배우자·자식은 물론 주위 사람들에게 자신의 병리성을 흩뿌려 그들을 자신과 동일한 비극적 존재로 만든 후에도 자기 문제 대면을 회피하는 사람들이 적지 않다. 그들을 볼 때면 '유아적 환상과 원시적 불안의 힘이 참으로 대단한 것이구나'라는 느낌이 든다.

그 환상과 불안은 도대체 몇 대를 걸쳐 내려온 유물이며, 앞으로 얼마나 많은 자손들을 병리성에 물들게 할 것인가? '그것'의 뿌리를 대면해 자신과 가족을 다시 일으켜 세우려면 도대체 얼마나 오랜 노력이 필요한 것일까? 자신의 내면을 결코 알고 싶어 하지 않는 이들에게 정신분석은 무엇을 줄 수 있는가?

내면 아이의 불만

인터넷 뉴스와 유튜브 영상들이 매일 바뀌듯이 수많은 정보가 생성되어 가볍고 빠르게 흘러가는 요즘 세상에서 정신분석은 현대인에게 어떤 특별한 도움을 줄 수 있는가?

총명한 머리를 지닌 30대 제자가 찾아와 묻는다.

"여자 친구와 몇 년간 사귀었는데 결혼을 하는 게 좋을지 고민이에요. 종종 이야기를 나누다 보면 저의 어떤 말에 기분이 나쁘다며 갑자기 화를 내곤 하는데, 보통 때와 달리 화낼 때 여자 친구가 하는 말들이 너무 비합리적이어서 도무지 대화가 안 됩니다. 싸우고 헤어지고 다시 만나기를 여러 번 했는데 어떻게 해야 좋을지 힘들고 무서울 때도 있어요. 평상시에 여자 친구는 너무 귀엽고 나를 진심으로 챙겨주고 좋아하거든요……. 결혼하자는 말이 나오는데 어떻게 해야 할지 모르겠어요."

갑자기 화를 내고, 화낼 때마다 이상하게 소통이 안 되고 꼬여 어떤 해결책에도 도달하지 못하며, 결국 머리가 터질 것 같은 파국 상태가 반복된다? 이것은 경직된 방어기제가 '자아 동질적'으로 정신 구조화되어 자신의 결함과 문제들을 좀처럼 (이상하다고) 자각하지 못하는 성격장애자의 전형적 특성이다. 성격장애 요소가 강한 사람은 자신에게 동조해주지 않는 다름을 적대적인 무엇, 상처 주는 무엇으로 인식해 싸움을 일으킨다. 그가 일단 화를 내면 타인이 '나쁜 대상'으로 지각되기 때문에 합리적 대화로는 결코 풀리지 않는다.

그 화는 성인이 내는 화가 아니라 그 사람 속 '내면의 유아'에 의한 감정 폭발이다. 그러므로 지적이고 합리적인 대화보다는 품어주고 공감해주고 위로해주어야 그 화를 진정시켜 소통이 비로소 가능해진다. 그러나 갑자기 튀어나오는 타자의 화, 부정적 몸짓, 부정적 기운을 '담아주고 버텨주고 부드럽게 소화해 되돌려주는 힘과 능력'을 지닌 사람이 얼마나 될까? 애인 관계, 부부 관계일지라도 상대방이 내가 수용하기 힘든 이유를 들어 화를 무더기로 쏟아낼 때, 그것을 (상대가 변할 날을 기대하며) 감당하려는 사람이 요즘 세상에 얼마나 있는가?

보통 사람은 상대방이 화낼 때 쏟아내는 부정적 표현들을 '나에게 욕하는' 것으로 지각해 당황해하고 상처 입고 억울해하는 상태에 처한다. 그 '갑작스런 화'의 주요 내용, 주요 대상이 '지금의 나'가 아니라 상대의 무의식에 자리한 '망각된 어린 시절 상처 준 그 대상'과 연관된 것임을 자각하지 못하는 것이다.

내 마음을 공감하지 못한 채 야단치는 부정적 부모의 모습, 감당해내지 못한 고통 자극, 정신을 얼어붙게 만든 '싸우는 엄마 아빠 모습'은 아이의 정신 깊숙이 침투되어 무의식에 저장된다. 그런 아이는 어른이 되어서도 일상의 사소한 부정적 자극으로 인해 무의식의 '그것'이 자극을 받으면 통제할 수 없는 격한 감정을 표출하게 된다. 그런데 현실에서는 화를 내는 당사자도 그 상대방도 이런 무의식의 '그것'을 좀처럼 의식하지 못한 채 '남 탓'만 한다. "네가 못되게 굴어서 내 인생이 이렇게 비참한 거야. 이 천하에 나쁜 괴물아, 쓰레기야." ("놀라서 얼어붙은 내면 아이의 심정을 부디─과거의 무능한 부모 대신─온전히 해소시켜줘.")

대다수 사람들은 정신분석이 주목해온 무의식의 이런 고착된 감정 덩이와 환상들을 알 길이 없다. 도무지 알 수가 없어서 '화'가 터질 때마다 상처 받고, 그 상처를 마땅히 풀 대상이 없어서 또다시 자신에게 상처 준 대상을 향해 격한 싸움을 벌일 수밖에 없게 된다.

"머리가 터지고 가슴이 찢어지고, 무기력과 탈진이 반복되는 이 현상을 어찌해야 할지 도무지 해결책이 안 보여요!"

'무의식의 그것'은 방어벽을 뚫고 온전히 접속·소화되지 않는 한, 운명처럼 죽는 그날까지 그 상태 그대로 유지된다. 30대 제자의 고민을 다시 살펴보자. 지금 그 상태로 결혼하면 두 사람은 오랜 부부 갈등으로 에너지 고갈과 회복을 반복하다가 어떤 외부 일이 심각히 꼬일 때쯤 안팎으로 탈진해 관계가 마비될 것처럼 보인다. 당신이 청년의 부모라면, 선생이나 조언자라면 이들의 관계에 대해 어떤 도움을 줄 수 있는가?

증상의 보이지 않는 뿌리를 세세히 추적해가며 변환시키는 정신분석의 위력은 뛰어난 지성으로도 도무지 풀리지 않는 상황에서 비로소 심연의 빛을 발산한다.

가족 갈등 드라마

정신분석을 직업으로 지니다 보니 일상에서 만나는 이들이 이따금 삶의 힘듦을 하소연하며 자문을 구하곤 한다. 그중에 가족 관계로 곤경을 겪던 어느 분의 에피소드가 정신분석 주제에 부합하여 소개한다.

오십 대 '다정 씨'에겐 어린 시절부터 사이좋게 지내온 오빠가 있다. 그런데 오빠가 결혼을 한 후부터 점점 바뀌더니 최근에는 남보다 못하게 변해서 마음이 너무 아프다고 호소한다. 오빠가 왜 변했는지 짐작 가는 게 있는지 물었다.

"도저히 이해할 수 없는 그 여자 때문이에요."

다정 씨의 설명에 따르면, 오빠의 결혼 얘기가 나올 무렵부터 '그 여자'를 탐탁지 않게 생각했던 어머니의 반대가 있었고, 결혼 후에는 그 여자가 시댁 가족을 진심으로 대하지 않는 거짓 태도를 계속해왔다는 것이다. '그 여자'는 오빠의 부인(올케)이다. 정신분석은 부부 관계, 가족 관계에 접근할 때 보통의 사람들이 간과하는 미세한 것들에 주목한다. 다정 씨에게 물었다.

"올케가 시댁 식구들에게 불편을 느낄 만한 요소가 뭐가 있을까요?"

그녀는 모든 게 전적으로 올케가 이상한 사람이라서 생긴 일이라고 생각한다. 그 순간 다정했던 오빠를 친밀감 없는 다른 여자에게 빼앗긴 데서 오는 심란함이 느껴진다. 이런저런 대화가 계속되자 다정 씨의 오빠가 가족에게서 멀어진 이유가 점점 명확해진다.

오빠는 친구가 적고 자존감이 강한 성격이었는데, 그의 어떤 결핍을 '그 여자'가 오랜 기간에 걸쳐 상당 부분 채워주었다. 오빠에게 세상에서 가장 가까운 대상이 다정 씨가 아닌 올케가 된 것이다. 다정 씨는 그 사실을 인정할 수 없어서 동갑내기 올케를 향해 오랜 세월에 걸쳐 불편한 기운을 암암리에 드러냈다. 두 사람은 점점 불편한 관계가 되어갔고, 올케는 오빠의 마음속에 남아 있던 다정 씨의 자리마저 다 가져가고 말았다.

"만날 때마다 정이 많던 예전의 오빠가 이젠 하나도 느껴지지 않아요. 올케의 느낌이 오빠에게서 풍겨요. 아, 너무 섬뜩해요! 그토록 가깝던 가족 관계가 어쩌면 이렇게 될 수 있는 건지, 정말 이해가 안 가요."

다정 씨는 현재의 실망스런 사태에 자신이 적지 않은 원인이 되었다는 걸 전혀 지각하지 못한다. "저는 정말 그 여자가 못마땅했지만 진심으로 대하려 노력해왔어요. 그런데 여우 같은 그 여자가 그동안 가짜 미소를 지어오더니 급기야 가족 관계마저 이렇게 냉랭하게 되었어요. 가족애가 그토록 *끈끈했던* 오빠가 이렇게 변할 수 있다는 게 정말 이해가 안 돼요."

일상의 언어 세계에서는 오빠, 여동생, 부인, 가족 등등의 일반 명사를 쓴다. 그로 인해 대상을 바라보는 시각과 생각도 일반 차원에서 진행된다. "오빠는 오빠인데 어찌 그럴 수가……."

이에 비해 정신분석에서는 일반 명사 차원이 아닌 개개인의 고유 명사 차원으로 대상을 이해하고 지각한다. 가령 어린 시절부터 함께 지내오며 가족 내에서 중요한 위치에 있던 오빠 ○○○이라는 대상이 어떤 정신적 결핍(상처, 불안, 방어)을 지녔는지, 그 결핍과 관련해 어떤 욕망을 우선순위로 가졌으며 어떤 성격 유형의 사람인지에 주목한다. 끈끈했던 가족 관계가 무너진 것에 너무 속상해하는 다정 씨는 자신과 다른 성격을 지닌 오빠가 자신과 다른 무엇을 욕망하며, 그 욕망을 채워주는 대상이 어떤 성격의 사람이어야 하는지 온전히 알지 못한다. 그 때문에 실망과 오해가 생기고 기분이 상해 자신도 모르는 부적절한 처신을 하게 됐다. 결국 그것이 누적되어 급기야 가족 관계가 회복되기 어려운 상황에 처한 것이다. 이처럼 여러 자료를 검토해보니 문제의 원인이 다정 씨에게서도 발견되었다.

그녀는 애정 경쟁에서 승리자가 되고 싶어 하는 히스테리 성향이 꽤 강한 성격이다. 그 때문에 오빠의 부인(올케)에게 불편한 적대감이 일어났고, 그 마음이 상대의 정신에 오랫동안 각인된 것이다. 결국 시어머니와 시누이에게 계속해서 자존심이 상한 올케는 그에 대한 보복으로 자신의 남편을 그의 가족 관계로부터 단절시키려고 독한 마음을 먹었다. 이를 위해 남편의 결핍을 채워 자기만의 사람으로 만드는 데 온갖 공을 들였고, 결국엔 결실을 맺었다.

사람의 정신은 오래된 결핍을 채워주는 이에게 끌리고 '동화'된다. 다정 씨와 올케에게 벌어진 부정적 상호 무의식으로 인해 과거의 그 오빠는 껍데기만 과거와 비슷한 오빠일 뿐, 그 속은 다정 씨의 가족에게 적대감을 지닌 올케의 정신과 융합된 상태로 변질된 것이다. 다정 씨의 오빠는 더 이상 친밀했던 과거의 오빠가 아닌, 냉랭한 올케 그 자체가 된 것이다.

결혼은 서로 다른 정신성을 지닌 두 가족 집단, 서로 다른 성격 구조를 지닌 두 개체가 결합되는 관계다. 그 결합은 종종 어떤 양태의 삶이 전개될지 예측할 수 없는 드라마와 같다. 그중 상당 부분은 가족들이 온전히 자각하지 못하는 '상호 무의식'에 의해 좌우된다. 남자와 여자의 만남이 조화로운 방향으로 갈 것인지, 적대적인 관계로 갈 것인지는 두 개체 각각의 개인무의식과 더불어 주변 식구들이 어떤 마음으로 상대를 대하는가에 의해 크게 영향 받는다. 남자 쪽 어머니가 결혼을 반대했던 과거의 흔적, 양가 어머니들 사이가 불편했던 흔적, 시누이-올케 사이에 성격적 마찰이 있었던 흔적, 올케의 성격이 외부세계와 단절한 채 남편 관계에 온 관심을 쏟는 유형이었다는 점, 오빠가 오직 자기에게만 관심을 쏟는 배우자를 원하는 성격이었다는 점……. 다정 씨가 처한 상황은 이런 요소들이 빚어낸 가족 갈등 드라마인 것이다.[*]

많은 사람들은 서로 다른 정신성을 지닌 두 가족 집단(외가-친가) 사이 또는 그 밖의 가족 구성원들 사이에서 어떤 종류의 상호 무의식이 작동하고 충돌해왔는지 온전히 인식하지 못한다. 그 때문에 가족 관계가 꼬이면 대부분 가장 이질감이 느껴지는 어떤 대상을 탓하게 되고, 그로 인해 꼬인 관계를 풀기는 더 어려워진다. "오빠의 성공과 행복을 위해 얼마나 정성을 쏟아왔는데, 그걸 알면서도 저렇게 된 건 순전히 그 이상한 여자 때문이에요."

이렇게 꼬인 관계는 정신에 소화되지 못한 상태로 다음 세대(자식들)에 대물림되어 가문 관계가 점점 복잡해지는 요인이 된다.

---

[*] 결혼 전에는 가족애가 끈끈했던 오빠가 가족들과 '냉랭한 관계'가 되었다는 점에 주목하면, 그의 정신이 부인에게 동화된 상태다. 오빠 부부는 사회생활 면에서 안정성이 있다. 그런데 가족과 단절한 채 편을 가르는 안정은 '자아가 왜곡된 상태', '진정한 자기true self'가 마비된 상태에서 종종 일어난다. 그리고 그것은 '나중에' 심각한 후유증을 일으킨다.

다정 씨가 묻는다. "어찌해야 이 곤경을 해결할 수 있을까요?" 그녀를 바라본다. 내게 뭔가를 듣고 싶어 하지만 해줄 말이 간단치가 않다. 그녀 내면의 히스테리 환상과 부정적 대상 감정이 먼저 바뀌지 않는 한, 심각한 적대적 상황에 놓인 시누이-올케 간 상호 무의식이 바뀔 수 없기 때문이다. 아울러 올케의 무의식이 바뀌지 않는 한, 부인에게 의지하며 살아온 오빠의 정신성이 과거 상태로 회복되기는 불가능하다.

더 큰 장애물은 다정 씨가 나와 가까운 지인의 부인이라는 현실적 관계에 있다. 정신분석가는 현실에서 친밀한 관계를 맺어왔거나 맺어야 하는 대상은 정신분석 치유 차원에서 도와줄 수가 없다. 정신분석가의 눈으로 감지된 그녀 내면의 문제를 전해주면 다정 씨에게 깨달음의 에너지가 솟게 될까? 아니다. 오히려 조언을 해준 그 분석가와 맺었던 기존의 자연스런 인간관계가 어색해지게 된다. 일상의 관계 대상이 '무의식의 심층 문제'를 깨우쳐주려 할 경우 그것은 상대의 정신 깊이 수용되지 않을 뿐더러 현실 관계마저 심하게 불편해진다.

정신분석은 오직 '정신분석 세팅' 안에 용기 있게 들어온 사람에 한해서 비상한 힘을 발현한다. 그래서 가족, 친인척, 가까운 지인의 경우 분석가가 그들의 문제를 심각하게 감지하게 될지라도 직접 도와주기보다 (비록 상대가 실망할지라도) 다른 전문가에게 안내하거나 가볍게 한마디 조언만 해주는 것이 정신분석학계의 암묵적 원칙이다.

기존 신념과 정신이 뒤집어질 위험을 감수하고서라도 '문제의 뿌리'를 정확히 알고 싶고 가족을 구해내고 싶다면 이렇게 말해줄 수밖에 없다. "마음이 몹시 힘들 때, 멀지 않은 곳에서 친분은 없지만 신뢰할 만한 정신분석가를 찾아보세요."

4

정신분석과 나

정신분석은 삶의 활력을 위축시키고

향락을 방해하는 콤플렉스, 불안, 상처, 뭉친 감정,

표상 덩어리 들을 끄집어내고 역이용하여 새로운 빛과

가치의 재료로 재구성하는 작업이다. 성공과 실패,

선과 악, 자랑스러움과 수치스러움 같은 평가의 짐을

내려놓고 '진솔하게 나를 만나' 위로하며 쉴 수 있는,

환각과 현실이 공존하는 시공간이다.

정신 환자란 무엇인가

'정신 환자'란 무엇을 뜻하는가?

남모를 불편한 '증상'을 오랫동안 홀로 짊어진 채 고통스러워하는 사람? 죄책감에 자주 시달리며, 인생을 좀처럼 즐기지 못하는 사람? 다채롭고 생생한 현재 삶을 살지 못하고 늘 과거의 내적 세계 안에서 살아가는 사람? '성격 갑옷'(방어)이 너무 경직되어, 새로운 경험을 전혀 수용하지 못한 채 협소한 자기 세계 속에 갇혀 사는 사람? 자존감이 약하고 수치감이 심해 상처 받을까 두려워 대인 관계를 회피하는 사람? 그래서 아웃사이더가 된 사람?

자아의 기능들이 미성숙해 생물학적 나이를 먹었음에도 아이처럼 현실을 두려워하며 누군가에게 의존하는 자? 뇌 기능이 손상되어 수준 낮고 같은 말만 반복하는 사람? 자신이 감당하지 못한 불안과 '부정적 환상'을 타인에게 전염시켜 정신적 오물을 경계 없이 주변에 흩뿌리는 사람? 원인 모를 불안에 과민하게 시달려 함께 있으면 불편하고 골치 아픈 사람?

자기감정을 통제하지 못한 채 여과 없이 원초적으로 유치하게 분출하는 사람? 타인에게 정신적·물질적으로 고통과 피해를 주면서도 그 사실을 도무지 깨닫지 못하거나, 인정하지 않거나, 남 탓으로 돌리는 사람?

스스로 자신의 문제를 자각하여 '병을 치료해달라고' 정신과 진료 기록에 자신의 이름과 주민등록번호를 적은 '등록 환자identified patient'(의료보험 청구 대상)? 국가가 인정하는 정신과 병원에서 '정신질환'으로 분류되는 특정 진단을 받고 약을 먹고 있는 사람?

죄책감 없이 국가·집단·가족의 '좋음'들을 자신을 위해 혼자 부당하게 독점하여 공공질서를 어지럽히는 사람? 거리낌 없이 괴변과 술수를 써서 권력의 정상에 올라 독재를 탐닉하는 사람? 도덕성(초자아, 양심)이 온전히 형성되지 않아 타자에 대한 배려나 책임 의식이 없고, 늘 타인에게 책임을 전가하는 사람? 방송·언론에 자주 등장해 매혹적 언어로 대중의 정신을 좌우하며 재능을 뽐내지만 말과 행동, 겉과 속이 너무 다른 사람?

단 한 번도 타인에게 자신의 속마음을 진실하게 보인 적 없고, 평생 동안 '나' 이외에는 그 누구도 진정으로 믿어본 적 없는 사람? '진정한 나'가 없어 진실과 거짓의 차이를 스스로 구별하지 못한 채 늘 힘 있는 타인의 말에 의해 삶이 좌우되는 사람? 재능과 노력에 비해 과도하게 출세해 그보다 유능하고 성실한 타인의 미래를 암울하게 만드는 사람?

'정신 환자'란 명칭은 여러분에게 어떤 느낌을 주는가? 위험하고 두려운? 경멸스러운? 재수 없음? 이질감? 정성을 쏟아 도움을 주고 싶은? 연민? 안타까움? 호기심……?

모든 사회에는 그 시대 사회 구성원이 소중하게 여겨 가슴 깊이 간직하라고 권장하는 핵심 의미들이 몇 가지 있다. 진리, 선, 아름다움, 성스러움, 정의(올바름), 정상성, 자유, 창조, 영원성, 생산성, 주체성 등이 그것이다. 이런 말들이 어떤 과정을 거쳐 최초로 생성되고 시대와 사회에 따라 변천되어 현재 상태로 이 시대 사람들의 정신에 자리 잡게 되었는지를 세밀히 추적해 파헤치는 학문이 '계보학genealogy'이다.

계보학의 전문가였던 미셸 푸코는 《병원의 탄생》이란 책에서 '정신병자'에 대한 의미 규정이 유럽에서 시대마다 변해왔음을 드러낸다. 그에 따르면 무릇 '정신의 병'이란 '정상/비정상'의 의미와 가치를 판단, 평가하는 '권력 주체 또는 집단'에 의해 그 사회적 의미와 가치가 규정된다. 따라서 의미를 규정하는 주체가 어떤 특성을 지닌 누구인가가 매우 중요하다. 권력을 지닌 '주체의 특성'이 바뀌면 '정상/비정상(병)'의 의미와 평가 기준도 달라진다.

'정신의학'이 출현하기 이전 시대에 유럽에서 '정신의 병'을 규정하는 권력 주체는 왕족과 종교 집단이었다. 산업혁명 이후부터는 자본가 집단이 권력 주체로 기존 집단에 추가되었다. 과학적 합리성이 널리 퍼져나가기 이전인 18세기까지 서양에서 정신질환자는 종교·도덕과 대립되는 '나쁜 영혼(악마)'에 정신이 전염되어 지배당하는 존재로 간주되었다. 즉 '정신병자'라는 명칭은 그에게서 악령의 나쁜 기운이 방출되어 주위 대상들의 영혼을 전염(오염)시켜 사회 질서를 파괴할 위험성을 지닌 악한 존재로 해석된 것이다.

그래서 정신질환자는 범죄자와 같이 사회로부터 격리된 수용소에 감금되었고, 사회 구성원들의 온갖 부정적 냉대와 조롱의 대상이었다. 정신이 보통 사람과 다른 '정신병자'라는 낙인이 찍히는 그 순간부터 그는 사회적으로 위험하고 쓸모없고, '인간' 대우를 해줄 필요조차 없는 이물질로 취급되었다.

18세기까지 인간은 '영원불멸하는 완전한 존재인 신'과 소통할 수 있는 '신성한 정신성'(이성과 도덕성)을 지녔다는 이유로 자연계의 모든 생명체보다 우월하다고 여겨졌다. 근세 산업 자본주의 이후에는 '사회의 유지와 발전에 기여하는 능력'이 얼마나 많고 적은가를 개인의 존재 가치 등급으로 간주했다. 정신 기능에 장애를 지닌 비정상성의 범주에 '사회적 생산 능력이 결여되거나 생산성을 훼손시키는' 쓸모없는 인간 특성이 추가된 것이다.

'정신의학'과 '정신병원'이 인류 사회에 처음 생겨난 19세기 중엽부터는 '정상/비정상'을 판별하는 권력의 주체가 왕족, 종교 지도자, 자본가에서 점차 '정신과학자' 집단으로 이전된다. 아울러 정신의학자들의 '임상 언어'(-증, -병)들이 사회에서 '인간 정신성의 건강함/병' 등급을 규정(진단)하고 '교정'하는 권위 있는 보편 언어 위치를 차지하게 된다. 그 후 19세기 말에 '무의식의 학문'인 정신분석학이 출현한 뒤 2차 세계 대전 직후인 20세기 중반부터 수십 년 동안 정신질환을 진단하고 분류하는 데 정신분석학의 관점과 개념이 보편적 위력을 발휘하는 경향이 발현되어왔다. 최근에는 자연과학의 눈부신 발전에 힘입어, 뇌과학, 유전학, 신경생리학, 약물학, 인지행동학의 관점이 정신질환의 원인을 밝히고 치료하는 데 상당 부분 기여하고 있다.

21세기 현대인은 하나의 탁월한 가치관, 의미, 중심 권력에 의해 인류의 정신성 일반을 보편적으로 규정하는 시대 경향에서 벗어나 다양한 관점과 의미들이 각기 고유한 힘과 목소리를 가지고 공존하면서 정신의 '건강/병리'(정상/비정상)를 다각도로 해석할 수 있는 시대에 살고 있다. 사회와 타인에게 피해를 주지 않는 한 누구나 자신이 가치 있다고 생각하는 '의미와 관점을 스스로 생성, 정립'하고, 자신의 의견을 자유롭게 주장하며, 세상을 판단·평가하는 독립적 '주체'로 간주된다.

그런데 이처럼 변화된 문화 환경에도 불구하고 오늘날 한국 사회에서 '정신병', '정신 환자'라는 명칭에는 여전히 과거 시대의 일방적·부정적 의미가 짙게 배어 있다. 또한 우리 사회에서 병리적 진단 언어를 주도적으로 사용하는 권력 주체들이 과연 얼마나 자신의 언어 사용에 대해 다면적 반성 과정을 거쳐왔는지 의문이 든다.

누가 누구를 '정신 환자'로 규정하고 평가할 권리를 지닌 것인가에 대해 한국의 문화는 서구에서 오랜 세월 동안 거쳐온 수많은 시행착오와 반성 과정들을 진지하게 추적하고 곱씹어 세심히 소화해내지 못한 듯하다.

'정신 환자'라는 진단 언어에는 단순히 '심리검사'의 주체인 임상심리학자나 뇌 기능 장애를 진단하는 신경과 의사들이 독점할 수 없는, 인류의 '목숨과 명예를 건 광범위한 정신사적 투쟁의 흔적'들이 깊이 연루되어 있다. 가령 왕권 시대에 요구된 건강한 정신성(위계적 신분 질서에 적응하는 정신성, 국가가 권장하는 종교적 정신성)의 기준과, 자본주의 시대에 요구되는 건강한 정신성(경제적 합리성과 사회에 기여하는 가치 생산 능력을 십분 이끌어내는 정신성)의 기준은 상당 부분 충돌한다.

어떤 정신성이 그 사회에서 더 건강한가는 서로 충돌하는 두 가치관과 계급들(왕족·귀족 대 자본가) 사이의 권력 투쟁이나 타협에 의해 정해진다. 민주주의 제도가 정착된 오늘날에는 의료 전문가들의 판단과 사회 구성원 다수가 선호하는 가치관이 정신 건강을 측정하는 주요 참고 기준이 될 수 있다.

이런 다면적 배경 조건들이 정신의 '건강/병' 진단 가치 기준 선택에 영향을 미치기 때문에 '정신 환자'라는 말은 '육체 환자'라는 말과 달리 매우 조심스럽게 사용돼야 한다. 과학은 엄밀한 '가치중립적 판단'을 지향하기에 '정상/비정상'이라는 가치 평가 문제를 '종합적 관점'으로 다룰 수 없다. 이것은 과학의 한계인 동시에 장점이다. '정신의 정상/비정상'을 분별하는 과정에는, "인간이란 어떤 본질을 지닌 존재인가?" "인생의 의미와 목적은 무엇인가?"와 같은 질문을 통해 오랜 세월 치열하게 반성해온 학자(철학자, 종교가, 인문사회학자)들의 노고와 업적이 담겨 있다.

그렇다면 오늘날 누군가를 '정신 환자'로 규정할 수 있는 특권을 지닌 사람은 누구인가?

정신분석 지식이 많은 학자? 상담 경륜이 깊은 정신분석가? 신경생리학과 뇌과학 지식이 풍부한 정신의학자? 심리검사 자료를 판독해 진단을 내릴 수 있는 임상심리학자? '인간'에 대한 여러 해석과 '정상/비정상' 가치 기준에 관한 여러 이론과 관점을 오랫동안 비판적으로 반추해온 철학자? 초월적 존재(신)와 관계하는 최상의 인간 실존에 대해 고뇌해온 종교가? 국민이 건강하게 사는 방법을 전반적으로 이해하고 관리하는 보건복지부 장관? 별다른 '증상 없이' 살아가는 상식을 선호하는 국민?

그렇다면 '정신에 병이 있고 없음'을 분별하는 중요한 기준의 하나인 '증상'이란 무엇인가?

그것은 드러난 히스테리·강박증·공포증·우울증·편집증·조울증·분열증 증상을 지칭하는가? 만성적 고통이나 반복되는 증상을 전혀 지니지 않은 사람은 대부분 '성숙한 정신성'을 지녔는가? 불편하게 느끼는 증상이 전혀 없음을 과시하면서 타인의 인격을 함부로 평가하거나 타자의 생명 에너지와 물질을 자기중심적으로 착취하는 인격장애자들은 어떤 존재인가? 부자유스럽고 불편하게 느껴지는 자아 기능 장애 증상이 '전혀 없다'고 주장할 수 있는 완전한(종합적 판단 능력과 정신 균형을 항시 구현하는) 인간이 과연 실재하는가?

지난 수천 년간 철학과 종교가 거듭 주목해온 화두는 '인간의 유한성'이다. 인간은 자기 욕망의 실현을 방해하고 좌절시키는 수많은 현실적 한계(정치경제, 시공간), 생리적·심리적 한계를 지닌다. 아울러 지각·관찰할 수 없는 '무의식의 힘에 좌우되는 제약'에도 불구하고 머리로는 자신이 '위대한 힘을 지닌 존재'라고 생각하며 자기도취할 수 있는 욕망을 품는다. 그러나 현실에서는 곧 여러 겹의 한계들에 부딪혀 좌절을 맛봐야 하는 존재가 바로 '인간'이다. 완전성을 향한 욕망과 유한한 현실 사이에서 심각한 심리적 괴리감과 불균형을 지닌 자연계의 특이 생명체인 '인간'! 그 인간의 정신적 성숙과 미숙을 식별하는 하나의 척도는 자신의 한계와 단점에 반응하는 다양한 태도에 있다.

현대정신분석학에서 '미성숙한 인간상'은 자신의 유한성을 끊임없이 '부인'하면서 의기양양해하는 과대망상 또는 자신의 유한성에 과민하게 위축되어 우울해하는 자기애 결핍을 지닌다. 이에 비해 자아 강도ego strength가 견실하고, 정신의 그릇(자기self)에 응집력이 있고, 정신 기능이 균형 있게 발달한 '성숙인'은 비록 슬픈 일을 겪어 한동안 힘들어할지라도 현실의 한계를 직면하여 '반성·수용'하고 스스로를 '위로·애도'하면서, 현재의 한계와 대결하는 새로운 삶의 의미를 주체적으로 창조해 간다.

"환상과 편견의 도움 없이, 자신의 유한한 실상을 있는 그대로 대면하며 버텨내는 정도가 곧 그의 정신성 강약의 척도다."(니체)

자신이 얼마나 깊은 결함을 지닌 존재인지 뼈저리게 반성해보지 못한 사람은 결코 타인의 '정상/비정상'을 온전히 이해하고 평가할 능력을 지니지 못한다. 주로 유년기 상처들로 인해 억압된 무의식으로부터 생겨난 뜻밖의 낯선 증상들에 담긴 (의식이 모르는) 충격과 수치감, 죄책감과 억울함을 방어 없이 직면하여 스스로 위로해줄 힘을 지니지 못한 그 누구도 타인에 대해 '정신 환자'라는 말을 함부로 사용할 수 없다.

우리는 자신의 삶이 누군가에 의해 부당한 피해를 입게 될 때 분노를 표현하는 차원에서 "이 정신 나간 미친 X야!"라고 상대를 비난할 수는 있다. 이것은 엄밀한 '과학적 진단' 명칭이 아니라, 분노를 표현하는 감정 언어들 중 하나일 뿐이다. 이런 감정 언어는 진단(객관적 사실 판단)이 아닌 '정당한 보상 욕구'와 연관된 윤리 차원(의미론)의 기표이다.

그렇다면 오늘날 '정신 환자'란 무슨 뜻인가? 정신의학계, 정신분석학계, 심리상담학계 뿐만 아니라 너무도 많은 분야에서 일상적으로 통용되는 이 개념은 오늘날 어떤 존재 의미를 지니는가?

"저더러 누가 정신분석을 받아보라고 권하는데, 저는 '정신분석'이란 말만 들어도 불편한 감정이 들어요. 무거운 말들과 표정도 너무 싫구요. '무의식'을 보라고 요구하는 정신분석은 너무 무겁고 어두워요."

"즐길 게 도처에 널려 있는 요즘 세상에 '무의식'에 관심을 갖는 사람들이 이미 이상한 상태에 빠진 거 아닌가요?"

이렇게 말하는 사람들을 이따금씩 접한다. 이런 경우, '감추고 싶은 것들이 마음 깊은 곳에 많구나.' '정신분석과 만날 인연이 아직 준비되지 않았구나.' '10년, 20년이 지나 후회하며 허둥지둥 정신분석가를 찾겠구나.' 하는 생각과 장면들이 머릿속을 스친다.

'정신분석'이나 심리상담을 자발적으로 받고자 하는 사람은 자신의 문제를 어느 정도 '스스로 자각'하고 내면의 결함을 보충·해소하고자 도움을 청하는 것이다. 그들은 대부분 자신의 반복되는 불편 증상을 외부 대상의 탓으로만 돌리는 '투사' 작용을 반성하여 상당 부분 극복해낸 인격을 지닌다.

"예전엔 세상을 원망만 하면서 지냈는데, 언젠가부터 저에게 문제가 깊다는 게 뼈저리게 느껴져요. 더 이상 숨기거나 회피하지 않고 정말 제 문제의 근원을 뿌리까지 해결하고 싶어요."

자기 문제를 외부로 투사해 '남 탓'으로 여기지 않는 사람은, 적어도 타인에게 부당한 피해를 주지 않는다. 타인에게 피해를 주는 것을 민감하게 여겨 조심하게 되고, 피해를 주었다고 여겨지면 심한 죄책감에 시달리며 자신을 책망한다. 타자에 대한 관심과 배려심을 지닌 이런 사람은 비록 여러 불편 증상들에 만성적으로 시달릴지라도 결코 '정신 환자'가 아니다.

'정신의 병'을 지녔다고 명명될 수 있는 '필요조건'은, 자신의 내부 문제를 '부인'한 채 자기 내면의 박해 환상, 불안, 파괴성, 수치감, 시기심 등등 온갖 부정적 요소들을 외부 대상을 향해 가학적으로 반복해서 투사, 투사동일시해 피해를 주는 경우이다. 자신의 심각한 문제점을 자동 '부정'하는 이들은, 자각되지 못한 그 문제들로 인해 주위 사람들의 인생을 교묘하게 직간접적으로 파괴한다. 아울러 '도덕 언어', '주지화', 권위와 권력에 기생하면서 이를 이용해 목적을 성취하는 과정에서 저지르는 자기 문제들을 자동 '부인'하여 스스로 지각 못 하는 병리적 방어 구조를 지닌다.

나 자신이 절실한 마음으로 정신분석을 받던 체험, 저마다 고유 사연을 지닌 내담자들에 대한 정신분석 상담 경험 등을 돌이켜보면 정신분석을 받겠다고 스스로 결정하고 일정 기간 정신분석 관계에 몰입했던 내담자들 중에서 진정한 의미의 '정신 환자'는 없었다. 그 사람이 아무리 불편한 증상에 시달리고, 생활이 불안정해지고, 무기력한 모습과 파국적 고통을 종종 겪더라도, 그것은 '두려움 때문에 억압해왔던 무의식의 무엇'과 진실한 만남을 촉구하는 거대한 과업 성취를 위한 전주곡이었다. 이런 현상들은 자기 자신에게 잠재된 희망의 미래를 성취하기 위해, 지금의 불안정성을 참아내며 대결하는 과정에서 발현되는 인생 파노라마의 인상 깊은 한 장면이다.

'무의식의 힘'이 얼마나 강력한지를 경험과 지식을 통해 체득한 정신분석가는, '증상'에 시달려온 사람들을 대면할 때마다 스스로 어찌할 수 없는 거대한 '운명의 힘'이 어느 순간부터 정신에 침투해 강력한 흔적(X)을 남겼음을 느낀다. 아울러 심연의 '그것'에 접속해 긴장하며 대화를 나누는 과정에서 어떤 고유 인격 요소들과 세심한 관계를 맺어갈 때, 자기 삶을 새롭게 개척해가는 내담자를 '정신 환자'로 지각하는 의학적 진단이나 세속적 '평가의 눈'이 좀처럼 작동되지 않는다.

　오늘날 정신의학, 정신분석학, 이상심리학에 의해 활성화된 정신병리에 대한 각종 진단 명칭들은, 그 진단명을 부여받은 사람들에게 '자신의 현재 한계와 문제를 깨닫게 하여' 정신의 발달을 도와주는 용도로 사용되기보다, 오직 '진단'을 위한 언어로만 사용되고 마는 경향이 높다. 그리고 그 진단 언어는 그 개인을 더욱 세심히 배려하여 열악한 환경으로부터 보호하고 그의 증상과 미발달된 정신 구조를 성장시키는 현실 '환경'으로 나아가기보다 당사자에게 병리적 의미에 대한 사회적 평가와 시선을 감당하도록 짐 지우는 경향이 높다.

　그 어느 내담자의 무의식도, 그 어느 내면 대화 관계의 양태도 결코 의학적 진단 분류에 의한 개념처럼 판명될 수 없다. 절대 '뻔하지 않은' 그 관계가 어떻게 전개될지는 누구도 명료하게 예측하기 어렵다. 불행한 감정을 오랜 세월 동안 짊어지고 살아온 그/그녀가 '행복한 인간'이 되는 것을 심연의 힘들이 결코 원치 않을 수도 있다. 또는 그가 부모, 가족, 타자의 병리를 우연히 대신 떠맡게 된 억울한 희생양일 수도 있다.

"내 눈에 띨 때부터 너는 나와 이 집단의 몹쓸 병들을 모조리 대신 가져가야 하는 무엇이었어. 그게 너야."

증상이 주는 고통과 불편감이 그를 현실에 적응할 수 없도록 하지만, 다른 한편으론 새로운 생존 능력을 필사적으로 개발시켜 공동체나 인류 미래에 기여하는 영웅적 능력을 형성시키기도 한다. 따라서 정신분석가는 혹자가 만성 증상을 지니고 있을지라도, 반복되는 심리적 고통에서 벗어나지 못했을지라도, 증상을 지닌 삶 자체의 고유한 의미와 가치를 존중하며 음미하는 마음을 갖게 된다. 분명한 사실은, '정신분석'을 자발적으로 선택해 진지하게 수행하는 내담자에게 '정신 환자'라는 정신의학적 호칭은 아무래도 적절치 않다는 것이다.

외로움의 뿌리

"사람과 사람이 만나면, 보이지 않는 각자의 무의식이 서로에게 침투한다."

얼마 전부터 외로움이 밀려든다. 시간이 지나도 그 강도가 점점 짙어진다. 물방울처럼 외로움이 가슴에 뚝뚝 떨어진다. 갑자기 아무도 관심 갖지 않는 동네 할아버지가 된 느낌……. 나이 들면 외롭다는 게 이런 거였나? 누구도 가보지 못한 심층 진리를 탐구해 위대한 업적을 남기려는 욕망과 자부심을 지녀온 내가 어쩌다 이리된 거지? 모든 정신 현상에는 반드시 원인이 있는 법. 이 돌연한 감정은 어디에서 온 것인가?

고교 졸업 40주년 행사에서 몇십 년 만에 만난 동창들이 몹시 반가워 여러 번 교류했었다. 어느덧 다수가 직장에서 은퇴했기에 어쩌다 모임에 나가면 현재 뭐하고 지내는지 더 이상 서로 묻지 않고 명함이나 연락처도 주고받지 않는다. 몇 년 전까지만 해도 사회에서 나름대로 명성을 떨치던 이들이 이제는 더 이상 자신에 대해 말하고 싶어 하지 않고, 현재 생활이 타인에게 알려지는 것도 어색해한다. 새로운 삶을 도모하려는 욕망과 시도가 현실에서 여러 번 상처 입은 듯 무겁게 가라앉은 모습들이다.

정신분석에서는 '지금 여기'가 인생의 모든 가능성이 열리고 닫히는 최상의 시공간이다. 지금까지 살아온 과거의 흔적들은 '현재 나의 정신'이 어떻게 느끼고 생각하느냐에 의해 그 의미와 질감이 획기적으로 변한다. 오랜 직장 생활에서의 은퇴는 '리비도가 남아 있고 자기 분석이 가능하다면' 그동안 못 해본 새로운 삶을 발견, 향유할 수 있는 절호의 기회이기도 하다. 그런데 현실 차원에서 대다수 은퇴자들은 각자의 오래된 '방어 구조'에 갇혀 새로운 발견과 향유를 좀처럼 실행하지 못한다.

힘들어하는 동창을 만날 때면 종종 정신분석가의 직업적 영혼이 무심결에 작동하곤 한다. 그럼으로써 상대가 자각하지 못해온 무의식의 자원들을 이리저리 탐색해 삶을 새롭게 일으킬 어떤 길을 넌지시 전하곤 한다. 그에 대한 반응은 개인마다 각양각색이다. 그중 다수는 새로운 시도를 체념한 채 과거의 좋은 시절이 사라진 허전한 외로움을 그냥 견디는 모습이다. "마누라도 자식도 사위 녀석조차 더 이상 내 말에 귀를 기울이지 않아. 밖에 나가면 더더욱 그렇고. 이젠 아무것도 바라지 않아. 그래야 모두가 편해져."

사회 활동에서 은퇴한 동창들과 접촉하는 과정에서 그들 내면의 깊은 외로움이 내 속에 잠재된 유사 감정을 건드렸거나 내 영혼에 묻어 온 것인가? 그럴 수도 있다는 생각이 들어 은퇴자와 차별되게 외로움에 대처하기 위한 일련의 새로운 시도를 몇 달간 했다. 정신분석 수업 횟수를 늘렸고, 수업 참여자들과 전보다 더 능동적으로 교류했으며, 지난 십수 년간 절제해온 종강 후 뒤풀이 모임에 참석해 담소를 나누었다. 정신분석 공부 모임도 여럿 만들었고, 과거엔 선별해 수락했던 외부 특강 요청도 마다않고 했다. 심지어 전에는 다른 분석가를 소개해주곤 했던 부담스런 내담자도 직접 수용했다.

그런데 은퇴자의 우울과 공허 무드에서 벗어나려 몸이 피곤할 정도로 외부 활동을 했건만 내면의 외로움은 좀처럼 옅어지지 않는다. '어, 이상하다! 과거엔 이러지 않았는데…….' 여느 때의 나에겐 고독한 기분이, 혼자만의 시공간이 비범한 창조 에너지를 응집해 발산하는 데 필수적인 배경 무드였다. 중요한 강의를 하기 직전에 늘 혼자만의 사색을 습관으로 지녀왔던 나, 신선한 글을 쓰고픈 욕망이 들 때면 늘 고독한 분위기 속에 얼마간 묻혀 지내곤 했던 나, 고독한 사람을 좋아하고 존중하며 고독을 귀하게 여겨왔던 나…….

그런데 언제부턴가 가슴속에 밀려온 그 '쓸쓸한 외로움'은 내가 아껴온 '소중한 고독감'과는 질감이 매우 다르다. 이것은 흥분을 일으키는 대상을 한껏 껴안는다 해도 좀처럼 사라질 것 같지 않은, 속에서 메마른 냉기가 올라오고 오장육부가 저린 외로움이다. 내 정신의 바닥에 이런 정서가 수십 년간 숨어 있었단 말인가? 아니야, 이것은 내 것이 아니다.

독신으로 사는 장년의 철학자 후배가 문득 떠올라 만나서 묻는다.

"나이 들어 혼자 살면 외롭지 않아? 요즘 내겐 외로움이 밀려오네."

"평소의 형답지 않게 무슨 외로움 타령이야. 이 나이에 형만큼 심신이 풍요롭게 사는 사람도 몇 없건만……. 저는 지금 죽어도 미련 없어요. 그동안 하고픈 것 원 없이 하고 살았잖아."

세속의 출세와 무관하게 '원 없이 자유롭게' 사유하고 표현하며 살았음을 자부하는 그의 모습에서 후광이 느껴진다. 겉모습은 담배 연기에 찌든 노숙자 디오게네스이면서도 실존의 외로움을 곱씹어 극복해낸 승리자의 기운이……. 개성 있는 독신 철학자를 만나 교류하니 외로움이 한동안 잠잠해졌다. 그런데 어느 순간부터 생명의 윤기가 사라진 메마른 외로움이 다시 밀려든다.

혹시 가족 관계가 소원해서인가 하는 생각에 배우자와 깊이 대화하고, 형제들과 식사하고, 분가한 자식을 만나 담소를 나눈다. 그런데 만나고 헤어진 지 불과 얼마 지나지 않아 외로움이 다시 고개를 든다. 이상하다. 하루에 여러 사람을 만나고 깊이 마음으로 소통하고 있는데 혼자 있을 때 외로움이 느껴지다니, 나를 이렇게 만든 (미처 지각 못한) '그것'은 대체 무엇인가?

심신을 순환시키려 한적한 수영장을 찾아서 혼자만의 시간을 즐겨 본다. 맑은 수영장 물은 마치 자연의 자궁 속에 들어갔다 나오는 세례 느낌을 주곤 한다. 수영을 하면 머리에 막혀 있던 감정 덩어리들이 물살에 씻겨나가는 느낌이 든다. 가벼운 고독을 즐기곤 하는 나에겐 수영하는 시간이 내게만 들리는 음악 감상 시간과도 같다. 그런데 수영장 물속에서도 고독과 다른 짙은 외로움이 울컥 밀려든다. 심지어 물속에 머리를 담그고 앞으로 헤엄쳐 나가는 동안에도 외로움이 아련히 뒤쫓아 온다. 아, 이 정도면 꽤 심각하구나! 약을 먹어야 하는 건가…….

위태로움이 엄습하던 그 순간 홀연 어떤 모습과 생각이 마음 깊은 곳에서 번득이며 밀려든다. 아아. 그래 그거였구나! 물방울처럼 뚝뚝 떨어지는 짙은 외로움의 뿌리가 비로소 정체를 드러낸다.

나이 쉰이 되도록 친구도 애인도 없이 혼자 살아온 내담자 '외롬 씨', 그리고 노력해도 벗어날 수 없었던 외로운 운명을 절절히 원망하던 노년의 내담자 '한탄 씨'가 물속에 담긴 내 머릿속에 하나의 중첩된 이미지로 쓱 출현한다. 세상에 대한 두려움 때문에 메마른 외로움을 참으며 버텨온 외롬 씨와 원인 모를 외로움을 반복해온 한탄 씨가 정신분석가인 나를 만나서 밖으로 배출했던 무의식의 감정 덩어리가 어느 순간 내 가슴속 깊이 침투해 들어왔던 것이다.

내담자가 과거에 소화하지 못한 채 억압했던, 그의 내면에서 꿈틀대는 감정 덩어리와 상처 흔적은 무심결에 분석가의 정신에 침투해 '동일하게' 체험된다. '그것'이 실체가 모호한 상태로 잠복해 있다가 은퇴 후 외롭게 지내는 어느 동창에게서 묻어 온 메마른 정서와 결합되자 그제야 그 본래 기운을 강렬히 드러낸 것이다. 그동안 누군가와 한 번도 접촉되지 못해온 무의식의 그 감정 덩이가 분석가인 내게 옮겨와 아기 때 엄마가 담아주지 못한 그것을 제대로 감당해달라고 절절히 호소하고 있구나.

"외로워 죽겠어도 차마 죽을 순 없어 이날까지 마지못해 살아왔어요. 왜 이렇게 살 수밖에 없었는지 그 이유라도 죽기 전에 꼭 알고 싶어요."

내장과 심장을 울렁거리게 했던 그 씁쓸한 외로움은 바로 무미건조한 생활을 홀로 반복해온 외롬 씨의 애타는 마음, 노인이 된 한탄 씨가 하소연하면서 벗어나고 싶어 했던 '그것'이었구나. 아, 이것은 거부하거나 피할 수 없는 나의 숙제구나.

마치 깨어 있는 상태로 꿈을 꾸면서 생생히 대면한 것처럼 그 외로움의 실체를 자각한 순간으로부터 어느덧 시간이 꽤 흘렀다. 이제 누군가에게 하소연하고픈 짙은 외로움은 더 이상 밀려들지 않는다. (엄밀히 되새겨보면, '피할 수 없는 숙제구나'라고 능동적으로 마음먹은 그 순간부터 외로움의 질이 변화됨을 느낄 수 있었다.) 지금은 그 강력했던 메마르고 습기 찬 외로움이 생생히 느껴지지도 세세히 기억나지도 않는다.

돌이켜보니 외로움 증상이 발생하기 직전 무렵 여러 시공간에서 만났던 대상들 중에 놀랍게도 뼛속 깊이 외로움을 호소하던, 기가 센 인물들이 여럿 더 있었다. 우연하게 운명처럼 만난 그분들이 억압해온 무의식의 강렬한 외로움들이 연이어 나의 심신에 침투해 들어와 평소에 나의 자아가 감당해내던 자극의 한도를 넘어선 것이다. 그로 인해 한동안 자아 기능 저하 상태, 감정 과부하 상태에 처했던 것이다. 다행히도 평시의 자기 분석 습관, 위기의 순간에 무의식에서 심연의 지혜 불꽃이 작동하여 '그것'을 소화해낼 수 있었다.

무심코 접촉하다 서로에게 옮겨지는 보이지 않는 무의식의 '그것'들. 당황스럽고 한동안 힘들었지만 오래 곱씹어 벗어나고 보니 참으로 귀한 순간들이었다.

인생 유전 : 선생과 제자

내 정신 안에 내면화된 위력 있는 이상화 대상 몇 분 중에 20년간 철학에 열정적으로 몰입하도록 강렬한 학문적 자극을 쏟아내던 철학 지도 교수가 있다. 교수라는 사회적 위치보다 독특한 카리스마를 가졌던 그는 불안으로 방황하던 20대 시절 내 삶의 유일한 구원자였다.

보통 사람에게는 결코 들을 수 없는, 상식을 깨는 신기한 '선생의 말'들은 정신 깊숙이 각인되어 불안을 잠재우고 새로운 욕망을 일으키는 귀한 의미 에너지로 작동했다. 듣도 보도 못한 생각들이 그분의 입에서 속삭이듯 흘러나올 때면 마치 고농축 푸른 레이저가 뿜어져 나오는 모습이 환영처럼 눈에 아른거렸다. 뇌를 강타하는 찬란한 에너지가 응축된 선생의 말과 사유에 신들린 듯 취해 살던 청년기의 나……

그에게 인정받는 수제자가 되기 위해 상상 세계에서 나는 그를 위해 생명을 바치는 드라마의 주인공이 되곤 했다. 백일몽에서 깰 때마다 왠지 모를 눈물이 흘렀다. 잠을 잘 때나 깨어 있을 때도 그에게 인정받고 싶은 마음에 온 에너지를 오직 철학 언어에만 집중했고 '선생의 말씀'을 화두 삼아 참선하듯 곱씹었다.

그러던 어느 순간 그분이 내게 진정한 관심을 주지 않는다는 느낌과 내 고통이 배려받지 못하는 현실에 처하게 되자 그를 원망하는 생각과 감정이 밀려왔다.

"자신이 필요할 때만 관심을 줄 뿐, 상대방이 고통받고 필요로 할 땐 무관심하고 반응 없는 자기중심적인 양반아. 세속의 출세는 하찮은 것이니 오직 학문에만 열중하라 강조하면서 제자들이 사회적 곤경으로 학문에 몰입하기 힘든 상황을 자신과 무관한 것인 양 방관만 하는 냉정한 인간아. 비록 현실 관계엔 무능할지라도 사유의 한계 밖으로 집요하게 나아가 세상을 놀라게 할 '진리'를 함께 꾸준히 탐구해 열매를 맺어보자는 결연한 말을 왜 한마디도 제자에게 던지지 않는 거야. 제자들이 당신에게 뭘 그토록 많은 걸 바랐다고, 어째서 대화가 절실히 필요한 순간마다 사람을 믿지 못한 채 한발 떨어져 '현실'에 대해선 어떤 진솔한 대화도 하지 않는 거야. 대체 당신에게 '제자'란 어떤 용도의 대상이야?"

이런 원망감과 갈등이 몇 년간 요동치던 어느 날, 내면의 그분과 더불어 행복하게 솟구치던 철학을 향한 절절한 관심과 욕망이 놀랍게도 쏙 사라져버렸다. 어디를 가든 생명처럼 곁에 늘 끼고 지내던 보물 같던 철학책이 더 이상 아무런 가치도 느껴지지 않는 '무미건조한 종이뭉치'로 지각되었다.

이런 현상(증상)은 내적 갈등으로 자아가 탈진해 정신이 총체적으로 붕괴되는 사태를 방지하기 위해 자아의 '비상 방어'가 작동된 결과물이다. 이삼십 대에 삶의 의미와 목표를 제공해준 '그 좋은 내적 대상'이 어떤 심리적 부담의 한계치를 넘어선 순간 내향화된 파괴욕동에 공격당해 산산조각 나 흩어진 것이다.

그토록 강렬하던 이상화 감정과 원망 사이의 갈등은 상당 부분 나의 무의식에 자리한 유년기 아버지에 대한 양가감정이 전이된 것이었음을, 40세부터 정신분석을 받고 나서야 깨달을 수 있었다. 정신분석 체험과 연구를 10년쯤 한 후에 돌이켜보니 이삼십 대에 만났던 그 지도교수는 제자를 아끼지 않거나 사랑하지 않은 분이 아니었음을 비로소 자각할 수 있었다. 그분은 유년기의 정서 소통 결핍과 사춘기 때 겪은 한국 전쟁의 충격과 상처 때문에 세상과 사람을 믿기 힘들어 거리를 둔 채 외롭게 살 수밖에 없는 분이었다. 비록 현실 관계에서 도움을 주는 든든한 대상은 못 되었지만, 이미 '혼신의 강의'로 자신의 기운을 제자들에게 다 쏟아 전해준 것이었다.

입으로 발설하는 고귀한 말과 현실 행동이 너무도 크게 괴리된 강단 철학자들에 대한 실망감에 그토록 애지중지하던 철학책이 전혀 머리에 들어오지 않는 증상이 지속되자 마치 살기 위해 병균을 털어내듯 철학은 내게서 떨어져나갔다.

"관념 속에 갇힌 철학아, 이제 그만 안녕! 그런데 치열한 현실 경쟁의 충격에도 당황하지 않고, 고난 속에서 더욱 빛을 발할 철학보다 강력한 진리가 이 세상에 있는가? 그런 것이 있다면 어디에 있는가?"

항상 '중용'을 고려해 어느 누구를 일방적으로 편들거나 성급히 평가하지 않는다는 윤리학자의 자부심을 가져왔던 내 안에 그토록 '상반된 두 감정'이 있음을 절감케 한, 영원히 잊지 못할 대상인 지도교수.

'철학'과 '그분'을 떠난 지 오랜 시간이 지났지만 가끔 이상한 경험을 한다. 청중에게 정신분석을 가르칠 때 내 강의에 열중하는 몇몇 사람을 보며 홀연 섬뜩한 무엇을 느끼는 것이다. "어, 이거 뭐야. 지금 내 안에서 '그분'이 말하고 있잖아! 수강생 자리에서 나를 뚫어지게 응시하는 저 대상(들)은 바로 과거의 나잖아!"

팔십 대 백발노인이 된 내면의 '그분'이 제법 주목받는 정신분석가-정신분석학자가 된 장년의 나에게 말한다.

"무릇 학자는 어떤 주제에 한동안 골몰하다가 그것을 깨우치면 그것에서 벗어나 다른 것으로 옮겨가기 마련인데, 그대는 왜 여전히 정신분석에 몰입하고 있는지 궁금하군요."

"……."

세상에 대한 실망감과 삶에 대한 무거운 마음은 내게 낯설지 않은 무엇이다. 어려서부터, 사춘기부터, 청년기를 지나 중장년기에 들어서서도. 그런데 반복적으로 율동하는 그 심연 속 무언가의 정체를 실감나게 직면한 것은 정신분석에 몰입하던 중년의 어느 때부터다. 직접 겪지 않는 한 다른 사람은 이해하거나 공감하기 힘든 개개인마다의 유별난 욕망, 상처, 불안, 뭉친 감정 덩이들. 벗어나는 길을 몰라 엉뚱한 곳에서 헤매다 체념하거나, 서투른 시도를 하다가 수치감에 시달리거나, 상처받거나, 잠재 능력을 미처 발휘해보지도 못한 채 위축된 삶을 사는 억울한 인간 군상들……. 그들을 대하면 어떤 자연스런 연민이 내 안에서 느껴진다. 내게도 그들과 유사한 뭔가가 있었기 때문이다.

"이해받지도 못한 채 혼자 낑낑대며 많이 힘들었겠다!"

정신분석은 삶의 활력을 위축시키고 향락을 방해하는 콤플렉스, 불안, 상처, 뭉친 감정, 표상 덩어리 들을 끄집어내고 역이용하여 새로운 빛과 가치의 재료로 재구성하는 작업이다. 성공과 실패, 선과 악, 자랑스러움과 수치스러움 같은 평가의 짐을 내려놓고 '진솔하게 나를 만나' 위로하며 쉴 수 있는, 환각과 현실이 공존하는 시공간이다.

무의식과 대면·대결하는 이곳으로 나를 이끈 어떤 진한 운명의 힘들이 아직도 현실에서 불현듯 느껴진다. '그분'의 소리처럼 무의식을 대면하는 것에 더 이상 흥미가 느껴지지 않아 새로운 영역으로 떠나야 할 순간이 언젠가 올 것이다. 그게 언제일지 궁금하다. 떠나기 전에 (친밀 관계를 회피하던 지도교수와 달리) 영혼을 꼭 껴안으며 오랜 진땀의 비급을 전해줄 (과거의 나 같은) 제자가 가끔 몹시 그립고 아쉽다.

앗. 이 또한 늘 고독해 보였던 내 속의 '그분'이 그렇게 느낀 건가?

어떤 전이 환상

'전이'란 어린 시절에 중요했던 인물에 대한 감정과 생각이 무의식적으로 지금 여기에서 만나는 어떤 대상에게 옮겨져 뜻밖의 강렬한 감정과 환각을 일으키는 정신 현상이다. 전이 현상을 유심히 주목하면 자신의 내면에 어떤 뜻밖의 정서와 생각이 잠재해 있는지 성찰하고 이를 자아에 통합해 정신을 확장할 수 있다.

'꿈해석'을 가르치러 예술치료 대학원으로 가던 40대 후반의 어느 날이다. 길눈이 어두워 자가용보다 대중교통을 선호하던 나는 서울 변두리의 한적한 전철역에서 내려 택시를 기다린다. 한참을 기다렸는데 택시가 없다. 수업 시작 시간이 얼마 남지 않았기에 조금 초조해진다. 옆을 보니 저만치에 자그맣고 허름한 행색의 할머니가 늦가을 찬바람에 잔뜩 구부린 몸으로 역시 택시를 기다린다. 자신보다 앞쪽에 서 있는 나를 의식하는지 여러 번 힐끗힐끗 쳐다본다. 외투 없이 추운 날씨에 떨 할머니가 왠지 딱해 보인다. 눈이 마주치자 무심코 말이 나온다.

"방향이 같으면 함께 타고 가시죠. 요금은 제가……."

"날이 추워서……. 고마워요."

마침 할머니의 목적지도 학교 근방이다. 다행히 택시가 오고, 마치 아는 사이인 양 함께 차에 탄다. 잠시 어색한 침묵……. 이내 목적지에 먼저 도착한 할머니가 차에서 내린다. 왠지 낯설지 않은 느낌.

"잘 가세요, 할머니."

"빨리 오게 해줘서 고마워요."

그런데 그 순간 할머니가 주머니에서 꼬깃꼬깃한 돈을 꺼내 차비를 내려 한다. 당황한 나.

"괜찮으니 그냥 가세요."

"아니야, 내가 낼 거야."

"아닙니다. 제가 낼 겁니다."

그 순간 할머니가 나를 매섭게 쏘아보며 강렬한 목소리를 내던진다.

"아, 학생이 돈이 어딨어!"

그 말에 순간 어안이 벙벙해진다. 꼬깃꼬깃 구겨진 1000원짜리 지폐들이 택시기사에게 던져지고, 할머니는 저만치 뒤돌아서 내게 잘 가라는 정겨운 손짓을 한다. 짧은 순간, 그 할머니의 강렬한 눈길이 내 눈에 꽂히며 몸과 정신이 탁 정지된다.

"아들아, 어여 가서 공부 열심히 하고 잘 살길 바라! 내 비록 늙었지만 아직은 힘 있는 엄마란다. 내가 널 돌봐줄게. 나이 먹어서도 여태껏 강의 다니며 고생하는 아들아, 미안하구나."

할머니가 사라지고 택시에 멍하니 앉아 있던 그 잠시 동안, 정신을 추스르려 애쓰며 강의실을 향해 걸어가던 그 사이에 짙은 정서를 띤 상념들이 정신에 휘몰아친다. 공부하는 데 필요하다는 말 한마디면 옷장 속에 넣어둔 돈을 아낌없이 꺼내주시던 어머니! 늦은 나이까지 공부하며 강사 생활을 하는 아들이 혹시라도 불편하고 위축된 마음을 가질까 봐 세상 떠나시던 그날까지 형제들 몰래 생활비를 챙겨주시던 어머니. 평생 모으신 재산을 자신을 위해선 한 푼도 안 쓰시고 돌아가신 당신. 돈과 출세와 무관한 철학에만 골몰하며 살던 아들을 '저 할머니처럼' 안타깝게 걱정하시던 당신…….

"할머니(어머니), 머리 벗겨진 중년의 선생인 제가 아직도 당신에겐 학생으로 보이세요? 저 이젠 충분히 여유 있어요. 돈 때문이 아니라 '원해서' 강의하는 거예요!"

어머니가 돌아가신 뒤 눈물 쏟거나 슬픔을 느끼지도 않은 채 그간의 인간관계를 청산하고 내면을 치유하는 정신분석으로 전공을 바꾼 나. 그제야 조금씩 보이던, 내 영혼을 마취시켜온 겹겹의 '그것'들. 내 안에 숨어 있던 '그분'을 그날 문득 다시 만나 속으로 외친다.

"어머니. 당신에게 받은 것도 많고 출세도 했으니 이제 더 이상 걱정하지 마세요."

그 할머니와 나 사이에 '무엇'이 통해서 말을 걸고 택시를 함께 탄 것일까? 차에서 내려 나를 바라보는 그녀의 (뭔가를 애타게 해주고 싶어 하던) 그 묘한 표정……. 환상을 본 것일까? 어머니는 여전히 내게 '무엇'이었던가? 20여 년 넘게 정신분석과 철학을 가르쳐온, 어느덧 노쇠해가는 내 마음속 아이의 음성.

"이 고집스런 노인네(엄마)야! 아직도 당신이 몹시 그리워!"

음식남녀 : 노년의 행복이란

나이 든 기업가들을 자주 만나는 동창과 담소를 나누던 중 궁금증이
생겨 물었다.

"그 사람들은 무엇을 추구하며 사는가?"

그가 씩 웃으며 반응한다.

"자, 한마디로 요약해줄게 잘 듣게."

(한동안 침묵이 흐른 후 단어 하나가 허공에서 살포시 들려온다.)

"음식남녀."*

그 말에 (인간을 너무 단순화한다는 불편감이 들며) 내 속이 반응한다.

"그것만 있는 건 아니겠지?"

그가 깊이 응시하는 눈으로 지긋이 말한다.

"그렇게 생각하는 자네 같은 사람이 특이한 거야."

"……"

세속 현실에 대한 경험적 연륜과 이론적 지혜가 그득한 그의 말뜻은
이것이었다. 이 시대 성공한 기업가들의 노년 생명 에너지는 자신의 재

---

* 《예기禮記》〈예운禮運〉 편에 "마시고 먹는 것과 남녀 사이의 사랑은 사람들이 크게 원하는 것이고, 죽
는 것과 가난한 고통은 사람들이 크게 싫어하는 것이다."라는 구절이 있다. "飲食男女, 人之大欲存焉,
死亡貧苦 人之大惡存焉."

산을 잘 지키는 것과 음식남녀에 집중된다. 그 이상도 이하도 아니다. 그 이상을 추구하면 오히려 기업도 자신도 지키기 어렵게 된다.

그 순간 마음속에서 짙은 감정과 생각이 올라온다. 노년의 기업가뿐 아니라 나이 든 모든 인간의 욕구가 결국 이것이라고 얼마만큼 인정해야 하는가?

자신의 '일'에 가치를 부여하고 경쟁적 성공 욕구를 지니며, 소유와 소비 욕구, 구강항문 욕구와 성 욕구를 만족시키려 드는 것은 프로이트가 강조해온 인간 일반의 근본 소망이다. 그리고 그 욕구들이 잘 작동하는 것은 정신 건강이 적절히 유지되고 있다는 신호다.

기업가들이 노년에 전념하는 '음식남녀'가 정신 건강의 징표인가? '음식'을 먼저 살펴보자. 입의 쾌락을 추구하던 구강기에 젖과 음식을 삼키는 쾌감이 과도 충족되거나 과도 결핍되면 '구강 욕구 고착'이 일어나 평생 음식 먹는 것에 집착하게 된다. 그렇다면 구강기의 결핍에 대한 보상으로 노년의 부자가 비싸고 희귀한 음식만 반복 섭취하는 것인가? 그런데 음식에 대한 부자의 집착은 어릴 적 엄마에게서 받은 애정 담긴 젖과 음식을 그리워하며 그것을 대체할 새로운 먹거리를 찾아내 행복감을 느끼는 것과 욕망의 질이 다르다.

자신이 만들어낸 변을 비축하다가 원할 때 맘껏 시원하게 배설하는 항문기 쾌감은 재물 축적과 소비 욕구로 이어진다. 항문기 욕동은 자본(돈, 변, 재물)을 증식하고픈 욕망 활동을 활성화하고 배설 쾌락을 줄 것 같은 대상에게 집착하게 하는 리비도 성향을 유발한다. 그것이 과도하게 반복되는 '배타적 집착'이 아니라면 문제될 건 없다.

다음으로, 아동기(오이디푸스기)에 이성의 부모를 향했던 그의 리비도가 과잉 충족 또는 과도 좌절되어 욕망이 그것에 고착되었는지 주목해야 한다. '유아성욕'을 충족하는 것이 삶의 '제1 목적'이 돼버린 장년기·노년기의 성관계에는 퇴행적이고 반복강박적인 중독성이 담겨 있다. 그와 반대로 억압된 유아성욕을 적절히 해소함과 더불어 정서 발달에 필요한 대상과의 친밀 관계를 향유하는 성관계는 정신의 성장에 기여한다. 프로이트 때부터 정신분석학은 '음식남녀'의 심리적 가치를 선구적으로 깊이 음미하고 존중하여 세상에 알려왔다. 이와 동시에 강박적으로 추구되는 음식남녀 행위의 부작용을 경고하기도 한다.

자신이 하는 일에 만족을 못 느끼고 원하는 음식을 자발적으로 선택해 먹지 못하거나 성관계에 욕망과 쾌락을 못 느끼면, 자아의 발달과 인생 향유를 방해하는 '무거운 무엇이 무의식에 있다'는 징후다. 오랫동안 수많은 직원들과 소통하며 인사 관리 책임을 맡았던 그 동창의 눈은 어떤 면에서 인간의 실상을 꿰뚫고 있었다(누군가 인간의 실상을 너무 적확하게 드러내면 듣는 사람에게는 때론 거북하고 섬뜩한 여운이 인다. 그러나 이때가 새로운 깨달음에 접촉되는 절호의 기회다).

그런데 아쉬움이 남는다. 이것은 어쩌면 이 시대 문화를 이끌 강렬한 정신 에너지를 생성·발현하지 못한 채 변죽을 울리는 주변 목소리로 전락한 학자·상담자 일반의 무능(한계)에 대한 찝찝함일 수 있다. 아울러 운명처럼 에워싸는 이 시대 사회 환경(상징계)의 거대한 파동들에 대해 내 안의 무언가가 느끼는 안타까움일 수 있다. 뭔가 만족하지 못한 내 속의 무엇이 여전히 물음을 던져댄다.

"그것이 진정 인간 일반의 본질적 욕구인가? 그것뿐이란 말인가? 수천 년간 전해져온 인류 문화사의 고상한 목표와 의미들이 이 시대 인류에겐 겉치레 껍데기에 불과한 구시대 유물이 된 것인가?"

이 시대 상징계의 본질을 포착하고 그 지혜를 활용해 세상과 잘 관계해 성공한 친구가 전한다.

"딱 거기서 물음을 멈추는 게 좋다네. 대대수 사람은 음식남녀로 만족하며 살아가길 원하고, 그 이상을 원하지도 않아. 더 바라면 힘들고 복잡해질 뿐이야."

각종 대중 매체에서 흘러나오는 자극적 정보들, 뇌와 감각을 즉각 다채롭게 만족시키는 스마트폰, 단순 명료하게 뇌리에 접속·각인되는 상업 자본주의 환경에 영혼이 급속히 물들어 영적 기운과 의미들이 희미해진 시대. 자본이 많을수록 음식남녀를 최상급으로 충족할 수 있다는 기대와 환상이 상식처럼 만연한 시대. 사람과 사람 사이의 깊은 내면의 대화가 불필요하고 힘들어진 시대. 열정과 진지함을 품은 개개인의 '개성꽃'들이 피기도 전에 시들 것 같은 우려가 가슴에서 스산하게 느껴진다.

융은 인간에게 타고난 잠재력을 현실에서 전체적으로 발현하려는 '자기실현' 욕구가 있음을 강조한다. 개개인은 '자기self' 속에 담긴 인류 무의식의 에너지와 지혜를 외면하거나 포기하지 않고 꾸준히 실현해 가는 과정에 있을 때 정신의 균형과 안정을 구현하고 회복할 수 있게 된다. 인류가 태생적으로 지닌 '자기'(인류무의식)를 개개인의 자아가 현실 세계에서 온전히 접속하여 사용하고 구현하기 위해서는 개별 영혼에 내재된 인류의 보편적 정신 발달 과정을 견실히 거쳐야 한다.

그 과정은 첫째, 자신의 사회적 인격(페르소나) 이면에 감추어진 열등한 인격 요소인 무의식의 '그림자'를 대면하여 소화해내는 것이다. 이것이 적절히 이루어져야 겉모습과 속마음 사이의 괴리감이 해소되어 원인 모를 불안정 상태에서 벗어나 균형을 유지할 수 있다. 흔히 성공한 위치에서 돌발적 실수로 추락하는 사람들 다수는 '그림자'와의 대면을 외면하고 무시하다가 어느 순간 솟구친 그림자에 압도됐기 때문이다.

둘째 단계에서는 나의 내면에 있는 남성성-여성성(아니마-아니무스) 요소를 두루 대면하고 구체적 경험 과정을 거쳐 정신에 통합해야 한다. 간단히 말해, 남녀 관계에서 좌절된 사랑의 결핍을 경험을 통해 생리적·심리적으로 채워 자아가 사용할 수 있는 자원으로 통합해야 한다. 성실하게 살다가 돌연 세련되지 못한 행동으로 성 스캔들에 휘말리는 사람들은 이 단계 작업을 무시·외면해 정신 능력이 미발달한 데에서 기인한다.

세 번째 단계에서는 인생의 본질과 목적에 대한 깨달음을 추구하여 자신에게 주어진 미시적·거시적 인생 목적을 체득해야 한다. 사회적으로 풍성해 보이는 삶을 살지만 영혼이 불안정하거나 깊이 없게 느껴지는 사람은 이 단계에 전혀 도달하지 못했기 때문이다. 이 단계를 오랜 기간 거치면 최종적으로 (수백만 년 동안 인류가 축적해낸 지혜를 담고 있는) 인류무의식인 '자기', '신'에 접속하여 '대극(대립, 모순)의 합일'을 이루는, 인격 완성의 경지에 도달하게 된다.

융의 생각을 한국인의 현실에 적용해보자. 한국인이 영혼의 꽃을 안정적으로 피워내려면 먼저 인간의 기본 욕구부터 채워 다음 단계로 차근히 발달해가는 것이 순리이다. 감각과 감정의 만족을 현실에서 적절히 경험해야 과도 좌절, 과잉 충족으로 인한 고착 증상에서 벗어날 수 있다. 그래야 영혼의 지혜를 향한 관심과 욕망이 (본능욕구의 방해를 덜 받고) 일어나며, 외부세계의 요구와 내부 욕망 간의 갈등을 균형 있게 대면·대결해 통합을 이루어낼 수 있다.

그렇다면 노년 기업가들의 경우는 어떠한가? 음식남녀를 충분히 채웠다면 정신의 관심이 그다음 단계로 넘어가는 것이 순리가 아닌가? 그런데 노년임에도 음식남녀에 반복해서 집착해 머무른다면 그것에는 어떤 원인들이 있을 것이다. 정신분석의 눈으로 본다면 당사자에게 온전히 자각되지 못한 어떤 원인으로 인해 유년기와 청춘기에 음식남녀 욕구가 과도 충족 또는 과도 좌절되었을 수 있다. 또는 '영혼의 귀함을 내세우는 사람들'과의 관계에서 크게 실망한 상처로 인해 그의 정신이 과거 상태로 퇴행해 어린 시절 좋아했던 무엇에 고착된 것일 수 있다.

"인생 별거 없더라. '영혼의 진리'를 운운하는 녀석들을 만나보니 꽉 막히고 한심하거나 가짜 속물이 대다수잖아."

음식남녀. 단지 그뿐인가? 오늘날 경제 만능 모델 너머 매력 있는 실존 모드를 전해줄 제3의 이상적 대상은 어디에 어떤 모습으로 있는가?

정신분석 수업 세팅

대학교와 학술 단체에서 30년간 강의하는 동안 큰 성공과 더불어 쓰라린 실패를 경험한 적이 몇 번 있었다. 갑자기 닥친 뜻밖의 상황을 감당하기 힘들어 수업을 폐쇄했던 심각한 경험들 덕분에 나는 비로소 일대일 관계에서만 필요하다고 생각해온 '정신분석 세팅'이 '정신분석 교육집단'에서도 중요 기능을 한다는 깨달음에 도달할 수 있었다. 여기서 '세팅setting'이란 어떤 관계가 뜻밖의 돌출적 방해 요인들로 인해 파국에 이르지 않도록 보호해주는 기능을 하는 '구조적 환경 조건'을 의미한다.

정신분석 강의를 할 때마다 과거에 겪은 실패 흔적은 내 영혼 어딘가에 자리해 있다가, 과거와 유사한 자극이 지각되면 심신의 불편함을 일으켜 '주의하라!'는 경고 메시지를 보낸다. 그 한 흔적을 되새겨본다.

9년 동안 사계절 내내 정신분석 수업을 하던 어느 학술 단체에서의 일이다. 무의식에 관심을 가진 사람은 누구나 익명으로 편안히 수업에 참여할 수 있도록 개방했다. 그리고 진지한 질문이 오면 누구든 존중해 즉시 답해주는 수업 환경을 만들었다. 1990년대 초반 철학 강사 시절에 나는 마음의 병을 치료하는 '정신분석'이 몹시 궁금해 내가 강의하던 대학병원 정신과를 통해 의과대학 도서관에 소장 중인 정신분석 논문들의 열람을 요청했다가 거부당한 경험이 있었다. (다행히도 그 후 나는 연구학자 자격으로 시카고 대학과 그곳의 병원에서 정신분석 연구자로서 배려와 베풂이 있는 공부 환경을 경험할 수 있었다.) 학술 단체에서 강의할 때 내가 만들었던 수업 환경은 의사가 아닌 지식인들에 대해 배타적·폐쇄적(접촉 터부) 구조를 지녔던 한국의 의사 중심 정신분석학계를 향해 바라던 환경이었다. 내가 시카고 정신분석가들에게 받았던 혜택을 그대로 되돌려준 덕분이었을까? 정신분석 교실은 그 단체가 존속했던 9년 내내 늘 진지한 익명의 구성원들로 가득 찼다.

당시 수강 신청서에 기입된 정신분석 클래스 구성원들의 이력과 직업은 매우 다채로웠다. 영화감독, 심리상담사, 정신과 수련의, 예술 치료사, 작가, 예술가, 주부, 교사, 학생, 사회운동가……. 그런데 이런 사회적 구분보다는 내면에 오래된 고통을 지닌 사람들, 그 고통의 원인과 의미에 관심을 갖고 대결하려는 의지를 지닌 다양한 인격들로 구성되었다고 묘사하는 것이 더 적합할 듯하다.

당시 내게 종종 들려온 익명의 소리들이 있었다.

"선생님은 참 희한하세요. 어떤 유형의 정신 병리를 설명하시더라도 마치 직접 체험한 내용을 전해주는 것처럼 생생한 느낌을 받아요. 어떻게 그러실 수 있는지 궁금해요. 그 모든 병들을 직접 다 겪으신 건가요?"

"일주일에 하루 정신분석 강의를 들으러 오는 날은 일상에서 맛볼 수 없는 해방된 느낌을 받아요. 누구의 눈치를 보지 않아도 되고 오직 내 자신을 이해받는 느낌이 들어요. 내 문제가 적나라하게 보일 땐 꽤 심란하기도 하구요."

그러던 어느 날, 보통의 질문 톤과 구분되는 색다른 목소리가 강의 공

4 정신분석과 나 207

간을 울리기 시작했다. 보통 사람의 방어 경계를 넘어 마음속을 투명하고 적나라하게 드러내는 언어 표현…… 어색하지만 놀랍다! (그녀를 '투명 씨'라 부르겠다.) 투명 씨의 질문에 정성껏 응답하자 그녀의 질문은 매 회기마다 계속되었다. 그 질문에는 강한 실존적 고뇌가 담겨 있었고 수업 구성원들에게 인간 내면을 더 깊이 들여다보게 하는 교육적 가치가 느껴졌다. 내 정신은 기꺼이 존중하는 마음으로 그녀에게 화답했다. 얼음 같던 그녀의 얼굴에서 점점 화색이 느껴지기 시작했다. 마음속을 투명하게 직관하여 무의식에 갇혀 있을 법한 내면 자료들을 선명히 말로 표현해내는 색다른 능력에 무심결에 호감이 갔다.

투명 씨가 말한다.

"포기한 채 마지못해 살아온 인생이 나름의 원인과 의미가 있다는 걸 깨닫게 해준 '정신분석'에 무한히 감사합니다. 중년에 이르러 삶을 처음으로 되찾은 느낌이에요. 정신분석에 관해 무엇이든지 기여할 기회를 부디 저에게 주세요."

애절한 요청에 어느덧 마음이 쏠려 수업 녹음 파일 풀이를 맡길 생각을 하던 나. 그렇게 몇 달 동안 투명 씨도, 수업 구성원들도, 선생인 나도 모두 자기 자신과 인간 영혼의 심연 깊숙이 접속하는 새롭고 활기찬 만남 관계로 나아가고 있었다.

그러던 중 나에 대한 투명 씨의 애착이 유난히 두드러지게 느껴져, 좋긴 하지만 절제해야 한다는 마음이 언뜻 들던 어느 날이다. 강의하는 건물 주차장 입구에서 "선생님 지금 오시네요!"라는 다정한 목소리가 들린다. 차창 밖으로 얼굴을 내민 그녀의 얼굴에서 정신분석 선생에 대한 깊은 신뢰와 애착이 느껴진다. 그 순간 언뜻 '너무 다정히 대하면 안 돼!'라는 생각이 솟아 무심한 듯 눈인사만 건네고 강사실로 먼저 올라간 나. 속으론 '열심히 공부하고 수업에도 공헌하는 투명 씨에게 언젠가 때가 되면 마음의 짐을 덜어주는 정신분석의 비법을 아낌없이 전해 주어야지.' 하는 훈훈한 생각이 스쳐 지나간다.

그날은 수업 중 투명 씨의 질문 태도가 유난히 들뜨게 느껴지고, 다른 사람들의 얼굴에는 불편함을 참는 기운이 확연히 느껴졌다. 지난 1년간 투명 씨의 질문과 자기 마음 표현은 수업 구성원들에게 새로운 경험과 좋은 에너지를 제공했다. 그런데 그날의 표현들은 뭔가 불만이 있는지 너무 개인적 문제를 물고 늘어지는 느낌이 강했다. 수업에서 각자 자신이 원하는 걸 얻고 싶어 하는 다른 구성원들의 마음과 충돌하는 기색이 확연했다. 어쩌면 그동안 사람들이 투명 씨를 많이 배려하는 선생의 태도에 대한 짜증을 말없이 참아온 것인지도 모른다는 생각이 퍼뜩 들었다. 운명의 장난인가? 그날따라 그녀는 그런 주위의 기운을 유독 지각하지 못한 채, 마치 정신분석 선생과 둘만의 (환상적) 공간 속에 있는 양 행동하고 있었다(아까 주차장에서 너무 무심하게 대했기 때문인가?). 짧은 순간 내 무의식에서 복잡한 뭔가가 작동되었고, 투명 씨를 향해 말했다.

"오늘은 질문이 너무 과하네요. 지금 질문은 나중에 다시 하고, 다른 분들도 궁금한 게 있을 테니 질문 기회를 다른 분에게 주겠습니다. 그리고 앞으로는 기회의 공정성을 고려해 한 분이 세 번 이상 질문하는 걸 금하겠습니다."

잠시 침묵이 흐른 뒤 투명 씨가 뜻밖의 항의를 한다.

"그 규칙을 왜 하필 오늘부터 저에게 적용하시는 겁니까? 제 질문은 저의 생사를 결정할 정도로 심각한 것인데, 왜 그걸 거부하시는 겁니까!"

잠시 침묵. 무의식의 '나'가 조금 냉정하게 반응한다.

"오늘 질문은 과도하니, 그렇게 이해하세요."

침묵. 그리고 다른 수업 참여자가 반응한다.

"제가 느끼기에도 선생님 말씀이 타당한 것 같아요……."

그 순간 벌떡 일어난 투명 씨가 발작하듯 말을 뱉는다.

"고통을 호소하는 한 인간의 질문에 공감하지도 답해주지도 않는 선생과 이따위 수업이 무슨 존재 의미가 있습니까? 그 대답 이젠 듣고 싶지도 않습니다."

그 순간 수업 공간에 쇳덩어리가 내리누르는 듯한 무거운 침묵이 확 퍼지고, 뜻밖의 사태에 놀라 마비된 영혼들이 눈앞에 아른거린다. 속에서 '어떤 나'가 중얼거린다.

"아니 저 사람이……. 왜 하필 아끼는 그대가……. '경계선'을 넘어버리면 어떡해!"

그 순간 누군가를 더 이상 배려하거나 신경 쓰고 싶지 않은 낯선 정서에 휩싸인 '어떤 나'가 강의를 종료해버린다. 더 이상 카리스마 넘치던 듬직한 선생도 인정 많던 선생도 아닌 상태로 강의실에서 나와 강사용 칸막이 의자에 우두커니 앉아 있는데 교실에서 소란한 소리가 들린다(나중에 알고 보니, 투명 씨가 수업 중 선생의 말에 동조했던 사람에게 다가가 정신을 난도질하는 욕설을 퍼부은 것이었다).

대체 오늘 무슨 일이 벌어진 건지 그녀는 알까? 그 순간 슬픈 미래를 감지한 듯 메마른 눈물이 잠시 흐르고, 선생의 말을 한 마디라도 더 간절히 흡수하고 싶어 하던 애틋한 한 인간의 흔적들이 연기 속에 희미해지며 비극의 서곡이 울려 퍼진다.

그날 이후 투명 씨는 정신분석 수업 참여가 금지됐다. 간절한 사과와 간청에도 불구하고 냉정히 금지할 수밖에 없었던 내 행동의 이유와 동기는 단순하지 않았다. 일차적으로는 과거에 비슷하게 경험했던 곤혹스런 사건의 흔적들이 이번 자극과 결합되어 강하게 증폭되었다. 그 때문인지 그동안 수강자들을 관대하게 포용해온 교육자의 마음과 관점이 책임과 부담을 갖고 대상의 병리성을 냉철히 진단·처방해야 하는 정신분석가의 마음과 관점으로 바뀌었다. 아울러 타인에게 피해를 준 사람은 반드시 그만큼 대가를 치러야 한다는 냉엄한 도덕 심판자의 소리가 나의 내부에서 작동되었다.

돌이켜보면 투명 씨에겐 자신과 타자, 주관적 생각과 외부 현실 사이의 '경계 지각력'이 상당 부분 마비되어 있었다. '분열' 방어가 심한 사람이 보이는 전형적 증상이다. 그리고 타인의 마음속을 꿰뚫어 감지하는 투사동일시가 과도하게 작동되고 있었다.

"사람을 대할 때마다 상대의 속마음이 마치 내 마음 보듯 부담스러울 정도로 투명하게 느껴져요! 그 불필요하고 강한 자극들에서 벗어나고 싶어요!" 이런 말을 종종 뱉던 그녀는 선생을 구원자로 과도 이상화all good했다가 그 대상으로부터 부정적 자극을 받자 견뎌내지 못하고 '해리' 상태에서 상대를 즉시 평가절하all bad하는 정신 기제가 작동했다. 자신과 다른 욕망과 정신성을 지닌 다수의 주체들이 수업 공간에 공존하는 현실을 망각한 채, 원초 공격성을 집단과 특정 대상을 향해 내뿜은 그날의 돌발 행동은 사회의 금지 규칙에 대한 인지 능력과 욕동 통제력이 결여된 정신증 징후다.

투명 씨의 리비도는 그녀의 그런 특성들이 그녀 탓이 아니라 운명적인 과거 원인들에 기인하는 거라고 설명해주며 정성스럽게 반응해주던 정신분석 선생을 향해 온통 쏠려 있었다. 그녀는 난생처음 '자기'의 구조적 결함을 보충해주는 강력한 '이상화 대상' 에너지를 정신분석 선생에게서 내사해왔다. 그런데 그 구원자가 자신을 '무심히 대하고' '돌연 거부'하며 비난하는 말을 던졌다고 망상적으로 지각한 것이다. 그래서 자신을 보호하기 위해, 자신을 멸시·박해하는 그 대상을 향해 비난하고 평가절하하는 말을 즉각 내뱉었다.

우연히 일어난 그날의 그 사건이 없었더라면, 어쩌면 그녀는 온전히 이해받지 못해온 분열된 자기 삶의 비밀들을 차근히 풀어주는 정신분석 강의를 오랜 기간 경청하며 내면화했을 것이다. 아울러 정신분석 선생과의 안정된 소통 관계 속에서 자신의 정신을 응집하고 통합하는 발달 경험을 꾸준히 이어갔을 것이다.

그런데 무릇 '말'과 '기氣'라는 것이 공적 공간에서 자기 몸 밖으로 배출되어 타인에게 침투해 피해를 주게 되면 다시 주어 담거나 원상태로 보상하기가 매우 어렵다. 투명 씨는 좋음을 혼자만 독차지한 채 나눠주기를 거부한다고 느낀 '그 대상'(유아기 엄마, 정신분석 선생)을 향해 유아적 탐욕과 시기심을 분출했다. 또한 자기 말에 동조하지 않은 정신분석 선생, 수업 전체, 선생의 말에 동조한 특정인의 정신을 난도질해 심각한 상처를 입혔다. 타인이 받은 그 상처는 '말로 사죄'한다고 해서 온전히 보상되지 않음을 그녀는 현실에서 뼈아프게 자각해야 한다. 그래야 정신에 아버지의 금지 명령과 '상징계 경계들'의 힘이 절실히 느껴지고 조금씩 내면화되어 정신에 안정적으로 자리 잡는 계기가 된다.

그녀의 애절한 간청에 홀연 내 안에서 눈물이 흘렀다. 남모를 고통을 오랫동안 지녀온 사람에게 정신분석의 지혜가 얼마나 소중하고 절실한지 익히 알고 있기 때문이다. 그러나 한번 훼손되면 회복하기 힘든 공부 집단을 보호하려면 다른 방도가 없었다. 나는 투명 씨에게 그녀가 상처 준 대상과 수강생 전체에 정중히 사과하고 3년간 정신치료를 받은 후에야 정신분석 수업 참여를 허용할 수 있다고 답해준 뒤 적합한 치료사를 소개해주었다.

그로부터 몇 년 후 정신분석 강의를 하던 어느 날 그녀가 불쑥 수업에 나타나 내게 인사를 한다. 꼬박 3년간 약물 치료 받느라 "죽을 것같이 힘들었다"고 말하는 그녀의 얼굴엔 정신분석 선생을 이상화하던 예전의 (행복했던) 상태로 돌아가고 싶은 마음과 지금의 현실에 적응하려는 변화된 마음 사이에서 갈등하는 모습이 완연했다(그녀는 나를 다시 만나 뭔가를 확인하고 싶었을 것이다. 마치 자신을 전적으로 책임지고 구원해줄 것처럼 느껴졌던 그 대상이 어느 날 갑자기 자신을 무시하듯 외면하는 나쁜 대상으로 돌변하는 경험을 또다시 반복하진 않을까 하는 의심과 두려움이 내면에서 올라왔을 것이다).

힘든 치료 과정을 애써 통과해낸 그녀를 과거로 퇴행시키지 않기 위해 그날 나는 의도적으로 아주 평범한 선생의 모습을 적나라하게 보여주었다. 그것은 어쩌면 투명 씨에 대한 안쓰러운 마음에 내가 해줄 수 있는 작은 선물이었다. 그 후 투명 씨는 정신분석 수업에 다시 나타나지 않았다.

그 사건 이후 정신분석 수업에 대한 나의 집착은 줄어들었다. 타인에게 이해받지 못한 채 억울한 마음의 짐을 혼자 외롭게 짊어지고 사는 사람들의 고통을 덜어주고 싶다는 심정으로 출발한 정신분석 탐구와 강의 욕구가, 수업 집단을 보호·유지해야 한다는 현실적 계산과 복잡한 여러 요인들에 의해 훼손된 흔적이 내면에 남았기 때문이다.

정신분석에서는 '환경 세팅'이 매우 중요하다. 정신분석가가 내담자에게 또는 정신분석 선생이 수강자에게 상대의 무의식이 원하는 뭔가를 온전히 채워주려면 어떤 조건들이 필요한가? 무엇보다도 불필요한 자극들의 침입으로부터 '분석 관계', '공부 환경'을 보호해주는 '안정된 세팅'(환경 조건)을 견고히 구조화해야 한다. 그 세팅은 분석가(선생) 혼자서가 아닌 내담자·수강자와 함께 만드는 것이다. 그렇지만 그 세팅을 성공적으로 정립했느냐 아니냐에 대한 판단과 책임의 상당 부분은 분석가·선생에게 있다.

그 세팅 조건들 중 하나에는 내담자(수강자)와 분석가(교육자)가 각각 지켜야 하는 기본 원칙인 '정신분석 규칙 지키기'가 있다. 가령 내담자에게는 '마음에 떠오르는 모든 것을 가치 평가하거나 걸러내지 않고 자유롭고 솔직하게 표현해야 한다'는 자유연상 규칙이 요구된다. 만일 나와 투명 씨가 분석가-내담자 관계로 만난 일대일 분석 상황이었다면 투명 씨의 원초적이고 공격적인 말과 행동은 무의식을 드러내는 바람직한 '전이' 현상으로서 온전히 공감과 존중을 받아 마땅했을 것이다. 그리고 나는 투명 씨의 행동을 마음으로 담아주고 버텨주고 소화시켜 상처 없이 부드럽게 되돌려주었을 것이다. 언어를 익히지 못한 유아기 상처에 고착된 사람에게는 진실을 '언어로 정확히' 이해시키기보다 정서적 고통에 공감하며 따스한 마음으로 담아주어야 한다. "당신이 뭘 원했는지 미처 배려하지 못해 미안해요. 상처 줄 마음이 전혀 없었으니 안심하세요."

그런데 일대일 분석 상황이 아닌 집단을 교육하는 세팅의 경우, 함께 참여하는 사람들의 권리와 심정을 배려하면서 자신을 표현해야 한다는 '타자 배려 원칙'이 '자유 표현 원칙'에 우선한다. 이 규칙을 깨는 구성원이 존재하거나 존재하도록 방치하면 다른 구성원들은 안전하지 않은(불편한, 오염된) 환경에 신경이 쓰여 선생의 능력과 말에 대한 신뢰와 집중이 힘들어진다. 아울러 특정인의 내면에서 뿜어져 나오는 병리적 기운과 사소한 나쁜 자극에도 구성원들의 정신이 금세 전염·마비되어 집단의 공부 분위기가 엉망이 된다.

분석가에겐 내담자의 특정 요소에 편향되지 않고 여러 요소에 골고루 관심을 기울이는 '중립적 마음'과 '적절한 거리'를 유지하는 '절제 규칙'이 요구된다. 정신분석을 교육하는 선생 역시 여러 수강생들에게 골고루 관심을 두고 중립적 마음과 적절한 거리 유지를 위해서는 선생을 절실히 필요로 하고 애착하는 대상과의 사소한 일상 관계(식사, 대화)까지도 신경 써서 절제(금지)해야 한다. 일상의 의식 세계가 채워줄 수 없는 무의식의 뭔가를 활성화해 깨닫도록 하는 체험을 제공하기 위해서라도 '정신분석 세팅'을 유지하는 것은 반드시 필요하다.

의사 기표

'의사'란 무엇인가? 의사는 어떤 의사다움(본질)을 지니는가?

평균 수명이 35세 정도였고 정신에 형이상학적 신념이 짙게 역동하던 18세기 이전 시대에는 심신의 고통과 죽음불안을 해소해주는 '치료사'가 가까운 어딘가에 존재한다는 것을 아는 것 자체만으로도 불안이 감소되고 영혼이 진정되었다. 병이 곧 죽음으로 이어지던 과거에 병을 낫게 해주는 치료사는 죽어 없어질 목숨을 재탄생시켜주는 '신성한 존재'로 경배되기도 했다. 이름난 치료사는 곧 생명의 구원자이자 수호신의 표상이었다. 고대 그리스 신화에 등장하는 '의술의 신' 아스클레피오스는 오늘날까지 세계보건기구에서 의료인의 상징으로 경배되고 있으며, 부처와 예수는 자신을 '영혼의 치료사'로 비유했다.

그런데 '영원성'을 추구하는 형이상학적 가치관의 위력이 사라지고 모든 생명 활동의 가치가 화폐로 환산되는 21세기 생활 환경에서는 의사의 의미가 과거와 매우 달라졌다. 이제는 '의사다움'의 의미를 묻는 것조차 꽤 부자연스러워 보인다. 어쩌면 그에 대한 답을 듣거나 알게 되는 것이 더 이상 그리 중요치 않아진 것일 수도 있다. 현실의 의사들에게 '의사다움'을 물으면 기뻐하며 자상히 응답하기보다 부담스러워하고 관계가 어색해진다. 의사를 지각하고 관계하는 이 세상의 상호 엮임 구조가 어느덧 그렇게 되어버렸다.

정신분석과 철학, 언어학을 통합해낸 프랑스 정신분석가 라캉에 의하면 오늘날 인간 생존에 긴밀히 연관되어 주목받는 기표들(의사, 법률가, 정치가, 학자, 화폐, 자본가, 진리, 도덕)의 '사전적 의미'를 인지하는 것은 더이상 중요치 않다. 그보다는 내 삶을 운명처럼 에워싸고 다면적으로 통제하는 상징계 기표들 사이의 운동(상호 역학적·역동적 엮임) 방식과 기능을 이해함으로써 그 사회가 가치 있다고 여기는 주요 기표들이 내뿜는 위력에 정신이 휘둘리거나 현혹되지 않는 현명한 주체가 되는 것이 중요하다.

여기서 '기표signifian'란 고정된 사전적 의미를 지닌 '기호'와 달리 그것이 놓이고 사용되는 맥락에 따라 의미가 변화하는 '중성적 글꼴 소리'(불확정적 의미 가능태)이다. 가령 '사람 손'은 그것이 놓이는 맥락(자리)에 따라 생명을 치료·살해·사랑·상처·창작하는 기능을 지닌 기표로서 의미와 가치가 다채롭게 변화될 수 있다.

본능욕구의 직접적 표출이 아닌 상징 언어로 대체해 '의미로 소통'하는 상징계에서 인간은 타인과 세상을 직접적 실재 관계가 아닌 언어적 기표(의미 교환) 관계로 대면하게 된다. 이런 생활 환경에서 개인은 본능욕구의 주체인 동시에 사회적 필요와 책임, 의무 요구를 수용해야 하는 상징계의 구성원이다. 아울러 복잡한 다중 시스템에 소속된 불특정 기표들 사이의 엮임 속에서 강한 기표에 접촉되는 순간 나의 의지와 달리 내 존재의 의미와 가치(훌륭한, 하찮은)가 예기치 않게 바뀌기도 한다. 건강 유지를 위해 불가피하게 가끔 만나게 되는 '의사' 또한 그 몇몇 중요 기표들 중 하나다.

사회의 의미 체계에서 개인과 개인의 관계는 인격 대 인격의 전인적 관계가 아니다. 인간관계의 양태는 사회 구조 속에서 개개인에게 부여된 상징계 위치, 그 위치의 대상에게 요구된 특정 역할에 따를 수밖에 없는 기표들 사이의 상징적 교환 관계로 움직인다. 그런데 사회가 요구하는 특정 관념들을 배워 정신에 내면화하고 고유의 자리에 주어진 기능들을 서로 교환하며 특정 규칙들을 준수하는 한, 인간은 결코 자기 자신과 타인을 실재 그대로(전인적으로) 인식·체험·관계할 수 없다. 개개인은 자신의 의지와 무관하게 단지 상징계 구조가 구성원에게 따르도록 요구하는 구조적 기표 운동, 기표들 간의 특정한 반복과 변화에 포섭(종속)된다.

이런 체계 내에서 이 시대 정신분석학의 첫째 임무는 무엇인가? 라캉은 각 사회 구성원들 사이의 관계 구조와 언어 구조가 암암리에 구성원들의 정신성에 미치는 위력에 주목한다. 그는 사회에서 주목받는 '상징적 기표'들이 개개인의 삶에 어떤 방식으로 거부하기 힘든 영향을 미치는지를 은유적으로 드러내 보여준 다음, 그 작업을 통해 삶의 실상을 제대로 파악하고 주체적으로 선택하게 하는 기회와 지혜를 제공한다. 그렇다면 나의 경험들을 통해 현재 한국 사회에서 '의사'라는 기표의 특성, 의미, 영향력에 접근해보자.

오랜 세월 분석실 의자에 앉아 있다 보니 어느 날 허리에 불편감이 느껴졌다. 그 상태로 몇 주 버티다가 급기야 척추 전문 병원을 찾아갔다. 술 냄새를 풍기고 품위 없어 보이는 40대 의사가 척추 엑스레이 사진을 보더니 "애매하긴 한데, 디스크 초기 상태로 볼 수도 있는데요. 수술하시는 걸 고려해보세요."라고 말한다. 그러나 의사의 말투에 신뢰가

가지 않고 '수술'이라는 뜻밖의 말에 불편감이 든다. "일단 물리치료를 받고 나서 계속 아프면 수술은 그때 생각해보고 싶군요."

"원하신다면 그렇게 하세요. 그런데 수술은 되도록 빨리 결정할수록 좋으니, 오늘 물리치료를 받고도 불편하시면 다음에 오실 때 꼭 결정하세요."

물리치료실에 가서 누우니 척추 여러 곳에 고무 진동기가 붙고 진동이 30분간 내 몸을 울린다. 그 사이에 이런저런 상념이 올라온다. 나이 들어 디스크 수술이라니. 정말 수술을 해야 하는가? 물리치료가 끝나고 나니 불편함이 절반쯤 사라진 느낌이다. 안도하는 기분으로 치료실을 나오는데 30대쯤 되어 보이는 남자 간호사가 허리 운동법이 적힌 종이 한 장을 주며 말한다. "허리 질환에는 '바른 자세'가 가장 중요하니 바른 자세 연습을 꾸준히 하시면 좋습니다." 뻔히 듣는 소리 같아서 그냥 나오려다 무심코 한마디가 나온다. "허리를 똑바로 펴는 게 바른 자세인가요?"

그때 잠시 망설이던 그가 의외로 나를 복도 한편으로 안내하더니 바른 자세 시범을 보이며 말한다. "이 자세를 따라해보세요." 따라하는 내 자세를 이리저리 만지며 교정해준다. 그 자세는 내가 알던 바와는 전혀 달랐고, 감탄마저 나오는 '원형적 인간의 자세'였다. 아하. 이런 비급의 자세가 있었구나. 집에 와서 그 자세를 떠올리며 30분쯤 연습을 했다. 그랬더니 몇 주간 심신을 힘들게 만들었던 허리 통증이 거짓말처럼 말끔히 사라졌다.

허리가 건강해져서 더 연습할 필요가 없어지자 언제부턴가 그 자세를 망각해버렸다. 몇 년이 지난 지금도 내 몸을 교정해주면서 새로운 자세를 알려주던 그 장면이 무심코 떠오른다. 그때 우연히 만난 그 젊은 물리치료사는 내게 어떤 존재였을까? 그를 만나지 못했다면 허리앓이하던 나는 어찌 됐을까? 술 냄새 풍기던 그 의사 말대로 수술을 했다면…….

세월이 흘러 이번에는 엄지발가락 옆 부위에 갑자기 심한 통증이 밀려든다. 밤새 앓다가 그 분야에서 유명하다는 병원을 소개받아 가니 환자들이 북적인다. 실력 있어 보이는 의사가 "급성 통풍이네요."라며 친절히 설명한 뒤 약을 처방해준다. 약을 먹으니 불과 한 시간 만에 통증이 사라진다. 아, 역시 이름난 병원의 의사가 정확하구나. 고맙고 다행이다.

그런데 몇 달 후 통증이 다시 몰려와 이번에는 가까운 동네 의원에 갔다. 한적한 거리에 있는 의원의 실내는 어둡고 한산하다. 곧 진료실로 들어가니 점잖은 느낌의 의사가 앉아 있다. 통풍 통증이 생겨 약 처방을 바란다고 말하자 그는 환자인 내 발바닥을 정성껏 어루만지더니 치유 언어를 전한다.

"통풍은 음식과 스트레스를 조심하시면 괜찮아집니다. 급성 통풍 약은 준종합병원에서만 처방하니 오늘은 임시 약을 드릴게요. 다니시던 곳에 계속 가시는 게 좋을 듯합니다. 적절한 통증과 병은 건강을 보호해주는 좋은 기능도 하니 아프다고 너무 스트레스 받진 마세요."

환자가 아무도 없는 조용하고 어두운 의원을 나오는데 그 의사가 마치 (경제에 둔감하고 현실감 없는) 학자 같다는 느낌이 든다. 저렇게 진료를 하면 '의사 생계'를 어떻게 유지하지? 존경심과 연민이 함께 일어난다.

또 어떤 날은 치아 스케일링을 하러 가벼운 마음으로 치과에 갔다. 서글서글한 젊은 치과 의사가 명문대 출신임을 드러내며 친절히 대한다. 치아 전체를 무료로 봐드리겠다며 치아 엑스레이를 찍더니 오래전에 금으로 씌운 어금니를 새로 바꾸지 않으면 치아가 속에서 썩어 노년에 고생한다며 교체를 권한다. 치아에 어떤 불편함도 없었기에 그 말을 흘렸다. 1년 후 다시 스케일링을 하러 갔더니 노년 치아의 위험을 운운하며 교체를 또 권한다. 치아에 불편함이 없었지만 '의사의 말'이기에 갈등이 일어난다.

정신분석학의 근본 지식에 의하면, 동일한 말을 중간 휴지 기간을 두고 두 번 듣게 되면 정신에 강한 역동이 일어난다. 과거의 말과 연관된 정서 흔적과 최근에 들려온 말이 일으킨 자극이 내면에서 결합되어 증폭 에너지가 솟구치기 때문이다. 물론 '의사라는 기표'가 상징계 내부에서 통용되는 어떤 권위적 힘이 배경에서 작동한다.

"향후 20년 치아 건강을 지금 준비해야 한다."는 '두 번 반복된 의사 말의 위력'에 이끌려 나는 결국 치아 교체에 동의했다. 그런데 거액을 지불하고 교체한 새 치아가 과거의 치아보다 취약해진 듯한 불편감이 계속 일어난다. 오래 참으니 짜증이 올라온다.

"20년간 튼튼히 쓸 수 있는 치아를 만들어준다는 말을 믿고 따랐는데, 더 불편한 상태가 된 것은 무슨 이유인가요?"

"무슨 말씀이세요. 저는 결코 치아를 교체하시라고 요구한 적이 없습니다. 치아 교체는 환자분이 스스로 결정한 겁니다."

과거 1년간 친절하게 대하던 치과 의사의 표정과 말투가 전혀 다른 사람으로 바뀌어 있다. 혹여 자신에게 책임을 요구할까 봐 잔뜩 경계하는 표정이다. 상념이 일어난다. '그냥 참고 감수하는 게 한동안 존칭 받아온 어른 역할인가.' (돌이켜보면 나 역시 특정 인격과 관계했던 것이 아니라 '의사 기표'와 관계했을 뿐이다. 내 안에서 일어난 실망은 특정 개인을 향한 것이 아니라 내 사유를 특정 방향으로 끌려가게 만든 '의사 기표'가 던진 말의 힘을 향한 것이었다.)

그 순간 한산했던 동네 의원의 점잖은 의사 얼굴, 그리고 병원 운영 난에 시달려 고심하던 어떤 인간적 의사의 말이 중첩되어 떠오른다.

"사람을 치료하는 의사가 경영자 역할을 동시에 하는 건 정신적으로 참 힘든 일이에요. 의대에서 배운 대로 환자에게 '적정 진료'를 하면 수입이 적어 병원 유지가 어려워져요. 그래서 굳이 필요치 않은 여러 검사를 하라고 권하게 되고 과도한 수술 처방 빈도도 높아져요. 더구나 정직한 의사를 알아봐주고 존중해주는 세상도 더 이상 아니잖아요. 그래서 어쩔 수 없이 시류를 따라가다 보면 저도 모르게 과잉 진료를 하게 되어 '의사' 하기가 괴로울 때가 종종 있어요. 내 자식에겐 결코 의사 되라고 권하지 않을 겁니다."

그 순간 현재 한국 사회의 교환 구조이자 중심 기표인 상업자본주의의 텔레파시가 마치 방송 주파수처럼 허공을 보이지 않게 둥둥 떠다니며 모든 생명체(의사, 법률가, 학자, 종교가, 사업가, 주부)의 정신에 침투해 화폐 소유를 추구하는 상업적 영혼으로 물들이는 환각이 엄습한다. 이런 의미 교환 구조를 지닌 세상에서 '의사'라는 기표는 어떤 의미를 생성해내며 어떤 힘을 발산하는 기능체인가? '의사다움'이란 무엇인가?

그것은 어떤 때는 인간의 고통을 치유하려 몰두·헌신하는 비범한 구원자이고, 어떤 때는 수익을 위해 척추 수술의 위험성을 사소하게 전하는 몰염치한 장사꾼이다. 어떤 때는 물욕 없이 각 환자에 적합한 다른 병원 전문가를 연결시켜주는 자상한 안내자이고, 어떤 때는 자신의 실수에 대한 책임을 회피하는 못된 녀석이다. 그리고 어떤 때는 헌신과 이익 사이에서 갈등·고뇌하는 인간적 자태를 드러낸다.

'의사' 기표의 의미와 기능은 이처럼 하나로 고정되어 있지 않다. 그것은 개개인이 우연히 접하게 되는 운명적 상황에 따라 독특한 상호 관계 속에서 그 의미와 기능이 때론 긍정적으로 때론 부정적으로 다채롭게 변화한다.

의사들에 대한 여러 자극을 거친 후 내 안에서 어떤 욕구가 꿈틀거린다. "잊어버렸던 '바른 자세'를 다시 확인하고 싶다!" 아프지도 않은데 그냥 물리치료를 받고 싶어 작은 선물을 주머니에 넣고 몇 년 만에 과거에 갔던 척추 병원에 간다. 침상에 누워 물리치료를 받는데, 예전에 있던 남자 치료사는 안 보이고 새로운 여자 치료사가 있다. 치료 후 물었다.

"예전에 이곳에 근무하던 남자 치료사를 만날 수 있나요?"

"남자 치료사요? 그런 분은 못 들었는데, 전에 있었다는 그분은 아마 임시직이었을 거예요. 지금 이 병원에 없어요."

"그러면 혹시 척추에 좋은 '바른 자세'를 알려주실 수 있나요?"

"무슨 말씀이신지 모르겠어요. 이 팸플릿에 나온 자세가 전부예요."

크고 작은 정신적·신체적 병과 고통을 피할 수 없는 인간이 운명처럼 찾아가 의심하면서도 믿고 생명을 맡기게 되는 그 존재. '의사'란 과연 무엇인가?

큰타자 전쟁

대중을 향해 정신분석을 전해온 지 어느덧 20여 년이다. 정신분석은 무의식을 자극하는 학문이기 때문에 우연히 솟구친 무의식을 통제하지 못한 수강생으로 인해 가끔씩 소란이 일어나곤 한다. 심한 경우 정체가 모호한 심리 바이러스에 선생과 수강생 모두가 감염되어 수업이 마비되거나 불안을 감당하지 못해 클래스가 해체되기도 한다.

내 경우 어느 때는 공격 충동을 통제 못 하는 편집증 수업생의 반복되는 난동acting out을 감당하기 힘들어 수업을 조기에 종결했다. 정신분석 선생에 대한 독점욕이 거부당하자 부정적 감정에 휩싸인 경계선 인격자의 부정적 투사동일시로 인해 수업 분위기가 살벌해지고, 선생과 수강생들의 머리가 멍하게 마비된 적도 있다. 또한 자기애 인격자의 과도한 자기중심적 언어 표현이 다른 수강생들의 반발을 일으켜 수업이 망가지기도 했다. 정신분석 수업에는 시기심 강한 사람이 단 한 명만 있어도 그가 발산하는 교묘한 파괴적 바이러스에 다른 구성원들이 감염되어 공부에 몰입하기 힘든 이상한 심리 상태에 처한다. 이런 몸살을 앓을 때마다 수업을 파괴한 병인에 대해 이런저런 느낌과 생각이 밀려들곤 했다.

한번은 1년간 강의해온 '꿈해석 전문가 수업'을 마감하면서 '큰타자의 위력'을 강조한 라캉의 정신분석 메시지가 내 정신에 짙게 엄습했다. 누군가가 자신을 '전문가'라고 생각하는 데에는 몇 가지 심리적 조건이 있다. 그중 하나는 그의 정신 속에 자신이 '전문가'라는 믿음을 유지시켜 주는 어떤 '큰타자'가 존재한다는 것이다.

'큰타자Big Other'란 개인의 정신 속에서 삶의 의미·가치·목표를 생성해내는 중심 자리, 개인을 둘러싼 보이지 않는 사회적·문화적 환경, 개인이 자의적으로 좌우하거나 소유할 수 없는 거대한 상징계(의미 교환·생성 매트릭스)를 지칭한다.

아이의 정신 속에서 최초의 큰타자 '자리'를 차지하는 대상은 '어머니'이다. 그 후에는 아버지, 주체가 속한 생활 세계의 의미와 규범을 제시하는 권위자(이상화 대상) 등이 '큰타자'로 기능한다. 보통 사람의 무의식은 이 '큰타자가 생성해내는 언어적 담론'들로 구성된다. 그리고 보통 사람은 자신의 판단이나 말과 행동이 '무의식의 큰타자'에 의해 좌우되고 있다는 사실을 모른 채 산다.

혹자가 누군가에게 전적으로 새롭고 뜻깊은 메시지를 전달하려면 먼저 그의 정신 내외부에 이미 자리 잡고 있는 '큰타자'에게 그것이 '의미 있는 무엇'임을 승인받아야 한다. 만약 새로 등장한 어떤 인물의 새로운 가르침이 기존에 자리 잡은 '큰타자의 관점'과 다르거나 대립되면 내부의 거대한 반발과 저항을 피할 수 없게 된다. 그 반발 양태는 참으로 다양하다. 새로운 선생의 권위를 무너뜨리기 위해 선생 평가하기, 맞먹기, 비난하기, 특별한 관계 요구하기, 보통 관계로 평가절하하기, 과도한 질문으로 수업 분위기 망치기, 공부 분위기를 분산시키는 웃기기와 웃기, 숙제 안 하기, 일차 경고 외면하기, 잡담, 지각, 결석 등등이 그것이다.

이런 행동을 하는 당사자들은 도대체 자신이 왜 그런 행동을 하는지, 왜 그런 상태에 놓였는지 자각하지 못한다. 자신도 모르게 그리되는 것이다. 큰타자의 명령에 충실히 복종하여 얻는 심리적 '평안' 때문에 그 '심부름꾼'(꼭두각시) 노릇을 하는 것일 뿐이다.

정신분석 수업 속 인간관계는 겉으로 보면 개인 대 개인 사이의 합리적이고 주체적인 관계로 보인다. 그러나 그 속을 들여다보면, 그 관계의 본질은 큰타자의 위치에 있던 기존 내적 대상(이마고) 대 새로이 등장한 선생 간의 '큰타자 자리'를 차지하기 위한 힘 싸움이다. 개인의 자율적이고 합리적인 선택이 아니라 개인의 정신 속에서 '영원한 주인'으로 존속하기 위해 난동 피우는 기존의 내적 대상과 현존하는 새로운 대상 사이의 사활을 건 '자리싸움', '기 싸움'이 벌어지고 있는 것이다. 이처럼 정신분석이란 보이지 않는 '심리적 실재의 난동'(저항)이 불가피한 것임을 이해하고서, '그것'(큰타자, 내적 대상)과 대결하는 데 관심과 노력을 기울이는 작업이다.

인간은 불안을 완벽히 해소해줄 '보다 강한 대상'을 자기 내면에 흡수하기를 원한다. 개인의 정신 틀을 뒤흔들고 확장시키는 '큰 지식'은 대부분 기존의 내적 대상보다 더 강하고 완벽해 보이는 새로운 '선생(조력자) 체험'과 더불어 내면화된다. 즉 현재 가르치는 선생이 기존의 '큰타자'보다 강력한 존재라는 '무언의 확신'을 받아야 한다. 그렇지 않으면 그 어떤 비범한 지혜도 결코 그의 내면에 온전히 수용되지 못한다.

감히 개인의 정신성을 새롭게 변화시키려 욕망하는 선생이나 정신분석가가 있다면, 그는 개개인 속에 자리 잡고 있는 큰타자로부터 뿜어져 나온 뜻밖의 시기와 독기가 자신의 정신을 마비·파괴시킬 수도 있음을 유념해야 한다. 그 독기가 뿜어져 나오는 순간 선생, 정신분석가, 정신분석 수업은 보이지 않는 바이러스에 마비되어 혼미한 정신 상태에 빠지게 된다.

(저주하는 음성) "이 사람은 영원히 내 거야. 다른 사람에게 절대로 '자리'를 내주지 않을 테니 헛수고하지 말고 그냥 내버려둬. 나를 가르치려 들지 마. 지독한 내 독침 맛 좀 볼래! 화나면 이 사람을 그 누구도 못 쓰게 치명적으로 망가트릴 수도 있어!"

그런데 보통 사람의 눈에는 잘 보이지도 않고 알 수도 없는 '미소' 짓는 페르소나 속 오래된 그 귀신의 정체는 묘하게도 바로 그것에 중독돼 심란한 상태가 됐을 때에야 비로소 적나라하게 감지된다.

"아, 거기에 당신이 계셨군요. 언짢으셨겠어요. (당신의 자녀, 당신의 제자가) 잘되라는 마음으로 전한 것이니 화 푸세요!"

정신분석 교육과 상담은 그 독 기운의 의미를 파악하고 견딜 수 있어야 자기 유지가 가능한 매우 힘든 직업이다. (정신증적 인격이 내뿜는) 섬뜩한 독 기운을 버텨낼 지혜와 여력이 없으면 그것에 함입되거나 붕괴되므로 어떤 때는 (망신스럽더라도) 그 자리를 떠나는 게 차라리 현명하다.

'큰타자 자리'에 있는 그분의 욕망과 명령에 순응하던 상태에서 벗어나 자기 내면의 한계와 문제를 깨닫는 '주체'가 된다는 것, '자신의 욕망'에 진실해진다는 것, 그리고 정신이 성장한다는 것은 결코 간단한 과정이 아니다. 스스로 자신의 큰타자에 뭔가 큰 결함이 있음을 절감하여 도움을 청하는 개인을 돕는 것은 가능하다. 그러나 각자 큰타자에 의지해 그럭저럭 버티며 살아가는 전문 직업(교수, 심리상담사 등)을 지닌 내담자와 수강생들에게 심연의 무엇을 전수하는 선생 역할을 하는 건 결코 쉽지 않다.

'전문가 수업'이라는 명칭이 기존의 정신 틀을 뒤흔들고 확장되게 격발시키는 '특별한 가르침과 배움'을 오히려 방해하고 복잡한 저항을 유발시킨 것은 아닐까. 유독 전문가 클래스 수업에서 지난 시절 '큰타자 바이러스'로 심한 몸살을 겪었던 과거가 떠오른다.

"조심하자." (겉모습에 현혹되지 말고, 개개인의 내면에 무엇이 있는지 속단하면 안 돼.)

"겸손하자." (모든 걸 다 좋게 만들 수는 없어. 욕심 부리지 말자.)

좋은 정신분석 관계란

프로이트 Sigmund Freud

반복되는 갈등과 증상의 심층 원인을 깨달아, 과도한 '억압'의 굴레에서 해방된 삶을 선택하고 향유하도록 도움 주는 것.

융 Carl Gustav Jung

타고난 잠재력의 실현을 방해하는 콤플렉스들을 하나하나 대면·대결하고 자아에 통합하여, 인생의 궁극 목적(개성 실현)을 이루도록 도와주는 것.

브레너 Charles Brenner

내담자에게 편안한 '일상의 태도'를 취하고픈 욕구를 내려놓고, 그의 내부에서 반복되는 갈등들을 '해석'하는 데 온전히 집중하는 '분석적 태도'를 끝까지 유지하는 것.

컨버그 Otto Kernberg

과도하게 침체된 경계선 인격에게 따스한 공감과 지지를 전하고, 그가 어느 정도 회복되면 자기 내면과 현실에 대해 왜곡 없는 '성찰'에 이르게끔 함께 노력하는 것.

페어베언 Ronald Fairbairn

어린 나를 사랑할 것처럼 유혹하고 내쳐버린 엄마에 대한 실망으로 인해 모든 인간관계를 부정적인 것으로 변질시키는 무의식적 환상에서 벗어나게끔 '신뢰감 있는 관계'를 제공하는 것.

위니콧 Donald Winnicott

타고난 자기성을 안심하고 창조적으로 표현할 수 있는 '좋은 환경'이 되어주는 것. 판단·평가하거나 침범하지 않고 상대방의 정서 흐름을 있는 그대로 수용하며 함께 느끼는 것.

코헛 Heinz Kohut

자존감이 회복되어 삶을 스스로 창조하고 향유할 능력이 생길 때까지 내담자의 있는 그대로를 존중해주고 공감하며 본받고 싶은 '자기대상'이 되어주는 것.

비온 Wilfred Bion

감당하기 힘들어 무의식에 축적하거나 외부로 투사하는 '베타요소'(파괴 욕동, 상처 감정, 원초 불안)을 담아주고 버텨주며 정신 성장에 기여하는 '알파요소'로 변환시켜주는 것.

라캉 Jacques Lacan

분석가의 해석을 전해주려 하거나 가르치려 들지 말고 (타자의 욕망에 억눌린) 내담자 자신이 자기 욕망의 주체임을 자각하여 선택하게끔 활성화하는 것.

5

증상 파노라마

프로이트가 인류에게 던진 새로운 에너지는

"너 자신의 무의식을 보라"는 말에 함축되어 있다.

이것이 실행되면 인류의 정신성과 인간을 보는 눈,

우리가 살아가는 사회와 문화의 질감이 확연히 바뀌게 된다.

원초 불안, 상처, 부정적 감정 들이 부드럽게 변형되고,

의식과 무의식 사이의 괴리가 줄어들어 우발적 충동이나

사건 사고가 줄어든다. 무엇보다도 타인에 대한 평가가

유연해지고 인간관계와 소통의 질이 풍성해진다.

시기심에 대하여

시기심envy이란 무엇인가? 시기심은 어떤 '좋음'을 자신이 아닌 타인이 갖고 있어 그 좋음을 빼앗아 자기 것으로 소유하고 싶어 하는 '질투심 jealousy'과 매우 다르다. 시기심은 자신에게 부정적 지각, 불안, 불편, 고통을 일으키는 모든 것들을 남김없이 없애려 드는 파괴(죽음)욕동의 심리 상태로서 '좋음 자체'를 표적으로 삼는다. 어떤 강렬한 좋음이 외부에서, 눈앞 대상에게서 지각되는 순간 상대적으로 박탈된 상처와 불안에 시달리는 자기 상태와 극명히 대비되어 자신이 더욱 불행하게 지각되기 때문이다. "이 세상에서 '좋음'이 모두 사라진다면 나는 더 이상 불행을 느끼지 않게 될 거야."

이처럼 시기심은 '좋음 자체를 파괴하려 드는' (황당하고 반생명적) 심리 활동이다.

"나를 향해 화사하게 미소 짓는 아름다운 네 얼굴을 당장 담뱃불로 지지고 싶어.""너에게 좋은 마음을 갖고 있고 정성스레 대해준 나에게 어떻게 이런 황당한 고통을 줄 수 있어?""흐흐흐. 바로 너의 그 따스한 감정, 잘난 모습이 재수 없어. 내게 정성을 베푸는 너의 그 좋음을 남김없이 다 없애고 말거야. 넌 이제 끝났어."

인간관계에서 일어나는 충격적 사건·사고들은 대부분 무의식에 숨어 있던 시기심이 돌출할 때 발생한다(평화로운 캠퍼스, 신나는 음악 공연장, 여유롭게 오가는 번화가 행인들을 향해 돌연 총기를 무차별 난사하는 '그 순간' 그 무차별 살인자의 마음을 상상해보라).

시기심은 클라인 학파 분석가들의 전문 탐구 주제인 동시에 가장 악명 높은 병리적 특성이자, 병리성 등급 분류 기준의 핵심에 있는 무엇이다. 정신분석가조차도 시기심이 강한 내담자를 만나면 안정된 정신성이 파괴되어 피로해지고 멍해지고 불안해진다. 분석가는 그런 심각한 난관을 버텨내기 위해 방어적으로 몸을 사리게 된다. "아, 저 사람은 왠지 피하고 싶다." "저 사람에게 줄 내 안의 에너지가 많지 않아. 이 분석 관계를 어서 끝내고 싶다."

시기심을 치유하는 지름길은 내담자가 유아기 때 양육자로부터 받지 못했던 좋은 돌봄과 맺힌 감정 표출을 분석가가 분석 환경에서 제공하고 허용하며 버텨주는 것이다. 즉 분석가는 환자(내면의 유아)가 못 견뎌하고 불안해하던 그것을 '지금 여기'에서 분출하도록 돕고, (분석가를 힘들게 하는) 환자의 파괴적인 행동, 부정적 감정과 생각, 곤혹스럽고 불안한 기운의 근원들을 무의식에 접속해 하나씩 밝혀내어 긍정적인 무엇으로 변환transformation시켜야 한다.

이때 분석가는 내담자 상태에 동화되어 정신이 마비되거나 홱 돌아 버릴 수도 있고, 무던히 넘어갈 수도 있다. 파괴욕이 들끓는 시기심에 초점을 맞출 경우 정신분석가는 결코 고상한 직업이 아니다(고통을 기꺼이 감수해야 하고 불확실성의 부담을 치열하게 떠안아야 하는 극한직업이다). 정신과 의사들로 구성된 자아심리학파에서는 내담자들이 투사동일시로 내쏜 시기심의 괴력을 견뎌내지 못해서 정신이 붕괴되어 원로 정신분석가에게 치료를 의뢰하는 '정신분석가 환자' 사례도 적지 않다.

"감당할 수 있다고 믿었는데……. 골치 아픈 환자들이 우연히 여럿 겹치다 보니 (게다가 갑자기 현실에서 힘들게 신경 써야 할 일이 여럿 생기다 보니) 어느 순간 내 자아가 견뎌낼 수 있는 한계치를 넘었나 봐요. 불안이 엄습하고 내 정신이 더 이상 통제가 안 돼요! 그토록 견고하던 자부심도 어느덧 흩어져 없어졌어요!"

"나락으로 추락하는 느낌……. 다 때려치우고 싶다! 어, 내가 원래 이런 사람이었나……. 이 상태가 내 것인가?"

정신분석가들의 이런 피해 사례들이 널리 알려지자 이미 몇 번의 부작용을 경험했거나 피곤을 느낀 분석가는 자기 보호 차원에서 무심결에 '방어적 태도'를 취하게 된다. 방어 상태에서는 내담자의 고통 유형과 질감이 평상시와 다르게 느껴진다. 그로 인해 각기 다른 고유의 주파수로 소통해야 하는 다양한 내담자들과의 분석 관계를 활성화하기 어렵다. 그와 더불어 환자의 심리적 병리성을 약물의 강력함으로 제압·관리하는 의학 매뉴얼에 기계적으로 의존하게 되며, 환자를 이해와 공감의 대상이 아닌 신경생리학적 약물 치료 대상으로만 대하게 된다.

"그대는 혹여 이것이 비인간적 태도라고 느끼는가? 세상을 관념으로만 평가하는 이 편해빠진 사람아. 이것이 다수를 배려하는 합리적인 최선책이야. 시기심의 그 무시무시한 파괴력을 직접 체험해본 후에 그대의 적나라한 모습을 단 한 번이라도 제대로 바라보시게. 그대라면 어떨까?"

타인의 시기심에 몸살을 앓는 치료사 다수는 어쩔 수 없이 이렇게 말한다. 실제로 '최대 다수의 최대 행복'을 가치 기준으로 삼는 미국 사회에서는 시기심 강한 소수 환자를 위해 정성을 쏟다가 정신치료사의 심신 에너지가 고갈·붕괴되는 것보다, 시기심이 적은 다수의 내담자들을 더 많이 치료하는 것을 권장한다.

시기심 많은 내담자는 정신분석가와의 관계에게 모처럼 '짙은 좋음'을 체험하면 분석실을 나서는 순간부터 그 좋음을 없애려 온갖 짓을 다한다. 자기 내부의 '좋음'들과 자신에게 좋음을 주는 외부 대상들을 남김없이 파괴하여 '무화無化' 상태로 만들고 싶어 하기 때문이다.

"분석실을 나가는 그 순간부터 선생님이 해주신 말씀들을 지워내려고 곧바로 딴생각을 하고, 다른 소리들을 마구 귀에 틀어대고, 분석 내용을 친구에게 모두 다 말로 배설하고, 엉뚱한 행동을 해서 소란을 피워요. 뭔가 다 없어졌다는 느낌이 들고 나서야 잠자리에 들어요."

그 결과 그는 다음번 분석 만남에 어떤 내적 변화도 없는 원래 상태로 나타난다. 그로 인해 1년이 지나고 2년이 지나도 매 회기 분석 관계에서 생성된 '좋음'들이 내면에 축적되지 않고 그때그때 (자동적·무의식적으로) 내파되어 정신의 어떤 새로운 변화와 성장도 불가능하게 된다.

"선생님은 왜 항상 고민 없이 좋은 얼굴을 하고 계세요? 불편해요……. 저에게 좋은 말씀을 해주실수록 분석을 받는 내 자신이 하찮게 느껴져요. 기분이 더러워요."

프로이트는 이런 부정적 치료 반응을 일으키는 무의식의 추동력을 '죽음본능'으로 서술했고, 클라인은 '시기심'으로 명명했다.

생후 첫 1년 동안에 강렬히 활성화되는 유아 내부의 죽음욕동과 시기심은 양육자의 정신에 담아져서 유아가 감당할 수 있는 정서로 변형돼야 한다. 그러지 못한 죽음욕동과 시기심이 '무의식으로 추방(분열)'되어 축적되면 어찌되는가? 그 개인은 그 무의식의 시기심으로 인해 나이가 들어서도 정신 내부에 '좋음'을 간직하기 어렵게 되고, 타인에게 '좋음'을 베풀 수도 없는 인격이 된다. 아울러 그가 맺는 모든 외부 대상관계는 늘 엉망으로 꼬인다.

"그 사람에게 수년간 정성껏 대해주었건만, 그에게서 도무지 좋은 감정을 느껴본 적이 없어요. 외모에 끌려서 만났는데 이 난감하고 불안한 관계를 어찌해야 할까요?" "그 사람은 밑 빠진 독에 물 붓기예요. 불행하고 불쌍해 보여 온갖 정성을 기울여 물심으로 도와주었지만 도와준 사람들의 삶마저 기괴할 정도로 망가지고 모두가 불행에 빠져버렸어요. 이젠 저도 죽고 싶어요."

무의식에 시기심이 축적된 대상과 가까운 지인이나 가족 구성원으로 관계 맺게 되면 그는 자신이 지녀왔고 일상으로 누려왔던 '좋음'들이 남김없이 (공포영화처럼 원인도 모른 채) 하나씩 처절하게 파괴되는 비극적 상황에 처하게 된다. 가령 외부에서 투사동일시로 침투된 그의 파괴적 시기심으로 인해 평화롭던 한 가족·집단에 분란이 생겨 붕괴되는 것이다. "나를 불행하게 버려둔 채 너희들만 행복하게 웃고 사는 모습을 결코 용납할 수 없어!"

시기심 강한 사람이 마음공부 집단에 들어와도 결과는 마찬가지다. 심연의 진실을 탐구하고 싶어 하는 진지한 호기심들이 어느덧 옅어지고, 선생을 향한 믿음이 흔들리며, 공부와 무관한 농담이나 저급하고 부정적 언어가 난입한다. 무언가를 진지하게 소화해내려 애쓰는 귀한 침묵이 사라짐과 동시에 지혜를 가슴 깊이 전하고 싶어 하던 선생의 욕망조차 흐릿해져 어느덧 그곳에는 어떤 '좋음'의 감정도, 좋은 관계도 남아 있지 않게 된다.

시기심을 지닌 사람은 자신의 시기심을 교묘한 방식으로 주변 대상들에게 전염시킨다. 다만 그것은 정신분석을 깊이 배우고 체험했거나 직관력이 섬세한 소수의 사람에게만 인지될 뿐이다. 대부분의 사람들은 원인도 모른 채 자신의 공부 욕구가 사라진 상황을 멍하니 방관할 뿐이다(영유아기 무의식의 시기심이 활성화되면 좋음을 받았다고 느끼는 그 순간 지각 기능이 파괴·마비되어 그전까지 새롭게 활성화되었던 뇌 활동이 원래 상태 되돌아가 공부 욕구도 사라진다). 그런 상황에서는 타인의 시기심을 '담아주고 견뎌내어 부드럽게 변형시키는 강인한 자아와 모성 능력'을 지닌 인격체가 집단 내에 얼마나 있는가가 파국을 이겨내고 공부 욕구를 유지하게 하는 중요 변수가 된다.

"이상해요. 다른 수업에서 선생님을 뵀을 때는 진지한 앎의 욕구가 대단히 강했는데, 이 수업 집단에 참여하면서부터 싹 사라졌어요."

"선생님께 10년을 배웠는데 여전히 앎에 대한 욕구가 생생해요."

시기심을 소화해낼 수 있는 정신력의 강약에 따라 타인의 시기심에 영향받는 강도와 스펙트럼도 다양하다. '담아주는 인격'과 '시기심 인격'이 혼재된 상태에서는 인간관계의 파노라마 또한 예측할 수 없게 전개된다. 정신분석 수업을 하다 보면 어떤 인격의 어느 부분이 (무의식적으로) 시기심을 쏘는지 때로 힐끗 보인다. 한 개인 내부에서도 타자 관계가 좋고 나쁨에 따라 시기심이 출렁일 때와 건강한 인격이 번갈아가며 발현되곤 하는 것이다.

"선생님이 저에게 그런 자상한 관심을 갖고 계셨는지 진작 알았더라면 좋았을 텐데…… 되돌릴 수도 없고……."

"권위자만 보면 저도 모르게 화가 나요. 뒤집어엎고 싶어지고……. 제가 무슨 짓을 했는지 기억도 나지 않는데……. 저를 도와주려 했던 모든 관계들이 매우 안 좋게 끝났다는 것만 희미하게 기억나요. 지구가 멸망했으면 좋겠어요. 세상에 유명하고 잘난 놈들과 좋은 일 한다고 나서는 놈들을 다 죽이고 싶어요."

안전한 수업 환경을 제공할 책임이 있는 정신분석 선생은 시기심과 연관된 집단 속 모든 파괴 역동들로부터 구성원들을 보호하여 공부를 잘 매듭지을 수 있도록 계속 신경 써야 한다.

"공부 과정에서 불편한 느낌이나 생각이 들면, 언제든 표현해주세요."(자신도 모르게 시기심의 피해자가 되지 않도록 그대 자신을 잘 지키길 바랍니다.)

신경증의 두 유형: 증상 신경증, 성격 신경증

정신질환은 정신의 어떤 특성(기능)에 초점을 두느냐에 따라 다양한 개념으로 분류된다. 프로이트는 정신분석가와 안정된 전이 관계를 맺을 수 있는지 유무를 기준으로 정신질환을 '전이 신경증'과 '자기애 신경증'으로 구분했다. 이 중 자기 자신에 대한 애착이 심해 타자와 온전히 관계 맺는 것이 불가능한 자기애 신경증은 분석가와의 심층 정신분석 작업이 불가능한 '자폐적 정신증'으로 간주되었다(예비 상담 5회 지속이 힘든 내담자의 상당수는 타자와 안정된 관계 맺음이 어려운 자기애 신경증자다).

1970년대 이후 자기심리학, 대상관계론, 현대 클라인 학파(윌프레드 비온), 상호주관성론, 통합이론(오토 컨버그) 등이 부각되면서 자기애 신경증은 새로운 기법(정신분석적 심리치료)으로 치료가 가능한 '자기애 인격장애'와 '경계선 인격장애', 그리고 심리치료가 불가능한 '정신분열증'으로 세분화돼 자리매김했다.

전이 신경증(히스테리·강박증·공포증) 치료에는 무의식의 병인을 의식으로 끄집어내 성찰하는 데 주력하는 전통 정신분석 작업이 적합하다. 이에 비해 (가벼운 자기애 신경증인) 자기애 인격장애와 경계선 인격장애는 무의식의 부정적 요소들을 분석가가 정서적으로 안아주고 담아주며 자아에 통합(정신화)하도록 돕는 '정신분석적 심리치료'가 적합하다.

한편 하이먼 스포니츠Hyman Spotnitz가 창시한 현대정신분석Modern Psycho-analysis 학파는 악성 자기애 신경증인 편집증·조울증·정신분열증조차도 (내담자의 영유아 무의식에 담긴 상처를 안아주는 기법에 의해) 그 환자의 '자기애적 전이' 현상을 이용한 성인 심리치료가 가능하다고 보고 치료를 시행하고 있다(외부 대상인지 주관적 내부 대상인지를 온전히 구별하지 못하고 외부 대상—치료자—에 대한 '전이 현상'이 전혀 없으면, 정신분석 치료는 전혀 불가능하다).

이와 같은 분류는 리비도 발달장애, 자아 기능 발달장애, 그리고 '자기self' 취약 및 '자기애self-love' 결핍으로 '자기애 정신 구조'에 고착되어 타인의 마음과 현실을 온전히 지각·배려·소통할 수 없는 상태가 정신질환의 근본 특성이라는 것에 초점을 맞춘다.

타자와 온전히 정서 소통하기 힘든 자기애 인격은 상대방의 관점에서 자신과 타자를 바라볼 수 없다. '자기 존재만큼 소중한 타자'를 인정하지 못하기 때문에 자신이 어떤 존재인지를 '거울'처럼 반영해줄 타인에 대한 객관적(상호 주관적) 인식의 눈이 부재한다. 그로 인해 자기 자신에 대한 지각과 이해가 늘 주관적으로 왜곡되어 있다. "나는 인류와 지구를 지키는 비범하고 고귀하고 완벽성을 지닌 분이야. 나는 신이야."

자기 상태를 비추어주는 타자를 신뢰하지 못해 진실한 대화를 회피하는 사람은 주관적 환상의 성에 갇힌 채 상처 줄 위험이 제거된 '심리적 대상psychic reality'들과만 살아가는, 영원히 성장하지 않는 아이로 전락한다. 그는 '이런저런 이유를 내세우며' 자신의 미성숙한 실상을 자각하지 못하도록 필사적으로 방어를 작동시킨다. 겉으로는 현실 세계를 구성하는 하나의 평범한 존재(형제자매, 부모, 학교 동창, 직장 동료)로 보이지만, 내면의 실상은 자기 자신을 비롯해 타자와의 '마음 접촉이 차단된' 삶을 반복하는, 희미하게 꺼져가는 생명체다.

자기애 신경증자는 어린 시절 '최초 대상'(엄마, 양육자)과의 관계에서 따스한 신체적·정서적 소통이 결여된 형식적 양육과 방치된 상처(수치감) 경험을 지닌다. 아울러 그 초기 대상관계 결핍을 보상해줄 제3의 '이상화 대상'(아버지, 제3의 조력자) 또한 경험하지 못한 만성적 박탈 상처를 지닌다. 그로 인해 '대상 일반'(외부세계)에 대한 관계 욕구·관심을 철수하고, 감당할 수 없고 소화해낼 수 없었던 자신의 상처 경험 지각들을 분열·부인하는 방어적 정신 구조가 형성된 존재다.

영유아가 대면한 최초 환경, 최초 양육자가 오랜 기간 불안정하고 불편한 자극을 주며 자신의 불안을 해소시켜주지 못할 경우, 아이는 생존을 위해 그런 상태에 적응하는 분열된 정신 구조를 형성해야 한다. 그 결과 그에겐 이후에 만나는 어떤 대상들과도 신뢰하며 편안히 소통하는 정신 활동 자체가 차단(방어)된다.

자기애 신경증자는 고통을 유발할 수 있는 모든 요소들, 특히 자신의 수치스럽던 과거 현실을 있는 그대로 직면시키는 인식 기능과 진실한 대상관계를 이미 옛날에 포기·마비시킨 자다. '대상'(외부세계)과 친밀하게 관계하지 않는 한, 어린 시절 겪었던 그 불쾌한 수치·우울·절망·놀람·불안·고통을 다시 체험하지 않게 된다고 믿기 때문이다. 그런데 안타깝게도 현실에서 '행복'을 능동적으로 누리고픈 마음이 드는 그 순간, 포기되고 망각된 무의식의 '그것'들이 발목을 잡아당겨 곤혹스러워한다. (현실을 제대로 느끼며 살고 싶은 그때 홀연 죽고 싶어지는 마음이 치솟는 까닭은 분열되어 있던 '그것들'이 함께 깨어나기 때문이다!) 이것이 자기애 신경증자의 비극이다. "오직 좋은 것만 보고 듣고 싶다. 그 외엔 아무것도 기억하고 싶지 않아! 제발 날 가만히 내버려둬."

이에 비해 전이 신경증자는 타자의 현실을 대부분 온전히 지각하고 수용한다. 단지 특정 시기에 솟구치던 특정 (오이디푸스) 욕구의 과도 좌절 상처, 금지된 환상과 죄책감·갈등과 연관해 억압한 요소에 대해, 자아는 늘 자신 모르게 방어 에너지를 지출해야 한다. 그리고 억압된 무의식의 그것이 우연히 어떤 외부 현실에 자극받아 예기치 않게 '의식으로 회귀'할 경우, 자아의 방어 기능이 잠정적으로 불안정하고 무기력해진다.

프로이트는 개인의 리비도가 '자기 사랑' 상태에서 '대상 사랑' 상태로 발달했는지 유무가 정신의 발달 등급 내지 '질적 차이'를 구분하는 핵심 기준이라 보았다. 그래서 정신질환을 '자기애 신경증'과 대상을 향한 '전이 신경증'으로 구분한 것이다. 이에 비해 자신의 문제들에 대해 '자아의 인지 기능'이 온전히 작동되는지 유무에 주목하는 현대 자아심리학파에서는 신경증을 '증상 신경증'과 '성격 신경증'으로 분류한다. '증상'과 '성격'은 견디기 힘든 충격적 고통에 대처해야 했던 인류가 생존하기 위한 오랜 시행착오 끝에 필사적으로 생성해낸 두 유형의 심리적 생존 전략이다.

증상 신경증 —

'증상 신경증'은 자아의 의지에 의한 통제나 극복이 안 되는 무의식의 무엇을 비합리적·비현실적이며 고통스런 증상으로 끊임없이 배출해 낸다. 그리고 그 증상에 휘둘려 현실에서 여러 불이익과 불편한 상태에 처하게 한다. '증상'이 발생되어 유지되고 있음은 그의 현재 자아와 정신 구조가 내적 갈등을 비롯한 정신 내부의 문제를 '어느 부분'에서 온전히 소화(정신화, 통합)해내지 못하고 있다는 무기력 신호다. 그 증상은 주로 히스테리·강박증·공포증·불안증 등이다. 증상 신경증 환자에게 '증상'은 자기 삶에 침투한 '낯선 이물질', '비정상적 무엇'으로 지각된다. 그렇기 때문에 증상에 의해 그리고 증상에 대해 끊임없이 과민하게 스트레스를 받는다. 증상 신경증자는 인생에서 단 얼마 동안이라도 그 고약한 증상에서 벗어나 자유로운 삶을 누리기를 소망한다.

그런데 현실의 그는 의식적으로는 증상에서 벗어나기를 갈망하면서도 (무의식에선) 스스로 자기처벌을 감수하려는 것처럼 정작 불편한 증상 상태를 벗어나기 위해 필사적 노력을 기울이진 않는다. 증상의 뿌리를 철저하게 성찰하려 하지도 않으며(물론 혼자만의 힘으로는 '무의식의 원인'을 성찰하지 못한다), 기껏해야 (증상 극복에 결정적 도움이 되지 않는) 비효율적이고 주변적인 노력들을 기울일 뿐이다. 그는 증상을 떠안은 채 인생을 마치 벌받는 죄인처럼 고통스럽게 살아간다.

그에게는 '무의식의 그것'을 고통과 불편이 수반된 '증상으로 표출'하는 것이 무의식에 의해 자아가 붕괴되는 것을 방지하는 차선책으로 자리 잡고 있다. 즉 그에게 '증상'이란 내적 갈등을 일으키는 무의식의 내용물들이 서로 타협해서 생성해낸(오이디푸스기 아이, 사춘기 소년이 생각해낼 수 있는) 나름 최상의 타협책이다. "비록 골치가 아프지만 이 정도의 고통을 짊어지는 게 내면의 심판자에게 끔찍하게 비난·심판·거세당하는 것보다 차라리 나을 수 있어."

그의 정신은 한쪽에선 창피하고 억울하고 지겹다고 원망하면서도, 다른 한쪽에선 그것이 그나마 안전한 길이라고 속삭이며 치료책을 적극 알아보지 못하게 한다. 그래서 안전하고 신뢰할 수 있고 비범한 힘을 지닌 대상(정신분석가)의 도움이 절실하다는 자각이 밀려드는 '그때'까지 오랫동안 방치된 채 증상은 늘 그와 함께한다.

증상은 영혼에게 역설적 이중 기능을 한다. 가령 증상이 있는 한 그의 심신은 늘 불편하고 고통스럽다. 증상의 기운에 함입되어 있는 어느 상황, 어느 기간 동안은 자아 기능이 위축되고 외부세계와 온전히 관계하지 못한 채 혼자 낑낑댄다. 그런데 바로 그 고통 때문에 신경증자는 '해방'을 갈망하며 증상을 벗어나게 해줄 것 같은 새로운 자극들에 자주 깨어 있게 된다. "어찌해야 이 고통을 벗어나 자유로울 수 있는지 간절히 알고 싶다!"

이처럼 '증상'이 증상 신경증자의 자아에게 '이질적'으로 느껴진다는 것은 불행인 동시에 다행스러운 점이다. 그 이질감 때문에 그는 자신이 지닌 증상을 못마땅해하고 고통스러워하고 수치스러워한다. 증상이 자아에 이물질로 느껴지기 때문에 증상 신경증자는 증상에서 벗어나고자 나름 필사적인 자기 개선 노력을 기울이게 된다. 그 결과 보통 사람은 좀처럼 관심 갖거나 경험하지 못하는 '자기 무의식' 탐색 작업을 시도해 깊은 자기성찰, 치열한 자기 대결, 독특한 승화 능력과 업적을 개척하기도 한다. 역사에 이름을 남긴 선각자, 위인, 예술가들 중엔 증상 신경증자가 상당히 많다. 보통 사람들이 삶을 즐기는 데 써버리는 에너지를 비축해 자기 증상을 승화하거나 대결·극복하는 데 쏟았기 때문이다.

고통을 일부러 계속 간직하려는 생명체는 자연계에 없다. 그러나 인간은 예외이다. 신경증을 지닌 인간은 해소되지 않는 오랜 증상의 불편함을 벗어나기 위해 불확실하고 위험할 수도 있는 미지의 영역을 향해 모험하며 고난을 헤쳐나간다. 물론 그들 중 자아가 약하고 비범한 조력자를 만나지 못한 상당수는 감당 못 할 비극의 수렁에 빠져 붕괴되기도 한다. 그러나 무의식의 진실을 직면하고 감당해내는 자아의 힘ego strength을 지니며 비범한 조력자를 만나 새로운 힘을 흡수한 영혼은 자신과 인류를 고통에서 구원해줄 특별한 지혜와 능력을 획득하게 된다.

성격 신경증 —

성격 신경증은 정신이 형성되고 발달해가는 주요 기간에 만연했던 고통 자극, 돌봄 관계의 결핍, 성욕과 공격성 해소의 좌절, 부정적 환상, 양육자로부터의 분리 갈등 불안 등을 '증상으로 분출'하는 것이 아닌 '두터운 방어적 성격 구조 형성'을 통해 처리한 결과물이다. '성격'이란 개체가 '삶에 적응하는 방식', 자신을 '안정시키는 기능과 구조의 총체'를 지칭한다. 현실 적응과 안정화 기능은 생존을 위해 필수적인 자아 기능이다. 문제는 만성적인 나쁜 환경 내지 심각한 위기 상황에 적응하기 위해 형성된 특정 성격 구조가, 이후의 변화된 생활 환경에서도 강하게 지속되어 '부적응 후유증'을 일으키는 데 있다.

성격 구조의 이런 '적응·안정화 기능'으로 인해 성격 신경증자에게서는 '자아 이질적'으로 지각되는 뚜렷한 불편 증상이 발견되지 않는다. 이들은 내부와 외부 대상관계에서 반복해서 문제를 일으키는 자신의 성격 특성을 자아에게 친숙한 것으로, 즉 문제없는 것이라고 (자아 동질적으로) 지각한다. 그 때문에 그 자신은 증상으로 인한 스트레스나 자기 성격에 대한 불편감에 시달리지 않는다. 자신을 결코 '문제를 일으키는 이상한 자'로 느끼지 않는 것이다. 그로 인해 현재의 정신성과 성격을 개선하려는 동기를 갖지 않으며, '환경'이 그에게 부응해주기만 하면 인생의 상당 기간을 행복하게 지낼 수도 있다. 사람들과 더불어 친밀한 융합 관계를 한동안 경험함으로써 스스로 완벽하고 행복하다고 느낄 수도 있다.

그런데 문제는 그 행복과 자기도취로 인해 그가 외면해온, 해결하지 못한 '인지 구조의 왜곡', '무의식의 부정적 감정들', '박탈당한 상처'들이 우연히 건드려질 때마다 반복 회귀한다는 데 있다. 정신화되지 못한 그것들이 투사동일시와 이런저런 행동화 등으로 무심결에 외부로 배출되는 순간 그가 누리던 좋은 관계들은 산산이 깨지게 되며, 외부 대상들에게 자신도 모르는 피해를 주고 마찰을 일으킨다.

"저 사람은 평시엔 순한데, 술만 먹으면 개차반이 돼!"

"세상이 왜 이리 엉망이야! 억울한 피해자는 바로 나야!"

자기 내부 문제들을 자동 '분열-부인-투사'하여 정신의 안정감을 유지시켜주는 바로 그 방어 기능이, 역으로 그를 불행에 빠뜨리는 주범이 된다(방어의 아이러니). 유아적 욕구 취향과 방어 양태, 마술적·전능적 사고, 편집적·부분적 현실 지각 등등의 성격 요인 때문에 그는 현실에서 뜻밖의 불행한 사태에 부딪혀 당황하는 패턴을 반복하게 된다. "난 별 문제없어. 내겐 이상한 증상이 결코 없어! 난 완전 정상이야. 그런데 세상이 왜 이리 실망스러운 거야! 나한테 왜 이래?"

감당하기 힘든 고통 자극들을 '방어적인 성격 구조' 형성을 통해 대처한 개인에게는 최초에 분열·억압된 상처·환상·갈등·불안 들이 정신 깊은 곳의 한편에 고스란히 저장되어 있다. 아울러 그의 성격에는 '그것'들에 대한 지각을 차단하는 방어가 늘 구조적으로 작동한다. 원시적 방어들이 무의식적으로 자동 작동되기 때문에 이들의 자아는 무의식의 '그것'을 차단하는 자신의 성격 특성이 이상하다거나 병리적이라고 결코 자각하지도 '인정'하지도 못한다. 자아가 자기 성격의 어떤 문제를 지각하게 되는 순간은, 오직 기존의 적응 구조에 심각한 균열을 초래하는 위기 상황뿐이다.

그 순간 대부분의 성격 신경증자에겐 '나쁜 타자'에 의해 자신의 인격 전체가 병리적인 것으로 평가되어 버림받거나 해체당하는 듯한 환상과 불안이 밀려든다. 그리고 '나쁜 타자'에 의해 자기 인격이 부정당하고 비난받고 경멸당한 것에 대한 모욕감과 분노가 일어나 필사적으로 방어·격노·보복한다. "결코 용서할 수 없어. 나를 힘들게 하는 이 천하의 나쁜 놈들아!"

자아의 온전한 부분이 '일시적으로' 정상 기능할 때 그는 잠시 자신의 성격 특성 이면에 자신을 불편하게 하는 뭔가가 있음을 모호하게 지각하기도 한다. "가끔은 나의 그런 점이 싫어! 변했으면 좋겠는데 그게 잘 안 돼……." 그러나 거기서 끝이다. 그의 자기 대면 능력은 거기까지일 뿐이다. '성격'의 은혜로운 적응 작용과 안정화 기능 덕분에 불편한 뭔가를 지각하는 순간 곧바로 '부인'되고 외부 대상에게 '투사'되기 때문이다. "불편하고 나쁜 놈들이 드글대는 더러운 세상……. 신뢰할 수 있는 완벽한 대상이 나타나지 않는 한, 난 결코 내 문제를 인정할 수 없어. 하지만 그런 대상은 어디에도 없지."

이런 정신 구조 때문에 자신의 문제를 결코 온전히 자각하지도 인정하지도 못하는 성격 신경증은 탁월한 정신분석가도 도움을 주기가 매우 힘들다. 그는 실상 타자와 온전한 관계 맺기가 '심리 구조적으로' 힘든, 그래서 자신을 온전히 볼 수 없는 '자기애 신경증자'와 유사하기 때문이다.

증상 신경증과 성격 신경증은 보통 사람과 다른 이상한 사람들에게만 해당되는 전적인 병리성의 기호인가? 아니다. 보통 사람들에게도 증상 신경증 요소와 성격 신경증 요소가 두루 다양한 비율로 섞여 있다. 건강함과 병을 나누는 경계는 그리 명료하지 않다. 정신분석학자는 단지 경직된 성격 신경증 상태와 유연한 자기성찰 자아 상태, 자기처벌 고통에 시달리는 증상 신경증과 증상 없이 자유롭고 행복한 정신성 '사이에' 수없이 다채로운 스펙트럼이 있다고 말할 수 있을 뿐이다. '인간의 고유성'을 구성하는 요소들인 '증상'과 '성격'의 특성을 곱씹어 음미하고 정신 발달에 얼마나 활용할 수 있느냐에 따라 '인격의 질' 또한 달라지는 것이다.

어리석은 자(성격 신경증자)는 이미 형성된 자신의 성격 구조를 안정시키는 자극들만을 선별 지각해 '좋음'·'진리'로 받아들인다. 자신의 문제를 대면하게 하는 모든 자극들은 적대적인 '나쁨'·'거짓'으로 여겨 거부한다. 그것이 자신의 정신 안정에 가장 편하고 안전한 길로 느껴지기 때문이다. 이에 비해 지혜로운 자는 자신이 자부심을 가져온 성격 특성에서조차 숨겨진 결함과 억압된 무엇을 발견해낸다. 그리고 자신에게 주어진 문제(불편한 정서, 증상)를 부인하지 않고 직면하여 그 뿌리를 추적해간다. 그 자기성찰 과정에서 그동안 알 수 없었던 '숨은 나'와 접촉하고 대화를 시도하여, 새로운 삶을 창조해낼 목표와 추동력을 생성해낸다.

성격 신경증자가 부인한 내부 문제는 무의식적으로 주변 대상에게 투사(배설)되므로 주변 가족과 자손들은 그의 병리성을 고스란히 떠안을 수밖에 없다. 이런 운명적 얽힘에 의해 개인의 정신은 이미 태어나는 순간부터 미지의 힘들에 의해 상당 부분 속박된다. 상식과 의식의 질서, 눈에 보이는 사실에만 관심을 갖고 안주해온 대다수 사람들은 이러한 '무의식의 진실'을 알고 싶지도 않고 알 수도 없다. 그로 인해 선조·부모·가족·민족이 소화해내지 못한 무의식의 보이지 않는 기운과 응어리들이 서로에게 배출되고 전염되어 얽힌다. 자신의 어두운 실상을 직면하기 두려워하는 다수의 한국인은 자신의 파란만장한 과거의 정신성과 복잡하게 느껴지는 현실에 대해 체념적인 합리화 태도를 취하곤 한다. "인간은 결코 바뀌지 않아. 죽을 때까지. 감히 누가 누구의 정신을 알 수 있고 바뀌게 한단 말이야! '대화와 화해'란 단지 말일 뿐이야. 한번 나빴던 대상은 영원히 나쁜 대상인 거야."

증상 신경증의 비율이 높아서 히스테리·강박증·공포증 증상이 심하다면 자신에게 맞는 정신분석가를 찾아 정신분석 관계를 맺는 것이 정신 해방과 발달에 매우 큰 도움이 된다. 나이가 한 살이라도 적을 때 선택할수록 행운이다. 대부분의 증상 신경증자는 내면으로 통하는 '그 길'을 언뜻 '보여주기'만 해도 주체적으로 자기를 깨닫는 능력, 진실을 왜곡 없이 대면하고 감당할 수 있는 자아 능력을 지니고 있다. 단지 증상의 뿌리를 혼자만의 힘으로 성찰하기 힘들기 때문에 '정신분석 관계'가 필요한 것이다.

반면에 성격 신경증의 비율이 높다면 정신분석보다는 모성성과 정서적 공감 능력이 탁월한 심리치료사와의 심리상담이나 정신분석 교육에 입문하는 것이 유익하다. 안전한 내면 공부 환경을 통해 자신의 무의식을 '상처 없이 소화'해가는 과정을 꾸준히 해나가면 방어적 성격 구조의 경직성이 유연해지기 때문이다.

정신분석은 좀처럼 만나기 힘든 '무의식'(숨겨진 나)과 대면해 소통하는 희귀한 자기성찰 활동이면서 동시에 인간으로 태어나 맛볼 수 있는 가장 진실한 깨달음[見/覺] 활동이다. 무의식을 스스로 대면하는 능력과 유연성을 회복할 수만 있다면, 그는 어느덧 성격 신경증의 굴레를 벗어난 성숙한 주체로 탈바꿈할 것이다.

신경증자와 성격장애자

"30년을 같이 살았는데 그 사람과 진정으로 소통하고 있다는 느낌을 한 번도 받은 적이 없어요!" "어차피 안 되는 걸 뻔히 아는데 대화를 해서 뭐 하나요? 말을 섞는 순간 속 터져 죽어요."

가족·동료 간에 대화를 못 해 관계가 멀어지거나 깨지는 경우가 적지 않다. 그런 경험을 하고 있는 당사자들은 서로에 대한 분노와 실망감으로 답답해 죽을 것 같다. 단 한 번이라도 제대로 소통할 수 있다면 오래된 문제를 정리하여 희망차고 견실한 내일을 건설할 수 있을 텐데 도대체 왜 그럴까? 스스로 지성인이라 자부하면서도 어찌하여 대화 도중에 비난과 격노가 터져나오고 언어가 불통되는 상황이 반복되는 걸까? 그토록 가깝다고 믿어온 가족·동료·시민이건만 서로 다른 감정과 생각과 가치관을 뿜어대며 그 자리가 마치 전쟁터인 양 서로 못 잡아먹어 으르렁대는 심리적 원인은 무엇인가?

대화가 반복해서 어긋나고 막히는 것은 지능의 높고 낮음 때문이 아니다. 그것은 대화자의 무의식이 서로 다름에 기인한다. 대화자가 서로 다른 정신 구조(자기 구조, 방어기제), 환상 유형, 대상표상을 지닐 경우 그것이 관계 속에서 직면되어 상호 인정되지 않는 한 진정한 소통은 어렵다. 가령 리비도가 자기애 단계에서 대상애 단계로 진입한 보통 사람과 신경증자의 무의식에는 '타자를 향한' 욕망과 성환상이 역동한다. 그로 인해 누군가와 문제가 생겼을 때 상대방에 대해 진정한 관심을 갖고 대화하면서 풀고 싶어 한다. 그에게 '대화'란 어릴 때 직접 만족하지 못한 본능욕동의 좌절을 '상징 의미'들로 안전하게 대체해 채워주는 일종의 승화된 성교 행위다. "아, 이렇게 말이 잘 통하다니, 답답했던 마음이 시원하게 뚫리고 행복감이 그득해져요."

반대로 리비도가 자기애 단계에 고착된 성격장애자의 무의식에는 '부정적 대상표상'들로 인해 낯선 타자로부터의 박해망상과 박해불안이 그득하다. 겉으로는 멀쩡해 보이지만 이런 사람은 자신이 숨겨둔 문제(분열이 심한 자기, 손상된 자존감, 열등한 자기 표상)들이 타인에게 노출되어 비난당하고 수치스러워질까 봐 두려워 형식적·피상적 대화만 반복할 뿐이다. 심도 깊고 진실한 대화는 어떤 이유를 만들어서건 자동 회피하며, 회피할 목적으로 대화 관계 자체를 파괴하기도 한다. 격노하면 관계가 멀어지거나 깨져 깊은 대화를 하게 될 위험도 긴장도 사라지기 때문이다.

자신의 한계를 '직면'하고 '반성'해야만 비로소 풀릴 수 있는 상호 소통 문제를 접하다 보면, (자기 상태를 거울처럼 반영해주는) 타자와의 진솔한 대화가 '정신 구조적으로' 불가능한 사람이 적지 않다. 가령 '자기 self'가 깨지거나 침범·박해당하는 불안이 심한 사람은 자신의 망상 시나리오를 위태롭게 할 이질적 외부 요소가 정신에 침투되는 걸 못 견딘다. 외부세계와의 관계를 자신에게 필요한 시나리오로 편집 구성한 그의 망상은 비록 현실과 어긋나 종종 마찰을 일으킬지라도, 그의 '자기'가 붕괴되지 않도록 중요 대상과의 '끈'을 그럭저럭 유지시켜주는 생명 지지대 역할을 하기 때문이다.

유일하게 견딜 만한 심리적 현실인 그 망상을 위협하는 모든 외부의 소리들은 그에게 '독'이며 '악'이다. 그래서 그가 세상을 보는 입장에 반하는 이질적 의견들은 그의 정신 속에 각인되기 전에 자동 차단된다. 누군가가 도움을 주려고 그의 문제에 접근하면 타자의 노력과 시도 자체가 그에게는 마치 자기 정신을 침범해 붕괴시키려는 공격처럼 지각되어 불안과 분노, 격한 반발을 일으킨다.

"나는 누구의 도움도 필요 없어! 내가 알고 싶은 그것만 알면 돼! 내게서 너무 많은 걸 알려 들지도, 알려주려고도 하지 마!"

그의 '자기 해체' 불안이 어느 정도인지는 대화 과정에서 그의 언어와 태도를 통해 직간접적으로 드러난다. 그의 '언어'가 얼마나 이분법적(선과 악, 모와 도, 흑과 백)으로 분열되어 있느냐가 일차 징후이다.

"당신 말은 무조건 옳고 좋아. 저 사람 말은 전부 가짜, 엉터리야."

자신과 다른 생각과 입장들을 마음 그릇에 담아 자신의 생각과 통합해내는 자아 능력이 부족한 그는, 자신에게 안전하다고 느껴지는 특정 '결론'만 기계처럼 반복할 뿐이다. 그는 자신의 입장과 다른 타자의 언어를 불편감 때문에 온전히 경청할 수 없다. 그저 듣는 척만 할 뿐이다. 그는 '대화의 과정'이 불러일으키는 현상, 즉 뜻밖의 자극들이 정신에 침투할 때 일어나는 자연스런 긴장과 이완의 굴곡을 세세히 반추하고 음미하려는 마음이 부족하다. 그는 타자의 나쁜 기운과 부정적 언어에 자신의 정신이 압도될까 두려워 어둡고 부정적인 주제를 회피한다. 특히 '자기 문제'에 관해서는 극도로 민감해져 직면하기를 격렬히 '부인'한다. 만일 타자의 주장이 자신의 것과 다르거나 대립하면 조화로운 타협이나 주체적인 통합을 이루어내지 못한 채 자기 주장만 녹음기처럼 반복할 뿐이다.

　이런 사람의 마음속에는 사회에서 인정받는 위치에 오르지 못하면 '애정 대상'으로부터 영영 관심받지 못할 거라는 '대상의 사랑 상실'(거세) 불안보다 근원적인 불안이 역동한다. 타자의 의견을 수용/거부하는 순간 '자기'가 타자에게 흡수/부정되어 소멸될지 모른다는 멸절·박해불안이 그것이다. "세상이 당장 끝장날 것 같고, 내가 없어질 것 같아 불안해요!"

신경증자는 자아로 통제되지 않는 자신의 '증상'을 이질적 문제로 느끼며 곤혹스러워하고 시달린다. 발달된 자아를 지녔음에도 불구하고 의식과 의지로 해결되지 않는 그 증상 때문에 그의 삶은 만족감이 낮을 뿐만 아니라 복잡하고 착잡하다. 그는 증상이 유발하는 불편과 불이익 때문에 사회적 관계에서 절반쯤 고립되고 거세된다. 마치 금지된 '죄'를 저지른 대가를 치르는 것처럼 스스로를 처벌하는 묘한 운명의 덫에 갇혀 오직 '생각' 속에서만 끊임없이 새로운 미래를 건설한다.

　그런데 다행스럽게도 신경증자의 정신 한편에서는 반복적 증상에서 벗어나기 위해 그 증상을 일으킨 미지의 원인(진실)에 대한 강렬한 앎에의 욕구가 작동된다. 가령 강박신경증자는 사고와 정서를 분리시켜 주로 '생각'만으로 실재를 안전하게 대면한다. 그래서 자신의 내면과 외부 대상의 비극적 실상을 '인식'해도 정신은 크게 영향받지 않는다. 그는 자신의 무의식적 상처나 부정적 요소를 직면하거나 반성하는 것을 두려워하지 않는다. 그러나 탐구하는 사고가 억압된 무의식에 근접하면 이에 저항하는 방어가 자동 작동되어 앎에의 욕구가 줄어들고 생각은 억압된 그것의 '주위'만 계속 맴돌게 된다.

"세상의 숨겨진 모습과 타인의 문제는 잘 이해되는데, 정작 내 마음 속이 어떤지는 늘 모호하게 느껴져요.""지난 몇십 년간 내 문제의 근원을 알려고 늘 마음은 먹었는데, 정작 현실에서 애를 쓴 적은 몇 번 안 돼요.""나 자신을 알고 싶다고 머리로 생각만 했을 뿐, 정작 현실에서 정신분석을 받으려 시도한 적은 없다는 게 참 묘해요."

신경증자는 자신을 향한 타인의 비판에 대해 그것이 '진실'을 건드릴 경우 '부인'하거나 '왜곡'하지 않고 경청하여 자기 인식과 자기 회복에 활용할 수 있다. 또한 성숙한 성인처럼 타인과 자신의 장단점을 두루 살피며 무엇이 '진실/거짓'인지 (타자의 관점을 고려한) 반성적 사고 능력을 유지한다. 나아가 무의식의 어떤 요인들이 인생을 향유하려는 자신의 시도를 번번이 방해하는지 그 뿌리를 찾아내려 노력한다(그런데 무의식적 방어 작용 때문에 이런 노력은 분석가의 도움이 없는 한 결실을 맺지 못한다).

이런 특성들로 인해 신경증자에게는 무의식의 생각과 감정이 우발적 언어로 표출되는 자유연상, 자아의식의 경계를 내리쳐 뜻밖의 무의식에 접촉하게 해주는 '정신분석가의 해석 언어'가 귀하게 느껴진다. 타인을 향해 언어화되지 못했던 무의식의 그것을 언어로 분출하는 '정신분석 소통'은 그의 주체성을 해체시키는 것이 아니라 마음의 짐을 덜어내고 방어 에너지 소모를 완화하여 자아 기능을 확장하는 기능을 한다.

반면에 정신 불안 강도가 높은 성격장애자는 자신의 기형적 성격 구조 자체를 결코 '이질적 증상'으로 지각하지 못한다. 견고한 성격 갑옷(방어 구조) 속에 갇힌 그는 자기도취적 환상과 망상으로 '현실'을 그럭저럭 버텨낼 뿐이다.

"나는 내가 보고 싶은 사실만 선별해서 부분 지각하는 겁먹은 아이가 아니라 모든 사실을 제대로 알고 있는 지혜로운 사람이야."

"나는 엄마에게서 무시당한 아이가 아니라 사랑을 넘치도록 듬뿍 받은 귀하신 몸이야."

성격장애자는 박해불안, 멸절불안을 방어하기 위해 '생존 차원'에서 형성된 자신의 편집 분열적 성격 구조와 망상 내용에 대해 타인이 문제가 '있다/없다'라고 왈가왈부하는 것 자체가 불쾌하고 불안해 격노한다.

"대화? 니들이 내 상처와 공포를 알아? 진정 감당해낼 수 있겠어?"

"문제를 지적하는 당신, 그래서 어쩌란 말이야? 내 마음속에 묻혀 있는 걸 기억해내 말로 표현한다 한들 무슨 의미가 있어. 어차피 난 바뀌지 않을 거고 세상도 바뀌지 않을 텐데 왜 나를 자꾸 힘들게 해……."

망상 에너지로 정신을 위로하며 버티는 성격장애자는 자아가 약하기 때문에 무의식에 축적된 자신의 콤플렉스와 그림자에 관심을 갖거나 대면하기를 회피한다. 그는 망각된 어린 시절에 형성된 자신의 문제가 무심결에 자신과 가족과 타인에게 부담과 피해를 주어왔고 계속 문제를 일으킨다는 사실을 결코 알고 싶지 않다.

"숨겨진 진실을 아는 것이 불안을 해소해주기는커녕, 내 가슴을 더 답답하고 착잡하게 만든단 말이야!"

"감당하기 힘든 과거 불안이 속에서 터져나오면 정신이 깨져 끝장날지 모르는데 무의식을 알고 모르고가 뭐 그리 대단해? 죽으면 끝인데! 그냥 이대로 살다가 가면 되잖아!"

양심불안과 거세불안이 강해서 옳고 그름을 정확히 판단해야 안심하는 '신경증자'와, 부정적 자극들이 침투할 때 '자기'가 깨지는 불안에 시달리는 '성격장애자'는 일차적 관심사가 서로 매우 다르다. 신경증자는 대화의 조건으로 상대가 정의로운 사람인지가 중요하고, 성격장애자는 상대방이 나를 해칠 사람인지 위로하고 보호해줄 사람인지가 중요하다. 그로 인해 어떤 문제가 생겨 이들이 대화를 시도할 때 상대에게 이해와 공감을 받고 싶어 서로를 향해 던진 말들은 공명되지 못한 채 엉뚱한 반응을 일으킨다.

"미치겠네! 왜 내 말을 도무지 알아듣지 못하는 거야!"

결국 발전된 미래를 만들고자 대화를 시도하면 할수록 서로에게 상처를 입히고 자존감이 손상되어 관계가 멀어지는 곤혹스런 악순환이 반복된다. 대화를 시작하기 위한 심리 조건인 자기 상태, 자아 강도, 자아 기능, 일차적 관심사, 대상표상, 환상, 불안, 방어 유형이 서로 매우 다르기 때문이다. 이처럼 '매우 다르다'는 사실을 서로가 뼈저리게 직면하고 인정하지 않는 한, 친밀하다고 믿어온 가족·부부·친구일지라도 위기를 헤쳐나가기 위한 대화와 소통은 착각일 뿐이다.

신경증자는 자신의 과민한 양심(초자아 심판)불안과 거세불안을 가라앉히기 위해 무엇보다 옳고 그름을 분별해야 한다. 이를 위해 사태의 진위를 가능한 한 정확히 확인하고 싶어 한다.

"어떻게 대처하는 게 죄책감에서 벗어날 옳은 행동이지?"

"그분이 나를 진심으로 사랑한 게 사실일까?"

이에 비해 아버지에 대한 긍정적 동일시에 실패하여 초자아가 미숙하고 '자아 정체성'이 모호한 성격장애자는 '사실'을 확인하려 드는 신경증자의 언행이 낯설고 부담스럽게 느껴진다. 신경증자의 비공감적 판단 언어들이 마치 자신을 겨냥한 적대적 심판 언어로 들려 불편·불안해진다. 그래서 처리해야 할 꼬인 현실 문제를 서로 대화로 풀어내려는 마음이 사라지고 단지 상대에게 설득당하지 않으려 기를 쓰게 된다.

"설득당하면 내 영혼이 저 녀석에게 종속되는 거야. 절대 그럴 수 없어."

마음속 깊은 진실을 타자와 '대화'로 소통할 수 있다면, 꼬이고 반복되는 불통을 남 탓으로만 돌리지 않는다면, 그는 이미 어떤 험한 현실과 유혹적 환상에도 압도당하지 않는 성숙한 정신 주체이다.

알아도 아는 것이 아니다: 지식 연기자

"한국에서 살아가는 데 꼭 알아야 할 것들은 이제 다 안 것 같습니다."

주목받는 전문 직업을 가졌을지라도 개개인마다 자신이 모르는 '심연의 무엇'이 있다. 감당하기 힘든 자극으로 인한 상처, 불안, 좌절된 욕구에 대한 불만과 결핍, 태어날 때부터 형제자매보다 관심받지 못한 수치심, 억울함, 증오가 내면에 있다. 보이지 않는 '그것'들로 인해 마음이 불편해져 사람을 피하며 사는 이들도 적지 않다.

현실 생활에서 부적절한 불안, 부정적 감정, 망상이 마음에서 떠나지 않는 것은 내가 기억하는 과거사와 나의 의지에서 나온 것이 아니다. 그것은 내가 모르는(기억하지 못하는) 어느 시절 어떤 상황에서 형성된, 내가 감당할 수 없었던 '그것'이 무의식에 자리했기 때문에 생겨난 것이다. '그것'은 그 당시의 정신력으로는 감당할 수 없는 것이었기에 정신분석가는 개인의 과거에 대해 잘했다/못했다 '평가'하지 않는다. 단지 부정적 상태의 반복으로 삶을 온전히 향유하지 못하는 것을 안타까워하며, 긍정적인 방향으로 삶이 나아갈 수 있는 '기회'를 제공할 뿐이다. 그 기회를 붙잡을지 흘려보낼지 결정하는 것은 개인의 몫이다.

의식 이면에 존재하는 '무의식의 특성'을 연구·탐색·대결해온 정신분석가는 의식 세계의 가치 기준과 평가들에 상대적으로 덜 얽매인다.

심지어 세상으로부터 격하게 비난받는 흉악한 범죄자들에 대해서조차 그가 어떤 심리적 요인들로 인해 그렇게 될 수밖에 없었는지 여러 측면에서 이해하려는 마음을 갖는다. 또한 어떤 사람의 내면에 온갖 파괴욕동, 부정적 감정, 반사회적 생각들이 들끓는다 해도 타인과 사회에 심각한 상처나 피해를 실제로 주지 않는 한, 그의 인격에 대해 좀처럼 '도덕적 평가'를 내리지 않는다.

물론 정신분석학이 중요하게 생각하는 인간 평가 기준이 없는 것은 아니다. 분석가는 병리적 정신 구조와 증상들을 변형시켜 정신 기능과 욕망을 회복시키려는 치유 목적을 지닌다. 그로 인해 자신과 타인의 정신 형성과 발달에 부정적 영향을 미치는 인격 요소 내지 행위에 대해 '병리적'이라는 부정적 판단을 내린다. 인간은 태어나는 순간부터 원초 상태에서 성숙한 상태로 '발달'해가려는 타고난 잠재력(본성)을 지닌다. 그 발달 운동을 좌절시키는 어떤 자극, 관계 흔적, 타자의 욕망은 개인의 무의식으로 들어가 평생 동안 그의 삶을 온전히 발현시키지 못하도록 방해하는 이물질 기능을 한다. 그것이 인생행로에 너무도 집요한 악영향을 미쳐 비극을 만들어낸다는 사실을 정신치료 임상에서 수없이 확인해왔기에, 정신의 형성과 발달에 손상을 주는 모든 관계와 부정적 요소들에 대해 '병리적' 평가를 내리는 것이다.

그러나 만일 어느 개인이 망각된 시절의 상처 때문에 타인과의 관계를 불편해하는 정신성을 지니게 됐다면, 그래서 어떤 결실도 이루기 힘든 상황에 처했다면, 단지 그 자체만을 가지고는 결코 '정신 환자'라고 진단하지 않는다. 또한 내면이 여러 불안과 망상으로 가득 차 있다 해도 그가 타인에게 좋음을 주는 정신성을 개발해 나름의 방식으로 세상에 기여한다면, 분석가는 그의 인격을 병리적 진단 언어로 분류하지 않는다. 인간에겐 내면의 부정적 감정, 불안, 상처와 연관된 병리적(방어적, 미숙한) 인격이 있는 반면, 사회 속에서 타인과 더불어 좋은 관계를 맺고 싶어 하는 건강한 인격 부분도 있기 때문이다.

세상에는 자신의 무의식(망각되고 외면된 나)을 '대면'하는 경험을 단 한 번도 해보지 못한 사람들이 정말 많다. 의식에 이질적인 그것을 대면하는 것이 죽도록 싫고 불편해 이런저런 이유를 대며 회피하고 살아온 사람들. 그로 인해 무의식은 더더욱 비대해지고 의식에 대한 반발이 심해져서 정신의 균형이 갑자기 교란되거나 정체 모를 감정에 빠지게 되고, 불편한 마음 상태에서 벗어나려 버둥대다 무심결에 뜻밖의 실수를 저지르게 된다. 이처럼 대부분의 큰 문제는 개인무의식에 잠재된 미숙한 인격 부분이, 불안이, 상처가 자아에 의해 온전히 대면되는 과정을 거치지 못한 채 그가 어느 순간 세상의 중요 위치에서 활동하게 되는 상황에서 발생한다. 의식이 책임져야 할 중요 역할(전문 직업인, 엄마, 아버지, 집단의 리더, 선생)과 무의식(해소되지 못한 유아적 불안, 상처, 부정적 감정) 사이의 괴리가 갑자기 심해지기 때문이다.

과거에 칭송받던 사회 각계의 유명 인물들이 한순간에 국가적으로 비난받는 쓰레기로 추락하는 사건·사고들이 끊임없이 언론에 보도된다. 그리고 거기에 오줌똥 갈기듯이 경멸하는 냉혹한 비난들이 쏟아진다. 유명 인사들의 이해할 수 없는 행위들 대부분은 의식과 무의식이 괴리되면서 일어나는 정신 율동의 전형적 패턴이다. 과연 이것이 그 대상만의 문제일 뿐인가?

"그런 신분(정치가, 종교가, 법조인, 의사, 교수……)으로 어찌 그런 짓을 할 수가 있어요?"

"아, 나도 모르게……. 그건 '내가' 한 게 아니에요!"

우리가 주목해야 할 것은, 21세기에 상영되는 (오이디푸스 왕의 인생 과정과 유사한) 행복과 비극, 성공과 추락의 드라마가 피할 수 없는 어떤 무의식의 힘에서 기인한 것이라는 사실에 관심 갖는 사람들이 매우 드물다는 것이다. 정신분석학의 창시자 프로이트가 인류에게 준 새로운 에너지는 "너 자신의 무의식을 보라"는 말에 함축되어 있다. 이것이 실행되면 인류의 정신성과 인간을 보는 눈, 우리가 살아가는 사회와 문화의 질감이 확연히 바뀌게 된다. 원초 불안, 상처, 부정적 감정 들이 부드럽게 변형되고, 의식과 무의식 사이의 괴리가 줄어들어 우발적 충동이나 사건 사고가 줄어든다. 무엇보다도 타인에 대한 평가가 유연해지고 인간관계와 소통의 질이 풍성해진다.

그러나 이것은 상상 속의 이상적 그림일 뿐이다. 태초부터 인류의 무의식에 자리한 콤플렉스, 공포, 상처, 부정적 감정들의 위력이 너무나 거대하기에, 그것들에 압도당할까 봐 두려워 자신의 무의식과 대면하려는 사람은 매우 드물다. 그 결과 무의식에 관심 갖지 않은 채 인간의 본성을 확신하듯 가르치고, 미래 비전을 제시하는 사람들이 매스컴에 화사하게 등장한다.

그들의 생각·주장·설교·교육·저술·정책……. 그에게서 나온 모든 것은 의식과 무의식이 타협한 결과로서 생성된 것이건만, 그저 자신이 보고 싶고 자랑하고 싶은 부분만 지각하고 표현하기 원할 뿐이다. 그런 사람들은 자신의 미숙함, 불안, 상처, 어두운 부분을 결코 지각하거나 드러내고 싶어 하지 않는다. 누군가가 자신의 '그것'에 접속하려 시도하면 기겁하거나 독기를 내뿜거나 욕을 해대며 공격 또는 회피한다. '무의식'을 떠올리거나 대면하게 할 가능성이 있는 모든 관계를 이런저런 이유로 차단한 채 지낸다.

이런 사람이 누구를 가르치거나, 언론의 주목을 받거나, 책을 내거나, 중요한 자리에 오르게 되면 어떻게 될까? 그에게서 나온 온갖 것들(기운·표정·태도·몸짓·말·작품·정책)이 세상에 드러나는 순간, 선전 매체에 현혹된 영혼들에게 곧바로 침투해 내사된다. 그것들 속에는 진솔하게 표현되지 못한 '위장된 무의식의 기표'들이 섞여 있다. 결핍이 심한 사람일수록 유명인의 그것을 그대로 내면에 흡입한다. 세상은 무의식의 미숙함을 최대한 감춘, 의식의 현란한 언어와 이미지와 환상들의 파노라마로 가득한 쇼가 된다.

과시욕에 들뜬 그는 자신의 무의식(부정적 감정, 콤플렉스)을 외면한 채, '그것'들에 의해 자신의 의식 지각과 사유와 행동이 어떤 영향을 받고 있는지 모르는 채 세상 무대에 출현한다. 인간이 어떤 존재이고, 세상이 어떻고, 인류 역사가 어떠하며, 우리는 어떠해야 한다는 화사한 '거대 담론'과 사회적 표정을 방송 카메라를 향해 보여준다. 자신의 진면목을 외면·회피하고 '관념적 지식의 은신처'에 거주하며, 조적 방어와 전능 환상에 사로잡힌 그는 이 시대 전형적인 지식 연기자다. "광대한 사유 세계 속에서 나는 가장 드높은 전망대와 고성능 눈을 지닌 거대한 관찰자이니, 모두 내 말을 열심히 경청하거라."

자기 무의식을 모르는 인물의 내면에서 나온 현란한 언어들. 그것에 눈과 귀와 영혼이 도취(전염)되면 권위 있어 보이는 타자가 제공하는 생각과 욕망이 자신의 것인 양 착각하며 살아가는 '모방 인격'이 대량 생성된다. "그분의 생각이 곧 나의 생각이니, 나 또한 유명한 그분처럼 대단한 존재이시다."

그런데 사고되지 못한 심연의 진실을 밝히는 '무의식'의 학문인 정신분석학의 등장으로 인해, '자신의 무의식'을 모르는 사람이 '인간 일반'

에 대한 학문적·치료적 가르침을 권위 있게 전하는 쇼는, 21세기엔 더이상 성공하기 어렵다.

그렇다면 휴대폰 하나로 필요한 모든 정보에 접속하고 불편을 해소하는 오늘날 진정한 정신적 권위와 충만한 구원 에너지는 어디로부터 오는가? 어쩌면 그것은 자동 방어에 의해 차단되어 결코 정보화되지 않는 운명으로 자리 잡은 무의식의 욕동, 환상, 상처와 불안, 금지된 생각, 부정적 감정 덩어리와 집요하게 대면·대결하고 소화해낸 '제3 인간'에게서 나오게 될 것이다.

현대의 지성인들은 흄, 니체, 마르크스, 프로이트, 비트겐슈타인, 푸코, 노자, 장자, 나가르주나 같은 이들이 '존재의 심연'을 성찰하고 개척해낸 결실로 언어적 사유가 지닌 한계에 대한 인식론적 반성 작업을 거친 고도로 상징화된 문화 속에 살고 있다.

니체 언어적 의미는 그것이 지칭하는 사실 자체, 사물 자체와 매우 다른 것이므로 결코 언어에 현혹되지 마라.

프로이트 청취된 언어를 그대로 흡수해 정신이 곧바로 좌우되는 사람은 자아 경계ego boundary가 얇고 반성 능력이 결여된 인격이다. 그것을 표현한 사람의 의식 이면에 어떤 무의식이 작동하는지 차근히 함께 주목하라.

현대 사상계의 이런 중요한 메시지들에도 불구하고, 지금 이 순간 의식 배후에 있는 '무의식'이 나의 사유 활동과 존재 양태에 어떤 보이지 않는 영향을 미치고 있는지 치열하게 탐색·대면·대결해야 하는 과제 앞에서, 현대인 다수는 여전히 주춤거린다.

자존감과 수치감

"누가 나를 정성껏 대해주는 느낌이 안 들면 상대의 사소한 말과 몸짓에도 모욕감과 분노가 일어나요."

"제 삶을 좌우하는 주도권을 쥔 사람과 관계할 때마다 왠지 민감해지고, 그에게 인정받지 못하면 수치심이 솟구쳐 관계를 망치곤 해요. 중요한 상대와 좋은 관계를 맺고 싶은데 수치심이 느껴지는 이유는 무엇인가요?"

부적절한 수치심은 어디로부터 오는가? 어떤 사람이 유독 수치심에 민감해지는가? '자존감'이 정신 건강의 근본 토대로 작용함을 임상 사례에서 거듭 확인한 정신분석가 코헛은 만성적 자존감 결핍의 뿌리가 어디로부터 형성된 것인지 수십 년간 세세히 탐색했다. 그런데 '무의식의 심연'에서 삶을 좌우하는 '그것'의 기원은 명료히 관찰되거나 기억되지 못한다. 분석가는 내담자의 꿈이나 자유연상 자료들을 매개로 그것에 접근하고 그것을 해석할 수 있을 뿐이다.

현대 사회에는 자존감 결핍으로 인해 불편해진 심리 상태가 '정신 구조'차원에서 반복되는 사람들이 적지 않다. 그들의 정신 현상들을 세밀히 관찰하고 분석한 결과 코헛은 기존 정신분석학이 주목하지 못한 새로운 사실을 발견한다. 자존감이 높아졌다 낮아지기를 반복하는 인간 내면에 잠재된 수치감의 뿌리는 정신 구조가 최초 형성되는 출생 순간에 형성된다.

프로이트는 수치감의 근원을 다음과 같이 설명한다. 첫째, 구강기에 엄마 젖가슴 체험을 충분히 하지 못한 것(전능감 상실). 둘째, 항문기에 배변 훈련을 너무 조급히 위협적으로 강요받은 것(통제당한 수치감, 창작물 상실감). 셋째, 남근기(오이디푸스기)에 '어머니-아버지-나'(+형제자매) 3자 관계에서 이성의 부모(최초의 성 대상)로부터 사랑 대상으로 온전히 선택받지 못한 상처.

라캉은 태아가 임신되는 그 순간 엄마와 아버지의 욕망이 어떠했는지부터 주목한다. 복잡한 사회적 상황(상징계) 속에서 생활하는 어머니와 아버지 각각이 진심으로 원해서 임신한 태아였는가를 특히 중요시한다. 그 시대, 그 사회, 그 세대의 상징계 상황과 연관해 부모의 무의식적 욕망이 이미 아기의 심신에 침투되어 모종의 영향을 미친다는 것이다. "나는 나같이 불행한 삶을 자식에게 대물림하고 싶지 않아. 임신도 싫고 아기도 결코 낳지 않을 거야.", "아, 이제야 비로소 생활 환경이 안정됐구나. 이젠 아기를 낳아 평안하게 키울 수 있을 것 같아."

갓 태어난 아기가 최초 양육자로부터 그 누구와도 바꿀 수 없는 소중한 대상으로서 존중(환영)받지 못하면 그 아기의 기분은 어떨까? 아기의 정신에서 무슨 일이 벌어질까?

'엄마의 무의식'이 태어난 아기를 원하지 않았거나 존귀하게 느끼지 못하면, 아기에겐 자기 존재가 무시되는 듯한 근원적 수치감이 생성된다. 이 수치감은 성인조차 감당하기 힘든 너무 불편한 감정이기에, 유아는 이 감정에 대해 본능적으로 방어 태세를 취할 수밖에 없다. 그래서 그 최초 수치감은 가장 강력한 방어인 '분열기제'에 의해 무의식 깊은 곳에 자리 잡게 된다. 원초적 수치감이 방어에 의해 의식 아래로 추방되었기 때문에 유아의 의식에서는 더 이상 수치감이 느껴지지 않고, 주어진 현실에 그럭저럭 적응하며 지낼 수 있게 된다.

"내 엄마는 나를 사랑하는 참 훌륭한 분이시다. 이 거룩한 분이 기분 상하지 않게 조심조심 최선을 다하며 살 거야."

2차 수치감은 오이디푸스기와 초등학교 입학 초기에 생겨난다. 우연히 그 시기에 힘든 일을 겪게 된 부모가 아이에게 실망스런 행동을 보이거나 관계를 외면하거나 부재하는 경우가 종종 있다. '세상과 나'를 안전히 매개해주는 든든한 '이상화 대상'을 동일시 내지 내면화하지 못한 아이는 세상에 당당히 대처할 수 있게 해주는 '농축된 부모 에너지'를 지니지 못하게 된다. 그로 인해 세상과 관계할 때 어찌 대해야 할지 몰라 어리둥절해하고, 자신감과 자존감이 위축되고, 이 세상에서 자신의 정체성과 존재 가치를 온전히 지각할 수 없게 된다.

예를 들어 일상생활의 행복과 불행을 좌우할 권력을 쥐고 있는 중요 대상과의 관계는 무의식에 잠재된 어릴 적 양육자-아기 관계와 유사하게 전개된다. 그는 현재의 대상을 실재 가치보다 유난히 큰 심리적 가치를 지닌 것처럼 지각한다. 아울러 자신의 존재가 마치 유아 때처럼 또다시 '그분'에게 존중받지 못하거나 오이디푸스기 때처럼 사랑하는 대상에게 선택받지 못하는(거세된) 존재로 전락할까 봐 불안하고 예민해진다.

"저는 제 부모님이 그렇게 느껴지듯이 이 세상이 이상하고 낯설어요. 세상으로 나가는 것이 두렵고 불편해요."

"몇 년 동안 인터넷과 게임만 하며 혼자 지냈어요. 어떻게 살아야 할지 감이 잡히지 않아요."

방어기제로 인해 무의식에 격리된 수치감을 극복하려면, 유아가 절절히 갈망하던 좋은 양육자처럼 절대적 힘을 지닌 대상으로부터 무조건 사랑받고 존중받는 '자기대상self-object' 관계를 지속적으로 경험해야 한다. 가령 내면에 커다란 수치감을 지닌 자기애 인격은 최초 양육자로부터 제공받지 못했던 '전적인 사랑과 존중 경험'을 현실에서 대리 보상해줄 '거대한 자기대상'(헌신적 사랑과 봉사 대상)을 찾아내야 하는 심리적 생존 과제를 늘 갖게 된다. 이때 타자와의 관계가 불가능한 경우 학문, 예술, 종교를 통한 대리 보상도 가능하다. 진리와의 정신적 합일을 강조하는 형이상학에 몰입하거나, 영혼을 위로해주는 음악을 반복해서 들으며 에너지를 얻거나, 선민의식을 강조하는 종교 교리에 심취하는 것이다.

　영유아기에 엄마에게 온전히 존중(무조건적 사랑)받으면 '거대자기Grandiose Self'가 형성되어 "나는 태어날 때부터 대단한 존재야."라는 자존감(전능감)이 두둑해진다. 그로 인해 세상이 자신을 향해 어떤 부정적 자극을 쏘아대도 쉽사리 '자기'가 깨지지 않으며 수치감에 시달리지 않는다. 그러나 이 유년기의 '거대자기'는 성장 과정에서 이런저런 좌절과 한계 경험들을 거치면서 점차 거대자기 충족과 과시에 연연하지 않는 '성숙한 현실 자아'로 대체된다. 이처럼 유아의 거대자기(자아 전능감정)에서 벗어나 타인과 외부 현실의 가치를 두루 지각하는 '현실 자아' 비율이 높아지는 것이 건강한 정신 성장의 표상이다.

개인주의와 자기애 인격

"심리학 책에서 심리검사 항목들을 체크해보니 저도 제 가족도 친구도 모두 자기애 인격으로 진단되었어요. 대체 자기애 인격이 왜 이리도 많은 것인가요? 자기애 인격이란 한마디로 어떤 것인가요?"

한국인의 생활 양태와 문화가 빠른 속도로 서양화되면서 '개인주의'에 정신이 동화되고 이와 더불어 '자기애 인격'이 급증하는 추세다. "현대는 자기애 인격의 시대이다."라는 말은 현대정신분석학계에서 이미 1970년대부터 떠돌았다. 이 말은 세계 정치·경제·문화의 중심 역할을 하던 미국과 유럽의 문화, 가치관, 사회 제도, 생활 환경이 세계인의 정신성을 자기애 인격으로 형성시키는 데 심대한 영향을 미친다는 뜻이다.

이제는 어느덧 모든 연령대의 한국인이 '자기애 인격'을 제대로 알아야 비로소 가족·친구·남녀·세대 관계 등에서 생기는 다양한 문제들을 이해할 수 있게 되었다. 그렇다면 자기애 인격이란 무엇이며, 어떤 원인 때문에 생기는 것일까? 이미 수많은 심리학 이론과 설명이 논문이나 책을 통해 주어져 있지만, 여기서는 자기애 인격의 사상적 배경과 심리적 배경을 종합해서 설명한다.

현대 사회에서 자기애 인격이 유독 만연하게 된 근본 원인은 '개인주의 문화'의 일반화에 기인한다. 그런데 여전히 많은 사람들이 '개인주의'를 막연히 개인의 자유를 추구하는 것 정도로만 이해하고 선호할 뿐, 그것을 마음에 수용하게 되면 정신이 어떤 영향을 받는지에 대해서는 제대로 알지 못한다. 다시 말해 인류 사상사의 맥락에서 개인주의가 어떤 치열한 투쟁을 거쳐 등장한 이념이며, 어떤 장점과 부작용이 있는지에 대한 이해는 턱없이 부족하다.

　개인주의 이념은 유럽의 시민 계급이 중세 봉건주의, 근대 왕권주의, 기독교 교권주의의 연이은 폭정에 목숨을 걸고 대항하는 과정에서 17세기 영국 사상가 토머스 홉스에 의해 처음 철학 이론으로 발현되었다. 홉스는 다음과 같이 말한다.

　"이 세상에서 그 누구도 대신할 수 없는 '나의 생명'을 보존하고 누리는 권리보다 더 우선적으로 소중한 것은 없다."

　"이 세상에 존재하는 아무리 고귀한 가치들(종교·정치·도덕·학문·예술), 그리고 권위와 권력조차도 나의 생명권보다 우선하는 초월적 가치를 지니지 않으며, 그것들은 '나의 생명'을 보존·향유하는 데 필요한 수단적 가치를 지닐 뿐이다."

　이런 개인주의 가치관이 널리 퍼진 사회에서 바람직한 인간의 모습은 어떤 것인가? 그것은 사회를 구성하는 각 개인이 자신의 생명을 안전히 보호하고 효율성 높게 향유하려는 동기를 계속 유지하며, 현실에 적응하는 우수한 인지 행동 능력을 습득하는 것이다.

　사회란 구성원 개개인의 생명권을 최대한 효율적으로 보호하는 제도와 기능, 개개인 관계를 조화롭게 매개하는 계약과 규약(법·규범·관습)을 통해 만들어진다. 즉 사회, 법, 그리고 도덕의 근본 목적과 기능은 개개인의 생명권을 잘 지켜주고 상호 충돌하지 않도록 보장하는 데 있다.

이런 이념과 가치관에 의거하여 삶의 양태를 선택하며 살아가는 것이야말로 인간이 추구할 수 있는 최상의 길이라고 보는 것이 바로 개인주의이다. 태어나는 순간부터 지니는 자연권인 생명 보존과 향유의 권리를 최우선 가치로 믿는 이 이념은 홉스로부터 시작하여 400여 년에 걸쳐 점점 서양 문화의 중심 가치관으로 자리 잡아왔다.

서구 사회에서 개인주의 문화는 굶주림에 대한 공포로부터 해방되고 전통 규범의 굴레에서 벗어나려는 '자유' 욕망을 분출하던 1960년대 젊은 세대에 의해 본격적으로 꽃을 피웠다. 기독교를 근간으로 하는 문화에서 상상하는 것조차 금지되었던 본능욕구(성욕·공격욕)의 자유로운 표현과 향유가 개인의 권리로서 허용(사생활 보호권, 동성 결혼, 성소수자 보호법)되기 시작했으며, 사회적 억압 일반으로부터의 해방을 외치는 목소리들이 일련의 투쟁과 타협을 거쳐 사회 제도에 적극 반영되었다.

그 전까지 개인보다 가족과 사회와 특정 종교의 가치를 우선시하는 문화를 내면화하고, 사회의 요구와 타인의 시선을 살피면서 자신의 본능욕구를 억압하며 살아왔던 서양인의 정신성과 성격 유형은 획기적으로 변화되기 시작했다. 세상을 향한 인간의 가치관, 욕망의 양태, 삶의 태도가 전향적으로 바뀐 것이다.

과거에는 '나'보다 가족과 타인을 배려하고, 사회에서 자신에게 주어진 의무와 역할을 충실히 수행하며 살아가는 인격이 이상적 삶의 모델이었다. 그러나 개인주의가 일반화된 문화에서 그런 인격은 기존 사회 체제를 유지하는 데 의무적 역할만 수행하는 주체성 없는 인격으로 간주된다. 사회적 의무를 헌신적으로 수행하며 성실하게 사는 사람이 자기 실존을 주체적으로 선택하지 못하고 향유할 줄 모르는 타율적 인격으로 평가절하되기도 한다.

물론 의무를 성실하게 수행하는 인격은 사회적 관계와 직업 차원에서는 존중받는다. 그러나 사적 생활 차원에서는 개성 없고 고리타분한 인격일 뿐이다. 타인에게 의존하거나 서로 충돌하지 않고 자기 스타일의 삶을 즐기는 사람, 매력적인 뭔가를 창조해 즐거움을 선사하거나 자기 고유의 에너지를 발현하는 개성을 지닌 사람이 바람직한 인간상으로 선호된다.

이처럼 생명의 주체적 향유, 자율적 선택과 자유가 주목받는 개인주의 문화에서는 성장 과정에서 우연히 만나 가까워진 동료나 친구는 영원한 관계이기보다 그 시절에 각자가 지닌 좋음을 서로 나누는 '잠정적' 좋은 관계로 간주된다. 자기 삶에 유익하지 않다고 여겨지면 관계 또한 변화되는 것이 자연스러워진다.

"지금 서로 좋음을 나누며 서로를 아끼는 친구들아. 이러다 누군가에게 힘든 일이 생길 때 내 에너지를 쏟는 헌신적 도움을 주지 못할 수도 있으니, 서로에게 피해 주지 않도록 자기 삶을 각자 잘 챙겨나가세."

인생은 생리적·심리적·사회적으로 끊임없이 변해간다. 그 과정에서 자신의 생명 보존과 향유에 부합하는 최적의 행동과 대상은 얼마든지 달라질 수 있다. 오늘 가장 친밀하게 느껴지는 대상이라고 해서 나의 정신성과 상황이 바뀐 미래에도 친밀한 대상으로 남을 것이라고 보장할 수 없다. 과거의 친밀 관계를 반드시 평생 '유지해야만 한다'는 당위적 의무 또한 없다.

개인주의에 따르면 동료, 친구, 연인, 심지어 가족 관계조차 '나' 개인의 생명 보존과 향유에 방해가 된다면 언제든 더 좋은 다른 대상으로 대체하는 것이 현명한 선택이다. 언론에 자주 등장해 주목받는 재벌, 연예인, 예술가들의 자유로운 생활과 끊임없는 스캔들은 개인주의 가치관을 반영하는 일부 사례일 뿐이다. (실제로 상담 과정에서 내가 만난 최근 젊은이들의 경우 친구 관계, 남녀 관계, 부부 관계, 심지어 부모 자식 관계조차 이미 개인주의 문화에 많이 동화되어 있었다. 심지어 초등학교 시절부터 호감 가는 대상과 연애하다 헤어지는 기간이나 과정이 매우 짧고 자연스럽게 간주되었다. 이미 개인의 생명권과 향유권이 다른 어떤 사회적 의무보다 우월한 가치로서 내면에서 작동되고 있었다.)

타인과 맺는 다양한 관계들이 안정적으로 지속되려면 서로를 이어주는 보이지 않는 '가치관의 끈(들)'이 온전히 작동해야 한다. 그 끈은 시대와 사회마다 고유하고 다양할 수 있다. 가령 한국인은 역사 속에서 정령 신앙(무속, 애니미즘), 불교, 유교, 왕권주의, 기독교, 과학주의, 계몽주의, 자본주의, 민주주의, 세계화 등등 개인과 집단의 정신을 하나로 응집하고 조화시키는 사회적 이념의 끈(연결 고리, 공통 가치관)을 지녀왔다.

위에 열거된 이념들 중 어느 하나를 정신에 내면화할 때 개인의 정신성은 그 이념에 내재한 가치관의 특성과 조화를 이루도록 재구성된다. 이처럼 태어날 때부터 개인 생명을 에워싸며 각인되는 사회의 이념과 중심 가치는 집단 구성원 전체의 정신성과 판단 지각, 가치관, 삶의 태도를 보이지 않게 좌우하는 거대한 무의식의 힘으로 작동한다. 사람들은 이런 사실을 깨닫지 못한 채 무심결에 접속·각인된 어떤 이념의 자극적 언어에 이끌려 특정 이데올로기에 종속된 삶을 반복한다.

현대 개인주의 문화에서는 자신의 생명을 안전히 보호하고 효율적으로 향유하려면 타자가 필요로 하고 요구하는 '어떤 가치'를 적절히 제공해야 한다. 상호 생리·심리적 만족, 사회적 안전, 자존감 고양, 자아 발달, 존재 가치 증대에 긍정적 기여를 해야 한다. 즉 자신의 생명 보존권과 생명 향유권을 누리려면, 그 대가로 타자 일반을 위한 모종의 의무와 책임을 수행해야 하는 것이다. 만약 어떤 사람이 개인주의의 단점을 망각한 채 장점만 주목하게 되면 심각한 부작용에 직면하게 된다.

미국의 결혼 문화를 주목해보자. 커플(두 개인)은 일정한 연애 기간 동안 서로의 성적·심리적 만족도, 사회적 관계와의 조화 등등을 확인한 후에 결혼을 선택한다. 그럼에도 불구하고 그렇게 신중하게 맺어진 커플 중 절반은 이혼한다. 이런 현상의 (보이지 않는) 원인은 무엇일까? 바로 개인주의 문화가 개개인의 정신 배경에서 작동되기 때문이다.

이 세상에 하나뿐인 '나'의 생명을 안전하게 보존하고 최고로 만족스럽게 향유하는 데 있어서 내가 선택한 그 대상이 최적의 대상이라는 느낌이 더 이상 들지 않는 순간, 그리고 다른 대상이 훨씬 좋다고 느껴지는 순간, 두 사람을 견실히 연결해주던 심리적 끈이 자연스레 끊어지는 것이다.

정신분석가는 개인의 욕망 에너지(리비도)를 어느 시기, 어떤 대상관계에 투여하는 것이 정신 발달에 유익한가에 주목한다. 특히 출생 초기 양육자(엄마) 관계, 그리고 '엄마-아버지-자식' 세 주체 사이의 관계가 어떠해야 건강한 정신성 형성에 바람직한가에 몰두한다. 그리고 그 관계들에서 종종 개인주의 문화와 혼합된 심리적 문제가 발생한다.

가령, 개인주의 가치를 강하게 내면화한 개인은 자식 양육에 전적으로 몰두해야 하는 역할과 자신의 사회적·경제적·생리적·심리적 욕구 사이에서 갈등한다.

"아기와 온종일 붙어 있으니 힘들고 지치고 우울해. 내 삶이 무의미,

무가치하고 무기력하게 느껴져……. 숨 막혀 죽을 것 같아. 단 한 번뿐인 내 삶을 자유롭게 누리고 싶어."

내부에서 불쑥 솟구치는 불편하고 당황스런 감정과 생각의 상당 부분은 그 양육자가 아기였을 때 엄마 관계에서 직접 겪었고, 그때 감당하지 못해 무의식에 가둬둔 어떤 박탈 체험에 기인한다. 그런데 개인주의 이념은 양육자의 본능욕구와 자유로운 생각들을 통제하기보다 '상승'(증폭)시키는 데 기여한다. 즉 개인주의의 영향으로 유년기에 이미 자기애 인격이 형성된 양육자는 자신을 심리적으로 힘들게 하고, 전적인 돌봄을 계속 요구하는 아기에게서 그 어떤 심리적 가치감도 느끼지 못한다. 자기애 인격자는 자기보다 힘 있게 느껴지고 자신을 위로해주는 대상에게만 가치를 부여하고 관심과 욕망을 집중하기 때문이다.

마찬가지로 이런 양육자의 자녀는 자신이 아기 때 헌신적으로 관심·돌봄받은 제1 가치 대상이 되지 못했다는 수치감, 자존감 결핍, 공허감, 우울, 분노 등을 갖게 된다. 그리고 아기가 도저히 감당하기 힘들어 무의식으로 분열시킨 그 감정 덩어리(콤플렉스)는 훗날 자기애 인격 구조를 형성한다.

"감히 네가 나를 무시해? 너도 그 치욕을 혹독히 겪게 될 거야!"

오늘날 개인주의 문화에 만연한 자기애 인격 구조는 겉으로는 '잘나고 늠름한 자기'와 더불어 속으로는 '수치감에 당황하는 유아적 자기'로 분열된 이중성을 지닌다. 그는 자신의 취약한 무의식을 무심결에 '부인'하며 자신과 세상을 비현실적 자기도취로 버텨내는 사람이다.

"나는 결코 상처받지 않아. 하찮은 너희들은 위대하신 나를 결코 상처 줄 수 없어!"

끊임없이 수많은 자극을 뿜어대는 정보화 환경, 개인주의와 상업자본주의 문화에서 태어나 양육된 다수의 현대인은 타인과 여러 사회적 관계를 맺으면서도 만성화된 정서적 결핍과 성격 문제(과민 방어, 자기중심성)를 지닌 자기애 인격으로 양산되어간다.

자기애 인격 특성들

자기애 인격은 주로 출생 초기와 아동기에 겪은 존중받지 못한 감정을 정신의 바닥(분열된 무의식)에 지닌 정신성을 말한다. 유년기에 양육자에게 헌신적인 사랑을 받지 못한 자기애 인격자는 상처 입은 자존감으로 인해 '거대자기'가 견실히 형성되지 못한 까닭에 성인이 되어서조차 거대자기에 계속 집착할 수밖에 없다.

그는 과거에 양육자에게서 느낀 감정("원치 않는 애가 태어났네. 아, 안 보고 싶다.")을 두 번 다시 겪지 않기 위해, 그리고 타인에게 (어린 시절 부모에게 당한 것처럼) 무시당하지 않기 위해 자신의 자존감과 존재 가치를 높이고자 부단히 애쓰는 삶을 산다. 그 결과 타인이 무시할 수 없는 어떤 사회적 전문 능력을 획득하기도 하는데, 자기 재능과 존재 가치를 과시할 수 있는 전문직, 정치가, 교수, 판검사, 연예인 등등의 직업군에 자기애 인격이 유독 많은 이유이기도 하다.

상처받지 않기 위해 타인을 진심으로 믿지도 사랑하지도 않고, 자신의 약점을 숨긴 채 장점만을 과시하며 방어하는 자기애 인격의 전략은 성공적일까? 안타깝게도 그가 애써 개발한 '잘난 나', '자존감 높은 나'의 무의식에는 상처받은 수치감에 분노하는 나, 우울한 나, 억울하고 외로운 나, '나'가 소멸될까 봐 불안해하는 나가 숨어 있다. 그로 인해 그의 삶은 인간관계의 기쁨을 온전히 향유하지 못하고 긴장감과 불안 감으로 위축되어 있다. 자기애 인격자는 자신이 열심히 개발한 뛰어난 능력에도 불구하고 무의식으로 분열시킨 부정적 감정들을 자아의식에 스스로 '통합'해내지 못한다. 그로 인해 부정적 자극을 받으면 자기 의지와 무관하게 감정적으로 반응하고 과잉 방어하는 자기중심적 굴레 (방어막)에 갇혀 지낸다.

자기애 인격은 타인과의 관계에서 자기 자존감의 상처를 건드리지 않는 일반 자극들에는 관대하고 객관적인 판단력과 평정심을 유지한다. 이런 자기애 인격자가 타인과 가까이 관계하는 경우는 손상된 거대 자기를 보충하고 싶은 욕구가 절실할 때다. 그런데 일단 그의 '수치감' 을 건드리는 부정적 자극이 주어지면 정신이 예민해지고 감정이 격해지며 객관적 판단력과 평정심을 잃고 만다. 평소에는 탁월한 인간이던 그가 어릴 적 상처에서 기인한 감정의 파동에 휩쓸려 눈앞의 대상에게 마치 큰 상처를 받은 양 격노하는 것이다. "야, 이 나쁜 새끼야! 너에게 받은 상처는 죽을 때까지 결코 용서치 않을 거야!"

자기애 인격자는 어린 시절에 받은 부정적 자극들로 인한 자존감의 상처가 재현되는 걸 방어하기 위해 강력한 방어기제를 정신(성격)에 구조화시킨 사람이다. 그는 건강한 자기 부분과 열등한 자기 부분으로 분열된 정신 구조와 경직된 방어기제로 인해 자존감을 온전히 생성·유지하는 것이 종종 힘들어진다. 그로 인해 부정적 자극을 주는 대상에게 무심결에 과도한 방어와 공격적 행동을 드러낸다. 그와 동시에 자존감을 보충해주는 외부 대상을 찾아내 내적 결핍을 보충·보상받고픈 욕구가 늘 역동한다. "이 세상에는 나의 감성 주파수를 알아서 잘 맞춰주는 좋은 사람과 전혀 맞추지 못하고 엉뚱한 반응을 해대는 구역질 나는 대상들이 있다."

보통 사람들의 경우 어떤 대상과 싸워 사이가 멀어지더라도 그 대상과 맺었던 좋았던 감정의 흔적이 정신에 남아 있기에 부정적 감정 상태에 잠시 머물다가 이내 평상심으로 회복되므로 재결합할 여지가 생긴다. 반면에 '자기self'가 민감한 자기애 인격자는 분열된 무의식에 남겨진 어릴 적 상처 감정들 때문에 약간의 부정적 자극을 준 대상에게조차 마음이 쉽게 상해 강한 '평가절하'와 '부인' 방어기제가 작동된다. 이렇게 일단 관계가 틀어지면 쉽게 회복하기가 어려워진다.

그런데 아무리 자존감을 건드려도 관계를 단칼에 자르기 힘든 대상이 있다. 부모, 자식, 배우자가 그것이다. 자기애 인격자에게 배우자는 여러 보충 기능을 해주는 존재이고, 자식은 세상에서 자신이 만들어낸 유일한 분신이기 때문이다. 이처럼 고도의 자기중심적 감각을 지닌 자기애 인격자와의 불편한 관계를 회복하려면 어찌해야 하는가?

자기애 인격자의 내면에는 늘 어떤 '환상'이 있다. 그 환상은 삶의 과정에서 자신을 보호해주는 긍정적 기능과 동시에 어떤 문제 상황에 처하게 만든 원인이기도 하다. 그것은 바로 '나는 매우 존귀한 존재다'라는 환상이다. 물론 그 반대 영역에는 '나는 엄마에게 방치당한(무시당한, 외면당한, 버림받은) 하찮은 존재, 억울한 인간이다!'라는, 유아가 감당할 수 없었던 부정적 감정 덩이가 연결되어 있다.

이런 과대 자기애 환상은 한편으로는 부정적 수치감이 정신을 깨뜨리는 위험으로부터 자신을 보호하고, 그를 '고상한 정신성으로 고양'시키기도 한다. 그런데 바로 이 자기애 환상이 자신의 문제를 온전히 직면하지 못하게 하고, 타자 관계와 부모 자식 관계를 온전히 판단하지 못하게 방해하는 역기능을 한다.

　주변의 나이 든 사람들 중에는 자식을 위해 헌신했는데도 어처구니
없게도 '자식새끼들'은 자신을 존중하는 태도를 보이지 않는다며 분노
하는 자기애 인격 부모가 꽤 많다. 그들이 한탄하는 자식에 관한 비난
은 과연 정확한 판단인가? 그들 자신이 자녀에게 베풀었다고 '생각'하
듯 '실재로 헌신'했던 것은 사실인가?

　안타깝게도 자기애 인격자는 욕망과 관심의 리비도가 자기 자신을
향해 부착되어 있기 때문에 타인과 관계할 때 상대에게 일정 시간 이
상 정신을 집중하기 어렵다. 물론 자신의 존재 가치를 고양시켜준다거
나 심리적 만족감을 채워주는 희소성 있는 대상에게는 고도의 에너지
투여가 좀 더 오래 지속될 수도 있지만, 그런 대상은 극히 드물다.

　예를 들어 그가 운 좋게도 이상화 대상을 발견하여 그 대상과 온전
히 관심과 존중을 받는 관계 경험을 보충한다면 유아적 '거대자기' 고
착에서 벗어날 수도 있다. 그런데 그는 일차적으로 영유아기 모성 관계
결핍으로 인해 여전히 타자 관계에서 모성 에너지 보충을 필요로 하는
자기애(자기중심)적 관계 환상에 고착되어 있다. 자신이 닮고 싶어 하는
이상화 대상과의 현실 관계 경험마저도 '부분 지각'(주관적 지각) 내지
'피상적 관계' 차원에 머무르게 되는 것이다.

자식과 배우자의 경우는 어떠할까? 자기애 인격의 최대 약점은 주로
부부 관계, 자녀 관계에서 발생한다. 사회적 관계에서는 자기 장점을
최대한 부각시키고 단점을 적게 보이려 노력하기에 그가 가진 능력만
큼 성공할 수 있다. 그러나 가족 관계에서는 자신의 단점들을 숨기기가
어렵다. 외부에서는 나름대로 전문가, 권위자로서 대우받을지라도 가

족에게 존경받지 못하는 이유다.

자기애 인격 부모와 자식의 관계가 안 좋은 현상에는 여러 원인이 있다. 불화의 핵심 원인은 자신이 자식에게 쏟은 '정성의 양'이 배우자나 다른 보통의 부모들보다 '적다'는 것이다. 가령 자기애 인격을 지닌 아버지는 자신이 자식에게 잘해준 것들만 기억하고, 무심하게 방치하거나 상처 준 부분은 금세 '부인'되어 망각한다. 그 때문에 자신이 기억하는 이미지와 자식이 기억하는 이미지가 서로 너무 다르다며 황당해하며 분노한다. "이 천하에 못된 놈아! 엉뚱한 것만 기억하고 내가 쏟은 정성은 다 망각하다니." "네 못된 엄마가(아빠가) 애를 나쁘게 가르쳐서 저렇게 된 것이야."

이들은 늘 '남 탓'을 하며 자신을 위로한다. 이런 현상은 '민감한 자기', '무의식의 상처받은 수치감과 자존감', '자기 인격의 부정적 요소' 등과의 대면이 견디기 힘들어 '부인'하는 방어에서 기인한다. 자기애 인격자의 '남 탓'은 자존감을 지켜내고 삶을 내 맘껏 향유하고픈 욕구에서 나온 현상이다. 이 유아적 본능욕구가 번성하는 데 현대의 탈권위적 개인주의, 자본주의, 정보화 환경이 날개를 달아준 셈이다.

상처 준 과거 대상, 공감받지 못한 부정적 환경 표상을 무의식에 담고 있는 자기애 인격은 현재 스트레스 주는 대상을 향해 종종 강력한 방어와 자기중심적 주장을 방출한다. 예민한 자기, 경직된 방어, 공감 능력 결여, 자기반성 능력 부족 때문에 가장 친밀한 관계 대상인 가족과도 소통이 안 되고 있음을 좀처럼 자각하지 못한다. 그는 아주 가끔 마음이 너무 아파서 자신을 반성해보는 어떤 특별한 경우, 잠시 '머리로만' 자기 결함의 일부를 지각하기도 한다. 그러나 무의식에 자리한 내면 아이의 상처 입은 수치감 때문에 '그것'을 도저히 있는 그대로 대면할 수가 없다.

분석 상담 도중에 어쩌다 '그것'을 생생히 대면하는 순간 그들은 내장이 굳고 심장이 멎고 머리가 멍해져서 이내 아무 생각이 없어진다고 말한다. 지적 능력이 아무리 좋아도 분열된 무의식의 유아가 느끼는 불안과 감정 덩이를 '현재의 나'가 버티며 소화해내지 못하면 '자기 인식'과 '자아 통합'은 불가능하다.

지금까지 살펴본 자기애 인격의 특성들은 개인주의 문화의 영향으로 인해 현대인이 보편적으로 지니는 것이기도 하다. 다만 자신이 나쁜 대상이 되지 않으려고 나름 타인의 시선에 신경을 쓰는 사람은 자기애 인격 '성향'을 지닐 뿐이다. 이는 타인의 생명 에너지를 사악하고 교묘하게 착취하여 자기 삶을 향유하는 수단으로 이용한 뒤 그것이 쓸모없어지면 미련 없이 폐기하는 '악성 자기애 인격'과는 질이 다르다.

자기애 인격을 개선하기 위한 첫 번째 과제는 분열된 무의식에 남아서 삶을 계속 민감하고 억울하고 수치스럽게 만드는 '상처 입은 아이의 감정 덩어리'를 타인에게 무시당하지 않으려 애써 개발한 나의 '현재 인격'과 부단하게 연결시키는 것이다. 또한 정신분석 상담가는 견고한 방어 구조 때문에 좀처럼 자각되지 못했던 그의 열등한 그림자 부분을 그가 감당할 수 있을 만큼 조금씩, 그리고 꾸준히 자각하여 소화해내도록 도움을 주어야 한다.

분열된 무의식 속의 열등한 인격과 자존감으로 무장된 자아의식 사이의 '연결과 소통'은 혼자만의 명상과 노력으로는 이루어지기 어렵다. 수치스런 상처를 대면하기 두려워하는 내면 아이로 인해 무의식과의 연결이 전의식에서 자동 차단되기 때문이다. 존중받지 못한 수치감과 패배감 때문에 우울했던 나가 미처 지각하지 못했던 '또 다른 나'의 잠재력을 온전히 회복하려면 그에게 뭔가 비범한 에너지를 주거나, 진정성 있는 정성과 사랑을 쏟아주는 신뢰할 만한 '자기대상' 체험이 필요하다. 곁에서 특별한 관심을 가지고 그의 마음을 공감해주며, 어릴 적 부모가 주지 못했던 '지극 정성'을 쏟아 자신의 실상을 온전히 바라보게 해주는 거울 대상이 절실히 필요하다.

이런 '연결 소통'이 성공하면, 즉 그동안 그를 민감하게 만들었던 무의식의 부정적 감정 덩이가 현재의 인격과 접촉하게 되면 눈앞의 배우자와 자녀가 예전보다 생생히 지각되며, 타인을 보다 편안하게 바라볼 수 있게 된다.

"아아. 저에게 씌워진 저주의 주술이 이제야 느슨해진 느낌이 들어요."

'악성' 자기애 인격

"매력적인 이성을 만났는데 막상 사귀고 보니 너무 힘이 들었어요. 에너지가 탈진되어 학교에서 낙제를 하고, 정신도 엉망이 되고 말았어요."

"이상해요. 그 사람을 만난 후부터 제 삶이 뒤죽박죽이 되고 제대로 되는 일이 하나도 없었어요."

세상에는 여러 유형의 인간이 있다. 삶의 과정에서 어떤 성품을 지닌 대상을 만나는가에 따라 개개인마다 각양각색의 드라마가 펼쳐진다. 좋은 성품을 지닌 사람을 만나면 나에게도 잠재된 능력이 발현되어 인생에 꽃이 피지만, 병리적 성품을 지닌 대상을 만나면 정신이 혼미해지거나 무기력해져 원인 모를 사건 사고를 겪기도 한다.

모르고 접촉한 외부 대상의 정신성에 자신의 정신성이 무심결에 적지 않은 영향을 받게 된다는 사실을 보통 사람은 잘 모른다. 더구나 어떤 대상을 왜 조심해야 하는지도 잘 모른다. 사람들은 타인의 겉모습과 물질적 조건과 스펙, 말솜씨, 기운 등에 이끌려 이런저런 관계를 맺곤 한다.

상대의 정신성을 모르고 만날 경우 평생 축적해온 정신 자원이 고갈되고 나쁜 기운에 전염돼 큰 곤경에 처하게 되는, 조심해야 할 몇몇 인격 유형이 있다. 그중 하나가 '악성 자기애 인격'이다. 그들은 어떤 특성을 지니는가? 경계선 인격 전문가 오토 컨버그는 정신증과 신경증 사이에 위치하는 그것을 다음과 같이 설명한다.

"악성 자기애 인격은 전형적인 자기애 인격장애, 자아 동질적(자기 문제를 지각하지 못하는) 가학증, 성격에 구조화된 공격성, 편집증적 성향을 지닌다."

위 내용을 하나씩 음미해보자. 자기애 인격은 자신의 취약한 자존감을 보충하기 위해 늘 타인의 에너지를 필요로 하기에 타인의 삶을 이용하고 통제하려 든다. 그런데 '악성' 자기애 인격의 경우 그 통제 양태가 교묘하게 착취적이며, 자신이 세상(대상)을 통제할 수 없다고 느끼면 가학 상태에 처한다. 악성 자기애 인격자는 자신의 통제에 의해 주변 대상들의 삶이 손상될지라도 자아 동질적이기에 그것이 이상하다고 느끼거나 지각·반성하지 못한다. 그래서 타자가 자신의 행동에 대해 불만을 표시하거나 이의를 제기하면 황당해하며 부당하다고 느낀다. 아울러 자기 인격의 결함들에 대해 '부인'과 투사로 방어하며, 자신이 나쁜 놈들에 의해 박해당하고 있다는 환상이 함께 작동한 결과 문제의 원인이 외부 대상 탓으로 지각되므로 타자에게 버럭 화를 내게 된다. "대체 왜 이러는 거야. 못 믿을 나쁜 쓰레기 새끼들아!"

또한 그의 성격 내부에는 어린 시절에 해소되지 못한 분노와 파괴욕이 들끓기에, 타인과 다툼이 일어날 때 가차 없는 공격적 태도를 취하게 되고, 그로 인해 발생한 파국에 대해 후회나 죄책감이 미미하다(도덕감 결여).

악성 자기애 인격은 분열된 가학적 초자아를 타인에게 투사하는 편집증적 인지 구조를 지닌다. 그 때문에 외부 대상들은 전적으로 좋게 지각되는 소수와 전혀 쓸모없는 다수로 양극화된다. 그는 자신이 공격하여 손상시킨 타자를 자신과 동등한 인간이 아니라 무가치하고 경멸당하는 것이 마땅한 대상으로 평가절하한다.

이런 악성 자기애 인격자와 '의견 대립'이 일어나면, 속에서 튀어나오는 강력한 공격적 기운으로 인해 대화나 타협이 아니라 예기치 못한 싸움이 일어난다. 그리고 그 파국의 부담은 모두 악성 자기애 인격인줄 모르고 순진하게 관계한 상대방이 감당해야 하는 몫이 된다. 악성 자기애는 자기로 인해 타인이 겪는 극심한 피해와 불행감에 대해 그 어떤 지각이나 공감도 배려도 하지 않기 때문이다.

악성 자기애 인격자의 가장 심각한 요소들은 그의 분열된 정신 영역에서 뿜어져 나오는 투사동일시 내용물에 고스란히 담겨 있다. 그것에는 그가 태어나 살면서 감당하지 못한 온갖 부정적 감정과 환상들이 담겨 있다. 보이지 않는 무기인 투사동일시에 의해 부지불식간에 습격당한 상대의 정신은 '그것'(이물질, 타자의 배설물)으로 인해 심각한 후유증에 시달리게 된다.

인간 삶의 정서 리듬은 환경의 좋고 나쁨에 따라 좋아지기도 하고 나빠지기도 하는 등 변화가 있는 법이다. 그런데 악성 자기애 인격자의 부정적 투사동일시에 쏘인 대상의 정신은 원인도 모른 채 자신에 대한 무가치감과 더러운 기분에 계속 시달리게 된다. 이 부정적 감정과 불안과 환각들은 '그것'을 타인에게 배설한 악성 자기애 인격자의 분열된 무의식 상태를 정확히 반영한다.

바로 이런 괴력 때문에 그를 가까이에서 겪어본 부모, 자식, 형제, 동료 등은 그에게 꼼짝 못 하는 태도를 취하게 된다. 그들은 (무심결에 기꺼이) 악성 자기애 인격자의 심리적 만족을 위해 봉사하는 도구적 대상이 된다.

"난 말이야, 딱 보면 그 사람이 나한테 어떤 용도로 얼마만큼 필요한지 금세 감이 와. 내 말에 복종하지 않으면 즉시 파괴해 폐기 처분해버리지. 냉혹하게."

"저는요, 그분의 요구를 거부한 적이 단 한 번도 없어요. 거부한다는 건 생각조차 할 수 없어요. 그냥 그렇게 살아요."

악성 자기애 인격자는 '대상 지배욕'이 심해 상대를 힘으로 통제하려 든다. 상대가 자신에게 굴복했고 그 자신이 환경에 대해 통제권을 확보했다는 사실이 확인되면, 그때야 비로소 대상에 대한 가학적 통제와 공격이 수그러든다.

악성 자기애 인격은 초자아가 분열되어 있고 자아 정체성이 통합되지 못한 부분이 크기 때문에 전인적(전체적) 대상관계를 맺지 못한다. 그는 상대의 장단점을 두루 전체적으로 지각하지 못한 채 자신이 필요한 부분만 선별해 '부분 지각'한다. 자신에게 필요 없거나 대립하는 대상의 특성들은 굳이 알고 싶어 하지 않으며, 정신의 초점은 늘 상대가 나의 욕구를 제대로 채워주느냐 못 채워주느냐뿐이다.

"상대가 어떤 사람이고 어떤 개인적 사정이 있는지, 그런 건 나와 무관하고 전혀 알고 싶지 않아. 단지 그가 내 요구를 거절했다는 그 사실에 화가 치밀어."

그는 대상에 대한 전체지각에 관심이 없고 부정적 요소를 견뎌내 소화하는 능력이 없기에 현실 대상관계에서의 고통스런 시행착오를 통해 배움을 축적하지도 못한다. 자신이 보고 싶은 요소만 지각하고 이용하며, 불편한 요소는 반복해서 '부인'하기 때문에 인생에 새로운 발전이 없고, (내 바람과 무관하게 움직이는) '현실'에 대한 가치감과 존중감도 없다.

"나는 사람에 대해 아무 관심이 없어. 그냥 관심 있는 척만 할 뿐이야."

"누가 나한테 잘해주는 것조차 때로는 부담스러워. 나를 이용해먹으려 드는 느낌이 들 뿐이야. 누구도 믿을 수 없어."

공격성의 투사로 인해 그에게 외부 대상은 신뢰해선 안 되는 잔인한 무엇으로 경험된다. 대상 항상성이 결여되어 사랑스럽고 상호 만족스런 대상일지라도 부정적 느낌을 받으면 관계가 쉽게 파괴되고 만다.

그는 자기보다 무섭게 느껴지는 대상에게 굴복하는 척하거나 힘 있고 공포를 초월한 느낌을 주는 대상과 자신을 동일시하기도 한다. 또한 거짓되고 냉소적인 의사소통을 하기 때문에 방관자가 된다. 그로 인해 오랜 세월을 만나도 관계의 '깊이'가 축적되지 않고, 약간이라도 불쾌한 자극이 주어지면 그 관계는 곧 해체된다.

그런데 아이러니하게도 이 인격의 심리적 뿌리를 들여다보면, 그는 부적절한 초기 대상관계(과잉 박탈) 혹은 이상적 아버지상을 온전히 내면화하지 못한 피해자에 불과하다(부모의 희생양). 그의 내면에는 불안정한 주위 환경에 대해 불안해하고, 존중받지 못한 수치심에서 벗어나고자 안달하며 분노하는 '모욕당한 아이'가 있는 것이다.

악성 자기애 인격의 대부분은 어린 시절 부모로부터 폭력을 목격하거나 당했기에 어떠한 좋은 대상관계도 전적으로 수용하지 못한다. 즉 선하고 착한 것은 약하고 신뢰할 수 없다고 지각하며, 힘 있는 대상은 자기 생존에 필요하긴 하나 자신에게 상처 줄 수 있는 가학적 존재라고 경계한다.

강력한 부모 대상에 의존해야만 했던 어릴 적 고통은 그의 내면에서 격노로 변형되어 표출되고, 이 세계는 공격성이 난무하고 예측 불가능한 곳으로 지각된다. 유아기에 각인되었던 그 불안한 환경(세상)과 치열하게 싸워 자신을 지키는 것이 그의 근본 심리, 근본 과제로 작동하는 것이다. 이처럼 내면에 자리 잡은 유년기의 '부정적 부모 표상'으로 인해 그는 어떤 대상을 만나도 진심으로 이상화하지 못하며, 좋은 인격자 또는 정신분석가를 만나도 '정신성을 변화시키는' 깊은 도움을 받기 어렵다.

"당신은 결코 내게 어떤 영향도 미칠 수 없어. 당신은 내게 무익한 존재야. 누구도 감히 (존엄한) 나를 변화시킬 수 없어."

"너는 나와 아무 상관이 없어. 나는 너희가 없어도 얼마든지 잘 살 수 있단 말이야."

타인을 이상화하지 못하는 것은 그가 권위자에게 피학적으로 복종하지 않도록 막아주는 방어 기능을 한다(2차 이익). 그는 자기 자신을 이상화된 잔인한 폭군(전능 통제 환상)과 동일시하고, 자신의 힘만이 유일하게 신뢰할 수 있는 것이라 확신하며, 대상을 가학적으로 통제하는 것만이 약한 존재들의 반발에 대비하는 방법이라 믿는다.

"믿을 수 있는 사람이 하나도 없다. 지금까지 만난 사람들에게 특별히 얻은 것이 단 하나도 없다."

자존감이 손상당할까 봐 그 누구도 믿지 못하며, 진실 같은 거짓말로 타인을 자신에게 봉사하는 도구로 만드는 힘을 지닌 이런 사람을 만나면 우리는 어떻게 되는가? 화사한 미소, 고상한 도덕 언어와 진정성을 앞세워 타인의 정신을 지배하려 드는 악성 자기애 인격자와 조우하는 순간 나 자신을 위해 공들인 삶의 흔적들은 홀연 모두 무가치한 것으로 평가절하되어 사라진다. 우리의 인생은 어느덧 우리의 것이 아닌, 주체성(자기감)이 몽롱해진 타인의 로봇 인형이 된다. 악성 자기애 인격자로부터 우리 자신의 영혼을 지키기란 쉽지 않다.

6

정신분석이 필요한 시간

'다름'을 수용하지 못하거나 향유하지 못하는 사람은

현실 적응력을 상실했거나 '자기'가 취약한 인간 내지

편집증 인격으로 해석된다. '현실 자아'가 온전히 발달한

사람이라면 자신과 타인 간의 다름을 견뎌주고 존중해주며

음미할 줄 알아야 한다. 그가 부부, 부모, 자식, 동료,

거리의 행인, 노인, 아이, 외국인, 그 누구이든 말이다.

타자의 힘: 프로이트와 융, 그리고 현대정신분석학

프로이트와 융은 첫 만남부터 짙은 친밀감을 느낀 사이였다. 그런데 어느 순간부터 둘 사이에 거리감이 커져갔다. 융은 프로이트가 자신이 애써 발견해낸 무의식 이론에 진심으로 관심 주지 않음을 한탄했다. 융은 프로이트가 아동기(오이디푸스기)에 '엄마-아버지-나' 3자 관계에서 겪는 리비도(쾌락 욕동)의 '만족/좌절' 경험이 인간 정신의 발달과 고착(병리성)에 미치는 영향을 과도하게 강조했다고 해석한다. 아울러 개인 정신성(개인사)의 배후에서 암암리에 작동하는 '인류무의식'의 거대 위력을 프로이트가 외면한다고 보았다. "프로이트 선생은 인간 무의식에 대한 이해와 관심 폭이 너무 좁아서 답답해."

프로이트는 융을 다음과 같이 비판한다.

"당신은 개인무의식의 핵심에 억압된 유아성욕·오이디푸스 콤플렉스가 역동하고 있다는 나의 주장이 이 시대 기득권 집단인 교회의 가치관과 대립되는 것에 위협감을 느끼고 감당하기 힘들어하지! 그래서 이 사회로부터 거세당할까 봐 두려워 과학자의 엄밀한 '진실 추구 정신'에서 벗어나 정신분석의 초점을 과학적으로 검증하기 힘들고 종교 관념과 대립이 덜한 '집단무의식'으로 돌리려 하네. '정신분석' 이론을 세상에 널리 알릴 최적의 대변자라고 기대했던 총명한 정신과 의사인 당신이.”

융은 프로이트의 비판에 다음과 같이 반응한다.

“선생님. 제가 정신병원에서 주로 접해 분석 치료한 정신증 환자와 심한 인격장애자들의 핵심 콤플렉스는 결코 유아성욕이나 오이디푸스 콤플렉스가 아니었습니다. 그들은 그것보다 더 이전 단계의 원시적 불안공포와 '미지의 혼령'에 압도되어 살고 있었습니다. 저는 그들의 정신을 좌우하는 그 힘의 정체가 무엇인지에 주목했지요. 그것은 유년기에 부모에게서 직접 체험한 리비도의 만족/좌절이나 금지된 성 환상으로는 설명되지 않는, 원시의 어떤 무엇이었습니다. 원시 영혼으로 퇴행한 정신증자들은 마치 선천적으로 내재한 어떤 무의식의 힘에 지배받는 듯했습니다. '환자 부모의 잘못된 양육이 그들을 정신증자로 만들었구나'라고 이해하기엔 적합지 않은, 본능(유전)적인 어떤 것이 퇴행한 그들 정신 속에서 영향을 미치고 있었습니다! 그래서 정신증자들 부모의 무의식에조차 영향을 미쳤을 인류 차원의 '근원적인 힘'을 추적해 그것을 '집단무의식'이라 칭했습니다. '집단무의식'은 개인이 태어나기 전부터 개인 정신에 있으며, 개인 정신의 배후에서 늘 작동하고 있는 근원적인 힘을 지칭한 것입니다. 부디 제 이론이 당신 이론의 진실성을 부정하는 것이 아니라, 제가 정신증자들을 치료하며 직접 '경험'하고 '관찰'한 사례들에 대해 과학적 탐구와 이성적 사변을 종합하여 정리한 것임을 주목해주시기 바랍니다.”

프로이트와 융은 끝내 서로 화합하지 못한 채 깊은 상처를 입고 결별한다. 그 후 융은 모든 대외 활동을 단절한 채 수년간 자기 집에 칩거했다. 그리고 그때부터 내담자 개개인의 꿈과 증상을 전 세계 민족의 신화들,

집단무의식과 연관 지어 해석한다. 융은 원시 인류의 집단무의식이 현대의 개인 정신에 어떤 양태로 발현되고 어떻게 영향을 미치는지 입증하는 노력과 저술을 평생에 걸쳐 시도했다. 그리고 프로이트는 융과 결별한 후 《토템과 터부》, 《모세와 일신교》라는 걸작을 통해 각 시대마다 개인 정신의 배후에서 모종의 영향을 미치는 보다 근원적인 '민족 집단무의식'이 있음을 자기 방식으로 인정했다.

프로이트와 융이 갈라선 지(1913) 어느덧 100년 이상의 시간이 흘렀다. 그동안 정신분석은 세계 인류와 학자들에게 폭발적 관심과 유행을 일으켰다. 그 열정은 서양의 경우 1980년대부터 점점 줄어드는 추세. 그렇다면 프로이트와 융의 대립은 오늘날 어떤 양태로 정리되었는가? 누구의 생각이 더 타당했다고 평가받는가?

그 결론은 여전히 애매하다. 국제정신분석학계는 그동안 카를 융의 분석심리학을 과학 영역에서 배제한 채 프로이트의 관점과 개념들을 계승하고 수정·보완해가며 발전시켜왔다. 그런데 현대정신분석학계의 새로운 추세는 프로이트가 주목했던 오이디푸스기보다 더 이전 시기에 정신에 흡수(각인, 내면화)된 힘들이 개인 정신에 미치는 영향을 세세히 추적해 밝혀내는 데 쏠려 있다. 가령, 아동기(4~7세)보다 유아기(0~3세)의 '환경'과 '대상'들이 아이의 정신 구조 형성과 발달에 미치는 영향을 세세히 분석한다. 나아가 임신 기간 중 '환경'이 태아에 미치는 영향, 임신할 당시의 부모 관계와 그들 각각의 아이를 향한 욕망의 질(간절히 원하는 아이/원치 않는 아이), 부모 각각이 그들의 부모와 가족에게서 받은 영향, 부모가 속했던 사회와 민족의 언어·문화·역사, 생물학적 유전형질 등등에 주목한다.

클라인의 죽음본능, 무의식적 환상, 시기심, 분열, 투사동일시, 정신 발달 '자리', 페어베언의 분열성 자리, 위니콧의 절대 의존기, 중간 단계, 코헛의 거대자기 형성기, 라캉의 큰타자(상징계 무의식), 큰타자의 무의식적 욕망·언어, 융의 집단무의식, 가족치료학의 가계도 분석 등등이 그것이다. 이 현대정신분석 관점들은 '나'가 형성되기 이전에 존재했던 '타자들'의 정신이 '나'의 정신 형성과 발달에 개입되어 인생 과정에서 의식이 모르게 반복해서 영향을 미치고 있음을 수많은 사례를 통해 증언한다.

보이지 않는 그 거대한 '타자의 힘'들은 일차적으로는 '부모의 정신성'을 점령하고 구성한다. 그리고 아기가 태어나면 그 부모를 '매개체'로 삼아 아이의 정신 속에 침투한다. 아기는 생리적·심리적 생존을 위해 본능적으로 어머니의 정신과 아버지의 정신을 내사(내면화)해야만 하는 존재다. 그런 타자 내면화(타자 자기화) 작용을 통해 비로소 '인간의 정신성'이 형성된다.

'아이'는 '본능적으로' 부모 자신도 모르는 '부모의 무의식'을 내사하므로 부모의 정신성에 동화될 수밖에 없는 존재다. 그것이 '인류 생명체'의 본질이고 개인의 운명이다. 임신과 출생 순간부터 작동되는 이 운명의 굴레는 그 깊은 심연을 치열하게 '성찰'하지 않는 한 좀처럼 바뀌지 않는다.

인간이란 그를 태어나게 한 부모와 그 부모의 뿌리인 수천수백만 년 전 조상과 인류의 정신성을 문화와 DNA를 통해 물려받아 무의식적으로 '반복'하는 존재다. 화려한 물질문명은 마치 현대인이 과거 인류와 매우 다른 삶을 사는 것인 양 착각하게 한다. 그러나 그 근본 정신성인 '집단무의식'은 '나'라는 존재의 심연에 그대로 깔려 있다. 그것은 개인들로 하여금 고유하고 주체적인 삶이 아니라 타자(본능, 문화, 부모)가 요구하는 삶을 반복하도록 암암리에 영향을 미친다. '주체성'의 소중함을 강조하는 정신분석가나 철학자라고 예외가 될 수 없다. 받쳐주는 힘이자 끌어당기는 힘인 타자 무의식의 뿌리들과 각고의 직면·성찰·대결을 하지 않는 한, 대다수 개개인은 보이지 않는 다양한 종류의 타자 무의식의 위력에 지배받기 마련이다.

철학자 박동환은 '그것'을 인간이 거스를 수 없는 운명의 힘인 '절대 타자'라 칭했다. 그 정체를 알려고 아무리 애써도 의식적 사고의 경계를 끝없이 벗어나며, 이미 인간의 사유 작용과 지각 기능을 암암리에 조종하는 미지의 절대적 힘! '무의식의 심연'을 탐구해온 정신분석학적 사유와 공명하는 어느 한국 철학자의 실존 목소리. "개인의 사유와 정서와 행동 양태는, 이미 어떤 의미로도 규정할 수 없는 'X', '그것'의 움직임에 의해 좌우된다."

타자의 힘, 타자의 명령, 타자의 기운! 그것이 '나'라는 존재 안에 태곳적부터 있다. 내 에너지의 원천인 동시에 내 고통의 근원인 그것! 그것의 힘에 암암리에 이끌려 살아온 '나'는 과연 내 삶의 주체/주인인가? 진정으로 그러한가?

원인 모를 기운에 뒤덮여 자기의 본래성이 온전히 발현되지 못하는 답답한 상태로 살아온 사람들은 자아가 미성숙했던 시절에 (자기 의지와 무관하게) 자기 영혼 속에 침투한 '타자의 혼魂들'과 직면하고 대결할 각오를 해야 한다.

때로는 가장 친숙한 대상인 부모, 형제자매를 통해 들어온 '그것', 때로는 우연히 만난, '좋거나 나쁜 인연'의 타자를 통해 침투된 '그것'. '그것'이 내 속에 있음을 세세히 직면하여 성찰하는 과정은 곧 '거대한 타자', '집단무의식'과 대화하여 '진정한 나'를 찾는 과정이기도 하다.

위니콧: 참 자기, 거짓 자기

언제나 생글생글 밝은 미소를 띠던 내담자 '미소 씨'가 어느 날 카우치에 누워 평소와 다른 소리를 발산한다.

"선생님의 나지막하고 쉰 목소리가 힘없게 들려요."

"그리 늙어 보이지도 않는데, 일부러 꾸미는 것 같아요."

"모습이 대체로 힘없게 느껴져요." (분석가의 진면목을 알고 있는 듯 힐끔 쳐다본다.)

"해주시는 말씀들 직접 체험해보신 거 맞나요?"

"뭔가 아는 것 같은 그 '성' 경험들을 직접 다 해봤다는 말인가요? 믿기지가 않아요."

"분석은 얼마나 받아보셨어요?"

"상담료가 다른 곳에 비해 비싸요."

"선생님의 뭔가가 짜증이 나요."

그날따라 부정적 정서를 담은 언어들이 미소 씨의 마음속에서 계속 뿜어져 나온다. 비꼬고 경멸하는 감정도 얼핏 느껴진다. '마음속에 숨어 있던 전이 감정이 이제야 몸 밖으로 나오는구나. 휴, 다행이다.'

그동안 분석가를 배려하는 듯 부드럽고 매혹적인 눈빛과 표정만 보여 온 미소 씨. 공격성을 제대로 표출하지 않아서였는지 카우치 자유연상 언어가 대체로 무게 없고 공허하게 느껴지곤 했었다. 그래서인지 그날따라 그의 언어가 제법 꽉 차고 묵직하고 바늘로 찌르는 듯했다. 미소 씨가 자주 보여주던 '아이 같음'의 배후에 억압된 분노가 적지 않음을 짐작해왔기에, 이 순간을 기다렸다는 듯 내 영혼이 그의 심통 난 내면 아이의 독설들에 자연스레 반응한다.

그날 미소 씨의 불평 언어 대부분은 존경스럽지 못한 아버지에게 쏟아내고픈 내용들이었다. 그는 내면에 권위자에 대한 부정적 대상표상을 지니고 있어서 현실에서의 돌출 행동으로 이따금씩 힘듦을 겪곤 했다. 그런데 미소 씨의 직업이 상담사였기에 분석가가 예리한 '전이 직면' 해석을 던지면, '아버지가 내 진심을 또 이렇게 권위자의 말로 내리깔며 수용하지 않는구나.' 하고 답답해할 것 같은 예감이 들었다. 늘 싸움을 피해온 성격이었기에 공격성을 표출하게 하고 버텨주는 반응이 그에게 더 유익할 것 같아 해석 없이 일상적 반응을 보여주었다.

"그동안 많이 불편했겠어요. 이렇게 표현하니 얼마나 좋아요. 내 마음이 다 편해지네."

"정말 괜찮으세요?"

"내가 안 괜찮아 보여요?"

미소 씨가 묘한 표정을 지으며 나간 후 이런저런 여운이 남았다. 오늘따라 나도 모르게 순간순간 계속 반응을 해주었네⋯⋯. 가만히 침묵하며 분석 공간에 뱉어진 그 소리가 그의 내면으로 향하도록 되돌려주는 것이 더 좋지 않았을까?

다음 회기에 미소 씨가 와서 들뜬 목소리로 말한다.

"지난번에 상담실 밖으로 나가서 길거리를 정신없이 걸었어요. 모처럼 신나게 여러 정거장을 지나쳐 걸었어요! 정말 그렇게 시원한 느낌은 처음이었어요. 무례한 저를 자상하게 유머로 버텨주셔서 감사합니다."

내 언어가 유머러스했는지는 기억에 없다. 미소 씨의 표현 욕구가 중단되지 않길 바라며, 성마른 아들과 대면하는 제3의 아버지 같은 느낌으로 반응했던 듯하다. 단지 소년 같은 30세 미소 씨가 가끔 송곳 같은 말을 불쑥 뱉곤 한다는 사실, 그리고 그 특이 행동이 무엇으로부터 기인하는지 감지하고 있었을 뿐이다.

미소 씨는 사춘기의 어느 날 아버지에게 불만 가득한 감정을 예리하게 찌르는 말로 표현했다가 그 말을 듣고 당황하며 무너지는 아버지의 반응에 충격을 받았다. 자신의 공격성을 든든히 버텨주고 풀어주는 어른을 그 이후로 한 번도 경험하지 못했다. 그로 인해 그때부터 아버지의 세계로 과감히 나아가려는 욕망과 마음의 길이 끊어진 상태로 지내왔다. "권위를 내세우는 어른들의 모습은 아버지처럼 겉만 번지르르하게 꾸민 가짜일 뿐이야." 끊어진 그 마음의 길을 어떻게 이어가야 할지 몰라 그 언저리에서 방황을 반복하고, 정신도 성장하지 못한 채 십수 년 동안 소년으로 지내온 것이다.

현실에서 미소 씨는 어느 집단에 참여해 얌전한 태도를 취하다가 돌연 권위자를 향해 송곳같이 찌르는 언어를 내뱉어, 사회적 관계가 난처해지는 경험을 반복해왔다.

"이상해요. 평상시의 저는 권위자의 기분을 잘 감지해 맞춰주는 스타일이거든요. 그러다 그의 결점이 보이면 어느 순간 저도 모르게 무례하게 찔러대는 말과 행동이 튀어나와요. 그로 인한 낭패를 무마하려고 힘든 대가를 여러 번 치르다 보니 인간관계에도 거리를 두게 됐어요."

그런데 자신의 불만을 송곳 찌르듯 표출해도 일상적 모습으로 받아주고 버텨주며 자기 상태를 거울처럼 비추는 권위자 관계 체험을 드디어 처음 해본 것이다. 그때 그의 정신 속에서는 무슨 일이 벌어졌을까?

'대상관계론'의 대변자 위니콧이 말한다.

"유아의 타고난 공격성이 양육자에 의해 품어지는holding 경험을 하지 못한 채 양육자에게 보복당하거나 무시당하면 세상과 진정한 관계를 맺으려는 인격 형성이 좌절된다. 그로 인해 자신의 욕망을 억누르고 감추며 안전하고 무탈하기 위해 힘 있는 대상의 기분을 맞추는 데 급급한 '거짓 자기false self' 인격이 되고 만다. 거짓 자기가 정신의 중심 구조로 자리 잡으면, 타고난 개성을 발현시키는 '참 자기true self' 인격이 포기되어 기쁨이 느껴지지 않는 공허한 삶을 살아가게 된다."

유아의 타고난 공격성과 신경 쓰이게 하는 공격적 몸짓은 '보통의 좋은 엄마'에 의해 공감적으로 수용되고 엄마 마음에서 소화되고, 아이가 감당할 수 있는 부드러운 양태로 변형되어 유아에게 되돌려진다.

"오, 소리 지르고 발버둥 치는 아가야, 배가 고파서, 기저귀를 갈아주지 않아서, 엄마가 보이지 않아서, 네가 화가 났구나. 그래, 알았어."

위니콧의 눈에는 인간이 두 가지 인격 유형으로 구분된다. 하나는 자신의 타고난 본능 에너지와 개성을 타인과 세상을 향해 당당하게 창조적으로 표현하며 살아가는 '참 자기' 인격이다. 참 자기는 자신의 공격성이 엄마에 의해 존중받고 반영받는 관계 경험을 통해 유아기에 형성된다. 참 자기를 지닌 유아는 자신의 공격성을 세상과 소통하는 자랑스러운 에너지로 느끼게 된다. 아울러 공격성을 세상에 대처하는 생산적·창조적 에너지로 사용하는 개성 있는 인격을 형성하게 된다.

다른 하나는 생존불안에 압도되어 자신의 본능욕구와 공격성을 억누른 채 환경(사회, 힘 있는 대상들)의 눈치를 보며 타인에게 공격당하지 않는 안전한 삶을 모색하는 데 급급한 '거짓 자기' 인격이다. 자신의 공격성이 양육자에 의해 존중받지 못하고 비난받으면 아이의 공격성은 파괴성으로 변질되어 세상의 좋음과 좋은 관계들을 파괴하는 무엇이 된다.

위니콧은 개인이 참 자기 인격이 되느냐, 거짓 자기 인격이 되느냐를 좌우하는 핵심 요인이 유아기와 사춘기에 자기 삶에 중요한 대상과의 관계에서 개인의 공격성이 온전히 존중받고 품어지는 체험을 했느냐 못 했느냐에 달려 있다고 강조한다. "그가 사회적으로 출세하지 못하고 심지어 신경증 증상에 시달리는 삶을 살지라도 '참 자기'를 지닌 개성 있는 인격이라면, 안정된 직업을 유지하고 증상이 없는 보통 사람보다 더 영혼이 건강한 사람이다."

'아, 공격 에너지를 대상·세상을 향해 정당하게 표출하면서 의미 있는 소통 경험을 하는 것이 정신 성장에 이토록 중요한 기능을 하는구나.'

미소 씨는 분석 상황에서 속마음을 나름대로 진솔하게 표현한다. 이런 태도는 표출된 공격성이 엄마에 의해 품어지는 경험을 유아 시절에 어느 정도는 경험했다는 징표다. 그런데 아동기(오이디푸스기)와 사춘기에 이상화 모델로 삼은 아버지와의 관계에서, 자신의 공격성이 아버지에 의해 수용되어 버텨지고 의미 있게 되돌려받는 관계 경험이 과도하게 좌절되었다. 그로 인해 그의 정신성은 사춘기 소년 상태에 고착되고, 공격성을 현실에 적합하게 사용하는 방법을 익히지 못함으로써 타고난 공격성이 부적절하게 표현되어 곤경에 처하거나 무의식에 억압되었다. 그 억압물이 (아버지를 떠올리게 하는) 어른 또는 권위자와의 관계에서 가끔씩 의식에 치솟아 분석 상황에서 수동 공격 양태로 발산된 것이다.

'수동 공격'은 불만스럽게 지각된 대상이 명확히 인지하지 못하도록 공격성을 우회적으로 완곡하게 표출하여 상대방을 왠지 모르게 기분 나쁘게 만드는 방어 패턴이다. 수동 공격 방어가 정신에 자리 잡으면, 대상을 향해 자신의 공격성을 당당히 '말'로 표현하지 못한다. 그 결과 진정한 대화 통로가 막히고, 정신 성장이 멈춘다.

미소 씨는 늘 다정한 표정으로 타인에게 다가가지만, 억압된 공격성이 돌연 표출되어 관계가 파괴될까 봐 오래 지속하는 친밀 관계를 의도적으로 피하며 살아왔다.

"따스함과 정이 그립고, 사람을 좋아해요. 하지만 짧은 관계만 할 뿐, 오래 지속하는 관계는 왠지 부담스러워서 맺지 않아요."

그 분석 회기 이후, 미소 씨의 반복되던 부정적 대인 관계 증상에 변화가 나타났다. 수동 공격 태도가 줄어들었고, 사람들과 지속성 있는 친밀 관계를 맺으려는 계획이 구체화되기 시작했다. 그 전 1년 동안은 금지된 욕망과 경직된 방어를 짊어지고 분석 상담에 온 미소 씨에게 억압된 욕망의 내밀한 실상과 그가 지녀온 방어의 비합리성을 직면시켜 왔다. 그리고 그의 협소한 자아의식 경계에 충격을 주며 깨우치는 '무의식 해석' 언어를 전했다. 그런데 그 1년의 분석 과정이 마치 공격성이 용기 있게 표출된 돌발적 회기를 준비하기 위한 과정이었던 것처럼 느껴졌다. 지난 1년보다 그 한 회기 동안에 그와 나 사이의 신뢰도와 그의 억압된 무의식의 변형이 더 크게 감지되었기 때문이다. (눈치 보는 수동 공격에서 벗어나) 공격성의 당당한 표현이 정신성 발달에 그토록 중요 기능을 한다는 진실을 미소 씨가 내게 선물하듯이 내놓는다.

"이제야 답답하게 막힌 속이 확 트인 느낌이에요! 신기해요. 선생님과 오래 만나고 싶어요."

일주일에 하루만 개방하는 야간 상담 때에는 종종 노쇠한 쉰 목소리가 나오곤 한다. 기력이 없고 심지어 피로로 인해 뇌의 명민함이 급격히 떨어지기도 한다. 퇴근 후 야간에 왔던 미소 씨에겐 어떤 섬세한 감지력이 있었던 것 같다. 그가 분석가를 향해 내뱉은 송곳 같은 말들이 전혀 근거 없는 표현은 아니었던 것이다. 분석가는 그가 감지한 것이 대상의 전체성 지각이 아닌 일시적 특성에 대한 '부분 지각'임을 환기·대면시켜 해소해줄 필요가 있다. 자신의 불만을 공감해 해소시켜줄 반응을 기대하며 아버지를 비난했던 유년기와 사춘기 때의 그것이, 현재의 어떤 불만족스런 자극으로 인해 재연된 것이다. 처음에는 그의 표현이 약간 무례하게 느껴지기도 했지만, 공격성이 온전히 표출되지 못한 채 수동 공격 방어만 계속된다면 어떤 정신 성장도 이루지 못할 것임을 내 정신 내부에 자리한 위니콧이 감지한 것 같다. 그래서 마치 아이와 엄마, 소년과 아버지 관계처럼 자연스레 주고받는, 약간은 유치하고 약간은 긴장이 감도는 적나라한 대화를 진지한 놀이하듯 하게 된 것이다.

위니콧과의 내적 만남이 없었다면, 절제된 침묵의 태도를 강조한 프로이트만 내면화했다면 내 무의식이 미소 씨에게 어떻게 반응했을까? 어리석은 말을 내뱉는 그 무의식의 뿌리를 낱낱이 직면시키고 망치를 내리치듯 '해석'하는 데만 주의를 집중할 뿐 아이-소년의 '참 자기'가 발현되기를 간절히 바라는 부모의 마음으로 그의 독설을 품고 버티며 자연스런 대화 놀이를 하지는 못했을 것이다.

2차 세계 대전 직후 폐허가 된 영국에서, 다수의 영국인은 열악한 환경에 적응하기 위해 '안전한 생존'을 최우선 가치로 삼고 불편감을 드러내기를 포기한 채, 기성 제도에 순응하고 권력자의 기분을 맞추며 살았다. 위니콧은 거짓·위선과 당당히 대결할 정신 에너지와 개성을 결여한 인격은 비록 그가 사회에서 안정된 자리를 차지할지라도 '자기 인생을 온전히 살지 못하는' 심각한 병자임을 세상을 향해 외친 휴머니스트였다.

거짓 자기 인격 대부분은 사회적으로 안정된 지위에 도달한 중장년기에 삶의 기쁨을 조금도 느끼지 못하는 뜻밖의 증상에 남모르게 시달린다. 성실해 보이던 출세한 인물이 돌연 휘말리는 각종 스캔들은 주로 이때 발생한다.

"사는 게 무미건조하고 껍데기만 남은 듯한 이 상태에서 벗어나고 싶다. 제발 삶의 생생한 기쁨을 느끼게 해줘!"

위니콧은 거짓 자기 인격이 형성되는 과정을 탐구하고, 거짓 자기를 참 자기로 변형시키는 치유법을 발견해 정신분석가 집단과 인류에게 특별한 유산으로 남겼다. 그 치유 작업의 핵심에는 유년기 양육자와 사춘기 권위자 관계에서 금지·좌절·거부된 공격성을 '지금 여기'의 중요 대상에게 표현함으로써 그 대상이 공격성을 품고 버티며 진지하게 소통하는 과정이 담겨 있다.

"자, 그대의 공격 에너지를 원 없이 당당하게 '말'로 표출해봐요. 그대의 공격성이 상대를 파괴하지 않는 창조적 소통으로 연결된다면 그대는 이미 영혼이 건강한 분이에요."

코헛: 자기심리학

개인마다 욕망의 유형과 우선순위가 참 많이 다르다. 어떤 이는 자신의 권력을 '과시'하고 싶어 하고, 어떤 이는 재능을 '인정'받기 원하며, 어떤 이는 존재 가치를 '존중'받기 원하고, 어떤 이는 그저 '사랑'받기 원한다. 또 어떤 이는 억울한 상처를 단 한 번이라도 온전히 공감·이해받기를 바라고, 어떤 이는 깊은 '대화'를 원하며, 어떤 이는 대화는 없어도 좋으니 영원히 함께 있어주기를 바란다.

그렇다면 상대방이 나와 동일하게 느끼고 생각하며 똑같이 반응할 거라고 기대하는 마음은 어디에서 오는 것인가? 평준화된 사회 이데올로기 학습의 결과인가? 자신과 똑같이 공감해줄 대상을 찾는 '유아 자기'의 징후인가? 타인이 자신과 다른 생각이나 태도를 보일 때 분노한다면 그는 어떤 인간인가?

하인츠 코헛은 중년까지 프로이트 학파의 탁월한 대변자였다. 그러다가 전통 이론으로 온전히 이해되지도 치유되지도 않는 내담자 사례들을 주목하고는 50대 후반부터 프로이트 학파(자아심리학)와 '다른' 인간 정신 구조론과 치료 이론을 정립해 주장하기 시작했다. 평소 동료와의 친밀한 관계가 정신 건강에 매우 중요함을 강조했던 것이 무색하게도 그가 '자기심리학Self Psychology'을 주장하자 자신을 회장으로 추대했던 미국정신분석학회 집단은 그를 따돌리기 시작했다. 극심한 스트레스로 암에 걸려 언제 죽을지 모르는 두려운 환경에 처하자 그는 신경증보다 심각한 '자기애 인격장애' 치료 이론을 혼신을 다해 정립한다.

사회적 명성을 누리는 위치에 있던 코헛은 왜 자신의 현실에 파국을 가져올 새로운 주장과 태도를 취하게 된 것일까? '자기애 장애'로 고통받는 인류를 구원하고 싶었기 때문일까? 그것이 핵심일까?

그의 책《자기의 회복Restoration of Self》을 읽으며 문득 이런 생각이 든다. '코헛은 자기애 상처가 참 깊었던 사람이네. 자신이 절절히 체험해 온 내용이기에 강한 외부 압력과 현실 불안에도 불구하고 그토록 꿋꿋이 자기 이론을 주장할 수 있었구나.'

코헛이 자기 체험과 생각을 외부세계를 향해 강하게 표현한 그 순간, 소위 '정신' 전문가인 그는 친밀한 거울 반응을 주고받던 동료 관계를 더 이상 유지할 수 없게 되었다. 왜일까? 그의 동료들이 '나쁜 사람'이기 때문일까? 아니면 코헛의 정신이 이상해져서일까? 아니다. 그들 대부분은 명민한 사고력과 세련된 교양과 나름의 정서 소통 능력을 지닌 정신분석 전문가들이었다. 다만 그들이 서로 다른 경험 세계에 살고 있었기 때문이다.

정신분석가인 그들은 서로 다름을 지닌 개개인이다. 정신 기질도 다르고, 출생 후 경험한 내용과 정신의 핵심 문제도 다르며, 욕망의 내용도 다르다. 그 다름을 주변화하고 프로이디언 자아심리학Freudian Ego Psychology이라는 '하나의 이론'을 공유하며 살아오는 동안에 그들은 마치 서로 깊이 소통하는 양 동화된 동료 관계를 영위했고, 코헛은 미국 정신분석학회 회장으로 추대되었다. 그러나 자신이 새로 발견해낸 내면세계의 진실을 '더 깊이, 더 보편적으로' 공감받고 싶어 한 그 순간, 그렇게 친밀하고 견고해 보이던 정신분석가들 사이의 끈끈한 동료 관계는 묘하게도 '종잇장'처럼 찢어지고 구겨진 관계가 되었다.

코헛은 거듭거듭 간절히 호소한다.

"이론의 '다름'은 상호 파괴 관계가 아니라, 상호 보완 관계를 이룰 수 있습니다. 신경증 분석에는 프로이트 이론이 보다 타당하지만 '자기애 인격장애'의 이해와 치료에는 '자기심리학'이 유용합니다. 두 이론을 상호 보완하면, 인간 내면을 보다 종합적으로 이해할 수 있게 됩니다."

자신이 대표로 있던 집단으로부터 소외당한 코헛의 말년은 상당히 불행했다. 그가 죽은 지 수십 년이 지난 오늘날 국제정신분석학회에는 어떤 일이 일어났을까? 코헛의 정신 구조론과 치료 기법을 상당 부분 수용했고, 그가 주장한 '자기심리학'은 일군의 학파를 형성하게 되었다.

자신의 기대와 '다른' 행동을 하는 개인의 가치를 '현실 관계에서' 인정한다는 것은 그리 쉬운 일이 아니다. 사랑과 관용을 호소하는 종교가들이나 철학자들조차, 무의식에 대한 열린 마음과 공감을 역설하는 정신분석 전문가들조차……. 우리는 자신과 다른 생각과 태도를 취하는 사람을 보면 속에서 불쾌감이 솟는다. 아울러 정신 깊은 곳에 '분열'된 온갖 쓰레기, 이물질, 불안, 독침을 자신과 대비되는 타인을 향해 무의식적으로 뿜어댄다. "야, 이상한 짓거리를 하는 이 괴상한 놈아. 죽고 싶어? 정신 차려! 저리 꺼져!"

이렇게 집단으로부터 미움의 표적이 된 한 인간의 정신은 글자 그대로 엉망진창이 된다. 집단 구성원들이 배설한 하찮고 더럽고 재수 없는 쓰레기, 이물질, 불안 덩어리에 정신이 오염되고 동화되고 만다. 복잡한 권력 역학에 의해 '타협 형성'되는 현실의 복잡성을 온전히 이해하지 못한 채 자신의 '다름'이 지닌 진리와 가치를 조급하게 인정받고 싶어 하는 개인에게 주어지는 냉혹한 현실이기도 하다.

그래서 세인의 눈총을 두려워하는 사람은 좀처럼 자신의 개성을 편안하게 표출하지 못한다. '독'을 쏘아댈 가능성을 지닌 사람들에게 돌연 표적, 희생양이 될까 봐 두렵기 때문이다.

21세기 사회의 생활 환경은 과거와 많이 변했고 지금도 변하고 있다. 무의식을 드러내는 '정신분석'의 낯섦을 지난 수십 년간 조금씩 수용하고 소화해가며 형성된 오늘날에는 '같아야 함'을 주장하는 사람이 더 이상 존경스러움, 좋은 성품, 성숙함의 인격 모델로 간주되지 않는다.

'다름'을 수용하지 못하거나 향유하지 못하는 사람은 현실 적응력을 상실했거나 '자기'가 취약한 인간 내지 편집증 인격으로 해석된다. '현실 자아'가 온전히 발달한 사람이라면 자신과 타인 간의 다름을 견뎌주고 존중해주며 음미할 줄 알아야 한다. 그가 부부, 부모, 자식, 동료, 거리의 행인, 노인, 아이, 외국인, 그 누구이든 말이다.

이 땅에서 '정신분석'이든 '철학'이든 고독한 학문을 하면서 특정 관점과 이론에만 경도된 채 '다른 입장의 진리'가 마치 자기 정신의 존립을 훼손시킨다는 양 배타적 태도를 취하는 사람들을 보면 답답한 느낌이 든다. 그들에게서 변화된 시대의 현실을 무시·외면하며 똑같은 언행을 강박적으로 영원히 반복하려 드는 '손상된 거대자기'와 '자기애 상처'가 느껴진다. "부디 나에게 다름을 수용하라고 요구하지 마. 내 그릇은 이것밖에 안 된단 말이야."

또한 그들에게서는 자기 울타리에서 벗어나려는 어린 자식의 어떤 생각과 행위도 결코 용납하지 않던 드센 자기애 인격 엄마, 감정 교류

없이 규칙 준수만 강요하던 아버지에 대한 원망의 흔적이 느껴진다.

"먼저 내 결핍과 상처를 충분히 공감하고 위로해봐. 그걸 못 해주면 나와 다름이 느껴지는 이물질 같은 너희들을 결코 받아들이지 않을 거야."

클라인: 원초 불안, 우울

오늘날 '정체성 혼란'을 지닌 '경계선 성격장애'가 부각되면서 멜라니 클라인이 주목받는 비중이 과거에 비해 점점 높아지고 있다.

현재 국제정신분석학회에는 공인 정신분석가가 약 1만 5000명이 있다. 그중 절반은 광의의 프로이트 학파이고, 3분의 1은 클라인 학파에, 나머지는 대상관계론과 자기심리학 분야에 속해 있다. 유럽, 북미, 남미에서 활동하는 정신분석가 중 3000여 명에 달하는 남미 분석가 대다수는 클라인의 관점·개념·기법으로 '정신분석'을 한다. 서구 제국주의에 잔혹하게 정복당한 핏빛 역사를 지닌 남미 사람들에게는 다른 어느 정신분석 이론들보다 원초 불안과 상처를 다룬 클라인의 개념과 기법이 깊은 심금을 울리는 것 같다.

나 역시 클라인의 개념들과 더불어 정신의 바닥을 헤쳐나가느라 매우 힘든 경험을 한 적이 있다. 무의식적 환상, 분열, 투사와 내사, 투사동일시, 편집·분열 자리paranoid-schizoid position, 우울 자리depressive position, 죽음본능과 파괴욕동, 가혹한 원시 초자아, 멸절·박해불안, 시기, 탐욕 등이 머리에서 가슴으로 접촉되는 순간, 정신의 뿌리들이 지반을 뚫고 요동쳐댔다.

정신분석 공부를 하다 보면 정신과 몸속 깊은 곳에 있는 무엇이 우연히 징징 울릴 때가 있다. 노력에 의한 것도 의도된 것도 아닌, 나도 모르게 밀려드는 실존의 묘한 울림과 불안.

프로이트의 '무의식'과 성욕론에 처음 접촉했을 때, 카우치에서 뭔가를 정신없이 뱉어냈을 때가 그랬고, "공격성을 살리는 것이 살맛 느끼게 하는 데 매우 중요하다."는 위니콧의 뜻밖의 말을 접했을 때, 라캉의 '큰타자 욕망'이 내 삶을 지배해왔음을 절감했을 때 역시 그랬다.

그 절절한 '무의식의 반응'은 나의 '자기분석'과 '정신분석' 과정들의 추동력이었다. 그런데 클라인의 생경한 개념 요소에서 어느 순간 '그 반응'이 똑같이 느껴진 것이다. 사춘기부터 내 삶과 욕망의 주변을 '이름 없이 떠돌던 불안'의 심연의 뿌리를 이제야 제대로 만났다는 느낌이 들었다.

클라인 선생님. 당신의 유난한 우울과 불안에 21세기 한국의 한 정신분석학자가 고귀함과 고마움을 느낍니다. 애착했던 오빠들이 어린 시절과 청년기에 모두 세상을 떠난 후에, 그리고 하나뿐인 아들의 급작스런 죽음 앞에서 오랫동안 소리 없이 앓았을 당신의 '우울'과 세상이 무너지는 듯한 불안이 결코 타인의 낯선 이야기가 아니었음을, 내 정신은 이제야 접촉해 실존으로 느낍니다.

수십 년 전 시카고 대학병원 정신분석 수업 시절부터 당신의 글을 접해왔건만, 정신과 교수에 의해 "흥미롭지만 비과학적인 환상론을 주장한 여자"로 폄하되는 바람에 그동안 닫혀 있던 내 마음의 창이 이제야 열렸습니다. 당신의 한 마디 한 마디 언어에서 당신 자신이 겪으며 곱씹어온 고통들의 원인과 의미, 그 체취를 느낍니다.

당신 이전에는 누구도 감히 학문적으로 몰입하지 못했던 편집·분열 자리, 선천적 파괴욕동, 시기심, 분열적 환상, 멸절·박해불안, 투사와 내사, 분열방어가 바로 인류와 개인 정신의 가장 밑바닥에 깔린 '운명적 뿌리' 임을 이제야 자각합니다.

이제야 소신 있게 말할 수 있습니다. "인간 속에는 '분열'되어 온전히 접촉하지 못한 '또 다른 나'가 있다! 너무 불안해 감히 대면할 수 없는 '마비된 나'가 있다! 여전히 '애도'하지 못한 최초 대상, '우울 자리' 심정이 오래전부터 있어왔다!" ("영혼계에 계신 어머니, 아버지. 생전에 충분히 보답해드리지 못해 죄송해요. 당신이 원하신 어느 순간, 기쁘게 해드릴 무엇을 이루어낸 후 기꺼이 곁으로 가겠습니다.")

그것들이 의식의 배후에서 정신을 무기력하게 만들면서 인류, 민족, 나의 삶을 지배하고 있습니다. 그러나 이제는 클라인 당신이 밝혀낸 그 '태초 불안과 우울 환상' 덕분에, 인간이란 시초부터 죽음욕동과 박해불안에 시달리다 대상의 안위를 심히 걱정하는 존재라는 사실을 깨닫습니다. 그런 운명에 갇힌 인간 존재를 안쓰러움으로 보듬고 싶습니다.

그런데 당신이 떠나보내지 못해 고심하던 그 분열과 우울에 접하려면 일상의 자아가 좀처럼 감당하지 못할 원시의 파괴욕동과 원초 불안을 다시 겪어야 하기에, 당신이 세상에 드러낸 그 내밀한 공간은 '상식'으로 살아가는 보통 사람이 '의지'로써 접속할 수 있는 무엇이 아닙니다!

그 후 정신분석 수업 때 클라인에게서 깨달은 불안한 경이감을 구체적 사례로 일반인에게 전달하니, 그 반응이 금세 요란스러워졌다. 열렬했던 50여 명의 수강생 중 16주 강의 후에 남은 생존자는 20명 남짓이었다. "강의 느낌이 너무 세서 정신이 돌아버리는 줄 알았어요!"라는 말을 직간접적으로 여러 차례 들었다.

클라인의 개념들에 취해, 평소엔 느낄 수 없던 무의식에 잠재된 '영유아기의 원초 불안'과 괴기 환상들의 긴 터널을 정신없이 지나온 느낌이다. 되돌아보니 그녀를 접촉하기 이전과 이후의 내 영혼은 더 이상 동일한 인격이 아니었다! 마치 프로이트의 '유아성욕론'을 알기 이전과 이후의 정신성이 같지 않았듯이 말이다.

클라인의 내면세계는 함부로 접촉하거나 발설해서는 안 될 비밀 영역과도 같다. 생생한 악몽을 꾼 후에 느껴지던 섬뜩한 기운이 여전히 아른거린다. '난 당신의 세계에 더 이상 머물고 싶지 않아!'

'무의식'을 대면한다는 것은 일상의 행복한 삶을 사는 사람들에겐 참으로 괴이한 경험이다. 가령 클라인이 주목한 편집 분열적 환상들을 일상에서 느끼거나 투사와 '투사동일시'를 쏘는 사람은 이미 타인과 소통하기 힘든 원시적(유아적) 정신 구조를 지닌 사람이거나 '기인'들이다. 그날그날의 식량을 구하려다 야수에게 잡아먹히던 100만 년 전 원시인이나 갓 태어나 불안에 떠는 유아의 심정을 21세기 문명인이 느낀다면 어찌되겠는가?

'그것'은 문명인과 성인이 공감하기 힘든 어둠 속 환상의 영역이자 거친 자극이기에 안락한 환경에 있는 미국의 정신분석가들에게 클라인 이론은 결코 '이성의 소리'로 공명되기 어려웠다. 그런 탓에 미국에서는 클라인 지지자를 찾기가 어렵다. "클라인의 이론과 기법은 너무 거칠어!" 자기 내면에 어떤 깊은 병리적 고착점과 심한 불안이 없이는 '그것'을 대면·대결하려는 욕구와 의지가 일어나지 않는다. 섬뜩한 무의식과의 치열한 대결에 그 누구도 기꺼이 동참하려 들지 않게 된다.

그 대결 영역인 무의식의 맨 밑바닥에 '클라인'이라는 독특한 모성성을 지닌 여성 분석가가 있다. 그녀가 앓아온 몸서리쳐지는 만성 우울증과 편집·분열증적 불안. 그것과 대결하며 구성해낸 동화 속 보물 같은 개념들……. 편안히 지내는 보통 사람들에게 그것을 '알리는' 것은 심리적 부담이 될 수도 있다. 그러나 그것이 없이는 원인 모를 지독한 집착, 격노, 원시 이상화, 평가절하(경멸), 광신, 자폐, 잠수, 무기력, 우울, 공포, 중독, 이상스레 꼬이는 인간관계, 반복되는 부부 싸움, 파국적 부모 자식 관계, 성격장애, 정신증적 퇴행 증상 등등에 대해 상식을 넘어선 깊은 이해에 도달할 수 없다.

언젠가는 건실한 자아 능력을 지닌 심리상담사들에게 내 정신의 뿌리를 요동시켰던 클라인의 '그것'(밑바닥 체험)을 '검열 없이' 생생히 전해주고 싶다. 내 마음이 안정된 기간엔 내게서 멀어질 '그것'이기에! 오래 만나기엔 너무 무거워 뿌옇게 희석될 나의 내면 속 원시 인류와 영유아의 심연 무의식!

비온: 트라우마 대처법

자아가 연약한 시기에 뜻밖의 충격을 받으면 그 충격은 정신 방어막을 파열시키는 깊은 흔적과 후유증을 남긴다. 그것에 대처하는 최상의 방법은 무엇일까?

충격적 상처, 즉 트라우마 경험에 대한 반응 양상은 개인에 따라 매우 다르다. 어떤 사람은 충격받은 사실 대부분을 부인해 망각하거나 망상으로 왜곡해 대체한다. 어떤 사람은 공포증·공황장애 또는 신체 증상 등을 통해 충격으로 인한 내부 긴장을 외부로 방출한다. 고통을 극도로 못 견디는 사람은 충격을 지각하는 자아 기능이 대대적으로 마비(파괴)되어 현실과 접속하지 못하는 정신증이 발병되기도 한다. 가장 심한 경우는 죽음욕동이 솟구쳐 모든 자극들에 진저리치며 자살한다. 그런데 이들과 매우 다르게, 어떤 사람은 (니체, 프로이트, 마르크스처럼) 자신에게 충격을 준 대상과 사건의 원인들을 세세히 추적·탐색하여 인간 현실을 더 깊고 넓게 조망하는 깨달음의 계기로 활용한다.

충격에 대한 반응은 왜 이렇게 사람마다 다르게 나타날까? 이에 대한 정신분석의 여러 설명 중 하나가 '언어 표현 능력'의 차이다. 프로이트와 라캉 학파는 뜻밖의 자극으로 섬뜩한 충격을 받았을 때 가장 중요한 반응으로서 그 충격의 내용물인 불쾌감, 부정적 생각과 이미지,

그리고 정신과 신체가 손상된 느낌을 (자신에게 충격을 가한 그 대상 또는 중요한 대상에게) '언어로 온전히 표현했는가?'에 주목한다. 이것이 그 사람이 미래에 겪게 될 크고 작은 불편 자극이나 충격들에 대해 어떤 유형의 반응을 보이게 되느냐를 좌우하는 핵심 변수다.

정신증 전문가 윌프레드 비온은 충격 자극에 대한 정신의 '언어적 상징화 기능'을 강조한다. 뜻밖의 충격은 의식이 소화하지 못한 채 무의식으로 분열·저장된다. 그때 형성된 무의식의 감정 덩이가 예술 작품이나 꿈의 이미지 언어(그림 언어)로 표현되면, 그것은 현재의 정신이 감당할 수 있는 무엇으로 소화·전환되고 있다는 중요 징표라고 해석한다. 비온은 정신 성장에 가장 중요한 이 과정을 '베타요소beta elements'가 '알파요소alpha elements'로 변하는 것으로 표현한다. 정신이 버거워서 미처 소화하지 못한 충격이 베타요소로 무의식에 쌓이면, 그것이 온전히 이해받는 순간까지 평생에 걸쳐 중요한 순간에 삶을 뒤엎는 뜻밖의 괴력을 내뿜는다.

과거의 충격을 기억해내 그때 일어난 감정들과 더불어 '언어로 생각해 표현해내는 것'이 정신 건강에 얼마나 중요한 기능을 하는가? 이것을 S와 Y 모녀의 사례를 통해 음미해보자.

S는 50대 여성이다. 그녀는 그동안 딸 Y와 '두 몸이 한 마음으로 융합'한 듯 지내며 괜찮아 보이는 생활을 해왔다. 딸 Y는 전문직 방송인이고, S는 외적으로 자랑스러워 보이는 어머니였다. 그런데 Y가 20대 후반에 성형수술을 받고 심각한 후유증에 시달리다가 얼마 후 정신증이 발병했다. 평탄해 보이던 집안에 이런 흉사가 왜 갑자기 생긴 것인가?

엄마의 말을 늘 진리로 믿고 살던 Y는 사회적 성공을 앞두고 갑자기 마음이 불안해지면서 홀연 자기 얼굴이 이상하게 느껴졌다. 자신의 눈과 볼이 왠지 얼굴의 다른 부분과 조화를 못 이루고 흉하게 느껴져 급기야 성형수술을 했다. 그런데 수술 후 그녀는 자기 모습이 돌이킬 수 없이 망가졌다는 심한 자괴감에 빠졌다. 그래서 병원에 재수술을 요청했지만, 재수술 후에도 자기 얼굴에 이질감을 느껴 좌절하고 급기야 모든 사회 활동이 마비되며 홀연 정신증이 발병한 것이다.

보통 사람의 눈으로 볼 때 Y의 본래 얼굴은 호감 가는 모습이었다. 성형수술도 성공적인 편이었다. 그런데 사회적 성공으로 '수많은 시선의 주목을 받는 상황'이 되자 '무의식의 무엇'이 갑자기 Y 정신의 약한 부분을 비집고 의식으로 치솟았고, 그것을 필사적으로 막아내려다가 뜻밖의 불안 증상과 환각에 시달리게 된 것이다.

Y는 기억도 나지 않는 유아기에 격노한 엄마 S로부터 얼굴에 '가혹한 무차별 폭력'을 겪었다. 그로 인해 몇 달간 머리를 벽에 박으며 울부짖는 증상을 보이기도 했다. 그러다 어느 순간 분열방어가 쓱 작동되어 '충격받은 그것'이 의식에서 사라지고 무의식에 견고히 봉쇄되었다. 그 후부터는 엄마를 마치 신처럼 이상화하고 엄마 말씀에 무조건 순종하며 명랑해 보이는 삶을 살 수 있었다.

그런데 '자신의 얼굴'이 많은 대상들에게 한꺼번에 주목받는 사회적 성공에 즈음하여 돌연 원인 모를 불안이 엄습하고, '충격에 자지러지던 어린 시절의 나' 상태가 무의식에서 의식으로 갑자기 회귀된 것이다. 도저히 감당할 수 없었고 공포스러웠던 유아기의 충격이 어둠의 심연에서 어느 날 갑자기 외부(의식) 세계를 향해 불쑥 자태를 드러낸 것이다. 그녀가 갑자기 이상하다고 느껴서 수술한 그 얼굴 부위는, 바로 유아기 때 격노한 엄마에게 섬뜩하게 구타당한 '그 부위'였다.

직업적 성공은 자식이 부모로부터 '분리'하여 독립성을 지닌 주체(새로운 권위자)로 변화됨을 '세상에 알리는 상징적 통과의례'다. 그런데 S와 Y 두 모녀는 끈끈하게 융합되어 '아버지 존재가 모호한 상상계' 속에서 살아왔다. 그로 인해 엄마로부터의 분리·독립을 상징하는 사회적 성공이 홀연 낯선 두려움으로 지각된 것이다.

정신이 소화하지 못한 '유아기 충격'이라는 사건이 무의식에 없는 경우, 불편한 외부 자극 때문에 생기는 보통의 현실 불안은 자아에 의해 적절히 통제되고 진정된다. 그런데 유아기 충격이 매우 심각해 무의식으로 분열되었다가 현재의 어떤 스트레스와 불안에 '연결'·'결합'될 경우, 소화되지 못한 채 응고되었던 무의식의 상처 덩어리가 자아의 방어막을 뚫고 외부로 갑자기 분출(행동화)된다. 또는 그것이 주체 밖으로 '투사'되고 다시 자신 내부로 '내사'되면, 정신에 왜곡된 환각을 일으키는 위중한 사태가 발생한다.

Y에겐 정신이 불안해질 때, 불행히도 엄마 말고는 그 불안을 진정시켜줄 제3의 든든한 권위 대상이 주위에 존재하지 않았다. 즉 엄마로부터 Y의 정신성을 '분리'시켜줄 힘 있는 아버지가 존재하지 않았다. 어머니 S는 유년기에 내면화된 '부정적 아버지상'으로 인해 권위자들이 자신에게 뭔가를 요구하고 명령하는 상황이 매우 부정적으로 지각되어 직장 생활도 결혼 생활도 실패했다. 그녀에게 믿을 수 있는 유일한 대상은 오직 서로 융합해 자신이 안심하고 좌지우지할 수 있는 자식 Y밖에 없었다. 그래서 그녀는 Y가 아버지에게 가까워지면 혹여 딸이 자신에게서 떨어져나갈까 봐 노심초사했다. 그래서 딸과 딸의 아버지 관계를 철저히 봉쇄하고 부정적으로 물들이고 지워왔다.

그 결과 Y에겐 자신의 모습을 있는 그대로 반영해주고 객관적으로 소통해줄 권위 있는 상징계 대상이 존재하지 않는다. 운명적으로 '엄마 인간'이 된 Y에게는 유아기 상처로 인한 뜻밖의 환각 증상을 가라앉혀줄 제3의 권위 대상이 존재하지 않는다.

성형외과 의사가 그녀에게 해준 좋은 말도 Y의 불안과 자기 얼굴에 대한 부정적 지각(환각)을 결코 가라앉힐 수 없었다. 망각된 심리적 상처로 인한 무의식의 부정적 자기 표상을 '바르게 고쳐 달라'는 의뢰를 받은 성형외과 의사는 Y에게 일종의 '이상화하고 싶었던 아동기 아버지의 심리적 대리자' 기능을 한다. 그러나 신체 성형은 결코 그녀의 무의식에 분열된 심신의 상처를 온전히 수정·보충해주지 못한다. "너의 지금 모습도 참 사랑스럽고 괜찮아!"라고 '아버지의 위치'에서 힘 있게 말해주는 진정한 권위 대상이 엄마 S의 부정적 개입으로 차단되어 Y의 정신에 깊이 접속되지 못하기 때문이다

어린 시절 자신을 어머니의 굴레에서 구제하여 어머니보다 더 큰 권위가 살아 움직이는 상징계를 체험하도록 도와주지 못했던 '어머니보다 약한 아버지' 대리자의 성형수술은 (그녀가 망각한 정신) 깊은 곳의 상처를 온전히 회복시키지 못한다. 그로 인해 무의식의 기운에 순간순간 함입되어버린 Y는 계속해서 자신의 얼굴이 괴상하게만 지각된다.

무의식에 담긴 과거의 충격 흔적과 현재의 스트레스가 우연히 '결합'되어 치솟는 '잠정적 정신증'의 환각 상태를 벗어나려면, 일차적으로 분열된 무의식 속에 있는 '충격 상처 덩어리'를 차근히 이해해 소화하도록 도와주는('병리적 어머니'와 차별되는) 이상적 부모 대상이 필요하다. 그러나 그런 대상이 현실에 부재했기에 Y의 정신은 타자의 부정적 평가 시선(환각)들과 내부에서 엄습하는 유아기 공포와 불안을 감당하지

못한다. 그로 인해 정신 내면에서 대대적인 '분열방어'가 일어나 총명했던 지성인에서 자아 기능들이 마비된 정신증자가 되고 만 것이다.

"그날의 그 충격과 공포에 더 이상 시달리고 싶지 않아. 내 삶의 기둥인 어머니를 나쁘게 지각하느니 차라리 내가 없어지는 게 덜 불안해!"

날벼락 같은 사태에 어머니 S는 그 현실을 어떻게 감당했을까? S는 딸 이외에 그 누구와도 전인적인 '대화 관계'를 맺어온 대상이 없었다. S는 자신의 충격을 상징계의 승화된 의미로 소화해내거나, 다른 누군가에게 '자신의 내면을 진술한 언어로 표현해낼' 자아 능력을 갖고 있지 못했다. 불편한 상황이 다가올 때마다 외부 관계를 피하고 철수하며 살아온 그녀는 동일한 망상과 방어를 반복할 뿐이다. 그녀는 자신에게 밀려든 부정적 사태들의 내적 원인을 차근히 직면하거나 성찰하려고 애써온 경험이 없었다. 그런 도움을 주는 전문가가 현실에 존재한다는 것조차 모르고 살았다. 그로 인해 '언어로 표현되지 못한 현재의 충격'은 과거에 분열시킨 충격들과 더불어 원상태로 계속 S의 정신 내부를 휘젓는다. 그러다 급기야 내부 현실과 외부 현실을 함께 감당해낼 자아 에너지가 고갈되곤 한다. 안전하지 않다고 여겨지는 외부세계로부터 침투된 온갖 부정적 지각들을 무차별적으로 부인하거나 마비시키는 '분열' 방어가 만성적으로 작동되어 세상과 고립된 삶을 살아간다. "더 이상 믿을 수 없는 이 낯선 세상과 교류하고 싶지 않아. 알고 싶지도, 느끼고 싶지도 않아."

그녀의 정신 내부엔 '분열' 작용과 파괴(죽음)욕동이 활성화되어 이 세상과 연관해 정신에 각인되었던 기억 흔적의 연결 고리들이 대부분 해체된다. 그 결과 종합적 사고 활동과 언어적 표현 기능이 마비되어 반복되는 편집적 사고와 멍한 상태에 처한다. 정신을 '간신히 버틸 수 있게 꿈 해주는 어떤 망상'에 함입된 S는 겉으론 품격 있게 살아가는 듯 보이지만 실재는 위축되고 마비된 정신을 지닌 꿈 없는 생물체다.

내 맘대로 통제할 수 없는 외부세계로부터 뜻밖의 '충격'이 생겼다는 것은 곧 자아가 감당할 수 있는 한계를 넘어선 강력한 자극이 자아의 방어막을 찢고서 정신 내부에 침입해 (암으로 진행될 수도 있는) 종양 덩어리(X)로 자리 잡은 상태를 말한다. 그 '검은 덩어리'는 자아가 도저히 감당할 수 없기에 강력한 '분열' 기제에 의해 정신의 한쪽 구석으로 봉쇄된다. 그런데 그 순간, '그것'에 대한 자아의 지각 기능과 사고·대처 기능도 함께 마비된다. 만일 자아가 견실한 발달 과정을 겪는다면 그 충격 덩어리는 성장한 자아에 의해 '나중에' 꿈이나 기억에 떠올려져 상징 의미로 정신화되곤 한다. 그리고 '그것'이 언어로 표현되어 성숙해진 현재의 정신에 의해 성찰(해석·재구성)되는 순간 비로소 충격받은 최초 순간의 괴력을 상실하는 것이다.

그런데 상상계 속에서 원초 가족과 융합해 살아가는 사람들이 적지 않다. 그들은 겉으로는 사회적 상징 언어를 사용하며 산다. 그러나 실상은 자신도 모르는 '내부 상처'와의 직면을 회피하는 '안전한 상황', '안전한 언어'들로 제한된 표현만 반복하며 지낼 뿐이다. 그들은 비범한 지혜를 지닌 타자의 언어를 진정으로 수용하여 음미하기보다 무의식의 상처에 접근하는 모든 언어와 자극을 차단·거부한 채 보고 싶고 듣고 싶은 것들만 반복 지각하는 유아적 상상계 속에 산다. "제발 저에게 부정적이고 복잡한 말 좀 하지 마세요!"

그 상상계 속에는 자신을 보호해주는 '전적으로 좋은 구세주' 대 '전적으로 나쁜 악마', 전능하신 어머니와 유아적인 나 사이의 단순하고 편안한 2자 관계만 존재한다. "기분 괜찮아? 잠자리는 편했어? 맛있는 거 먹으러 갈까? 나쁜 놈들을 멀리하고 우리끼리 즐겁게 지내면 돼. 우리는 하나야."

그곳에는 자신을 제3의 관점에서 객관적으로 지각하도록 도와주는 상징계(타자)의 아버지 언어, 자기반성적이고 상호 주체적인 대화가 존재하지 않는다. Y는 자신이 믿었던 엄마로 인해 생긴 무의식의 상처를 치유해줄 ('상징계 언어'를 전하는) 제3의 권위자를 진심으로 접촉하지 못했다. 그 결과 가족 밖의 세상으로 나아가 '온전한 사회적 주체'로 검증받는 중요한 순간에 '우연'처럼 보이는 환각들(상처 입은 자기 표상, 성형수술, 수술 후유증, 자신을 경멸하는 듯한 외부 시선들)이 돌출되었고, 이에 적절히 대처하지 못한 채 성숙한 인간이 되는 입구에서 다시 사회적 상징계를 거부하는 유아적 심리 상태로 영구히 퇴행해버린 것이다.

그동안 절대적 보호자 역할을 해오던 어머니 S 자신도 딸에게 나타난 병증의 원인을 인식하지 못하고 대처하는 방법을 몰라 아무런 도움도 줄 수 없는 곤혹스런 상황에 처했다. 불안해하는 딸의 정신을 진정으로 회복시키려면 일차적으로 Y가 이상화해온 어머니 S의 정신성이 변화해야 한다. 자신이 소유해온 딸에게 제3의 아버지를 만날 권리를 허용해야 한다. 그러나 그것은 (자신의 분신인) 딸의 정신·신체적 분리·독립을 뜻하기 때문에 그녀에겐 그것이 죽음처럼 버겁다!

아버지의 권위가 살아 움직이는 상징계 현실을 살아내지 못한 채 융합 감정과 상상계 속 2자 관계 언어로만 살아가는 사람들은 현실의 어떤 부정적 자극이 무의식에 잠재된 상처와 '우연히 연결'되어 예상치 못한 불안과 환각이 내부에서 치솟을 때, 통제 불능한 무기력 상태에 처할 수밖에 없다. 그들은 부정적인 현실 사태에 대처하도록 도움을 주는 상징계의 지혜와 치료법에 접속하여 능동적으로 활용하는 정신 능력을 지니지 못한다. 그로 인해 둥둥 떠도는 불안의 굴레 속에서 심각한 난관에 직면한다. "나 너무 힘들어! 이제 그만 다 끝내고 싶어."

정신분석은 자유연상, 꿈해석, 전이 분석과 저항 분석, 증상 분석 등 신뢰에 기반을 둔 분석 관계를 통해 일상의 대인 관계에선 결코 접속하지 못하는 무의식의 충격 덩이에 접속한다. 망각된 충격으로 몸과 정신 깊이 침투된 '그것'들을 하나하나 세세히 끄집어내어 언어로 표현하고 재해석하도록 도움으로써 무의식의 '병인'을 인생의 연륜으로 변환시키는 일련의 체험 과정이다.

끊임없이 변화하는 인생사에서 혹여 당신이 뜻밖의 섬뜩한 충격을 겪는다면 어떻게 대처하는 것이 좋을까? 그 충격이 너무 수치스럽고 고통스러워 그대의 자아가 그것을 무의식 깊은 곳으로 분열시켜 망각하기 전에 정신분석가를 찾아가라. 그리고 그곳에서 난생처음 쓰는 언어들을 '이제 그만 됐어.' '아, 이것이 바로 나였구나.' '이것이 진짜 내 인생이구나!'라는 느낌이 들 때까지 정신없이 쏟아내라. 자신이 경험한 '충격'에 대해 망각되고 마비되었던 모든 것을 자유롭게 끝까지 뱉어내라. 그 선택이 성공과 행복을 앞둔 중요 순간에 뜻밖의 마력을 드러내는 원인 모를 '그것'(X)으로부터 자신과 가족의 삶을 지켜주는 최상의 길이다.

라캉: 타자의 욕망

"주체의 욕망은 타자의 욕망이다."(라캉)

정신분석을 책으로만 입문한 30년 전에 라캉의 이 언어는 내게 '머리'로만 이해되었었다. 뇌를 두드리는 라캉의 독특한 언어들에 몇 년간 심취하다 시카고 대학에서 원로 정신분석가 존 게도John Gedo에게 '현대 정신분석의 일곱 학파 이론' 강의를 접한 후에는 라캉에 대한 관심이 누그러지고 여러 정신분석 학파의 이론을 두루 균형 있게 보려 애써왔다.

그래서 라캉의 '언어적 상징계 무의식', '욕망', '주체' 개념들에 전적으로 동화되기보다 프로이트를 중심으로 클라인, 페어베언, 위니콧, 코헛, 비온, 컨버그 등 현대 정신분석 이론들의 타당성을 균형 있게 판단하기 위해 그들의 텍스트를 읽고 내가 직접 체험한 심리상담 사례들에 적용해가는 작업에 오랜 시간을 투여해왔다. 그러다 또다시 어떤 계기로 한때 심취했던 라캉의 언어를 우연히 접하게 되면 내면에서 복잡한 감정이 짙게 밀려든다.

"라캉 선생, 당신의 언어는 환원적 흡입력이 너무 강해서 때로 부담스러워! 독자의 뇌를 유혹해 관심 에너지를 쏟게 하고 당신의 언어에 동화시켜서 머릿속에 당신 소리만 남게 만드네. 다른 정신분석가들도 치열한 자기 무의식과의 대결 과정, 쉽게 치유되지 않는 내담자들과의 굴곡진 임상 체험을 정리해 고유의 지혜를 전해주건만⋯⋯. 프로이트의 텍스트에 심취할 때에도 이 정도는 아니었는데, 왜 유독 당신의 텍스트는 다른 분석가들에게서 습득한 이론의 가치를 흐릿하게 주변화시키는 거지? 이게 대체 어찌된 일인가?"*

이런 불편감과 더불어 나의 정신은 라캉이 두드리는 특유의 심리 자극에 부정적으로 반응한다. "나의 의식과 무의식은 누가 뭐래도 내 것이야! 내 욕망이 타자의 욕망에 지배당해왔다는 걸 난 결코 인정하고 싶지 않아. 타자의 욕망은 타자의 것일 뿐 나에게 그리 대단한 게 아니야." 이런 경직된 반응을 보며 내 안에서 '어떤 불편한 내면의 진실'을 회피하고픈 마음이 나 모르게 짙게 작동되고 있다는 생각이 쓱 든다.

라캉은 주체의 내면에 암암리에 스며든 타자의 욕망을 온전히 대면해야 비로소 '욕망의 주체화' 작업이 작동해 자신의 '진정한 욕망'을 깨닫고 자율적인 삶을 살 수 있다고 강조한다. 그런데 이 말을 '머리로만' 이해하고 진심으로 깨달아 수용하지 못하면 자아 전능감, 자기도취적 주관적 '상상계'에 고착된다. 그 결과 내 힘의 한계를 절감케 하는 거대한 타자들로 구성된 초주관적 의미 체계(언어 구조, 언어적 관계 매트릭스)인 '상징계'의 의미와 가치를 수용하지 못하고 낯설어하게 된다. 아울러 상징계 내부에서 자신의 '자리'를 차지하려 애쓰는 등 경쟁 사회에서 능동적 역할을 하며 살아가는 삶을 진정으로 욕망하기 어려워진다.

* 자신의 소리에 타인의 에너지를 집중하게 하고 자기 이론에만 배타적 가치를 부여하는 사람은 자기애 인격 요소가 꽤 높다. 라캉을 공부한 학자 대부분은 라캉 언어의 강한 흡입력 때문에 라캉만 알 뿐 다른 학파의 임상 이론엔 무지한 문제를 지닌다. 라캉의 개념은 인문학적 깨달음엔 큰 울림을 준다. 그러나 국제정신분석학회에서 파문당한 그의 임상 이론과 기법은 20세기 후반부터 주요 병리로 부각된 각종 성격장애 치료엔 효용성이 적다. 현재 임상 분야에서 라캉 학파의 소리는 미미한 상태다.

자기 욕망의 진정한 주체가 되지 못한 그는 세상·타자 일반과 형식적·피상적으로만 관계할 뿐이다. 그는 사회적 경쟁 활동과 의미 교환 활동을 한편으론 수용하고 욕망하지만 다른 한편으로는 거리 두기, 무관심, 평가절하, (회피하고픈 두 욕망 사이에서 벌어지는) 갈등과 거세불안 등에 시달리는 신경증적 삶을 살 수밖에 없다.

개인의 욕망과 정신성은 일차적으로 '큰타자의 자리'에 최초로 등장했던 '유년기 어머니의 욕망'을 내사해 내면화하면서 형성된다. 그리고 유무형의 힘으로 본능욕구를 금지하며 압박했던 아버지의 욕망, 사회 권위자, 상징계(법, 도덕, 매트릭스)의 요구들에 의해 형성된다. 이것들은 주체의 의지와 무관하게 권위 있는 그분들이 전해준(내뱉은, 엄하게 가르친) '언어'를 통해 정신에 다중으로 각인되고 내면화된다. (더욱 놀라운 것은 삶의 과정에서 극도로 혐오했고 충격받았고 유혹을 느꼈던 대상들, 사회에 떠돌아다니는 각종 언어들, 단체 카톡방의 문자들, 현실에서 접촉할 수밖에 없거나 우연히 접촉한 이런저런 대상들, 어떠어떠한 삶을 살라고 요구해대는 사회적·문화적 압력들조차 나도 모르게 내 속에 들어와 마치 그가 나인 양 내 정신과 욕망을 그들의 질감으로 물들이고 암암리에 영향을 주어왔다는 점이다! 그렇다면 무엇이 '온전한 나'인가?)

그래서 엄밀히 보면 나의 행동들에서 순수하게 '나 자신의 고유 욕망'으로부터 나온 것을 발견하기가 쉽지 않다. 나는 늘 타인의 바람에 적절히 부응해야만 하는 삶을 살 수밖에 없다. 그중에서 특히 내 삶에 중요한 대상일수록 '그분의 욕망'이 내 정신에 입력되었을 가능성이 높다.

가령 나는 '새로움'을 매우 좋아하면서도 왜 장년이 되어서도 (좋아하지만 답답해하면서) 공부하는 삶을 계속 살고 있는가? 수많은 삶의 선택들 중에서 왜 유독 이 길을 오랜 기간 반복하고 있는가? 자아가 계산하기에 그것이 현실에서 이익과 만족을 얻는 최선의 길이었기 때문인가?

정신분석이 내게 준 큰 선물이 있다면 그것은 반복되는 불만족스런 행동 패턴, 안전과 이익에 충돌하는 부적절한 욕망, 성공과 자기실현을 방해하는 불편한 증상들의 숨겨진 뿌리들을 하나하나씩 절절히 체험하게 해준 것이다. "이것이 나였구나! 이것이 인간의 진면목이구나!"

정신분석의 도움으로 비로소 대면할 수 있었던 안타깝고 서글프고 가여운 '어둠 속의 나'! 고상한 관념들을 섭취하려 20년간 철학에 몰입한 것도, 철학을 내려놓고 정신분석에 20여 년간 몰입한 것도, 뒤늦게 주어진 철학 교수 자리를 붙잡지 않은 것도, 흥겹고 화사한 사교 관계를 피한 것도 모두 '의식의 나'가 한 일이 아니다. 그렇게 만든 '그것'은 누구인가?

뜻밖에도 '그것'에서 어머니의 소중한 이상화 대상이었던 고독한 한 학자 외할아버지의 얼굴이 언뜻 떠오른다. 어린 시절 잠깐씩 접했던 '어머니의 큰타자'인 그분이 무심결에 내 정신에 '중요한 무엇'으로 내면화되었을까? 그래서 어머니가 극진히 대접하던 그분처럼 학자로 사는 모습을 나도 모르게 한평생 떠맡아온 것인가? 그 때문인가? 대학원 시절 누군가에게 떠밀려 등산을 갈 때, 가족 나들이를 갈 때, 화장실에, 수영장에 갈 때, 심지어 목욕탕에 갈 때, 잠을 잘 때에도 왠지 모르게 늘 책을 곁에 끼고 다녔던 나("책 사려 해요"라는 말 한마디면 어머니는 아무리 힘든 상황에서도 두말없이 어디선가 돈을 꺼내주셨다).

자신의 재능을 물려줄 마땅한 사람을 얻지 못해 종종 어두운 얼굴을 하시던 외할아버지가 ('어머니의 영혼'을 매개로 연결된) 내 안에서 말씀하신다. "내 (딸의) 아들아! 너만은 우주를 지배하는 신령들과 소통하는 비급의 지혜와 영롱한 내 영혼을 흡입해 내가 성취하지 못했던 '한恨', '과제', '욕망'을 이 세상을 향해 한껏 풀고 펼치기 바란다."

그러자 내 존재의 심연에서 타자의 욕망에 반응하는 두 소리가 들린다. "네, 알았어요. 할아버지(어머니, 아버지, 지도교수, 미국의 정신분석 선생, 나의 정신분석가). 결코 당신(들)의 기대를 실망시키지 않을게요." / "웃기지 마! 난 당신(들)의 장난감이 아니야. 난 정반대 길을 가고 말거야."

서로 대립하는 내 안의 소리들은 여전히 '타자의 욕망'에 민감하게 반응해 가끔씩 어디로 갈지 갈등을 일으킨다. "세상 떠나기 전에 '인류에게 기억될 위대한 책 다섯 권'을 꼭 쓰고 싶다." 젊을 때부터 이 욕망이 나를 어딘가를 향해 적극적으로 살아가게 하는 동시에 다른 삶을 살지 못하도록 강하게 속박한다. 이것은 누구의 욕망인가?

그동안 살아온 인생은 누구의 것이며 내 욕망을 지배해온 '타자'들의 정체는 무엇인가? 종종 갈등에 시달리곤 했던 내 안에서 눈에 보이지 않는 '그분'은 진정 나에게 무엇을 원했는가?

이 물음은 나 자신을 비로소 온전한 '주체'로 형성토록 자극하는 라캉의 귀한 선물이다.

'큰타자' 바로 알기

"내 인생의 가장 귀한 보물은 '진리에 대한 깨달음'입니다. 다른 건 욕심 없습니다." / "웃기지 마라. 진짜 욕망은 세상을 맘껏 지배하고 '그들'보다 더욱더 큰 향락을 누리는 것이다."

동일한 개인이 각기 다른 상황에서 표현한 너무 다른 이 '말들'은 대체 어디서 생성되어 입 밖으로 튀어나오는 것인가?

라캉에 의하면 이처럼 얼핏 이해되지 않는 표현 또는 정신 현상들의 상당 부분은 개인무의식보다는 '큰타자 무의식'에서 기원한다. 큰타자란 '말이 생성되는 장소', 말(의미)들을 저장하고 내보내는 거대한 의미 생성 구조(매트릭스)를 뜻한다.

정신을 집중해 공부나 일을 하려는데 의지와 무관하게 자신을 방해하는 엉뚱한 생각들이 마구 밀려들 때, 프로이트는 그 상념들을 솟아나게 하는 에너지와 정신 작용의 원천이 유년기에 억압된 '개인무의식'에 있다고 본다. 이에 비해 라캉은 의외의 상념들을 생성해내는 '보이지 않는 힘(들)'이 큰타자 무의식에서 기인한다고 본다. 라캉은 개개인 내면의 무의식보다 태어날 때부터 개인의 정신 형성에 다면적으로 영향을 미치는 거대한 사회 구조(상징계, 환경)의 힘에 주목한다. 왠지 모르게 불안해하고, 휴식하지 못한 채 끊임없이 일하고, 가족과 집단에서 인정받지 못해 좌절하고, 힘 있는 대상을 분주히 찾아다니며 아부하고, 사회에서 성공하지 못해 평생 열등감에 시달리는 등등의 현상들은 대부분 사회 구성원의 정신에 출생 초기부터 침투된 큰타자의 영향력에 기인한다.

"남들보다 무능한 넌 사회의 낙오자야." "금지된 규범을 어긴 너는 인간쓰레기야." "어떤 분이 좋아서 연애하고 싶은데, 왠지 모를 불안이 밀려들어 계속 포기해요." "학문을 연구하며 성실히 사는데 교수가 못 돼서 그런지 자존감이 예민해지고 분노가 차올라요."

특정 가치관을 지향하라고 내면에서 요구하는 큰타자 무의식으로 인해 사회에서 존중받지 못하는 위치에 있는 상당수 사람들은 자주 원치 않는 부정적 기분에 시달린다. 그럼에도 그런 사람들은 그나마 나름대로 정신의 균형을 지닌 인격이다. 큰타자의 위력을 전적으로 외면·거부하는 사람은 현실감이 결여된 정신증자가 되거나 무가치하고 반사회적인 아웃사이더로 금세 전락하기 때문이다.

기이한 꿈들이 파노라마처럼 펼쳐질 때, '꿈의 언어'들을 만들어내는 힘 역시 개인무의식보다 더 넓고 근원적인 큰타자의 힘이 개인 정신에 남긴 다중 흔적을 반영한다. 한국 사회 어딘가에서 혹은 이 세상 어딘가에서 인류 정신에 영향을 미치는 기표들이 생성되어 사회 곳곳에 떠돌며 각종 매체로 전파되면 그 운동성에도 큰타자 무의식이 작동된다.

"인간은 우주에서 가장 고귀한 존재이다." / "인간은 가축처럼 사육되다 언제든 먹고 먹힐 수 있는 고깃덩이에 불과하다."

"우리가 믿는 종교 말씀만이 유일 진리이다." / "이 종교를 믿다가 저 민족이 멸망했네. 더 큰 힘을 주는 종교로 바꿔야 해."

"돈을 많이 버는 활동일수록 가치 있다." / "돈맛에 세뇌되면 네 영혼의 질은 이미 바닥으로 추락한 거야."

위와 같은 기표들을 생성해 정신에 각인시키고, 그것을 욕망하도록 의미화·가치화하는 여러 힘들의 그물망(상징 교환 구조, 언어 구조)이 개개인의 삶을 좌우하는 가장 힘 있는 주인이다. 즉 큰타자는 눈에 보이는 구체적 대상이나 장소가 아니라 '기표와 기표 사이를 나누거나 채우는 상징적 빈 공간 속 운동'이다.

자유가 억압되어 암울했던 군사 독재 시절 한국 지성인들의 정신에 큰 힘을 주었던 문장을 하나 떠올려보자.

"진리가 너희를 자유롭게 하리라."

음소와 음소 사이, 글자와 글자 사이, 단어와 단어 사이 여백에 정신의 초점을 맞춰 강하게 응시해보라. 하얗게 보일 뿐인 빈 공간은 문장의 의미 구성에 어떤 기능을 하는가? '그곳'에선 (눈에 보이지 않는) 무엇이 작동되고 있는 것일까?

이 '사이 공간'에서는 서로 다른 기표들 사이를 다양하게 연결시키기도 하고 단절시키기도 하는 (의식에 지각되지 않는) 의미 생성 작용이 왕성하게 일어난다. 이 사이 공간과 문법적 배열 구조가 없으면 차이성을 지닌 어떤 기표나 의미도 생겨날 수 없다.

"진리가하리라너롭게를자유."

정신분열증자에겐 사이 공간이 '부재'해서 글자들이 한데 엉켜 붙은 덩어리 상태로 되어 변별적 의미들이 부재한다(이따금 상담 신청 메일에 낱말 사이를 띄지 않고 모두 붙여 쓴 글들을 받아보곤 한다). 또한 정신증자는 글자들의 '사이 나눔' 기준과 문법 구조가 일반인과 달라서 상호 의미 소통이 어렵다. 타자와의 의미 소통이 막혀 있기에 세상이 무의미하게 지각되거나, 자신이 거부한 부정적 자극들이 엉뚱한 환각적 기표로 회귀한다. 또는 원치 않는 생각들이 내면과 외부에서 돌출해 정신을 힘들게 한다.

언어적 의미를 생성해내 이름을 부여하고 전파하는 장소(큰타자의 중심 자리)에 어떤 개인이 자리하게 되면 그 대상은 자신과 상징적으로 접촉하는 타자들의 삶에 가치와 이상적인 목표를 제공·명령하며 승화된 욕망을 일으키는 힘을 지닌 (아버지의 이름, 주인 기표 기능을 하는) '상징적 큰타자'가 된다.

인간이 태어나는 순간부터 죽을 때까지 만나게 되는 보편적 큰타자('그분')는 일반적으로 어머니, 아버지, (특별한 힘을 준) 선생, 사회의 권위자(이상화 대상, 생계를 좌우하는 권력가, 국가가 칭송하는 호국 위인들) 등이다. 이들이 바로 주체 내외부에서 작동해 (주체의 욕구와 다르게) 특정 삶의 태도를 반복하게 만든 심연의 주인이다.

반성 능력이 결여되고 스스로 의미를 창조할 힘이 없는 사람들은 안정된 생존을 위해 큰타자의 힘·욕망·요구에 의존하고 순응하며 살 수밖에 없다. 어쩌면 그것은 꽤 안전한 삶의 방법이다. 반면에 스스로 개성 있는 말(의미)을 생성해 전파하고픈 욕망과 능력을 지닌 주체는 권력을 지닌 기존 큰타자에게 거세당하거나, 투쟁에서 살아남아 그 집단(사회, 인류)의 새로운 큰타자 내지 영웅이 되곤 한다.

라캉은 큰타자 무의식이 언제나 개인과 개인 사이, 단어와 단어 사이, 생각과 생각 사이에서 보이지 않는 의미(말) 생성 에너지를 발산하고 있음을 강조한다. 이런 큰타자는 개인의 자아가 그것을 눈으로 응시하며 통제할 수 있는 구체적 대상이 아니라는 점에서 (의식에 대해) '근원적 타자성'을 지닌다(대결하기 힘든 보이지 않는 운명의 굴레로 지각되기도 한다).

자아가 마음대로 통제할 수 없는 근원적 타자성은 인간의 정신성을 구성하는 뼈대인 동시에 정신을 특정 양태로 작동시키는 근본 토대인 '언어와 법'에 연관된다. 인간은 어린 시절에 불가항력적으로 각인(내면화)된 특정 언어·규범 체계에 의거하여 사고하고 행동하며, 언어와 법의 보호막에 의존하는 동시에 그것의 굴레에 갇혀 사는 존재이다. 이렇듯 (개개인의 주관적) 자아에 동화·포섭되지 않는 타자성인 큰타자는 의식의 나와 다른 무의식적 주체의 본질을 구성하는 동시에 주체들 사이의 관계를 중개하는 (언어와 법으로 구성된) '상징계의 힘'을 뜻한다.

경직되게 반복되는 특정한 생각과 행동, 벗어나기 힘든 강박적 도덕관념, 뜻밖의 자극을 받을 때 자아가 의도하지 않은 비합리적 기표들로 정신을 가득 채우는 공상·꿈들은 어디에서 오는 것인가? 그것들은 개인의 정신성이 형성되는 과정에서 내면화된 무엇인 동시에 주체 바깥(인간들 사이)에서도 작동하는 큰타자가 무의식의 주체(기표들의 군집)에게 압력을 가함으로써 무의식에서 의식으로 방출된 결과물(기표들)이다.

"잘 듣거라…… 인생은 이런 것이니…… 진리를 추구하려 소중한 그분을 만났는데…… 저 놈을 죽여라, 아니 네가 죽일 놈이다…… 힘든 과정을 거쳐서 뭔가를 얻었는데…… 그것은 가엾은 쓰레기다, 아니 희귀한 보물이네…… 욕망이 솟구쳐 누군가와 만나고 싶었고…… 멋지고 원 없이 살아라…… 안 돼…… 거세…… 안 돼…… 세상을 감동시키는 뭔가를 전하려 무대에 올랐는데…… 아, 인간의 좋은 기운이여…… 앗, 혐오스런 이물질들…… 부질없다…… 귀찮아…….." (주체의 의지를 가로지르는 타자의 욕망 율동)

많은 사람들은 무의식의 심연에서 뜻하지 않은 말, 엉뚱한 행동, 불편한 증상(이물질)들을 생성해내 의식에 표출하는 '그것'(큰타자, X의 율동, 언어 체계 속 은유·환유)의 정체와 힘에 대해 무지하고 무관심하다. 오직 눈에 보이는 현상만을 관찰·지각할 뿐인 자아는 내면세계와 개개인들 '사이에서' 어떤 특성을 지닌 큰타자가 어떻게 작동하고 있는지, 나에게 어떤 영향을 미쳐왔는지, 무의식의 나로 하여금 언제 어떤 일을 벌이게 할지 좀처럼 인식하거나 예측할 수 없다. 단지 큰타자('그것')가 만들어낸 결과물인 세상의 현상들, 어떤 생각, 욕망, 꿈, 규범, 반복되는 생활 패턴, 고상한 의미들의 표면만을 (실상은 모른 채) 지각할 뿐이다. "대체로 무난한 삶을 살다 가면 되는 거야. 그게 최선이란 말이야."

'나는 내 인생의 실상을 온전히 판단하며 주체적으로 살고 있다'고 착각하며 제멋에 취해 살아가는 사람들. 그러다가 무의식의 '그것'에 의해, 알 수 없는 힘에 의해 일상의 질서와 안정이 뒤집어지는 뜻밖의 사건이 일어나면 방어기제가 자동 작동되어 원인을 망각하거나 남 탓으로 돌리며 안정을 취하려 든다(그 큰타자와 대면하는 것이 너무 견디기 힘들어 굳이 정체를 알려고 들지 않는다). 보통 사람은 이 패턴을 평생 죽을 때까지 반복한다. 남들도 대부분 그렇게 살고 있으며, 그게 세상이 권장하는 '상식'이라 믿기에…….

"제발 그냥 이대로 살다가 죽게 해줘."

정신분석이란 개개인의 정신성을 형성시킨 근원적 힘과 타자성, 의식의 배후에 숨어 있어 자아가 인지할 수 없는 또 다른 주체, '이성적 나'의 타자이자 주인인 무의식의 큰타자와 대면하여 그 운동 원리와 결과물들을 해독해내고 상식 너머의 소통을 시도하는, 결과를 예측하기 힘든 활동을 내포한다.

나의 욕망·사고·언행을 암암리에 좌우하는 '숨은 주인'으로서 큰타자는 결코 내 자아가 원할 때 원하는 모습으로 만나지지 않는다. 자아가 '그것'을 포착해 붙잡으려는 순간 저만치 물러나고, 순간순간 펼쳐졌다가 희미하게 사라지는 꿈 이미지들처럼 차근히 대면할 수도 간직할 수도 없다.

　큰타자는 정신 내부와 외부세계 어디에나 존재하며 내 삶에 관여하는 무엇이다. 우리는 큰타자가 욕망하고 지시하는 그것을 무심결에 욕망하고 행해왔을 뿐이다. 말로 온전히 표현할 수 없는 '거대한 그분'은 대충 편히 잘 살고 싶어 하는 우리의 보호자, 진정한 주인님이시다!

정신분석가의 지혜: 매개와 채움

서로 다른 특성을 지닌 정신의 내부 기관들 사이, 서로 다른 성격 유형을 지닌 개개인·가족·집단 사이에 꼬이고 막힌 소통을 어찌해야 뚫어 순환시킬 수 있을까?

　자연 생명체는 순환과 배설이 막히면 이내 종말이 다가온다. 그래서 수억 년의 진화 과정에서 얻은 거대 지혜를 간직한 본능은 자연계 생명 에너지를 순환시키고 배설하기 위한 고육지책으로 때때로 증상·재난을 발생시킨다. 증상과 재난은 비록 지금의 자아의식에겐 심각한 고통과 손실이지만 '전체 삶' 차원에서 보면 보이지 않는 곳의 꽉 막힌 무엇을 '외부로 분출'시켜 위급 상태를 완화시켜주는 고마운 생성물이다. 또한 정신 내부이든 외부이든 순환·소통하지 못한 채 막힌 무엇을 계속 방치할 경우 개체나 집단이 총체적으로 붕괴되는 위기에 처할 수 있음을 알리는 SOS 신호다. 그런데 재난을 예고하는 이 조짐들의 심각한 의미를 정작 막혀 있는 당사자는 좀처럼 이해 못 한 채 이미 습관화된 태도와 주장을 반복한다. "별것 아니야. 걱정할 것 없어. 그냥 이대로 살면 돼. 나와 우리 가족은 별 문제없어!"

　위기의 징후들을 부인·외면하는 과정이 지속될수록 성격은 더욱 경직되어 미래에 터질 불행의 늪을 더 깊고 고약하게 만든다. 그 뿌리와

줄기들이 자기 자신에게뿐 아니라 가족 대대로 겹겹이 얽히고 막힌 응어리를 생성해낸다. 정신의 밑바닥에 짊어지고 살아온 이 흔적들은 무지·무능·자만으로 인해 외면된다. 그것들은 인류·민족·가문·개인의 심신에 유전·전승·각인되었다가 암호 같은 모습(압축, 전치, 상징화)으로 나타나기 때문에 사람들은 그 정체를 도무지 알아차리지 못한다.

"잘나가던 제 인생에 어느 순간 왜 갑자기 재수 없는 일들만 반복되고 있는지 도무지 이해할 수가 없어요."

인간이 겪는 심각한 재난과 증상에는 대부분 이 암호가 담겨 있다. 쉽게 이해되지 않는 신호들. 복잡한 수수께끼여서 아예 존재가 부인되고 속으로 숨어드는 '그것'. 누군가에 의해 온전히 자각되어 해소되지 않는 한 개인을 병과 재난으로 거꾸러뜨리는 그것. 정체를 알 수 없고 갑작스럽고 당황스럽고 지겹고 억울하고 힘들게 하는 낯선 괴물! 혼자 힘으론 볼 수도 풀 수도 없는 얽힘의 흔적들.

이처럼 재난·증상은 언제나 현재 의식으로 헤아리기 힘든 오래된 다중 원인들에서 유래한다. 그래서 어느 가족이나 민족에게는 과거에 그 집단이 풀지 못한 채 억압하여 운명처럼 전승되어온 '고유 내력'이 있는 것이다. 그 내력이 너무 강하거나 복잡하면 외부 대상과의 편안한 소통 관계가 원인 모르게 자동으로 방해받는다.

"뭐야. 저 사람과 대화하는 게 왜 이리 꼬이고 불편하지? 답답하고 복잡한 것들이 뭐가 이리 많아!"

오래된 그것을 풀기 위해서는 무엇보다 개인·집단의 내부와 외부에서 순환되지 못한 응어리 기운들을 꿰뚫어 자아에 연결해주는 비범한 제3 주체의 '매개 기능'이 필요하다. 가령 고대의 샤먼 왕·영웅·구세주는 위험하고 이질적인 무엇이라고 믿어 단절시킨 영역·관계·대상들과의 사이를 안전하게 연결시키는 매개자였다. 이들은 낯설고 이질적인 대상·집단·환경 영역들을 서로 믿고 관계해도 좋은 동질적 존재로 변환(융합, 매개)시켜주는 주술적 '은유' 작용을 일으킨다.

"적들이 야수처럼 몰려온다. 두려워 마라. 우리는 괴력을 지니신 곰님, 호랑이님, 하늘님의 후손이니라."(단군신화)

집단의 꽉 막혀 불편해진 관계를 소통·순환시키기 위해 자기 에너지를 다 쓰고 탈진해 죽었다가 부활하는 자! 가족이든 민족이든 이 '매개자'를 배출할 수 있는 집단은 향후 그들 고유의 '깊은 소통'을 이룩해 견실히 번성해갈 수 있다. 그러나 위기를 위기로 지각 못 한 채 막힌 상태를 방치해 심각한 문제를 지닌 기존의 관습, 생활 태도, 정신 구조를 '해체·재구성'하는 새로운 혁신적 매개자를 배출하지 못하면 어찌되는가? 그런 가족과 집단과 민족은 자기도취적 환상에 의존하다 '우연'으로 보이는 뜻밖의 재난이 돌출할 때 경악하고 마비되어 존재계의 관계 사슬에서 홀연 소멸될 수밖에 없다.

서로 대립하는 개인과 집단들 사이의 막히고 꼬인 관계를 소통시키려면 자신이 바라는 걸 채우려 하기 전에 타자와 집단이 바라는 걸 '계산 없이' 채워주어야 한다. 막힌 관계 구조의 해소는 채움받은 사람의 마음에 감사함과 신뢰감이 깃들어 매개자를 향해 능동적으로 마음의 문을 열게 될 때 가능해진다. 이때가 이물질로 막혀 있던 '주체'와 '타자' 사이의 관계가 진심으로 '소통'할 조건이 형성되는 순간이다.

마음의 원리와 세상의 운행 이치를 깨우치려 '공부'하는 사람은 일상에 적응하여 복락을 누리려 하는 일반인의 정신과 다른 조건을 지녀야 한다. '진실을 탐구하는 자'의 영혼은 주관적이고 자기중심적인 쾌·불쾌, 옳음·그름의 경계 너머 낯선 타자성을 향해 열려 있어야 한다. 그래야만 집요하게 끌어당기는 반복강박 기운을 벗어나 기존 정신 상태를 변환시키는 매개 기능이 비로소 생겨난다.

매개자를 만나지 못해 정신 내부의 불만과 결핍이 채워지지 못한 사람은 무슨 수단을 써서라도 그 결핍을 채워야 한다. 그렇게 하지 못하면 그 병리성이 바로 자신이 가장 아끼는 가족과 친구와 연인에게 고스란히 전염되고 대물림되기 때문이다.

"그 사람을 만난 후부터 제 인생이 꼬였어요. 제 인생의 최대 불운은 그를 (부모로, 친구로, 배우자로) 만난 것이에요."

매개와 채움을 위한 지혜와 실행력은 그가 지금까지의 타자 관계에서 자신과 타자의 결여와 욕망을 세심히 직면하며 보충해온 경험 흔적에 영향받는다. 자신도 모르는 내면의 막힘·결여·욕망 뿌리를 직면하는 작업이 곧 '정신분석적 반성' 활동이다. 자기 의식의 한계를 반성할수 있는 인간은 누구나 개인의 주관적 차원을 넘어 인류 차원의 결여와 욕망을 이해하고 채우는 힘을 지닌 매개자·중보자·구원자·영웅이될 수 있는 존재다.

보이지 않는 결핍을 채워주고 소통이 막힌 곳을 뚫어주는 힘, 막힌 귀와 영혼 이면의 섬뜩한 아픔들을 경청해 잠재력을 열어주는 힘은 인류사의 오랜 '구원자 모델' 전승을 거쳐 오늘날 '정신분석'이란 모습으로 발현된다. 죽은 영靈(무의식에 묻힌 영혼)을 이승(의식)으로 되돌리기 위해 목숨 걸고 지하 세계(무의식)를 탐험한 샤먼의 섬뜩한 타계 체험을 과학 시대인 오늘날 어떻게 재연해 병든 생명력을 부활시킬 수 있을까? 절실히 물어라. 진지하게 물을 수 있는 자에게 비로소 그 답이 들린다.

물질 권력으로 삶을 계산하고 평가하는 사회 그물망 속에 위치한 정신분석가는 '무엇'으로써 원인 모를 고통을 호소하는 영혼의 심연을 헤쳐나가며 변화·갱생을 가져오는 매개자가 될 수 있는가?"

7

꿈, 작품 분석으로의 초대

대체 누구의 무엇이 잘못된 것인가? 나인가? 세상인가?

이 고민의 원인을 외부 탓으로만 돌리지 않고 자신의 문제를

탐색하려 시도하는 자는 결코 비정상 인격이 아니다.

자신의 삶과 내면을 '반성하려는 마음', '반성해내는 능력'은

고도의 상징화 기능을 통해 타자와의 공생을 균형 있게

모색해온 인간만이 지닌 최상의 능력이기 때문이다.

꿈해석: 무의식에 다가가는 비밀 통로

"이것들이 분명 내 안에서 나온 거란 말이죠. 거 참!"

"어디로부터 왔겠어요. 직접 만드신 작품 아닌가요?"

세상 사람들을 의심하고 불신해 한 번도 타인의 말을 온전히 수용하지 않고 살아온 자기애 인격일지라도 자신이 꾼 꿈이 자기 마음에서 생겨난 것이라는 사실을 부인하지는 못한다. 꿈은 자신의 결함을 부인하는 방어가 만성적으로 작동되어 보고 싶은 것만 지각하며 살아온 자기애 인격에게 내면 진실과 만나게 하는 거의 유일한 통로다.

주지화 방어가 늘 작동되는 신경증자는 현실을 관념으로만 관계 맺으며 살아간다. 신경증자가 지적 방어를 뚫고 억압된 내면의 진실과 생생히 대면하는 순간은 주로 꿈에서 이루어진다. 프로이트는 수많은 정신치료 방법 중에서도 꿈해석, 전이 분석, 저항 분석을 수행하는 치료만이 '정신분석 치료'임을 강조했다. 억압이 심한 인텔리 신경증자들의 무의식 탐색에서 꿈해석이 기여하는 역할과 가치는 각별했다.

그런데 현대정신분석학에서는 정신분석 작업에서 꿈해석이 차지하는 비중이 점점 감소되는 추세이다. 그 원인은 여럿인데, 무엇보다도 정신분석 치료를 의뢰하는 내담자들 상당수의 정신 유형이 신경증에서 '성격장애'로 바뀌었기 때문이다. 자아 강도가 약하고 미숙하며, 유아기의 엄마 관계 박탈이 깊은 성격장애자의 정신은 무의식의 상처들이 의식에 떠올려져 직면되는 것을 못 견딘다. 상처로 얼룩진 무의식과의 대면으로 정신이 깨지거나 불안정해질 위험도 있다. 그들은 꿈을 통해 꿈의 무의식적 의미와 손상된 내면 상태를 생생히 직면하고 그것이 해석되어 드러나는 것을 불안해한다.

아울러 성격장애자의 경우, 저항을 완화시켜가며 꿈을 매개로 무의식의 심연을 탐색해가는 분석가의 노력에 비해 치료 효율성이 떨어진다. 이는 삶의 목적이 모호해진 현대 사회에서 정신분석가조차 꿈을 통해 타자(내담자)의 내면(무의식) 탐색에 정신 에너지를 집중하는 상태를 유지하기가 부담스럽다는 의미를 담고 있다.

자본주의 가치관이 만연하고 모든 인간 활동이 경제적 가치로 환산되어가는 오늘날, 현실과 교류하는 정신치료자들도 그 영향에서 예외가 되긴 어렵다. 정신 에너지를 고도 집중해 고통을 호소하는 내담자의 정신에 공명하면서 꿈 내용의 배후에서 의식화되지 못한 무의식의 메시지, 고통의 뿌리 탐색에 오래 집중하는 것은 분석가의 정신에도 적지 않은 부담을 준다.

임상에서 꿈해석은 주목할 꿈 요소들에 대해 내담자의 자유연상을 활성화해 의식의 배후에 은폐된 무의식의 내용물(병인)을 발견해내는 세심하고 종합적인 정신 작업 과정을 담고 있다. 꿈의 내용과 형식 양태를 들여다보면 외견상 정신증자처럼 보이던 멍한 사람이 실상은 욕망이 출렁이고 사고가 왕성하게 작동하고 있음을 확인하게 되어 '진단'에 반영할 수 있다. (꿈을 기억할 수 있는 사람은 정신분석 상담을 통해 삶의 만성적 문제와 대결하여 그것을 극복할 수 있는 잠재 능력을 지닌 존재다.) 또한 내담자가 의식의 언어로 표현한 생각들 배후에 '지각된 사실'과 매우 다른 심층 진실이 있음을 금세 확인할 수 있다.

꿈은 꿈꾼 사람의 기억 회로망과 연결된 과거와 현재의 경험 자료들을 다중으로 '압축'하고 있다. 따라서 반복되거나 강렬한 여운을 남기는 꿈 하나를 깊이 음미하면, 정신의 여러 층들에 잠재되어 있던 주요 심리 요소(갈등, 상처, 콤플렉스)들을 다중으로 대면해 인식할 수 있게 된다.

꿈은 또한 내부 심판자(초자아)의 비난을 피하기 위해 금지된 욕망들을 사소하고 가벼운 요소들로 '전치'시켜 표현한다. 따라서 사소한 꿈 장면 하나만 세심히 들여다보아도 뜻밖의 무의식 내용과 내면 상태를 발견할 수 있다. 꿈의 내용뿐 아니라 꿈의 구조(꿈의 형식, 기승전결 양태, 길이, 무의식의 노출이나 변장 정도)를 보면 그가 어떤 유형의 문제로 시달리고 있는지가 보인다. 아울러 꿈꾼 사람의 정신 발달·고착 단계도 진단할 수 있게 된다.

정신분석 치료 과정에서 무의식 심연을 꿰뚫는 꿈해석 체험이 자주 있는 것은 아니다. 정신분석을 처음 경험하던 시절의 일화이다.

"내가 죽어서 어딘가에 누워 있었고, 그 죽은 나를 보고 당황하고 슬퍼하는 내 모습을 또 다른 내가 바라보는 꿈을 꾸었어요."라고 내 꿈을 전하자 당시의 내 분석가는 꿈 연상을 유도하지 않고, "죽었다고? 브라보!" 소리치며 박수를 쳤다. 그 반응에 의아한 표정을 짓고 있던 내게 분석가는 "꿈속 죽음은 이제야 비로소 새로운 삶을 살 수 있게 된다는 뜻이에요."라며 뜻밖의 격려를 전해주었다.

현재 관점에서 회고하면, 당시 융 학파 분석가의 꿈해석은 머리를 내리치는 신선한 자극을 종종 주던 다른 분석 회기에 비해 감흥이 적었다. 꿈해석 활동을 20년간 해온 지금의 입장에서 보면 그때 즉각적 꿈해석 대신에 꿈 연상을 세세히 했더라면 무의식의 응어리가 더 풀릴 수 있는 좋은 기회가 됐을 것이다. 그런데 놀랍게도 그 꿈해석을 기점으로 나의 삶은 (분석가의 말대로) 엄청난 변화를 겪었다. 그로부터 얼마 후 나는 교육부에서 지원하는 해외 포스트 닥터 프로그램 정신분석 연구학자로 선발되었다. 그 후 마치 운명처럼 책과 관념에 파묻혀 현실과 동떨어져 지내던 철학자의 생활에서 생생하고 섬뜩하고 다채로운 '무의식의 현실'과 매일 대면하는 정신분석 상담가의 생활로 전환되었다.

융 학파의 상징적 꿈해석은 (꿈 해몽과 유사하게) 꿈이 내담자의 미래를 예견하는 기능도 한다고 본다. 그렇다면 융 학파 분석가가 내 마음의 변화를 예견한 꿈해석이 적합했던 것일까? 그 분석가가 꿈을 '상징'으로 해석하여 꿈 연상에 관심을 덜 기울인 것은 여전히 아쉬움이 남는다. 프로이트 학파 꿈해석의 진정한 묘미는 분석가가 던지는 직관적 물음이 내담자의 연상 작용을 촉진시켜 연상 내용들에서 의식에 지각되지 않던 '뜻밖의 무의식적 진실'을 포착하여 '그것'을 내담자에게 생생히 직면하도록 도와주는 데 있기 때문이다.

미국에서 정신분석을 공부하고 돌아와 국내 정신분석 관련 학술 모임에서 몇몇 꿈 분석가들을 만났는데 2000년대 초까지만 해도 대부분 융 학파 분석가들이었다. 프로이트 학파의 꿈해석을 경험하는 것은 저명한 분석가와 장기간에 걸쳐 진행한 카우치 분석에서조차 매우 드물었다. 분석가는 내가 카우치에 누워 스스로 행한 꿈 분석이 잘된 것인지 틀린 것인지 여부에만 반응할 뿐, 꿈과 연관해 심층 연상을 유도해주고 심층 인식을 기대하는 내 욕구에 대해서는 자주 침묵했다.

그 후 꿈해석 연구를 심화하기 위해 국내의 유명 꿈해석 전문가들을 수소문해 1년간 꿈해석 관련 인터뷰를 진행했다. 그 과정에서 한국에는 정통 프로이트 학과 꿈해석 전문가가 불과 몇 명밖에 안 된다는 뜻밖의 사실을 알게 됐다. 국제정신분석학계 동향에 밝은 한 정신분석가에게 그 이유를 물었더니, 한국의 임상 상황에서는 "꿈을 자주 가져오고 꿈 연상을 잘하는 신경증 유형의 내담자 수가 매우 적고, 성격장애 내담자들의 경우 꿈과 꿈 연상이 단순·빈곤하고 무의식에 대한 앎의 욕구와 의지력이 약하다"는 것이 첫 번째 이유였다. 그리고 "성격장애 환자의 꿈해석에 집중해서 얻는 치료 효과가 전이 해석이나 저항 해석 등 다른 분석 치료 활동에서 얻는 결과보다 효율성(치료 효능)이 적기 때문"이라는 답을 들었다.

이 말은 국제정신분석학계 분석가들이 주로 접하는 정신분석 내담자들의 정신 유형이 신경증 유형에서 넓은 의미의 성격장애 유형으로 변화되어가고 있음을 뜻한다. 성 문화가 개방되고 이상적인 삶의 모델(구원자, 위인, 성인)이 모호해지거나 다양해진 시대가 되면서 무의식의 금지된 욕망과 환상, 그로 인한 거세불안과 죄책감에 시달리면서도 자기 자신과 인생의 본질을 끊임없이 진지한 태도로 성찰하려는 신경증자 비율이 점점 줄어들고 있는 것이다.

대학에서 학생들에게 꿈해석 방법을 가르치고, 예술 작품을 정신분석의 관점으로 해석하는 시범을 보여주었다. 그러자 평범한 학생들이 돌연 자신의 내면을 성찰하고 예술가의 내면에 공감해 수준 높은 작품 해석자로 변신하는 모습을 다년간 목격했다. 무엇이 정신분석을 전혀 모르던 학생들을 짧은 시간에 그토록 변하게 한 것인지 신기하고 궁금했다. 그 신기한 현상의 핵심 원인은 '꿈을 통한 자기 무의식과의 대면'

에 있었다. 정신분석적 꿈해석 강의 내용에는 자신의 꿈에서 뜻밖의 무의식을 발견하는 새로운 체험 방법과 더불어 꿈을 생성하는 무의식의 원리들(작용들)이 곧 예술 작품이 창조되는 원리와 동일하다는 비밀 코드가 담겨 있었기 때문이다. 젊은 학생들은 그것을 머리로 차근히 이해했다기보다 선생의 말과 생각과 열정을 충실히 흡수해 내면화한 결과 곧바로 꿈해석과 예술 작품 분석을 해낸 것이다.

세상모르는 젊은이가 국내 정상급 소수의 정신분석가들만 지닌 꿈해석 원리를 숙지해 예술 작품에 대한 정신분석적 해석을 해내는 것은 영화의 한 장면과도 같다. 그들은 자신이 어떤 비급을 습득했는지 모른 채 (의미 있는 공부 경쟁에서 낙오되지 않으려 애쓰기도 하면서) 신기한 게임을 하듯 꿈의 무의식적 의미를 열심히 해석해냈던 것이다.

'꿈해석 수업'은 정신분석가가 정신의 심연을 탐구하는 '보물 무기'를 보통 사람들(학생들, 수강생, 독자)에게 쥐여주는 일종의 초현실적 시공간이다. 물론 중요한 차이가 있기는 하다. 꿈 분석가는 그 무기의 가치를 온전히 인식하여 현실에서 충분히 활용하지만, 일반인은 자신이 지닌 무기가 어떤 가치를 지니고 있는지 잘 모른 채 꿈 활용법에 둔감하다는 점이다.

꿈해석은 꿈·신화·작품·증상의 숨은 의미를 드러내고 개인과 인류 무의식의 내용과 작동 원리를 깨달아 뜻밖의 정신적 재난들에 대처하게 한다. 꿈과 꿈해석은 인간이 찾기 힘든 땅끝 세계에 은둔한 '메두사와 대결하는 데 (지혜 여신의 선물로) 페르세우스가 지녔던 비밀 무기'인 (메두사의 모습을 거울처럼 비추는) 방패와 같다.

아버지 꿈: 몽자가 모르는 소망

"꿈에 아버지가 나타나 저와 섹스를 했어요. 땀이 흠뻑 젖을 정도로 격렬하게요⋯⋯. 아, 행복했구요. 깨고 나서도 그 장면이 생생했어요. 몇 년 동안 찌뿌둥했던 심신이 모처럼 개운해진 느낌이었어요. 뭔가 새로운 생활이 시작될 것 같은 기분이⋯⋯."

"아버지와는 관계가 어땠나요? 세상을 떠나셨나요?"

"아버지는 살아 계시고요. 다만 오래전부터 저와 사이가 그리 좋지 않았어요."

꿈해석 수업에서 어느 30대 여성 수강생이 표현한 말이다. 무의식을 교감하는 정신분석 수업에서는 이처럼 꿈과 관련된 자유로운 표현이 종종 등장한다. 이 꿈의 의미는 무엇인가? 프로이트에 의하면 보통 사람의 경우 근친상간 내용을 담은 꿈은 검열되어 희미해지거나 다른 모습으로 변장된다. 그것이 노골적으로 표현되면 불안이 발생해 성교 직전에 꿈에서 깨어난다. 그리고 깨어나서도 기분이 찝찝하고 불안정해져 이내 망각되거나 망각하려 애쓴다. (정신 구조상) 정상인의 의식은 결코 '그것'을 즐길 수 없다.

그런데 위 여성은 그 장면이 꿈에서도, 깨어나서도 너무도 생생하고 행복했으며, 삶에 에너지를 얻는 느낌이라고 말했다. 이는 프로이트가 언급한 주장과 매우 다르다. 그렇다면 대체 그 꿈이 어떤 의미이기에 그녀는 보통 사람과 다른 정서 반응을 보인 것일까? 혹시 이 꿈을 꾼 사람은 보통 사람과 다른 정신성을 지닌 것인가?

꿈속에서 그리고 깨어난 후 지속되는 꿈꾼 자의 꿈 감정은 많은 경우 무의식의 상태(꿈 사고)를 있는 그대로 반영한다. 아울러 꿈의 분위기는 서로 대립되는 요구를 해대는 정신 내부 조직들 전반에 대한 '자아의 총체적 느낌'을 반영한다. 꿈의 내용에 대한 '꿈꾼 자의 반응'에 초점을 맞춘다면 그 꿈은 금지된 소망을 충족하는 의미가 아니다. 그것이 금지된 소망의 표현이었다면 초자아의 준엄한 비난과 자아의 '억압 방어'가 작동되어 꿈에서 결코 행복감을 누릴 수 없고, 깨어나서도 좋은 기분 상태를 지닐 수 없다. 오히려 극심한 불안과 죄책감에 시달려야 한다.

그렇다면 그 꿈은 어떤 동기에 의해 생성된 것이며, 어떤 의미를 지니는가? 일차적으로 '아버지'는 그녀의 현실 아버지가 아니라 '유년기 아버지'다. 더 자세히 설명하자면, '도덕적 금기 명령'이 작동하는 오이디푸스기 이후의 아버지가 아니라, 도덕적 금기 명령과 거세공포를 지각하기 이전 시기에 어머니가 인정하는 대상인 '상상계 아버지'다.

아이에게 있어서 그 시기의 아버지는 자신을 사랑해주고, 뭐든지 다 해줄 수 있는 힘을 지니고 있으며, 자신의 요구라면 무엇이든 다 들어줄 것이라 믿어지는 전능한 매력을 지닌 대상이다. 그런 아버지와 결합하는 것은 모든 아이의 보편 소망이다.

이 꿈은 오랫동안 현실 세계에서 힘들게 살아오며 '어린 시절의 아버지'처럼 힘 있고 든든한 대상을 만나지 못해온 그녀가 '전능한 보호자'를 간절히 바라는 소망을 꿈에서 충족했음을 의미한다. 여기서 주목할 점은 '아버지와 성관계'를 했음에도 불안하지 않았다는 데에 있다. 왜 인가? 이는 그녀가 지닌 무의식적 소망의 무게 중심이 금지된 성욕의 충족보다 전적인 돌봄을 제공해주는 보호자 또는 자주 불안정해지는 '자기'를 응집시켜줄 힘을 지닌 이상적 대상과의 합일에 있기 때문이다. 그런 대상과의 합일은 초자아 불안이나 죄책감을 일으키지 않는다.

코헛에 의하면 응집력을 지닌 '자기'를 형성하기 위해서는 자존감을 보충해주는 '자기대상' 경험이 반드시 필요하다. 자존감이 결핍된 환자를 주로 치료한 코헛의 눈으로 보면, 꿈속의 그 아버지는 그녀에게 금지된 쾌락의 대상이 아니라 '인간'으로서의 존재 가치를 확인시켜주는 '자기대상' 역할을 하고 있는 것이다. "얘야. 너는 내가 영원히 사랑하며 함께 있고픈 존귀한 존재야."

옛날부터 아버지는 '이상화 대상'의 상징 표상이었다. '이상화 자기대상'과의 결합 욕구는 원시 시대부터 원초 불안에 시달려온 인류의 자연스러운 심성이다. 신과의 합일, 왕과의 합일, 교주(성직자Father)와의 합일, 이 세상에서 가장 성공한 자와의 합일…… 자신이 가장 가치 있다고 여기는 고귀한 대상과의 합일은 금지된(노출되면 창피한) 쾌락 충족과 질이 다르다. 그것은 불안하고 하찮고 위태롭던 생존 상태로부터 안전하고 존귀한 상태로의 질적 도약, 즉 '구원'의 의미가 크다. 그 상태에서의 행복감은 충만감과 자존감 보충으로 인한 기쁨이기에 의식이 지각하거나 타인에게 노출되어도 수치스럽지 않다(아버지와의 꿈을 표현하는 그 여성의 표정과 말투가 당당하고 매우 자연스럽다).

나와 타자의 어떤 합일이 '금지된 쾌락 소망의 표현'일 경우, 그 합일은 현실에서는 물론이고 꿈속에서조차 결코 기분 좋게 즐길 수 없다.

이것이 소위 경직된 초자아를 지닌 신경증자들과 사회적 도덕성을 지닌 보통 사람의 심리 구조이다.

남녀 간의 성 차이를 인지하지 못하는 유아에게, 그리고 성 차이를 지각하긴 했지만 아직 성적 욕망의 표현을 아버지에게 금지당하기 이전인 오이디푸스기 초기(4세 이하)의 아이에게, '아버지'는 자존감의 근원이자 정신을 응집시키고 조직화하는 '자기' 형성에 거대 에너지를 제공해주는 '이상화 자기대상'이다. 그리고 꿈꾸는 자에게 이상화 자기대상으로 지각된 현실의 모든 권위 대상들은 꿈에서 아버지로 상징화되곤 한다. 30대인 그녀는 오랫동안 진정한 이상화 대상을 만날 기회를 갖지 못한 탓에 정신은 늘 결핍에 시달려왔고 삶은 계속 힘들었다. 그녀가 꾼 꿈은 그런 삶의 맥락에서 나타난 꿈이다.

코헛의 관점에서 보면 그 꿈은 현실에서 이상화 자기대상의 보충이 필요하다는 의미이거나, 이미 현실에서 이상화 자기대상의 결핍이 보충되고 있다는 '현재 자기 상태'를 반영하는 것이다. 그녀에게는 이상화 자기대상과 결합하는 것이 근원 소망이었기에 꿈속 아버지와의 장면에서 에너지를 보충받는다고 느꼈고, 다른 사람들 앞에서도 그 꿈을 표현할 때 당당하고 밝은 표정을 지었다.

융 학파의 입장에서 보면, 꿈속 '아버지'는 인생이 나아가야 할 길을 안내해주는 지혜 노인 또는 대립 요소들을 조화롭게 통합하여 잠재된 집단무의식의 에너지를 꿈꾼 사람의 자아에 제공해주는 기능을 하는 '자기$_{self}$'의 표상이다. 현실에서 꿈꾼 여성 개인의 자아는 인류의 오랜 지혜와 본능 에너지를 담고 있는 '내면의 자기'와 단절되어 무기력하게 지내왔다. 그런데 정신분석 수업의 도움으로 인해 그녀의 자아가 인류

원형 에너지의 상징인 '자기'와 땀에 흠뻑 젖을 정도로 생생히 접촉하고 그 에너지를 흡수한다. 그로 인해 그녀는 세상을 원망하며 피해의식을 지니고 살아가는 동안 분열시켰던 내면 요소들을 정신에 통합하여 오랫동안 침체되었던 심신이 비로소 개운해질 수 있었다.

자아심리학은 꿈의 '내용'(꿈에 감춰진 무의식적 욕망과 의미)보다 꿈의 '형식'(자아의 방어 유형)에 주목한다. 자아심리학의 관점에서 보면, 그 꿈은 금지된 소망에 대한 자아의 방어 기능이 온전히 작동되지 못하고 있는 상태를 반영한다. 그녀가 금지된 소망의 적나라한 표출에 대해 꿈과 현실 모두에서 어색해하거나 이상해하지 않는 것은, 그녀의 초자아가 미숙하고 주관적 욕망과 외부 현실을 분별하는 자아의 기능이 미발달돼 있다는 징표다. 또는 더 깊고 위험한 퇴행 욕구와 원초 불안을 숨기고 저지하려는 방어가 작동된 타협 형성물일 수도 있다. (아버지와의 근친상간 욕구보다 더 근원적이며 숨기고 싶은 '그것'은 무엇일까? 그것은 언어와 규범에 대한 인지 기능이 작동되기 이전인 출생 초기에 최초 양육자―엄마―에게 온전히 관심받지 못한 수치감과 관련될 수 있다.)

　이성의 부모와 결합하고픈 오이디푸스기 욕구에 대한 초자아의 금지 명령과 자아의 방어가 작동되지 않았다는 것은, 그녀의 자아가 언어적 규범 습득 이전 상태인 최초 보호자와의 무경계적 융합 상태를 지향하는 '구조화되지 못한 인격under-structured personality'에 머물러 있다는 징표다. 따라서 그 꿈은 그녀가 준엄한 도덕규범과 냉정한 평가들이 난무하는 사회적 현실에 적응하기 힘들어하는 미숙하고 위험한 자아 상태에 있음을 드러낸다. 아울러 자아의 구조화된 발달을 위해 유년기 부모가 온전히 제공하지 못한 이상적 아버지 대상(정신분석 선생)과의 전인적 관계와 그의 도움을 몹시 필요로 한다는 메시지를 담고 있다.

이 경우 꿈속 '아버지'는 현실에서 융합하고픈 어떤 '이상화 대상'을 뜻하는 것일 수도 있고, 유아기에 온몸으로 품어주고 전적으로 보살펴 주던 '전능한 엄마'를 상징할 수도 있다. 즉 '아버지와의 성교'는 '유아기 엄마와 융합하고픈 욕망'(주체적인 '나'를 영영 잃어버릴 수도 있는 위험한 퇴행)을 방어로 전치시킨 타협 형성물이다. 아울러 자존감 결핍과 계속되는 불안을 지닌 30대 독신 여성에게는 엄마 품에 안긴 아기로서의 자기 모습보다는 아버지와 성교하는 여인이 차라리 더 번듯하고 가치 있는 '자기상self image'으로 지각되었을 수도 있다.

위의 꿈해석 중 어떤 관점이 실재의 심연을 찌르는 것일까? 이에 대한 판단은 우리 각자의 몫이다. 꿈 연상이 풍성해져서 정신분석이 다중으로 전개될수록 보다 세밀한 판단과 해석이 가능할 것이다. 프로이트, 코헛(자기심리학), 융, 자아심리학 각각은 꿈의 의미와 형식, 꿈꾼 자의 내면 상태에 대해 우리에게 뭔가를 깨닫게끔 도와준다.

원인 모를 욕망의 충족과 생존을 위해 타자와의 관계망에 얽혀 때로 의지와 무관하게 이리저리 휩쓸리다 늙고 쇠약해져가는 인간 삶에서 꿈은 우리의 '진짜 마음'을 보게 해주는 신기한 거울이다.

꿈은 내면 상태를 상징으로 전하거나 이해하기 어렵게 변형할지언정 거짓말을 하지 않는다. 그러니 단 한 번이라도 진정한 자기 모습을 대면하고 싶다면 합리화된 이런저런 생각들과 선입견들을 내려놓고 자신의 꿈을 보라. 그리고 심연의 진리를 만나고 싶어 하는 마음으로 꿈 분석가 또는 꿈해석 선생을 찾아가라. 숨어 있는 비범한 나를 되찾는 진정한 모험은 그때 시작될 것이다.

치과 의사 꿈 발표: 상처, 구원, 변형

"꿈에서 제가 서른두 살 치과 의사랑 얼마 후 결혼을 한다는 거예요. 그 말을 듣고 가슴이 답답하고 불쾌했는데……. 묘하게 어떤 흥분도 느껴졌어요."

15년여 전 어느 대학의 꿈 수업에서 한 달 동안 프로이트의 꿈해석 이론을 소개해주고, 학생들이 자기 꿈을 스스로 해석해 발표하는 시간이었다. 무채색 티셔츠 차림에 덩치가 좀 있어 보이는 여학생이 말했다. 발표 태도와 목소리는 진지하고 열성적인데 왠지 뭔가 마비된 듯 우울한 기운이 느껴진다.

"이제 스물한 살인 제가 왜 갑자기 서른두 살 나이 든 치과 의사랑 결혼을 한다는 건지……. 왜 답답하고 불쾌하면서도 묘한 흥분이 느껴졌는지……. 꿈이지만 궁금했어요."

꿈 내용에 대해 몇 가지 연상들이 있은 후 다시 발표가 이어졌다.

"'결혼'이란 말에 남자와 여자가 성관계하는 장면이 얼핏 떠올랐는데, 저에겐 '성'이 너무 불안하고 어색해요. 그래서인지 그간 결혼하고 싶다고 생각해본 적이 한 번도 없던 것 같아요. 그냥 독신으로 지내거나 차라리 여자 친구랑 살고 싶었어요."

무의식 주위를 맴도는 이색적 언어가 나오자 학생들이 발표자를 주목하기 시작한다.

"'치과 의사'라는 단어에서 어린 시절 흔들리는 이빨을 종종 뽑아주시던 아버지 모습이 떠올랐어요. 아버지는 저의 썩은 이빨을 실에 꿰어 '눈 감으라'고 하시곤 재미있는 말씀을 해주시다가 갑자기 확 잡아당겨 빼주셨어요. 두근거리고 아팠지만, 불쾌했던 이빨이 빠지니 시원한 느낌이 들고 기뻐하시는 아빠 목소리와 모습이 좋았어요. 비록 지금은 늙고 힘없고 고생만 하시며 살아오셨지만 아버지는 제 인생의 유일한 치유자……. 의사 같은 분이셨어요."

순간 약간 울먹이듯 목소리가 더 진지해진다.

"교수님이 꿈에 나온 모든 '숫자'는 중요한 무의식적 의미를 지닌다고 하셔서, 32라는 수에 오래 골몰하다가 까마득히 잊고 지냈던 오래전 기억이 떠올랐어요. 3+2=5. 아아, 그 섬뜩했던! 제가 다섯 살 때였어요. 나보다 두 살 위 언니가 있어요. 늘 언니와 함께 있고 싶어 했는데, 언니는 친구들하고 지내는 걸 좋아해서 나를 귀찮아했어요. 그날도 마을 공터에서 언니와 언니 또래 친구들이 놀고 있었고, 그 주변에서 제가 언니를 바라보며 앉아 있었어요. 그때 어떤 사람이 나타난 것 같은데, 갑자기 언니가 친구들에게 '우리 딴 데 가서 놀자'라며 다들 확 사라지는 거예요. 영문도 모르고 저만 혼자 우두커니 있는데, 그 남자가 저에게 다가오더니 저를 무릎에 앉히고 제 몸을…… 성기를…….'"

얼굴 표정이 심각해지고 눈에 눈물이 글썽거린다.

"그 일이 있고 나서 며칠간 아팠고…… 더 이상 언니를 따라 다니지 않게 되고…… 이상할 정도로 많이 먹어서 살이 찌게 되고…… 살찐게 차라리 편한 느낌이 들고…… 사람을 믿지 못하게 되고…… 낯선 사람을 피하게 되고…… 한 번도 남자를 사귀어본 적 없고…… 여자 친구 한두 명하고만 꼭 붙어 지내거나 혼자 있게 되고…… 어두운 밤 길 걷는 것이 너무 불안해 일찍 귀가하고……."

오랫동안 마음에 묻어둔 말들을 어색해하면서도 용기 있게 세상을 향해 표현하는 그 여학생의 모습에 80여 수강생이 모인 강의실이 쥐죽은 듯 조용해진다.

"아직도 궁금해요. 그때 언니가 왜 저를 혼자 남겨두었는지……. 언니는 그 남자가 어떤 사람인지 이미 알고서 자리를 피한 것 같은데…… 멀리 숨어서 제가 그 남자에게 당하는 모습을 지켜본 것 같기도 하고……."

원망 짙은 여학생의 눈빛! 그 순간 인간과 인생을 사랑할 수도 미워할 수도 없어 착잡해하는 젊은이의 갈등과 고뇌가 깊이 전해진다.

꿈해석 발표에 이어 학생들의 질문과 피드백 시간이 끝나갈 무렵 언뜻, 살찐 그 여학생의 몸이 마치 두꺼운 갑옷을 더덕더덕 걸쳐 입은 듯 보인다. 그런데 남성같이 거칠고 덤덤해 보이던 여학생의 눈 속에서 아빠에게 예쁨받던 가녀린 여아의 초롱초롱한 눈빛이 일렁인다! 아…… 그랬었구나!

그 학생의 꿈은 30대의 나쁜 치한(그리고 그녀를 버리고 도망간 두 살 위 언니)과 좋은 구원자(썩은 이빨을 치료해준 의사 같았던 아빠와 꿈해석을 가르쳐준 정신분석 선생)가 하나로 압축되어 혼합 형상(32세 치과 의사)으로 표현된 것이다. 과거의 그것이 이제야 꿈으로 나타난 이유는 억압된 내면의 상처(원치 않았던 성 자극, 언니의 배신)를 끄집어내 치유(통합)해줄 것으로 기대되는 '정신분석'이라는 치료 학문이 현실에 존재한다는 뜻밖의 사실에 그의 정신이 신선한 자극을 받았기 때문이다. 아울러 어린 시절에 받았던 충격으로 인해 마비되었던 삶을 회복하려는 욕망이 현재의 어떤 긍정적인 자극과 연결되어 돌연 강하게 활성화되었기 때문이다.

"제 고통을 말끔히 해소해주던 어린 시절 아빠 같은 정신분석 교수님, 제발 과거의 어두운 늪에서 지금의 저를 이제 그만 벗어나게 해주세요."

꿈속의 '결혼'은 억압해온 성욕을 안전하게 충족하는 욕망의 기표이자 억압으로 인해 과거에 고착된 무의식의 이물질이 자아에 통합되어 정신이 균형 발달을 이루게 됨을 암시하는 상징이다.

발표를 마무리하는 여학생의 말.

"꿈해석 발표 준비를 하면서 제 안에 묻혀 있던 많은 걸 만날 수 있었어요. 어릴 적 든든했던 아버지의 모습을 떠올릴 수 있어 행복했고요. 그동안 제가 힘들게 살아온 원인이 내면에서 억압해온 다섯 살 때의 그 일 때문이라는 걸 정신분석 수업에서 깨닫고 나서 어느덧 불안도 많이 가벼워졌어요. 이런 경험을 하리라고는 전혀 예상치 못했는데……."

어느덧 학기말이 되어 꿈해석 수업 종강 날이다. 쉬는 시간에 짙게 화장한 세련된 여성이 다가와 환한 미소를 지으며 말한다.

"교수님 감사해요. 저 남자 친구 생겼어요!"

"누구시더라?"(처음 보는 낯선 모습이다.)

"치과 의사 꿈 발표했던 학생입니다."

어, 이상하다. 이 사람이 그 사람 맞아? 한 달 전 발표 때 본 그 학생은 온데간데없고 낯선 누군가가 눈앞에 있다. 앗!

그 순간 허공에서 들려온 여학생 음성: "치과 의사 같은 아빠……. 저를 또 구해주셔서 진정 고맙습니다. 부디 오래오래 잘 사셔야 해요. 저는 늘 당신의 귀여운 딸이랍니다!"

정신분석적 상징이란

정신분석학에서 '상징화symbolization'란 일상의 언어와 의식으론 설명하기 힘든 강렬한 체험, 감당하기 힘든 자극, 생명을 좌우하는 신비한 힘(신, 구원자, 악마), 무의식의 '무엇'을 언어로 의미화(정신화mentalization)하는 심리 작용이다. 그 결과 간절히 소망하거나 긴장감 주던 무엇(대상, 사건, 사태, 감정 덩이, X)이 심적 부담이 적은 어떤 표상으로 '대체'된다.

> 화려한 성공과 곤혹스런 추락, 죽음, 재탄생 → 수레바퀴, 십자가
> 아이를 방치하던 양육자, 섬뜩한 권위자 → 마녀, 악마
> 엄마가 갑자기 안 보이다 보일 때의 놀람과 안심 → 까꿍 놀이
> 곤혹스럽고 쓰라린 인생 번뇌들 → 백팔 염주
> 거세하는 무서운 아버지, 위협적 권위자 → 도깨비, 야수, 괴물
> 유혹하는, 상처 주는, 금지된 '그분', 어머니 → 비너스, 메두사

상징화는 또한 부담스러워 말로 표현되지 못한 내면의 무엇(X)을 언어화함으로써 망각된 과거를 현재와, 아이 시절의 경험을 성인의 경험과, 조각난 부분 지각들을 전체지각으로 '통합'하는 과정이다. 따라서 하나의 상징에는 여러 차원의 의미들이 압축되어 있다.

가령 '뱀' 상징에는 낡은 허물을 벗고 갱생하는 불멸의 생명력과 치유에너지, 땅속 세계와 지상 세계를 넘나드는 신비한 지혜, 거대한 입으로 대상을 집어삼키고 독기(투사동일시)로 상대 영혼을 마비시켜 자신의 통제에 순응하는 개성 없는 노예로 변질시키는 괴물 엄마, 본능을 유혹해 타락시키는 사탄, 꿈틀대는 남근 등등 다양한 의미들이 담겨 있다. 이처럼 상징화에는 상징이 지칭하는 무엇(원 대상, 원 사건)에서 특정 상징 기호로의 '의미 이동'(대체)과 '통합 기능'(응집)이 함께 작용한다.

　정신분석 차원에서 상징화는 출생 후 성장 과정에서 보편적으로 겪는 중요 사건과 중요 인생 주제(출생, 엄마로부터의 분리, 이상화 대상과의 동일시, 소년이 청년으로 전환되기 위한 성인식 통과의례, 직업 선택, 사랑, 결혼, 임신과 출산, 자녀 양육, 뜻밖의 재난, 구원, 병, 노화, 죽음), 중요 대상(부모, 형제, 친구, 연인, 스승, 파괴자, 구원자)을 반영한다. 이 경우 상징은 비록 인간 일반의 보편 경험을 반영하지만 개인의 의식이 감당하지 못해 무의식에 억압한 충격 자극과 금지된 욕망들을 안전한 의식의 언어적 표상들로 대체·압축한다. 따라서 상징의 정신분석적 의미는 의식의 언어로 표현하기 어색한 억압된 소망이나, 자아의식이 감당하기 힘들어 분열(망각)시킨 원시기와 유년기의 상처·불안·환상 등과 연관된다.

　정신증자의 정신에는 '상징화 기능'이 마비되거나 심각히 손상되어 있다. 그로 인해 그에겐 상징 기호와 상징되는 그 대상이 동일하게 느껴진다. 즉 상징 기표(단어, 이미지, 글꼴 소리)가 그것이 지칭하는 사물 자체로 느껴지고 지각(환각)된다. 가령 그는 TV나 유튜브에서 우연히 '뇌수술 장면'을 보거나 살인하고 피가 솟구치는 괴기스런 장면을 보면, 그것이 상징 의미로 정신에 소화되지 못해서 정신과 신체가 공포로 마비된다. 그 장면이 머리에 떠오를 때마다 마치 현실에서 지금 벌어지는 사태인 양 공포에 질린다. 엄마가 너무 속상해 욕을 해대면 그 언어가 정신에 그대로 화살이나 독침처럼 침투·각인되어 신체가 마비되기도 한다. 이런 현상은 언어와 그것이 지칭하는 사물이나 사건 사이의 관계가 '상징적 의미 관계'라는 것을 인식 못 한 채 마치 생생한 '사물과 사물 관계'로 지각되기 때문이다.

(엄마의 말) "너같이 엄마 말 안 듣고 제멋대로 하는 년은 눈앞에서 없어지던가 죽어버려!"

(딸의 내면) "아, 엄마가 드디어 날 내버리는구나. 아, 두렵고 끔찍해 죽을 것 같다."

이처럼 엄마의 말이 '상징적 의미'(네 언행이 너무 과하니 제발 말 좀 잘 듣거라, 이 녀석아!)로 들리지 않고, '사물 자극'으로 정신에 침투되어 정신과 신체를 파괴하고 마비시킨다. 이는 갑자기 다리가 마비되고, 혀가 얼어붙어 말을 하지 못하는 외적 현상(증상)으로 나타난다. (사랑이 담긴 말과 몸짓이 내면에 각인된 이전 공포 자극을 대체할 때까지 딸의 마비 증상은 지속된다.)

"아, 너무 쑥스러워서 사람들 앞에서 도저히 '바이올린'을 연주할 수가 없어요." (연주자 K)

연주자 K에게 바이올린 몸체와 활은 엄마를 향한 자신의 애타던 마음을 연주하는 음악 기구로 상징화되지 못한 채 (정신증자의 내면에서 일어나는 상징과 사물을 동등시하는 '상징적 동등시symbolic equation' 작용에 의해) 어느 순간부터 바이올린과 활이 엄마의 몸과 (자신의) 남근 자체로 지각(환각)된다. 그로 인해 그에게 바이올린을 잡고 활을 켜 소리를 내는 것은 곧 대중 앞에서 적나라한 성행위와 성적 흥분에 의한 소리로 여겨진다. 이처럼 보통의 성인들이 지닌 '상징화 작용'이 자아 기능에서 결여되면 말과 사물, 현실과 꿈의 경계 구분이 모호해진다. 그로 인해 정신분열증자는 꿈을 꾸지 않는다. 그에겐 꿈이 곧 현실이고, 현실이 곧 생생한 꿈이기 때문이다.

이에 비해 언어를 습득하고 '아버지의 금지 말씀'을 내면화한 신경증자의 정신에서는 상징화 작용이 왕성히 작동된다. 신경증자는 금지된 욕망과 생각들로 가득한 무의식의 내용을 외부세계로 표출해도 (외부 권위자와 내부 초자아에 의해) 처벌당하지 않기 위해 무의식을 증상·꿈·작품 등으로 상징화해 표현하는 정신 능력을 지닌다. 신경증자와 보통 사람에 의해 표현된 그 상징들(증상·꿈·작품)은 '무의식의 그것'을 결코 의식에 직접 지각되는 이미지나 언어로 적나라하게 드러내지 않는다.

무의식이 낯선 보통 사람들은 증상과 꿈을 보아도 그것의 심층 의미를 좀처럼 이해하지 못한다. 그래서 꿈꾼 자나 신경증자는 꿈과 증상을 통해 자신이 짊어져왔던 부담스런 무의식을 다중으로 표현함에도 불구하고 '상징화 작용' 덕분에 자기 자신과 타인에 의해 비난받거나 처벌당하지 않게 된다.

'상징'은 의식의 언어로 온전히 설명할 수 없는 삶의 짙은 흔적들과 집단 생존에 중요하고 특별한 무엇을 담고 있는 기호다. 의식에 기억되는 꿈 장면의 무의식적 상징 의미를 탐색해 찾아내는 사람과 그냥 외면하며 지내는 사람의 차이는 무엇인가?

자아가 여태까지 이해하지 못했던 내 삶을 암암리에 좌우해온 '그것'의 무의식적 의미를 꿈 이미지 상징에서 발견하고, 자신뿐 아니라 인간과 세상을 특정 양태로만 해석하던 기존 관점 너머의 무엇을 해석하는 인격에게는 '실재'가 풍성하게 지각·해석된다.

반면에 '상징화 기능'이 마비되거나 왜곡되어 있는 사람의 정신은 과거의 어느 상태에 평생 고착되어 정신의 새로운 발달 없이 기존 관점과 생활을 죽을 때까지 반복한다. 그런 사람은 생물학적 나이를 아무리 먹을지라도 정신성은 옛 상태 그대로인 '늙은 아이'일 뿐이다.

"맛있는 거 내놔. 왜 니들만 잘 지내고 나만 홀대하는 거야? 너희들 것도 내가 다 먹어버릴 거야. 죽을 때까지 다(세상에 없는 엄마! 나 너무 힘들어. 엄마처럼 무조건 잘해주는 대상이 왜 이 세상에 더 이상 없는 거야!)." (70세 M)

이처럼 '상징화 기능'의 미숙함은 개인이 사회 구성원으로서 역할을 수행하는 데에도 부정적 영향을 미친다. 본능욕구의 즉각적·직접적 만족(쾌락 원칙)을 추구하는 원초 정신을 공동체의 요구(현실 원칙)에 적응하는 상징적 의미 소통 정신 구조로 전환시키지 못한 개인은 집단에서 도태될 수밖에 없다. 그런 개인은 대개 사회에서 쓸모없거나 본능을 통제하지 못하는 부적응 상태에 처해 범죄자나 정신장애자 취급을 받는다(예외적으로 고흐나 세잔 같은 일부 예술가는 그 시대 상징계와의 소통에 적응하지 못해 무시당하는 삶을 살았지만, 독특한 '이미지 상징화'가 후세에 예술적 가치를 인정받아 인류 문화에 기여하기도 한다).

정신분석학은 정신의 상징화 작용을 방해하거나 촉진하는 핵심 요인들이 무엇인지 세세히 탐구해 중요한 사실을 발견해냈다. 즉 상징화 능력이 형성·발달하는 핵심 토대는 아이의 호기심과 불안 고통을 담아주고 반영해주며, 부드럽게 소화해 되돌려주는 엄마의 따스한 돌봄과 정서 소통, 아버지의 자상하면서 엄격한 금지 말씀에 대한 긍정적 내면화에 있다.

그러나 상징화 기능이 왜곡·결여된 이들의 정신은 어린 시절 가족 관계에서 내사한, 결함 있는 양육자-피양육자 관계 코드에만 익숙하다. 그래서 사회에서 만난 사람들과 '상호 주체적 상호 작용intersubjective interaction' 관계를 다중으로 펼치지 못한다. 주관적 심리 세계에 갇혀 외부 대상과 진지하게 소통하는 '상징적 대화'가 힘들며, 외부 대상과 '부분적'으로만 관계하고 '편집적'으로만 소통할 뿐이다. 가령, 누군가와 교류하고 싶은 마음이 일어날지라도 대상을 향해 좀처럼 '공감적 자기 표현'을 할 수 없고, 상대에게 어떻게 어떤 말을 걸어야 좋은지에 대한 통합된 지각을 지닐 수 없어 관계 맺음 자체를 보류한다.

"내 이론과 말씀이 진리인데, 왜 내 말에 호응해주지 않는 거야? 이 나쁜 세상 놈들아."

한편 그중에는 잘난 모습을 보이고 싶어 하는 소수의 자기애 인격자가 운 좋게 사회적으로 '중요한 자리'를 차지하는 경우도 있다. 그런데 겉으로 품위 있어 보이는 그에겐 실상 '온전한 나'가 없다. 개인의 주체성은 자신이 타자(엄마, 아버지, 제3자)와 '다른' 존재임을 체감하고, 본능적 관계를 상징적 관계로 대체하는 자아의 상징화 기능이 성숙된 이후에야 형성되기 때문이다.

상징화 기능이 왜곡된 성격장애자들은 나이를 먹을수록 오랫동안 그가 부담스러워 '부인'해온 무의식의 X가 점점 비대해진다. 그래서 자신의 취약점을 대면해야 하는 '자기반성'을 가장 못 견디며, '무의식'이라는 말 자체를 혐오하게 된다.

"무의식 운운하는 것들은 다 정신이 이상한 재수 없는 놈들이야."

"나는 정신분석이나 꿈해석 체험 따위 없이도 이미 '인간 특성'을 확실히 알고 있는 위대한 분이란 말이야."

왜곡된 상징화와 성격장애

왜곡된 상징화 구조를 지닌 성격장애자는 오직 자기 기분을 맞춰주고 마음을 이해해주는 대상(전적인 내 편)과만 소통할 수 있다. 이는 누군가가 자신의 정서와 생각에 적극 동조해줌으로써 이루어지는 부분 지각, 부분 대상관계적 소통이다. 성격장애자는 이미 왜곡된 정신 구조에 갇혀 있기 때문에 대상을 전체적으로 지각하거나 전인격적 대상관계에 의한 심층 대화가 거의 불가능하다. 그는 자기 자신의 실상을 온전히 자각할 수 없다. 그럼에도 자신이 잘나고 유능해서 소통이 잘 이루어진 거라고 착각(자위)한다.

"그때 그 사람과 소통이 참 잘됐는데, 어째서 다른 사람들하고는 소통이 도무지 안 되는 거지?"

"그때 그 사람하고는 잘 소통하면서 좋은 소리를 들었는데, 나를 못마땅하게 바라보는 재수 없는 당신은 뭐가 유별나서 소통이 힘든 거야."

우리가 살아가는 세상은 다중의 메시지를 내포한 심오한 상징들과 그것들을 조화롭게 연결시키는 상징적 의미 체계들로 구성되어 있다. 그리고 각 사회에는 서로 다른 소통 규칙을 지닌 여러 '삶의 형식form of life'들이 존재한다. 사회 구성원은 여러 '삶의 영역'들 중 한두 영역에 속해 있고, 그곳의 주요 '관계 규칙'들을 내면화함으로써 변화하는 상황들에 맞게 적응하려 노력한다. 그렇게 애쓰며 노력하는 과정이 있어야만 조화로운 소통이 가능해진다. 이것이 사회적 관계의 맥락이다.

그런데 상징적 의미 소통(변화하는 상황에 적합한 언어 사용) 능력이 미숙하거나 그 기능의 특정 부분만 발달하여 구조적 결함을 지닌 사람은 사회에서 어떤 상태에 처하게 될까? 그들은 타자의 상징 언어를 전체적·종합적으로 소화해내지 못한 채 자신이 선호하며 익숙한 부분만을 편집적으로 지각하기에 현실 삶에서 뜻밖의 난관에 직면하게 된다. 또는 타자가 악의 없이 표현한 상징 언어를 실재계의 자극으로 예민하게 지각해 극도의 흥분·긴장·위협감을 느끼기도 한다(타인이 무심코 던진 '말'에 곧바로 상처받고 뒤집어져 격노하거나 놀라서 회피·철수한다). "억! 갑자기 숨이 막혀요! 부디 저에게 부정적 소리나 너무 강한 말을 하지 말아주세요. 제 정신이 너무 힘들어져요."

이런 환각과 왜곡 때문에 그는 더더욱 자기 안전을 위해 외부 대상들을 '아군 아니면 적군'으로 나누고, 자신의 편집적 부분 지각을 마치 전체지각인 것처럼 착각한다. 타인의 장단점을 두루 이해하지 못하고 '전적으로 좋거나 전적으로 나쁜 대상'으로 구분하므로 소통을 하다가도 계속 엇박자가 난다. 그 원인의 상당 부분이 왜곡된 상징화 구조에 있음을 자각할 수 없는 그는 타인으로부터 제대로 존중받지 못한다며 억울해하고 분노하는 상태를 반복한다. "나는 분명 상대에게 좋은 마음으로 정성껏 대했는데, 뜻밖에도 상대방은 내게 너무 무심하거나 이상하게 반응해요! 너무 황당해서 그 사람에게 정이 떨어지고 진심으로 대하지 않게 돼요."

뭔가가 잘못된 듯하지만 좀처럼 바뀌거나 벗어나지 않는 곤혹스럽고 불만스런 현실 관계들! 대체 누구의 무엇이 잘못된 것인가? 나인가? 세상인가? 이 고민의 원인을 외부 탓으로만 돌리지 않고 자신의 문제를 탐색하려 시도하는 자는 결코 비정상 인격이 아니다. 자신의 삶과 내면을 '반성하려는 마음', '반성해내는 능력'은 고도의 상징화 기능을 통해 타자와의 공생을 균형 있게 모색해온 인간만이 지닌 최상의 능력이기 때문이다.

상징화 능력은 개체의 본능 에너지(리비도) 집중(카텍시스cathexis)이 원초 대상(엄마)으로부터 '분리'되어 다른 이차적 대상(아버지, 언어, 책, 제3의 대상)으로 이동하는 과정에서 형성되고 발달해간다. 이와 같이 '대상'에 대한 관심 이동이 일어나려면 유아기에 헌신적으로 돌봄을 베풀어주며 원초 관계와 상징적 소통 모델 역할을 함께 전해주는 좋은 엄마 체험이 필요하다. 엄마는 아이의 원초적 몸짓들을 상징적으로 소화해서 아이에게 다양한 '좋음'으로 반응·반영해주는 상징화 활동의 최초 모델이다.

"애야. 네가 힘들 땐 두려워 말고 엄마처럼 이렇게 반응하는 게 참 좋은 거란다." "우리 아기가 뭔가 불편해하네. 아, 벌레에 물렸구나. 저런, 엄마가 호 해줄게. 약 발라줄게. 괜찮아질 거야."

아울러 엄마로부터 분리되어 세상으로 나아가 이것저것 체험해 고뇌하며 상징 의미로 정리해가는 과정, 즉 원초적 엄마 관계로부터 자신을 분리·개별화하는 경험도 '엄마의 승인과 도움'에 의해 촉진된다.

엄마로부터 정신적으로 분리·독립하지 못한 사람은 나이를 먹어도 상징화 기능과 상징적 의미 소통 능력에 심각한 결함을 지니게 된다. 그런 사람들의 말을 가만히 들어보면 과연 '자기 언어'로 생각하고 말하고 소통하는 사람인지 의문이 생긴다. 엄마가 원하고 요구하는 정신의 어떤 부분이 집중 개발되어 학교에서 좋은 성적을 거두거나 어려운 자격증 시험에 합격할 수는 있지만, 인생과 세상에 대한 정신적 소화 능력은 여전히 아이 수준에 머물러 있다.

그들은 주로 최초 '양육자의 언어'에 정신이 세뇌(함입)되어 있고, 엄마의 욕망을 자기 것으로 내사동일시해 그 에너지로 살아간다. 엄마가 원하는 대로 먹고 자고 배설하고 공부하고, 엄마가 허용한 생각들을 하며 일상을 살아가는 것이다. "엄마. 당신이 가르쳐준 대로 열심히 공부해서 지금 우등생이 되었어요. 지금 제가 이 세상을 잘 이해하고 잘 살아가는 거 맞는 거죠? 엄마는 언제나 내 곁에 계실, 전적인 내 편 맞는 거죠? 엄마가 해주신 말씀 앞으로도 명심하며 열심히 실천해 훌륭한 인물이 될 거예요."

상징화 정신 작용은 원초 대상(엄마)과 분리되는 과정에서 엄습하는 결핍감을 완화하고 보상해주는 기능을 한다. 엄마로부터 분리된 상징적 세계에서 새로운 기쁨을 얻기 위해 고도의 정신적 의미 추구 관계를 모색하며 혼신을 다해 꾸준히 발달시켜온 생존술 상당 부분이 개개인의 상징화 능력에 담겨 있다.

'그분'(유년기 남근 엄마)에 대한 집착을 포기하라. 그래야 비로소 넓고 깊고 다채로운 '세상'으로 나아가 수많은 상징적 의미·가치들과 관계해 인간적 기쁨과 보람찬 결실을 얻을 수 있게 된다.

"그래서 내가 그렇게 살아왔구나"

"정치가는 권력 투쟁, 기업가는 돈벌이 경쟁, 학자는 이론 논쟁, 예술가는 유혹 유희, 종교가는 구원 주술."

언어적 대화는 엄마와 유아의 원초 관계에서 벗어나 언어적 의미 교환이라는 상징 관계로 소통하는 사회적 시공간으로 진입하게 하는 핵심 매체다. 자아가 지닌 상징화 기능은 견디기 힘든 충격적 자극이나 잃어버릴 것 같아 불안한 소중한 대상을 상징물, 상징 놀이로 대체시킨다. 이 기능은 나와 타자, 개체와 집단 사이의 직접적 관계들에서 생기는 생리적·심리적 긴장감에서 벗어나 불특정 다수의 타자로부터 밀려드는 낯선 자극들, 기운들, 시선들을 과도한 긴장이나 과도한 방어 없이 자아에게 익숙한 상징 의미로 부드럽게 전환해 수용하게 함으로써 정신의 경험 영역과 시야를 확장시킨다.

상징화 기능이 안정된 사람은 타인이 심하게 욕하거나 나쁜 기운을 쏘더라도 그것을 직접적 사물 자극이 아닌 상징적 의미로 지각하기 때문에 정신과 기분이 크게 상처 입거나 압도당하거나 요동치지 않는다. "음. 저 사람이 뭔가 기분 나쁜 상태에 있구나. 이유가 뭔지 신경 좀 써야겠네."

상징적 사고와 언어적 의미 이해를 통해 타인 관계에서 생긴 불편함을 차근히 합리적으로 해결해갈 수 있게 되는 것이다. 그런데 이처럼 상징화 기능이 익숙한 사람들도 우연한 뜻밖의 요인들로 인해 정신이 종종 침체되거나 마비되곤 한다. 살다 보면 뜻밖의 충격을 겪는 경우가 일어나곤 한다. "억! 내 인생에 어찌 이런 끔찍한 일이 생길 수 있지! 아, 이런 세상 더 이상 기억하고 싶지 않아."

이때 자아는 안정된 심리적 생존을 위해 그 충격과 연관된 감당하기 힘든 감정과 지각 흔적들 대부분을 자아의식의 기억·지각 영역에서 분리·분열시킨다. 즉 견디기 힘든 자극들을 처리하기 위해 원초 방어기제인 분열·해리가 작동되는 상태로 퇴행하게 된다. 이때 다음 사실을 주목해보자.

불안정한 양육 환경으로 인해 상처를 심하게 겪은 유아에겐 원초 불안이 일어나 고통에서 구원해줄(늘 곁에 있어주는) 양육자를 간절히 필요로 한다. 그로 인해 양육자(보호자)로부터 '나'의 심리적 분리·분화가 어려워진다. 또한 불안을 담아주고 덜어주는 좋은 엄마 관계가 결여되면 유아의 정신 내부에 소화되거나 해소되지 못한 충격 흔적(감정·표상 덩어리, X)들이 남게 되는데, 이것이 아이의 무의식에 자리 잡아 성인이 된 후에도 원인 모를 만성적 불편감을 일으킨다. 이처럼 상징화 기능이 발달하지 못한 사람은 심연에 자리한 '그것'을 '의식의 나'와 전적으로 분리하지 못한다. 그로 인해 사물 자체와 사물 표상 사이의 경계, 내부 자극과 외부 자극 사이의 경계, 주체와 대상을 제대로 구분하지 못한다. 최초 양육자와의 직접적 만족 관계를 언어적 상징 관계로 대체하지 못한 그는 결국 상징화 기능의 형성과 발달이 지체되고 상징화 정신 공간mental space(중간 영역, 의미 놀이 영역)이 막혀버린다.

물론 정신성을 잘 발달시켜온 성인조차 예상치 못한 충격을 다중으로 받으면 돌연 병리적 트라우마가 발생한다. 그때 일어난 강력한 정동(놀람, 수치감)과 불안은 자아 영역에서 '분열'되어 무의식에 저장되고, 그에 대한 자아의 지각도 마비된다. '전체 현실'에 대한 온전한 상징화 기능 중 일부분이 마비되고, 긴장 완화와 해소 기능을 하던 '내면의 상징 공간' 역시 일정 부분 폐쇄·위축되는 것이다.

클라인에 의하면 영유아는 투사동일시 작용에 의해 주객 융합 상태로 지낸다. 그러다가 자아의 상징화 기능이 형성되면서부터 나와 타자, 사물과 기호 사이의 차이를 지각하게 된다. 그 후부터 현실의 긴장 상태에서 벗어나기 위해 '상징 표상'을 점점 다채롭게 사용해가는 발달 과정을 겪는다. 가령, '편집·분열 자리'의 유아는 투사동일시에 기초한 '주관적 동일시'(양육자=나) 상태에 머문다. 이 시기는 나와 타자의 '차이 인식'에 기반을 둔 상징화 작용이 아직 존재하지 않는 상태다.

그 후 엄마의 헌신적인 좋은 대상 역할에 힘입어 정신이 '우울 자리'에 진입하면, 자아는 만족감에 대한 좌절이나 불안 등으로 인한 고통을 원초방어(분열, 투사) 없이도 어느 정도 견뎌내게 된다. 그로 인해 전혀 다른 것으로 인지되던 두 대상, 즉 전적으로 나쁜 대상(괴물)과 전적으로 좋은 대상(구원자)이 실은 동일한 하나의 대상(양육자)임을 자각하게 된다.

그 순간부터 대상(엄마)의 좋음과 나쁨을 전체로 통합해서 지각하게 되고, 대상을 상징으로 대체해 자기 내면에 소유·소통하는 상징화 기능이 형성되기 시작한다. 상징화 기능이 작동되고 있음은 곧 그가 분열된 부분 지각과 전체지각, 환상과 실재의 차이를 인지하고 엄마의 부재를 불안 없이 견뎌내는 정신 능력이 어느 정도 형성되었음을 의미한다.

클라인에 의하면 인간 정신은 험난한 현실에 대처하는 과정에서 '편집·분열 자리'와 '우울 자리'를 평생 오락가락한다. 위태롭거나 상처 입은 상황에서 대다수 인간은 원초 지각과 원시 방어를 작동시키는 편집·분열 자리로 퇴행한다. 적군이 벌떼처럼 쳐들어와 내 이웃을 잔혹하게 죽이고 눈앞에서 내 가족과 나를 죽이려 드는 상황에 처하면 어떤 마음이 들까? "저 나쁜 악마 새끼들을 모조리 죽여 없애야 해!" 그때는 상징화 기능 역시 위축되고 마비되는 것이다.

충격적 외상에 대처하는 분열·해리 방어 작용은 내적 긴장과 불안을 처리하기 위해 '그것'을 의식 영역에서 분리해 무의식으로 추방시킨다. 그 과정에서 온전히 작동하던 성인의 상징화 활동도 일부 마비된다. 그런데 문제는, 견디기 힘든 경험 내용만 선택적으로 의식에서 사라지는 것이 아니라 그 상처 흔적을 연상시킬 가능성을 지닌 다른 무수한 지각 내용들까지 함께 망각시키는 데에 있다. 심지어 현실의 부분들을 두루 지각하여 전체를 종합적으로 검증하는 자아 기능, 외상 경험을 상징(문자·놀이·작품·꿈)으로 대체해 긴장을 완화시키는 자아 기능까지도 마비된다. 그 결과 기억력이 급격히 감퇴하고, 활발했던 사고 기능이 위축되고 왜곡되며, 불가피했던 사건과 상처들을 상징화하여 안전하게 정리하곤 했던 유머와 유희, 창조 욕구와 그 기능조차 퇴색된다. 어느덧 그의 현실 인식은 명민한 종합적 지각에서 뭔가가 부족하고 아둔한 부분 지각으로 위축된다.

"나를 평가하는 사람들 앞에만 가면 나도 모르게 총명했던 정신이 멍해져요! 갑자기 아무 생각도 안 나고 위축되어 상대에게 굽실대곤 해요. 도대체 왜 이런 유치한 행동을 반복하게 되는지 도무지 모르겠어요."

인간은 상징화 작용을 통해 끊임없이 위협을 가하는 외부세계의 자극들로부터 자신을 보호하고 대처하는 문명적 정신 능력을 발달시킨 존재다. 그러나 다른 한편으로는 예측할 수 없었던 충격이나 상처를 받으면 갑자기 상징화 기능이 위축되곤 하는 약함을 지닌 존재이기도 하다.

기억도 나지 않는 어린 시절 상처가 많은 사람일수록 원초 방어인 분열·해리에 의해 망각된 '원 지각들'과 더불어 균열된 기억 기능과 상징화 기능을 지닌다. 그 때문에 현실을 전체적으로 연속성 있게 지각하지 못한다. 이들의 현실 지각에는 늘 뭔가 빠진 부분이 있다. 그로 인해 어떤 때는 자신감이 넘치다가 어떤 때는 멍해지거나 공황 상태에 처한다.

"몇 년 동안 정신분석 수업을 들으며 참 많은 깨달음을 얻었어요. 그런데 수업 들을 때는 이해되는 것 같았던 내용들이 금세 망각되곤 해요. 의지와 무관하게 좋았다 나빴다 하는 인생 리듬이 반복되고, 내 정신성이 성숙해졌다는 느낌이 들지 않아요!"

이런 반응을 보이는 사람들은 새로운 자극을 수용하여 소화하고 통합해내는 자아 기능이 활성화되는 데 오랜 시간과 노력이 필요하다. 그들은 분석가와의 관계에서조차 공격당할지 모른다는 의심과 경계를 풀지 못해 자유연상은 물론 무의식의 부정적 감정이나 표상들에 쉽게 접촉하지 못한다. 어쩌다 무의식에 잠시 접속하더라도 그것을 언어로 표현해내는 것을 어려워한다.

반면에 비록 현재 여러 증상들에 시달리지만, 다행히도 '상징화 기능'이 크게 손상되지 않아 새로운 자극을 약간만 줘도 무의식에 접촉해 연상 자료들을 다채롭게 상징 언어로 표현·해석·통합해내는 사람도 있다. 실제로 단기간의 분석 상담이나 정신분석 공부를 통해서도 주목할 만한 정신 성장을 이루어내는 사례가 다수 관찰된다. 그들은 자신의 문제와 한계를 집요하게 반성하고 언어로 표현하는 활동을 지속하게 된다.

신경증자들은 자신에게 생긴 증상들에 대해 자아가 이질감을 느끼며 괴로워한다. 그래서 그 증상들과 대결하려는 심리적 추동력이 자동 발생한다. 아울러 무의식에 자리한 증상의 뿌리에 관심을 갖고 그것을 직면하여 해석하고자 하는 의지도 있다. 그들은 독서와 자기반성을 통해 상징화와 추상적 사고 훈련을 꾸준히 해온 덕분에 '정신적 깨달음의 힘'을 극대화하여 자신의 결함을 보충하려는 욕구와 자아 응집력이 왕성하다. 즉 삶을 해체하고 무한 퇴행하는 죽음욕동, 편집적 부분 지각, 원시적 방어(분열·해리·투사) 상태를 극복하여 인간과 현실을 보다 확장된 차원에서 대면하고 관계하려는 잠재력을 지닌다.

자아가 (편집·분열 자리의) 부분 지각과 편집적 사고에서 벗어나 (우울 자리의) 전체적·통합적 사고 단계로 발달한다는 것이 인생에 왜 그토록 중요한 것인가? 이에 대한 깨달음을 얻으려면, 상징화 기능이 마비된 정신증자의 답답하고 고립되고 유치한 상태를 직간접적으로 경험해봐야 한다. 늘 지니고 있는 우리의 정신 특성인 상징화 기능, 상징적 대화, 상징적 관계들이 얼마나 소중하고 좋은 것인지는 그것을 자신이 직접 '상실'해본 섬뜩한 순간에야 가장 확연히 깨달아진다.

정신분열증이 '발병'했음은 곧 상징화 능력이 정신 내부에서 대대적으로 파괴되었음을 의미한다. 감정이 상할 때마다 종합적 사유와 상징적 대화가 불가능해지는 편집증자, 경계선 인격, 악성 자기애 인격, 유아성 인격의 문제를 현실 대상관계에서 직접 체험해본다면 그 느낌이 어떻겠는가? 일단 이런 상태에 처하면, 이전 상태로 복귀하는 것은 매우 더디고 어려워진다. 그토록 명민하던 분별 활동과 언어 능력은 더이상 존재하지 않고, 초점 없는 눈으로 멍한 상태에서 시간 감각 없이 평생 반복되는 삶을 살게 된다.

"이제 더 이상 마음속 욕망을 세상 사람과 공유하는 '언어'로 표현할수도 전달할 수도 없어요. 그럴 힘도 의욕도 사라지고 없어요! 무엇을소망하며 살아야 하는지도 모르겠어요. 먹고 자며 가족과 동네 이웃과그냥 살면 안 되나요?"

라캉은 인간 욕망의 본질을 이해하고 주체성을 정립하려면 무엇보다 언어적 상징화 작용이 정신 내부와 외부(상징계)에서 어떻게 작동하는지 알아야 한다고 강조했다. 인간 사회는 집단마다 다양한 규칙에 의해 언어적 의미들을 주고받으며 순환하는 세계이다. 개개인은 이 상징계의 의미규칙을 수용하고 내면화해야 온전한 상징적 의미 소통이 가능하다.

그런데 라캉은 60대 중반에 이르러 돌연 언어적 의미 틀, 욕망과 정신성을 좌우하는 상징계의 규범과 규칙, 의미의 경계를 벗어나 '이따금' 본능을 직접 만족시키는 탈규범적 실재계 체험의 필요성을 주목한다. 상징화 능력이 충분히 성숙한 사람이라면 때로는 상징화 관점을 내려놓고 벗어나는 체험도 하는 것이 상상계-상징계-실재계 3원 구조로 구성된 인간 정신의 전체 균형에 유익하다는 것이다. 라캉은 규범적삶을 반복시키는 상징적 의미들을 마음에서 내려놓으면 '실재'와 온전히 접촉하게 되며, 생사 불안조차 넘어서는 숭고한 상태에 진입할 수도있다고 주장했다.

이런 라캉의 주장은 '본능의 만족(광기와 도취) 대 상징적 분별', '날것의 실재 대 언어적 의미' 중 어느 한쪽에 고착되지 않고 양쪽을 오가며 삶의 관점과 스타일을 스스로 다채롭게 생성해내는 주체(초인)이 되어야 함을 역설한 니체의 입장과 유사하다. 그런데 이들의 말을 그대로 시도하려면 먼저 자신의 자아 강도가 예상치 못하게 밀려들 낯선 원초 자극들을 감당해낼 수 있는 상태인지 냉정하게 판단해야 한다. 사실 우리 인간은 머리로 생각하는 자신보다 '실재의 자신'이 훨씬 약한 존재이기 때문이다. 명민했던 수많은 선구자들이 실제로 이런 실험을 하다가 뜻밖의 충격을 감당하지 못해 정신이 마비되거나 광기에 함입되기도 했다. 오직 극소수만이 겨우 날것의 실재계 체험에서 살아남아 후대 집단을 위해 자신이 겪은 섬뜩하지만 귀한 실재(X) 경험을 반추하며 전해주는 선각자의 길을 간다.

당신은 자신이 겪은 '뜻밖의 충격'(상징계 너머 실재 X와의 적나라한 대면)을 어떻게 상징화하며 살아왔는가? 그때 그 충격의 순간, 당신이 깊이 체험한 인생의 진면목은 무엇인가? 죽기 전에 인류와 자손을 향해 '그 짙은 체험'에 대해 한마디 남긴다면?

"아아, 그래서 내가 그렇게 살아올 수밖에 없었던 거였구나!"

작품 분석: 두 영혼이 만나면

서로 다른 두 영혼이 만나면 어떤 일이 벌어지는가?
정신분석학은 '인간 영혼의 특성'에 대해 어떻게 실감하는가?

이 물음에 대해 스웨덴 영화 〈퓨어The Pure〉(리사 랑세트, 2010)가 인상 깊은 뭔가를 보여준다. 정신분석의 눈으로 보면 작품의 의미들이 상식과 다른 입체감으로 다가온다.

영화 속 여자 주인공 카타리나는 주로 엄마와 더불어 살아왔고, 남자 친구와 동거 중이다. 잠시 좋아서 만났다 헤어진 부모에게서 태어난 카타리나는 엄마가 맡아서 키웠는데, 엄마는 술과 남자를 끊임없이 필요로 하는 영혼을 지녔다. 그녀는 "젊을 때 최대한 즐기는 것이 가장 현명한 삶"임을 말과 행동으로 딸에게 전해준다. 딸은 엄마의 정신성과 말에 동화되어 어려서부터 여러 남자와 문란한 성관계를 이어왔다. 그러다 종종 치솟는 분노를 통제하지 못해 주위 대상과 격한 싸움을 벌여서 주의 관찰이 필요한 문제 청소년으로 사회 기관에 등록된다. 그러던 카타리나가 스무 살이 되자 엄마의 삶에, 그리고 엄마처럼 생각 없이 살아온 자신의 삶에 지겨움을 느끼게 된다. 그녀는 엄마를 향해 가끔 격노를 표출하고 경멸의 시선과 욕을 내뿜는다. 난생처음 시집과 철학

책에 눈길이 가고, 뭔가 품격 있고 새로운 삶을 살고 싶어진다. 그러다 우연히 어떤 클래식 음악을 듣는 순간, 그녀의 욕구와 불안이 진정되는 뜻밖의 체험을 하게 된다.

카타리나는 내적 욕구에 이끌려 이름난 음악당 건물에 들어간다. 거기서 연주회 연습 모습과 음률을 접하자 마음이 들뜨게 된다. 마침 그 음악당의 아르바이트 직원 공고를 본 그녀는 자신의 엄마가 ('정신 없이 사는 존재'가 아닌) 외국에서 세상을 떠난 비범한 음악가였다고 거짓말을 둘러대 취업에 성공한다. 카타리나의 정신에선 그 음악당에서 흘러나오는 고상한 음률로 혼탁한 자신의 영혼을 정화시키고픈 욕망이 꿈틀댄다. 그때 청중을 감동시킬 최상의 소리를 만들어내고 싶어 하는 그 음악당 지휘자 아담과 운명의 만남을 갖게 된다.

성욕과 공격성을 자유롭게 방출하며 기분 좋게 살자 외치는 문화(엄마)에서 자란 카타리나와 영원한 미와 정신의 주이상스Jouissance를 클래식 선율로 재현하려 애써온 아담의 영혼이 가까이 접촉하면 두 영혼은 어떻게 되는가? 미적 쾌감과 사회적 성공을 추구하던 중년 음악가의 영혼과 본능대로 살아오다 새로운 정신계를 만나고 싶어 하는 젊은 영혼이 만나면 두 영혼 사이에선 어떤 작용이 일어나는가?

아담은 격동하는 불안을 정화시키는 시와 철학과 클래식 음악 감상법을 카타리나의 영혼에 '접속'시켜준다. 카타리나는 아담에게 본능 쾌락과 경계 넘는 자유, 음악을 향한 순수한 호기심, 그리고 무심결에 무의식의 어떤 기운(X)을 '내뿜어' 넣어준다. 두 영혼 사이에서 보이지 않는 뭔가가 미세하고 짙게 오고 간다.

억!

"매우 다른 두 영혼이 만나 서로 밀접한 관계를 맺게 되면, 그 둘 사이엔 어떤 일이 벌어지는가?"

이것이 감독이 뭔가 뼈저리게 체험하여 세상에 꼭 전하고 싶어 한 영화 주제다. 정신적 기쁨의 선율, 시와 철학, 그리고 본능욕구를 예술로 승화시켜온 아담의 영혼을 흡입한 카타리나는 어느 순간 영혼의 질감이 변화한다. 그때부터 낯익던 엄마의 말과 행동, 동거하던 남자 친구의 생활 방식, 본능을 자극하는 소리들이 홀연 시시하고 유치하게 지각된다. 그러자 그 대상들과 충돌이 일어나 기존 관계와 생활 터전을 다 잃게 된다.

"나는 더 이상 과거의 그 나가 아니야. 나는 너희들과 달리 고결함이 뭔지 아는 사람이야."

그런데 갑자기 변화된 현실에서 앞으로 어찌 살아야 하는가? 거리에서 노숙하며 카타리나는 불안한 마음과 고통스런 외부 자극들을 '아담이 전해준 클래식 선율' 에너지로 이겨낸다. '엄마 세계'와의 단절로 인한 허전함이 아담이 전해준 예술(미적 환상) 음률로 그득 메워진다.

"이전의 무가치한 삶으로 결코 돌아가고 싶지 않아."

그렇다면 아담의 정신은 어떻게 되었을까? 음악가 아담은 방황하는 카타리나의 영혼 속에 잠자던 고상한 영혼을 깨어나게 했다. 그리고 카타리나는 아담의 영혼 속에 억제되어 있던 본능의 활력을 깨어나게 했다. 아담은 규범에 제약받지 않고 살아온 카타리나의 본능적 영혼을 흡수해 오케스트라 단원들의 생명력 떨어지던 부조화 소리를 본능 에너지와 고결함이 어우러지는 선율로 이끌어 '창조적 연주 작품'을 완성해 낼 수 있었다. 이것이 아담이 카타리나에게서 흡수한 보물이다.

그런데 밀접한 관계를 맺는 순간, 두 영혼 사이에서 오직 눈에 보이는 각자의 '좋음'만이 선별되어 서로에게 전해지는가? 그런 건가? 그러하다면 인간 세상은 100만 년 전부터 낙원이 되어 있어 굳이 종교, 철학, 사회과학, 범죄학, 정치학, 정신분석학이 존재할 필요가 없었을 것이다.

아담은 한편으론 왠지 마음이 불안정해져 홀연 카타리나에게 거리를 두기 시작한다. 카타리나를 향한 그의 배려 깊던 관심과 행동이 불안해하고 회피하는 양태로 변한다. 심지어 상스럽고 유치한 언행을 불쑥 드러낸다. 아담과 카타리나의 다른 영혼이 서로에게 끌려 하나로 섞이는 순간, 둘 사이의 무의식에서 뭔가 강렬한 작용과 격한 변화가 일어난 것이다. 인간 사이의 온갖 비극적 현상을 오랜 세월 거친 후에 비로소 생겨난 정신분석학이 바로 아담과 카타리나가 처한 그 격동적 상황에서 영혼의 심연을 관조한 눈으로 한마디 전한다.

"각 개인에겐 의식이 감당하지 못한 채 무의식에 지녀온 '자신 모르는 무엇'이 있다. 모르던 두 개인이 마음의 문을 열고 밀접히 관계하는 그 순간 '이질적인 그것'이 서로의 영혼 속에 쓱 침투해 '서로 섞이게' 된다."

고상한 아름다움과 사회적 성공과 본능 쾌락을 추구하던 아담의 영혼에는 카타리나가 아기 때부터 감당하지 못한 감정 덩이, 불안, 상처, 분노, 파괴욕동, 성적으로 방종하고 불안정하고 의존적 가치관을 지닌 카타리나 엄마의 무의식까지 한꺼번에 침투해 섞인다.

카타리나의 무의식: "힘 있고 경탄스런 당신. 내 영혼을 괴롭혀온 정체 모를 이것들을 부디 내 대신 처리해 저를 어둠에서 구해(성장시켜)주세요."

영혼의 불안과 고뇌를 위로해주는 클래식 음악가 아담은 과연 성관계할 때 카타리나가 내뿜는 이 심연의 소리를 온전히 듣고 버텨주며 소화해낼 수 있는가? 카타리나의 부모, 선생, 남자 친구들이 감당하지 못해 거부했던 '그것'을 아담이 감당해낼 수 있는가? 두 사람 '사이에서 뿜어진 무의식'의 심연 작용을 알 길 없는 보통 사람이 영혼 깊이 침투된 '그것'에 온전히 반응할 수 있는가?

사회적 지위에 걸맞게 잘 지내던 아담의 영혼은 어느 순간 말로 표현할 수 없이 불편하고 혼탁해진다. 내면에 쑥 들어와 자리 잡은 정체 모를 이물질 기운에 당황한 아담은 황급히 카타리나에게 거리를 둠으로써 자기 영혼을 원상태로 회복시키려 애쓴다. 그러나 현실 상황은 그렇게 마음먹은 대로 흘러가지 않는다. 모르던 두 사람의 정신과 육체가 서로 섞이는 순간부터 형성된 '아담과 카타리나 사이의 짙은 흔적들'은 두 영혼 각각의 운명을 좌우하는 보이지 않는 괴력을 발현한다. 두 영혼을 연결시킨 사이 무의식은 이미 끈끈히 얽혀 있기 때문에 두 영혼의 관계는 어느 개인의 의지대로 움직여지지 않는다.

카타리나에겐 자존감에 결핍과 상처를 남겨준 아버지, 엄마, 과거 남자들, 학교 선생들(대리 아버지)로부터 한 번도 경험하지 못한 아담의 짙은 무엇이 영혼 깊이 각인되었다. 그것은 정신 회복을 위해 좀처럼 포기될 수 없는 무엇이다. 그래서 음악과 시와 철학을 통해 새로운 정신 에너지를 보충해주고 불안을 정화시켜주던 신비 체험을 아담에게 계속 기대하며 그를 향해 거칠게 다가간다.

"당신이 원하는 그걸 기꺼이 해줄 테니 부디 예전처럼 불안을 진정시켜주는 고귀한 에너지를 내게 전해 주세요……."

그런데 카타리나의 욕망과 요구가 강해질수록 서로가 서로에게 좋은 에너지를 주던 애정 관계 흐름이 서로를 파괴하는 관계로 급변한다.

통제되지 않는 사태에 불안해진 아담은 여유를 잃고 세련되지 못한 회피와 거부 행동들을 반복한다. 급기야 카타리나를 향해 저급하고 격한 모습을 짙게 드러낸다.

"네가 지내던 곳으로 돌아가서 그냥 살던 대로 살아. 원래 저질스러운 게 어울리는 이 멍청한 년아."(이 저급하고 격한 소리와 행동은 '누구'의 것인가?)

아담의 저급한 소리와 모습에서 카타리나는 자신이 벗어나고 싶었던 혐오스런 기존의 자기 모습을 생생히 느낀다. 그 순간 카타리나에겐 (혐오스러워서 버렸던 과거 자신의 영혼과 닮아버린) '변질된 아담'의 영혼을 경멸하는 마음이 솟구친다(원시적 평가절하). 카타리나의 무의식에서는 혐오스런 대상을 향한 예전의 격한 싸움꾼 영혼이 튀어 나온다. 그리고 그녀는 무가치한 쓰레기를 처리하듯 아담을 건물 창밖으로 밀어내 제거한다.

"너(과거의 나) 같은 저질 쓰레기는 더 이상 내 앞에 나타나선 결코 안 돼!"

아담을 제거해 아담을 상실하는 그 순간, 아담과 관계하면서 접속했던 '아담의 모든 흔적'들이 카타리나의 영혼에 훅 내사되고 동일시된다. 바로 그 순간부터 목표 없이 그때그때 하류 문화의 소리에 이끌려 살아가던 카타리나는 더 이상 과거의 카타리나가 아니다. 원인 모를 불안에 시달리며 본능을 통제하지 못한 채 자기 혐오와 반사회적 싸움을 반복하며 '영혼 없이' 살던 카타리나는 '그때'부터 영원성과 조화와 순수의 아름다움을 추구하던 지휘자 아담의 영혼이 된 것이다. 이런 현상은, 힘 있어 보이는 대상을 그때그때 '내사'해 자신에게 결여된 자아 정체성을 재형성reformat하고 유지해가는 경계선 인격 구조를 지닌 인물에게 흔히 일어난다.

영화의 마지막 장면에서는 사회 규칙에 적응하는 능력이 전혀 없이 반사회적 행동들로 말썽을 일으키던 문제 소녀 카타리나가 성숙한 인격으로 변화된 것에 신기해하며 경탄하는 사회복지사의 모습이 부각된다. 그리고 소년 소녀들에게 (영혼의 순결을 찬미하는) 고전음악의 감동을 안내하는 당당하고 세련된 음악당 정식 직원으로 활동하는 카타리나의 모습이 클로즈업된다.

"낯선 환경에 어리둥절해하며 불안해하는 너희(과거의 나)들도 클래식(아담의 영혼)을 통해 자부심 높은 지금의 나처럼 될 수 있어!"(이 카타리나는 누구인가? 카타리나인가 아담인가?)

이 세상에 타고난 본래성을 계속 유지하며 사는 '순수한 영혼The Pure'은 과연 존재하는가?

순수하기를 고집하면, 더 이상 사회 속 타인들과 온전히 교류하며 섞이기 힘든 자폐 인격이 되고, 정신의 새로운 발달을 이루기도 어렵게 된다. 영혼이 성장하려면, 타자의 영혼(나와 다른 정신성, 가치관, 정신 작용 시스템)을 마음에 수용해 자신에게 적합한 양태로 변형해 내면화해야 한다. 그런데 보통의 사회적 관계가 아닌 내밀한 사적 관계의 경우에는 두 영혼 사이에서 원초적 내사(영혼 흡입) 기제가 종종 짙게 작동한다. 타인의 영혼이 나의 영혼과 결합하는 순간 어떤 뜻밖의 무의식이 섞여 들어와 내 영혼이 어찌 변하게 될지, 내가 '그것'을 얼마나 감당해내게 될지, 완전한 예측이 어렵다.

각 개인은 의식과 더불어 자신도 모르는 무의식을 지닌 존재이기에 나와 타인 안의 무엇이 타인과 나에게 어떤 영향을 미칠지, 아무리 뛰어난 인간조차 온전히 알기 어려운 것이다. 그로 인해 여러 인간관계 속에서 예측할 수 없는 자극이 끊임없이 침투해오는 이 세상에는, '아담-카타리나 사이 무의식이 일으키는 스캔들, 파노라마'가 끊임없이 펼쳐진다.

"어제의 나와 내일의 나가 동일한 영혼이라는 보장이 있는가?"

8

정신분석과 철학의 만남

철학자가 인간 일반에 대한 거시적 이해를 추구한다면,

정신분석가는 개개인 삶의 특수성에 주목하는 미시적 이해에

몰두한다. 이런 현실 상황에서 미래의 누군가가 '무의식'에

접속해 수십 년간 망각되어온 '또 다른 나'를 되찾아 회복시키는

정신분석가의 심연의 눈과 더불어, '철학자의 거대한 의심'과

상식 너머 '실재 속 무엇'을 포착하는 예술가의 직관을 활용해

지금껏 파헤쳐지지 못한 인생 영역을 탐험하는 모험가 정신을

발휘한다면 참 좋을 텐데!

진리를 찾아서 1: 소크라테스의 유언

"진리란 무엇인가?"

고대 그리스 도시 국가 아테네에 '생각에 몰두하기' 좋아하는 특이한 성격의 철학자 소크라테스가 출현해 이 물음을 자신과 사람들을 향해 진지하게 던졌다. 그 시대에 대중은 사회에서 숭배받는 권위자(왕·제사장·예언자)의 말씀을 영혼에 '흡입'(내사)하여 한 치의 의심 없이 그것이 영원한 진리라고 믿었다. 그래서 그들은 당연히 '진리'에 대해 이미 알고 있다고 생각했다.

그런데 정작 "당신이 알고 있는 그 진리가 무엇인가?"라고 소크라테스가 묻자 권위자의 말들이 지닌 '진리성'을 '주체적으로 반성'해본 적이 없던 사람들은 당황하기 시작했다. 그리고 자신이 '그것'을 온전히 알지 못하는 상태에 있음을 직면하게 되자 자신의 무식함이 타인에게 노출된 데서 오는 불편감과 수치감을 느끼게 된다.

자신의 결함이나 문제점이 적나라하게 지각되거나 세상에 노출되는 걸 도저히 못 견뎌 격노하는 자기애 인격처럼, 소크라테스와 대화를 나누고 난 후 자존감이 상해 화가 난 사람들은 그를 '청년들의 영혼을 혼란스럽게 만들어, 국가 질서를 어지럽히는 범죄자'라고 고발한다. 그리고 5000명이 참여한 아테네 시민들의 투표에 의해 소크라테스는 유죄 판결과 사형 선고를 받는다.

"소크라테스는 시민의 정신 건강에 극히 해로운 놈이다. 사악한 언변술을 지닌 그를 방치하면 아테네 수호신에 대한 굳건한 믿음으로 조국 수호에 충성해온 젊은이들의 정신이 혼란에 빠져 국가에 큰 위기가 닥칠 수 있다. 신성한 아테네 신들의 이름으로 신을 모독한 소크라테스를 즉시 없애야 한다."

소크라테스는 쾌락과 성공을 삶의 목표로 삼아온 그리스인들에게 현실에서 추구하는 것들은 결코 대단한 가치를 지니지 않으며, "인간에게 진정 위대한 가치는 영원한 진리에 대한 깨달음에 있다."라고 외쳤다.

그런데 고대 그리스 문화에서 '영원불멸성'은 오직 신만이 지닌 특성이다. 인간은 죽음을 피할 수 없으며, 만약 인간이 '신'이 되려고 오만hybris을 품으면 신의 노여움을 사서 (인접 법칙에 의해) 그와 그가 속한 집단과 도시 국가 전체에 큰 재난이 일어나게 된다고 믿었다.

고대 그리스인들에게 소크라테스의 말과 행동은 정신에 내면화된 '전통 신에 대한 숭배심'을 뒤흔드는 혼란과 불편함을 주는 매우 '이상한 무엇'으로 지각되었다. 그는 자신의 아내를 비롯해 주위 사람들과 어울리며 사회적 안전과 정서적 친밀 관계를 도모하는 것에서 가치감과 기쁨을 느끼지 못했다. 그는 오직 '영원한 진리'에 대한 깨달음과 그 진리 에너지와의 합일을 통해 현실과 심신의 온갖 속박들에서 해방되고자 '끊임없이 생각'했던 독특한 인격이었다.

사형수에게 내려지는 '독약'을 마시고 감옥 침상에 누워 죽음을 기다리던 소크라테스는 엄습해오는 죽음 직전에 홀연 고개를 들고 친구를 향해 유언 한마디를 남긴다.

"아스클레피오스 신께 닭 한 마리 바쳐주게!"

고대 그리스에서 '닭'은 병을 치료해준 의술의 신 아스클레피오스에게 바치던 감사 예물이다. 그런데 그는 왜 하필 죽음 직전에 이런 말을 남겼을까?

아테네 시민 소크라테스는 '진리에 관한 이성적 사유 활동'에 몰입하지 못하게 방해하는 사회의 온갖 요구들(전쟁 참여 의무, 납세 의무, 정치 참여 의무)에 성실히 봉사해왔다. 그리고 육체의 본능욕구들을 절제하느라 끊임없이 시달려왔다. 그래서 죽음을 앞둔 순간 그의 마음속 심연에서 어떤 소리가 올라온 것이다.

"조상 대대로 전해져온 진리를 하찮게 여기고 신들에 대한 믿음을 의심하게 만든다며 내게 사형 판결을 내린 아테네인들이여. 나 소크라테스는 드디어 온갖 요구들과 욕구들에 시달리던 이 세상에서 해방되어 그토록 염원하던 영원한 진리의 세계로 떠나가네. '죽음'이 눈앞에 있는 지금 이 순간 나는 공포와 절망이 아닌, 삶을 괴롭혀온 오래된 고통들로부터 드디어 해방되고 치유되었다는 안도감이 드네. 죽으면 '흙'(지하계)으로 돌아간다고 믿는 아테네인들이여. 그러나 인간에겐 '영원성을 지닌 정신'이 있으며, 영원한 진리를 꾸준히 사유해온 자의 영혼일수록 육체의 속박에 덜 얽매여 죽음의 순간 하늘에 있는 '영원한 신들의 세계'로 가게 되지 않겠는가. 지금 이 순간 그대들과 나 중 누가 (영원한) '진리Logos'에 가까이 있는가!"

친밀 관계와 세속적 인생 향유를 불편해하던 인격에게는 쾌락을 제공하는 육신이 없어지는 것에 대한 세속인의 미련과 달리 죽음이 오히려 오랜 고통으로부터의 해방으로 지각된다.

온갖 고통들로부터 '완전한 치유와 해방'을 이루었음을 알리는 소크라테스의 '닭 한 마리' 유언은 당대 귀족 재벌가의 적손이던 청년 플라톤의 영혼을 격동시킨다. 소크라테스가 남긴 유언의 강렬함에 매료된 플라톤은 안락한 삶을 내려놓고 10년간 외국을 돌아다닌 후 귀국해 가문에서 물려받은 모든 것을 바쳐 서양 최초의 인문학 학교 아카데미아를 설립한다. 그곳을 매개로 소크라테스의 독특한 영혼과 생전의 목소리가 그리스와 서양 곳곳에 전파되어 오직 쾌락과 사회적 성공만을 지향하던 서양인의 가치관, 생활 태도, 삶의 목적(욕망의 방향)을 무려 2000년간 180도 바꾸어놓는다. 사형 판결을 받아 독약을 마시고 세상을 떠난 한 '이상한 죄수'의 말과 영혼이 묘하게도 서양인 대다수의 정신에 '위대한 보편 진리'로 깊이 각인된 것이다!

이 세상에 없는 자가 이 세상 사람들에게 메시지를 전한다.

"영원불멸하는 진리는 그대의 영혼을 세속의 온갖 욕구와 고통으로부터 영원히 해방시켜 자유롭게 해줄 것이다. 진리를 추구하고 깨달으면 정신·신체의 고통에서 벗어나 영원한 생명을 얻을 것이다. 자연계에서 다른 생명체들과 구분되는 '인간만의 신성한(초자연적) 존엄성'은 진리에 다가가고자 하는 이성 활동, 그리고 현실에서 진리를 실천하는 도덕 능력에 담겨 있다."

"육체의 만족보다 정신을 고양하는 노력이 훨씬 귀한 생명 활동이다. 인간은 신성(영원성)을 지닌 존재이기에 함부로 살해해 먹거나 '수단'으로 사용해선 안 된다. (세속적 이익과 쾌락을 얻기 위해 책임지지 못할) 거짓말을 해선 결코 안 되며, 은혜를 원수로 갚아서도 안 된다."

도덕 이성의 목소리 앞에서 현대인은 이렇게 되묻는다.

"대체 왜, 반드시 도덕 이성의 요구에 따라서 살아야만 하는 거지?"

"그건 당연한 상식인데, 당신은 정말 그걸 모른단 말입니까?"

"과연 그런 건가? 상식이 곧 진리인건가?"

각 시대의 사람들에게 '자명한 진리'로 지각되는 주요 관념, 가치 관점은 언제 어디에서, 어떤 상황에서, 어떤 힘(들)에 의해 '생성'되어 (우리의) 정신에 각인·흡수된 것인가? '본래의 그것'은 오랜 역사 흐름 속에서 어떤 변형 과정을 거쳐 오늘날의 형태로 우리 문화와 정신의 주인 행세를 하게 된 것인가?

시대를 앞서서 진리를 탐구했던 한 계보학자는 이 물음을 의문이 완전히 해소될 때까지 집요하게 던졌다. "이 물음을 던지는 '나'라는 무엇, 즉 나의 정신성은 언제 어디로부터 어떤 힘들에 의해 형성된 것인가? 어떤 원인으로, 왜 하필 이런 물음을 집요하게 묻게 되었는가?"

니체는 수천 년간 서양 문화와 정신성을 지배해온 '형이상학적 진리' 관점이 소크라테스의 유언에서 유래되었음을 발견한다. 소크라테스 이전 시대 그리스인들은 신체의 힘과 사회적 권력을 키워 현실에서 본능 욕구를 한껏 충족하는 데서 기쁨과 활력을 얻었다. 아울러 미적 환상과 종교적 믿음(그리스 다신교)으로부터 안식과 자부심을 섭취하며 살았다. 그런데 그리스의 그 신화적 세계관과 생활 양식이 플라톤에게 전수된 소크라테스의 형이상학적 세계관에 의해 일련의 격동적 과도기를 거쳐 대대적으로 대체된 것이다. 소크라테스가 남긴 마지막 유언이 인류의 관심사를 자연 본능이 제공하는 원초적 기쁨들로부터 초자연적 정신세계로 몰입하도록 유도한 기폭제가 된 것이다. 그런데 19세기 인간 니체는 그 유언의 타당성에 의문을 제기한다.

"소크라테스의 유언이 과연 지금까지 인류를 구원해온 최상의 선물이었는가? 그 유언대로 살아온 인류는 결과적으로 현실 삶을 창조적으로 향유하는 '삶에의 의지'가 위축되어 병들게 된 것은 아닌가?"

그 유언은 고통에 시달리는 인류 정신을 회복시키는 동시에 현실 삶에 대해 가치감을 못 느끼게 하는 거대한 '독약'이었다고 니체는 해석한다. 현실의 삶을 향유하기 힘들어 고통받던 소크라테스의 특이한(병든) 정신성에, 본래 건강했던 유럽인의 정신이 전염되어 무심결에 그와 동일시된 것이다.

"소크라테스의 특이한 정신성이 압축 표현된 '닭 한 마리 유언'의 최면에서 벗어나 그리스인의 활력 넘치던 본래 삶을 현대인이 되찾기 위해서는 새롭고 강력한 처방약이 필요하다."

영혼에 충격을 가하는 '망치의 철학자' 니체가 격변하는 유럽에서 방황하는 당대 유럽인을 향해 던진 비장의 해독제였던 '상징 기표'에 다시 귀 기울여보자.

"진리는 여자다."

전통 세계관과 너무도 다른 '현대 사상'의 문을 열게 한 이 말은 대체 무슨 뜻인가?

진리를 찾아서 2 : 진리는 여자다

고전 문헌학을 연구한 니체는 오랫동안 인류의 정신성을 통제하고 안정되게 유지시켜온 핵심 '의미'(진리, 선, 정의, 성스러움)들의 최초 발생 근원과 역사 속 변화 과정을 '계보학'(발생학)의 눈으로 세밀히 추적한다. 그 결과 대다수 서양인이 정신에 평생 간직하고 실천해온 '영원하고 완전한 진리' 관념의 원천이 소크라테스에 있음을 발견한다. 니체는 고대 문헌을 통해 소크라테스 이전 시대의 사람들이 '영원한 진리'를 알고자 하는 '진리에의 의지'에 전념하기보다 현실의 삶을 풍성하게 향유하고픈 '삶에의 의지'를 활성화하는 데 몰입하며 살아왔음을 발견한다.

고대 그리스인은 그들에게 닥친 크고 작은 재난이 신의 영역에 도전하는 인간의 오만과 탐욕의 결과라고 생각했다.

"인간들아 명심하라, 너희는 결코 신이 아니다. 너 자신의 태생적 한계와 분수를 자각하지 못하고 오만을 부리면, 신이 노해 큰 재난과 혹독한 벌을 내릴 것이다."

이런 관념들에 의해, 고대 그리스인은 살아 숨 쉬는 지금 이 순간을 가장 생생하고 기쁘고 후회 없게 만끽하려 드는 (너무도 인간적인) '역동적 삶의 양식'을 추구했던 것이다. 니체는 고대 그리스인이 그리스 신화 속의 신들(아폴론과 디오니소스)처럼 조화로운 형식미와 본능적 도취,

광기, 미적 환상, 감성적 활력, 본능적이고 쾌활하고 열정적인 삶의 욕구를 지녔다고 이해했다. 그리고 고대 그리스인처럼 삶을 다채롭게 향유하는 태생적 특성과 자연 본능을 비교적 덜 억압한 상태로 간직하고 있는 존재가 여성으로 지각된 것이다.

"진리는 여자다."

이 말은 경직된 이성주의 도덕관에 함입되거나 자본주의 가치관에 물들어 '영원한 진리'를 더 이상 현실에서 체감하지 못하게 된 19세기 유럽인에게 삶의 활력을 주려고 니체가 생성해낸 은유다. 즉 금욕주의와 허무주의의 굴레에서 유럽인의 병든 정신을 회복시킬 열쇠를 (그 시대) 남성들보다 도덕적 강박에서 자유로운 '여성'의 어떤 특성에서 발견해야 한다는 의미다.

여성은 인간 존재의 '곤혹스런 진실'(죽을 수밖에 없는 운명에도 불구하고 영원불멸을 꿈꾸는 데서 생기는 비극)을 이미 직관적으로 감지한다. 그래서 여성은 '환상'의 힘을 적극 활용해 인간의 태생적 결함을 보충하는 슬기를 지닌 존재이다.

니체가 보기에 가치 있고 지혜로운 삶을 추구해온 유럽인들이 오랫동안 추구해온 '진리'란, '삶을 슬기롭게 향유하는 방법'을 (태생적·직관적으로) 터득한 여성들이 자신을 보호하고 '힘'을 얻기 위해 자주 활용해온 무엇이다. 여성은 매혹적 아름다움을 향유하며 활용할 줄 알기에 과학적·철학적 사고만 하는 '구시대적 인간의 현실 삶'이 얼마나 황폐한지 본능적으로 직감하며, 미적 환상의 소중함을 남성보다 훨씬 섬세하게 지각하는 존재다.

또한 여성은 미적 환상을 강하게 일으키는 화장술을 통해 남성으로

하여금 '삶을 도취하고 싶게 만드는 욕망을 일으키는 신비한 매력'을 지니고 있다. 화장술의 매력은 '적절한 거리'에서 가장 큰 환상 효과를 발현한다. 형이상학적 관념을 지녀온 인류가 간절히 만나고 싶어해온 그 '진리'(영원한 실재)의 신비감 역시 '적절한 거리'에 있을 때 최대 매력을 지녀온 것일 수 있다.

여기서 주목할 점은 남자의 욕망을 일으키는 화장술을 익힌 여자가 정작 자신은 그 '진리'를 전적으로 믿고 추종하지 않는 데 있다. 여자는 '현실 삶의 보존과 향유'에 필요한 딱 그 만큼만 '진리'를 적절히 믿고 이용하는 지혜를 지닌 존재다. (평생을 학문에 바쳤는데 지식이 충만감을 주지 못함을 한탄한 괴테의 늙은 파우스트처럼) 이성주의의 정점에서 허무주의에 빠진 19세기 유럽인의 삶에 활력을 회복시키려면 '진리'에 삶이 종속되는 것이 아니라 '삶'을 위해 진리 환상을 활용할 줄 아는 여성의 지혜로운 생존술에 주목해야 한다는 것이다.

니체는 "소크라테스 이후 유럽인은 주체와 객체가 전도된 문화 가치관에 함입되어왔다. 주체는 인간 개개인이고, 객체는 인간이 만들어낸 '관념들'(진·선·미·성)이다."라고 말한다. 나 자신이 주인이 되는 삶을 살려면 타인이 내 정신에 각인시킨 의미들에 종속된 상태에서 벗어나 스스로 자기 삶을 고양시키는 의미를 창조해내야 한다. 그리고 그 창조된 의미들에 또다시 종속되지 않으면서 가치 있는 의미들을 삶의 상황에 맞게 조화롭게 활용하는 '새로운 생존술'을 습득해야 한다.

"진리는 여자다."라는 니체의 상징 경구는 그 의미가 이해되는 순간, 그 전까지 서양인의 정신에 각인되어 있던 전통 '형이상학적 세계관'을 뒤흔들고 균열시켰다. 그 결과 수천 년 동안 억압되어온 수많은 목소리와 관점들이 고유 진리성을 표출하며 공존하는, 21세기 다원주의 포스트모던 세계관의 기폭제가 됐다.

진리를 찾아서 3 : 새로운 인생 향유술

2500년 유럽인의 과거와 미래 정신성에 대한 니체의 핵심 사상은 다음과 같이 요약할 수 있다.

생존 투쟁으로 하루하루가 위태로운 환경에서 만성적 욕구 좌절(암울한 현실감)은 현실과 전혀 다른 '영원불멸하고 완전한 진리 세계와의 합일' 관념을 생성해내 집착하게 만들었다. 그런데 안전하고 풍요로운 생활이 가능해진 현대인은 과거 인생관, 진리 관념에서 벗어나 세상과 인생을 하나의 고정된 (진리) 관점이 아닌 다양한 관점들로 이해·해석·향유할 수 있어야 한다. 인생에 대한 기존 전통 해석들이 현재 내 삶과 정신을 고양하는 데 부적합하고 불만족스럽다면, 그보다 적합한 새로운 관점을 발견해내 삶에 활력을 일으키는 새로운 의미와 목적을 주체적으로 창조해낼 수 있어야 한다. 현존하는 여러 의미와 가치들 중 '지금 나'의 상태에 힘을 주는 의미를 스스로 생성하고 선택해 실천해가는 삶의 스타일 자체가 미래의 인간(다중 관점으로 삶을 다채롭게 해석하며 유희하는 '초인')에게 기대해볼 만한 위대함이다.

'형이상학적 진리' 관념이 인간 정신을 만성적으로 지배하게 된 기원과 변천 과정에 대해 계보학적 탐색을 시도한 니체의 철학이 부각되면서 유럽인의 삶에 지대한 영향을 미쳐온 '진리' 관념은 새롭게 재해석됐다.

'인간이 마땅히 추구해야 하는 삶의 궁극 목적으로서의 영원한 진리' 라는 관념은 인류가 불안하고 절망스런 환경에 처했던 '사회적 맥락'에서 생성되어 오랜 세월 동안 학습되고 전승된 특정 시대의 생존술과 가치관을 반영한다.

그런데 '의미'(관념)와 '실재'는 결코 동일한 것이 아니다. 인간이 사용해온 '의미'란 실재의 특정 부분을 부각시켜 독특한 심리적 환상 효과를 생성해내는 일종의 언어적 '은유'("어머니는 바다이다." "아버지는 하늘이다.")와 같은 것이다. 은유(A는 B다)는 논리적 차원에서는 명백한 오류이다. 따라서 '실재'의 상태가 바뀌면 가치 있다고 지각되던 기존 의미들은 홀연 부적합해지고, 보다 유용하고 효율적인 생존을 꾀하기 위해 새로운 의미들이 출현한다. "하느님 아버지는 영원한 구세주이시다!"-"신은 죽었다."-"아버지는 독재자다, 허풍쟁이다, 껍데기다."

모든 사회는 구성원의 정신적 안정을 위해 그 사회의 생존 유지에 기여하는 '유익한 진리' 관념을 필요로 한다. 그런데 서양인의 정신성을 견인해온 '형이상학적 진리 관념'이 '실재 자체'와 일치한다는 경험 과학적 증거는 좀처럼 발견되지 않는다. (차라리 평균 수명을 몇 배 연장시켜준 과학적 진리 관점이나 안정된 삶을 가져다준 경제 중심적 관념이 생명을 안전히 보호해주는 든든한 기능을 한다.)

니체가 보기에 소크라테스 이후로 서양인이 정신에 간직해온 '영원하고 완전하고 도덕적 선을 지닌 진리' 관념은 '남성의 욕망을 일으키는 여성의 화장술(환상술)'과도 같은 무엇이다. 그것은 계속된 전쟁과 폐허 상황에 놓인 고대 인류의 '죽음불안을 해소하려는 긴박한 필요'가 정치가와 종교가, 교육자에 의해 널리 전파되어 서양인의 정신 속에 자리 잡아 전통으로 전승된 일종의 환상이다. 그것은 각 시대마다 죽음 공포 해소와 정신 안정에 기여하는 '유익한 환상' 기능을 지녔기에 사회적 가치 체계의 중심 자리에서 오랜 세월 존속되고 칭송되어온 것이다.

그런데 이제 시대 환경이 너무도 많이 변했다. 사회 제도 개선과 의학 발달로 죽음공포가 상당히 해소된 19세기 말부터 21세기 현재까지, 과거 시대의 진리 관념은 현대인에게 더 이상 만능 치료약 같은 효력을 제공하지 못한다. 오히려 '영원한 진리'가 실재함을 믿고 사는 사람들이 삶을 온전히 향유하지 못하는 현실 부적응자로 전락하고, 정신에도 여러 부작용이 수반된다. 그래서 인류의 정신 건강을 위해, 현대인의 정신에 활력을 줄 새로운 '인생 관점, 가치, 의미들'이 생성되어야 한다.

뜻밖의 파노라마가 끝없이 펼쳐지는 인생사와 수많은 의미로 가득 찬 이 세계에서 누가 주체이고 누가 수신자인가? 권위자의 목소리를 흡수해 그에 따라 사는 것이 최선인가? 국영 매체를 통해 널리 퍼진 진리의 말씀에 부합하기 위해 평생을 바쳐온 수많은 사람들은 과연 존재의 실상을 온전히 자각하고서, 자기 삶을 주체적으로 선택해온 것인가?

"어떻게 사는 것이 잘사는 것인지 부디 저에게 한 말씀 해주세요. 저 혼자서는 도무지 생각할 수가 없어요."

19세기 유럽인은 그들의 삶을 안정시키는 동시에 속박하는 '소크라테스-플라톤-기독교'의 '형이상학적(초자연적·도덕적) 진리' 관점과 전 세계를 정복해서 얻은 물질적 풍요를 기반으로 미적 환상을 능동적으로 향유하는 '예술적 진리' 관점 사이에서 어떤 삶을 선택할지 갈피를 못 잡고 있었다.

'거룩한 진리'와 '자유를 추구하는 삶' 사이에서 내면 갈등이 심화되던 과도기 시대를 살았던 니체는 전통 형이상학적 세계관의 부작용에서 벗어나려면 '삶에의 의지'를 고양시키는 새로운 진리관이 절실히 필요하다는 것을 깨달았다. 니체가 보기에 '하늘에 계신 영원하고 완벽한 절대자에 도달하게 하는 최상의 길'로서의 형이상학적 진리관은 현대인의 욕망 충족과 정신 건강에 더 이상 최상의 길이 될 수 없었다. 또한 감각지각적 사실들에 대한 건조하고 냉정한 인식으로서의 과학적 관점으로는 물질적·군사적 힘을 키울 수는 있지만, 유럽인의 정신에 품격 있고 '풍성한 활력'을 제공하기는 어렵다고 해석한다.

신(진리) 중심적 금욕 문화와 본능욕구에 대한 '과잉 억압'에서 기인한 일종의 신경증 증상인 무기력, 우울, 허무주의 늪에서 빠져나오려면 어찌해야 하는가? 찬란한 여러 유형의 신들과 더불어 자기 삶을 생생히 향유하며 살았던 고대 그리스인의 활력을 어떻게 하면 현대인의 정신에 연결시켜줄 수 있는가?

니체는 하나의 관점만을 '진리'로 주장하는 모든 '주의ism'에는 사회 구성원들에게 특정 목적을 강조하고 각인시켜 통제해야 했던 권력 집단과 그 사회의 생존이 걸린 긴박한 필요가 바탕에 깔려 있다고 해석한다. 그러나 이제는 하나의 특정 관점만 진리로 규정해 부각시키는 선입견과 독단에서 벗어나야 한다. '실재'를 여러 관점에서 다각도로 음미하는 유연한 시각을 지닐수록 정신 발달과 삶의 향유에 바람직하기 때문이다.

가령 고대 그리스인들처럼 '조화로운 형식미'를 제공해 정신에 안정감을 주는 아폴론의 지혜, 형식 없는 도취 상태를 만끽하는 디오니소스적 광기, 죽음불안이 극심한 환경에서 위안을 주는 소크라테스의 진리, 본능을 자유로이 표현하고 향유하는 그리스 신들의 삶, 현실의 힘에 비해 욕망과 지성이 과도해짐으로 인한 인간의 비극적 실상을 적나라하게 직시하는 실레노스의 지혜 등등 삶을 여러 관점에서 상황에 따라 다채롭게 향유하는 스타일을 보충할수록 주체적 '삶의 의지'가 고양된다.

소크라테스와 니체는 각각 당대 사회(이데올로기, 현상계)에서 '실재'의 심연과 접촉하는 뜻밖의 강렬한 체험을 한 자들이다. 안전하고 아름답게 화장(각색, 환상)된 현상계(상식 세계) 배후의 '실재 자체'를 환상(방어)없이 접촉하는 순간, 인간의 정신은 강렬한 충격을 받는다. 그로 인해 정신 균형이 요동치고 기존의 가치관과 세계관이 균열된다. 파열된 방어막의 틈새로 낯선 기운이 정신에 퍼지는 불안한 상황에서 대다수 인간은 주관적 망상이나 '제도권의 보호막'으로 황급히 되돌아가 자신을 추스른다(경직된 방어기제에 갇힌 존재가 된다).

이에 비해 소크라테스나 니체처럼 소수의 주체적이고 선구적인 인간은 자신의 강렬한 체험 내용을 곱씹고 소화하여 주체적인 언어로 외부세계에 표현한다. 그럼으로써 그는 자기 자신뿐 아니라 집단의 정신과 삶을 새로이 고양시키는 선구적 정신 모델이 된다.

선구자들과 더불어 다시 음미해보자.

"진리란 무엇인가? 진리는 어디로부터 오는가?"

소크라테스 ─ 당신 안에는 '그것'이 무엇인지 알 수 있는 대단한 힘(이성)이 있으니, 진리가 무엇인지 자부심 있게 묻고 생각하고 또다시 묻고 생각해보라. 그 과정에서 어느 순간 깊은 깨달음을 얻게 될 것이다.

니체 ─ '진리'란 상처로 위축된 영혼을 회복시키는 데 잠정적으로 필요한 환상이다. 주체가 그것을 잘 사용하면 대단한 '정신치료약'이 되지만, 과도하게 잘못 사용하면 삶을 송두리째 집어삼키는 '독'이 된다. 진리는 또한 환상의 보호막 없이 '실재'를 적나라하게 직면할 때 엄습하는 충격적이고 처절한 깨달음이다. '아아, 이것이 삶의 실상이었구나!' 이 깨달음은 '영혼에 무게감'을 주는 귀한 무엇이지만, 과도하면 감당하지 못해 미칠 수도 있으므로 각자의 정신력에 맞게 대면해야 한다.

진리는 인류의 생존에 기여하기에 모든 사회에서 존중되어온 중심 의미들 중 하나이다. 때로는 그것을 생성해내는 힘의 주체가 당신 자신이 될 수도 있다. 소크라테스나 예수처럼 기성 집단의 진리 관념과 다른 진리를 주장하다 위기에 처해도 당당히 신념을 고수할 용기가 있다면 '스스로 의미를 창조'하고 전파하는 길을 가라(힘이 없으면 기존 집단으로부터 경멸과 무시를 당해 상처 입어 죽을 것이고, 힘이 있으면 역사에 남는 위대한 '초인'이 될 것이다).

(환상의 보호막 없이) '실재'의 심연을 너무 깊이 들여다보다간 홀연 '그것'에 동화되어 그나마 유지되어오던 응집된 자기 정신성마저 붕괴될 수 있다. 그러나 당신이 그 위험을 감당해낼 수 있는 정신력을 지녔다면, 정신성과 생존을 좌우하는 외부세계의 요구들(그 시대의 법, 규범)에 전적으로 종속되지 않는 주체적 진리를 창조할 수도 있다!

프로이트 – 의식과 무의식이 분열된 정신 구조를 지닌 인간은 현재 자신의 자아가 감당할 수 있고 불안을 없애주는 것만을 '진리'라고 믿고 싶어 하는, 방어기제에 보호받는 동시에 갇혀 사는 존재이다. 이 사실을 냉철히 반추하여 무의식의 환상과 콤플렉스를 대면해 극복해내는 만큼 정신이 확장되고 삶의 향유 능력이 유연해지며 직업 성취력이 높아진다.

라캉 ─ '진리'란 태어나기 전부터 개인을 에워싸며 정신에 영향을 미치던 거부할 수 없는 상징계의 언어적 의미 작용에 의해 생성된 기표다. 개개인이 속한 각 시대 사회의 보이지 않는 상징계 구조 배열이 변화하면 개인 정신의 외부와 내부에서 작동되던 기존 '진리'의 의미와 분위기, 패러다임도 부지불식간에 변화한다. 그와 더불어 나의 욕망과 사고관과 세계관도 (무심결에) 변화된다!

볼 수도 싸울 수도 벗어날 수도 없는 심연(무의식)의 힘들에 태생적으로 얽혀 있는 '인간'에게 과연 '진리'란 무엇인가?

나는 이렇게 말하고 싶다.

의식의 화사한 의미들에 가려진 '무의식의 진실'을 애써 대면하고 소화해낸 딱 그만큼 '영혼의 무게감'이 형성된다. 이것이 인간사 배후에 존재하는 불멸의 진리이다.

객진번뇌 客塵煩惱

'지나가던 객이 일으킨 먼지로 인해 번뇌가 일어난다.'

불가佛家는 미성숙한 인간일수록 주관적 번뇌와 망상에 빠져서 불필요한 고통에 시달리며 살아감을 유독 강조해왔다. "모든 번뇌는 마음이 만들어낸 환상에서 기인한다."(일체유심조一切唯心造) 그런데 불가 수도자들이 수련할 때 '객진번뇌' 또한 자주 언급된다는 말을 어느 불교 학자에게 듣는 순간 마음속에서 짙은 영감이 일렁인다. 그래, 그렇겠지. 참 다행이다. 불교 학자들이 '객이 뿜어대는 먼지'를 주목하지 않았다면 승려는 현실로부터 오는 온갖 자극에 대한 지각을 부인·외면하는 극단적 관념론자, 정신증자와 다를 바 없을 테니.

불가에서 '객客'이란 깨달음을 추구하는 수행자 곁을 스쳐 지나가는 나그네, 잠시 대면하여 몇 마디 말을 나누는 손님, 덧없는 인연들이 엮이고 떠나곤 하는 세속에서 만난 부모·형제·친구를 포함한 모든 타인을 의미한다. 그 객이 일으키는 '먼지[塵]'란 타자와 관계하는 도중에 원치 않게 내 심신에 침투되는 이질적 자극과 기운들이다. '먼지'는 평온하던 내 정신의 보호막을 급작스레 파손시켜 번뇌의 소용돌이를 일으키는 '섬뜩한 자극'들의 은유다. 태어날 때부터(혹은 태어나기 전부터) '나'를 둘러싼 거대 타자들의 부담스런 요구와 뜻밖의 충격·자극들로 인해 아직 미성숙한 영혼은 놀라고 무기력해지고 수치심에 빠질 수밖에 없다. 그런 불안하고 역겨운 현실 자극들을 차마 다시 떠올리거나 대면하기 두려웠기에 먼지(티끌)로 전치시켜 표현한 것이다.

한 불교 학자가 말한다.

"불가의 경전에는 정신 내면의 번뇌를 깨닫게 하고 진정시키는 유익한 가르침들이 많아요. 그런데 외부세계가 어떤 원리에 의해 움직이고 복잡한 현실의 어떤 요소들[客塵]이 특히 정신에 영향을 미치며, 외부세계의 문제들을 어떤 방법으로 대처해 개선할 수 있는지에 관한 안내는 거의 없어요. 그래서 불가의 탁월한 지혜를 현대 사회에서 구체적 힘을 발휘할 체계적 실천 운동으로 정립하기가 간단치 않네요."

부처는 과연 그의 시대와 사회의 '현실 위력'을 몰랐을까? '외부세계'가 개개인의 마음에 미치는 그 엄청난 영향력을 간과했을까? 오직 자기 마음속만 들여다보면 삶의 모든 번뇌가 소멸되어 현실을 자유로이 향유할 수 있다고 보았을까?

심리적 고통의 원인들은 주체의 정신 내부와 외부세계 양쪽으로부터 온다. 내면세계에서는 본능욕동들이 끊임없이 솟구치고 본능에 끌리는 '나'(자아)를 혹독히 비난하는 (초자아의) 강력한 도덕 평가 소리가 역동한다. 그리고 욕동의 좌절로 인한 불쾌감(우울·수치감·열등감), 좀처럼 지워지지 않는 상처 흔적들, 반복되는 소망·환상·불안 등도 역동한다. 반면에 외부세계에서는 '나의 소망'을 배려하지 않는 현실계의 냉정한 요구들이 끊임없이 밀려든다. 이 요구들과 현실 원리를 무시하고 내 욕망대로 행동하면 현실계로부터 냉혹한 징벌을 받는다. 따라서 외부세계와의 관계를 피할 수 없다면 그것이 인간이든 자연이든 인공 물질이든 타자의 욕망과 요구를 온전히 파악하고 배려해야만 한다. 그것을 외면하면 응분의 대가를 혹독히 치르게 된다. 인생은 '주객'이 공존하며 서로 관계 맺는 과정에서 이런저런 에피소드와 파노라마가 펼쳐지는 세계이다.

그렇다면 다시 '객'이란 무엇인가? 그것은 '열심히 수도하는 나'가 어찌할 수 없는 강력하고 거대한 타자 일반을 의미한다. 그것은 내가 태어나기 전부터 외부세계에 현전해왔고, 의식 모르게 내 정신 속에 들어와 '심리 내적 실재'로, 보이지 않는 힘들의 그물망matrix으로 자리 잡고 있다. 따라서 그것은 단순히 주관적 환상만도 객관적 실재만도 아니며, 나인 것도 나 아닌 것도 아닌 무엇이다. '객'은 나의 안과 밖 모든 곳에서 '내가 모르는 힘'이 나를 응시하고 내 심신을 이리저리 움직이도록 직간접적 압력을 가한다.

'객진번뇌'란 타자에 의한 정신의 운명적 고통들을 오랫동안 탐구하고 대면해온 불가의 수도자들이 특유의 '거대자아 관점'에서 정리한 일종의 유머이다.

"늙음, 병듦, 죽음, 이별, 상처, 뜻밖의 재난들 앞에서 몸과 정신이 난도질당하고 얼어붙는 온갖 공포가 밀려들지라도 덧없이 사라질 나그네 여정일 뿐인 이승의 번뇌들에 괘념치 마시게나……."

진공과 악공: '진실x' 대면

"나 자신이 누구인지 알고 싶어요."

"존재의 실상이 무엇인지, 인생의 목적이 무엇인지 꼭 알고 싶어요."

"내가 불행하게 된 까닭이 무엇인지, 이 상태를 벗어나려면 어떻게 해야 할지 알고 싶어요."

자신 모르게 억압되어 망각된 그 진실을 당신은 진정 알고 싶어 하는가? 정신이 붕괴될 위험을 무릅쓰더라도 '끝까지 알아야 하는 진실'이 존재하는가? 정신을 보호하는 환상들이 모두 거두어진 '날것의 실재'(물자체, The Real, X, Truth)를 진정 대면하고 싶은가?

병리성이 심한 사람을 접하거나 정신분석 상담에서 정신증 요소가 강한 내담자를 만날 때 내 안에서 가끔씩 일어나는 어떤 심리 현상들이 있다. 명민하던 머리가 어느 순간 아무 생각도 나지 않고, 상대에게 무슨 말을 해야 할지 둔감해지고, 문제를 선명히 분별하도록 안내하던 평상시의 언어가 아닌 엉뚱한 언어가 튀어나오고, 세상 관계가 꼬인 것 같고, 자부심이 사라지는 곤혹스런 현상들이 가끔 일어난다. 이런 현상은 도대체 왜 생기는 것인가? 이 물음과 연관해 정신분석학은 의미 깊은 답을 제시한다.

"다수 인간은 행복을 욕망하고 안전과 이익을 추구할 뿐 '진실 대면'

을 진정으로 좋아하지 않는다."

이 말은 다음과 같은 의미를 지닌다.

영유아기 상처로 불안이 심한 유아성 인격에게 정신분석의 눈으로 무의식의 진실을 캐내어 대면시키는 행위는 곤혹스런 심리적 부담과 스트레스로 작용한다. 따라서 그것에 대한 반응으로 독 기운(의식이 소화하지 못한 무의식의 불안 덩이와 파괴욕동)을 내뿜게 된다. 그 독기에 쏘이고 감염되어 일어난 일련의 골치 아픈 증상들은, 내담자의 내면 상태와 욕망을 이해하지 못하고 사려 깊지 않은 언행을 보인 상담가의 인과응보다.

현대 철학에서는 현대인의 정신에 내면화된 주요 관념(권력, 돈, 쾌락, 아름다움, 도덕, 정상과 비정상)과 주요 현상(사회 갈등, 범죄, 종교 갈등, 정신병)들이 생성된 역사적, 사회 구조적, 심리적, 언어적 배경을 세세히 캐묻고 정밀 탐색해가는 계보학의 위력이 상당하다. 상식에 의거해 사는 보통 사람이 지각하지 못하는 (어둠에 묻힌) 진실을 발견(발굴)해낸다는 점에서 그들의 선각자적 자부심은 대단하다.

자기 시대 문화에 대한 문제의식을 지녔던 니체, 프로이트, 마르크스는 당대 사람들이 생각하지 못한 뜻밖의 물음을 던져서 그 시대의 상식을 뒤흔들었다.

"당신이 가장 확실한 진리라고 믿고 살아온 그 종교, 도덕관념, 가치관은 언제 어떻게 당신의 정신에 형성된 것인가? 그것은 과연 그 자체로 검증된 진실인가? 이념 학습으로 인해 정신에 각인된 결과물인가? 당신은 과연 스스로 그것의 진실성에 대해 투철한 확인 과정을 거쳤는가?"

이 세 사람은 당대 사람들이 의심 없이 믿어온 주요 의미와 신념들의 형성과 변천 과정, 배후의 진실을 드러내 보여준 계보학의 창시자다. 그런데 동양에서도 계보학의 선구적인 관점과 모델이 옛날부터 존재해왔다. 가령 불가에서는 '세속의 진리'와 그것을 넘어서는 '구도자의 진리'를 확연히 구분한다. 세속의 진리는 각 사회가 질서 유지와 생산성 증대에 필요하여 가치를 부여하고 사회 구성원들에게 권장해온 의미·가치·욕망 체계와 연관된다. 세속의 사람들은 그것을 인지하고 내면에 수용하여 행동으로 성실히 실행하는 만큼 사회로부터 인정과 존중을 받게 된다. 이것은 초등학교 교육부터 시작되는 일종의 국민 이데올로기, 일반 상식, 생산적인 경쟁 유발 내용에 해당한다.

"근면 성실한 삶, 질서를 잘 지키는 사람이 사회와 인간관계 차원에서 최상의 인품이다." "냉정한 경쟁 사회에서 인정과 권력을 얻지 못한 자는 인생 패배자다." "잘 먹고 잘 노는 게 최고의 삶이다." 등등.

이런 생각과 가치관들에 비해 구도자는 세속의 성공, 이익, 쾌락 욕망들을 내려놓고 '진리에 대한 깨달음'에 생명을 바친다. 그는 세속의 사람들이 지닌 상식적 의미 분별과 가치 평가 너머의 진실에 접속하는 데 온 생명 에너지를 쏟는다.

"늘 같은 생각과 행동 패턴을 요구하는 이 사회의 갑갑한 틀 너머 진정한 삶을 체험하고 싶다!"

그런데 그들처럼 상식적 의미 분별을 내려놓으면 인간 정신에 어떤 좋음이 있는가? 적어도 그 사회에서 통용되는 성공과 실패로 인한 제반 번뇌 망상(스트레스)에서 벗어날 수 있다. 가령 권력과 돈의 가치를 중시하는 사회 환경에서는 돈과 권력의 많고 적음에 의해 사람들의 희로애락과 존재 가치감이 좌우될 수밖에 없다. 마찬가지로 '학력'을 중시하는 환경에서는 학벌의 높고 낮음에 의해 자존감이 요동치고, '쾌락'의 가치를 지향하는 집단에서는 쾌락을 충족하지 못한 사람이 위축되고 우울해질 수밖에 없다.

"아, 내게 100억만 있으면 소원이 없겠다.""국회의원 한번 못 해보고 죽으면 인생 패배자가 될 거야.""저는 내놓을 만한 것이 하나도 없어서 사람들과 만나는 걸 피하고 숨죽이며 살아요."

사회적 가치 평가와 의미 분별에 담긴 환상(허구)적 요소를 성찰하도록 하는 부처의 설법은 그 환상에서 기인한 부정적 감정들(수치감·열등감·우울·불안·걱정)에서 벗어나는 치유 효과를 제공한다. "눈에 보이는 것과 내면의 고통이 영원한 실체가 아닌 끊임없이 변화되는 '연기 현상'일 뿐이라는 말씀에 불안하고 무겁던 마음이 가벼워졌어요."

그런데 존재의 실상(심연의 진실)에 대한 깨달음을 전하는 부처의 말씀도 일상 언어와 개념적 사유에 매개되는 한, 세속의 의미 분별 틀(굴레, 패러다임)에 속박되는 한계를 지닌다. 그 한계를 넘어 '완벽한 성찰과 해탈'의 경지에 도달하려는 구도자(진실 탐구자)들은 어느 순간 일생의 최대 과제에 직면, 도전하게 된다. 그 과제는 언어적 의미 분별 관점·기준·작용 자체를 최대한 내려놓는 수행법이다. 의미 분별을 내려놓으면 무엇이 체험되는 것일까? 삼라만상의 근본 원리[道, 理]가 터득되는가? 존재의 실상을 깨우치는가? 어둠과 안개 속에 가려져 있던 진리가 찬란히 현현되는가?

어떤 이유 때문에, 이에 대한 답변은 세속의 사람들에게 온전히 노출되지 않는다. 의미 분별의 경계(한계)를 내려놓고 넘어서는 수행에 전념하면서 수많은 양태의 성공과 실패 사례를 접한 불가에서는 위 물음에 대해 '진공眞空'과 '악공惡空'으로 답한다. 즉 구도자 혹은 세속인이 사회적 의미 분별 작용을 전적으로 내려놓으면 악공에 빠지거나 진공을 체험하게 된다.

악공이란 개인에게 쏟아지는 세상의 어떠한 판단이나 평가에도 마음이 움직이지(반응하지) 않는, 적막(공허)하고 활기 없고 모든 의미 분별이 사라진 무기공無記空 상태를 뜻한다. 불가에서는 불안과 상념의 뿌리를 추적해 정화하는 수련을 극한까지 수행하다가 '생각/생각 없음', '의미/의미 없음' 사이를 가르는 경계 세움(분별, '/') 활동을 자신이 감당할 수 있는 한계 이상으로 지워버려 홀연 무기공에 빠진 사람들이 적지 않았다. 한때 깨달음의 현현으로서 주목받다가 추락한 그들은 종단의 골칫거리였다.

가령 '걸레스님'이라 불린 중광重光의 경우, 깨끗함/더러움(청정수와 배설물), 귀함/천함 사이의 '분별'이 전혀 없는 언행으로 세인의 주목을 받았다. 그에게는 더러운 누더기와 화려한 옷, 수녀와 창녀, 권력자와 노숙자의 차이가 전혀 분별·지각되지 않았다. 단지 아이같이 맑은 눈으로 직관하여 상대가 좋은 느낌을 주는 대상인지 불안을 일으키는 대상인지를 지각해 원초적으로 반응할 뿐이었다. 만약 그의 범상치 않은 예술적 능력이 없었다면, 몸에서 악취를 풍기고 이익과 손해를 계산할 줄 모르고 일반적 규범에 구애받지 않는 행동을 하는 그는 상징적 의사소통 능력을 상실한 '미친 놈'으로 취급당했을 것이다. 그는 불가 승단이 거론하기 불편한, 즉 악공과 진공이 혼재하는 구도자로 지내다 이승을 떠났다.

그런데 의미 분별 활동을 벗어던진 사람들은 어떤 연유로 진공이 아닌 악공에 빠지게 될까? 불가에서는 이 난제에 대해 단지 '어린 시절'부터 수도 생활을 해야 훗날 악공에 빠질 위험이 적다는 정도의 (통계적) 감만 잡을 뿐이었다. 이 문제에 대한 학문적·체계적 성찰은 '무의식'을 탐구하는 정신분석학이 세상에 출현하기 전에는 불가능했기 때문이다. 130년에 걸친 정신분석학의 '무의식' 임상 연구 자료들을 활용하여 이 물음을 심도 있게 이해해보자.

출생 초기 양육 환경이 너무 열악해 깊은 박탈 상처를 입은 아이는 현실을 감당해내는 자아 기능과 자아 구조가 견실히 형성, 발달하지 못한다. 고통을 견뎌내고 소화해내는 자아의 강도가 약하고 자아 기능이 아이(원시) 상태에서 성인(문명) 상태로 분화되지 못한 사람들 중 일부는 성년이 되어서도 현실 세계에 적응하지 못한 채 종교에 귀의하곤 한다. 자아가 온전히 발달하지 못한 그가 종교적 명상과 수련을 하는 과정에서 설법자의 말씀을 전적으로 믿고 세속에서 습득한 의미들, 가치 분별 기준과 경계들(선/악, 참/거짓, 옳음/그름, 아름다움/추함)을 일시에 내려놓으면 그의 정신에 어떤 일이 벌어질까? 의미 분별과 가치 평가로 인해 발생하는 온갖 부담과 속박과 번뇌로부터 단숨에 벗어나게 되는가?

　자아가 미성숙하고 불안이 깊은 사람의 정신은 늘 자신을 불안에서 구해줄 구원자를 간절히 찾는다. 그런데 세상의 상징적 의미 교환 체계에 대한 온전한 분별 지각력을 지니지 못했기에 자신을 구원해줄 것 같은 대상의 말에 (어떤 반성 과정도 없이) 정신이 전적으로 함입된다.

　"덧없고 헛된 세속의 분별들을 다 내려놓거라. 그래야 네가 모든 번뇌와 불안에서 해탈한 부처가 될 수 있단다. 오직 이 화두에만 온 정신을 집중하거라."

　스승의 이 말씀을 '문자 그대로' 진리라고 믿고 그대로 실천하면 자아가 취약한 그의 정신은 어떻게 될까?

이는 완벽하고 빠른 구원을 갈망하는 사람이 정신과에서 처방해준 한 달치 항불안제와 항우울제를 한입에 다 삼키는 것과 같다.* 여러 힘든 고통을 견뎌내며 자아의 발달 과정을 열심히 거치지 않은 미성숙한 인간이, 곧바로 온갖 번뇌가 사라진 행복하고 충만한 무아지경에 도달하는 (마술적) 지름길은 이 세상에 존재하지 않는다.

보이는 대상들에 대한 의미 구분과 가치 평가하는 자아의 분별 작용이 멈추면 정신의 보호막이나 거름 장치 없이 언어적 지각 이전 미지의 원초 자극들, 즉 물자체가 그대로 침투한다. 그리고 정신은 그것들에 대처할 마땅한 방법을 찾지 못해 곤혹스런 불안공포 상태에 처한다. 안전한 보호막(자아 경계) 없이 평소 지각하지 못했던 낯설고 이질적인 자극들이 사방에서 내 정신에 빠르게 엄습하는 상태를 상상해보라. 그것은 어떤 기분이고 내 정신은 어찌 되겠는가?

이때 '나'는 이질적 자극들에 점유되어 해체되는 극심한 불안과 공황 상태에 처하게 되고, 공포를 회피하기 위해 지각 기능 자체를 마비시키는 '분열방어'를 대대적으로 작동시킨다. 즉 불가의 골칫덩이였던 '악공'은 세속의 복잡한 현실에 두려움과 환멸을 느껴 출가한 뒤 수도 과정에서 내적 방어를 내려놓고 존재의 참모습을 대면하는 과정에서 자신에게 억압되어 망각된 '무의식의 진실'(날것의 실재)이 한꺼번에 엄습할 때 발생한다.

예상치 못한 갑작스런 충격에 수반된 극도의 불안과 부정적 환각들

---

* 현실 자아가 매우 미발달된 어떤 내담자가 내가 소개한 정신과에 가서 의사가 처방해준 한 달치 항불안제와 항우울제를 구입한 후, 빠르고 완벽한 구원 상태를 갈망하며 그 약들을 곧바로 한입에 다 삼킨 적이 있었다. 그때 그는 밤새 구토증과 어지럼증에 시달리다 심신이 탈진한 상태로 상담실에 와서, 의사와 약과 상담가를 원망해댔다. "이젠 더 이상 누구도 믿을 수 없게 됐어요!"

은 명상 수련자로 하여금 '분열' 방어를 대대적으로 작동시키고, 고통 없는 무자극 상태로 회귀하고픈 죽음(해체)욕동을 활성화시킨다. 그로 인해 오랜 세월 동안 정신 내부에 축적해온 의미 깊은 생각들, 내적 대상들과 사고 작용까지 가차 없이 해체된다. 고통을 주는 현실 일반에 대한 인지적·정서적 지각 기능과 사고 기능이 마비되고, 그 충격으로 인해 소화하지 못한 감정 덩이가 정신에 뒤덮여 정신 기능의 마비 상태가 지속된다. 그럼으로써 먹고 자고 싸고 화내고 성교하는 등 본능과 연관된 원초적 감각지각 기능만 작동할 뿐, 추상적이고 반성적인 사고 활동이 마비된다. 아울러 부정적 감정과 자극 일반에 대한 판단 기능이 작동하지 않는 무분별 상태, 민감한 심리적 고통이 느껴지지 않는 멍한 (무감無感) 상태에 처한다.

"아니, 그토록 명민하고 지혜롭던 분이 왜 갑자기 저렇게 된 거야? 완전히 맛이 갔네."

반면 악공에 대비되는 진공은, 정신 내부와 외부의 자극 일반에 대한 자아의 종합적 인식 기능이 활성화되어 존재의 근본 실상을 훤히 깨닫는 상태이다. 아울러 그 깨달음을 통해 현실에 대처하며 삶을 충만하게 살아갈 힘을 얻은 상태이다. 그렇다면 세속의 의미 분별(성공/실패, 진리/환상) 작용을 '잠정적으로' 내려놓음으로써 지각된 '실재의 참모습'은 어떤 것인가?

여기서 먼저 우리는 여성 정신분석가 클라인의 '우울 자리' 개념에 주목해야 한다. 즉 실재를 있는 그대로 본다는 것은 실재가 지닌 좋은 면과 나쁜(고통스런) 면을 두루 전체적으로 지각한다는 것이다. 그런데 대상의 좋은 면과 나쁜 면 중 어느 한 쪽만 편집적으로 부분 지각하는 유아의 '편집·분열 자리' 정신 구조로부터 좋은 면과 부정적인 면을 두루 지각하는 '우울 자리' 정신 구조에 도달하려면 무엇보다 '고통을 견뎌내는 자아 능력'의 발달이 선행되어야 한다.

영유아기 박탈 상처가 깊은 사람일수록 '부정적 내용이나 고통 자극 일반'을 견뎌내는 능력이 부족하다. 그로 인해 부정적이고 낯설고 강한 자극들을 질색하며 회피하는 특성을 지니게 된다. 그는 '자아 강도'가 약하고 '자아 탄력성(유연성)'이 부족하기 때문에 사소한 부정적 자극에 의해서도 자아가 자주 깨진다. 이런 약하고 예민한 정신 상태이기 때문에 자신의 단점과 부정적 요소를 결코 알고 싶어 하지 않는 것이다.

고통을 인내하는 힘이 약한 인격은 결코 좋음과 나쁨, 기쁨과 슬픔이 혼합되어 상호 영향을 미치는 존재의 실상과 근본 원리에 대한 온전한 깨달음, 즉 '진공'을 체험할 수 없다. 그는 고통 일반으로부터 자신을 지켜줄 전지전능하고 영원불멸하는 '구원자(수호신) 환상'의 도움과 보호를 늘 필요로 한다.

(의식에 지각된 현상들 너머의) 진실을 깨달은 자[見者]란 환상이나 방어기제의 보호(안전) 없이 정신의 안정을 위협할 수도 있는 세상사와 인간의 적나라한 실상을 꿰뚫어본 자를 뜻한다.

불안을 완화해주는 환상들과 언어적 상징 의미들의 보호막 없이 '실재의 심연'을 직관하다가 조발성 치매로 정신 기능이 마비돼버린 니체, (우상화된 부처-불법을 숭배하던) 중국 황실이 제안한 최고 법사 자리를 거부한 채 동굴에 칩거하며 '도道의 진실'을 침묵의 몸짓으로 전한 달마 대사. 영화 〈매트릭스〉에서 현실의 섬뜩한 실상을 대면하고 치열하게 대결하는 주인공들. 온 재산을 헌납해 수도원을 짓고 자연에 깃든 조물주의 섭리를 음미한 성 프란체스코. 거대한 연기緣起로 얽힌 '실체

(영원성) 없는 세계'의 실상을 뿌리 깊이 체득한 부처. 그들이 바로 진실을 깨달은 자였다.

방어막과 언어적 의미 분별 체계를 '영원히 내려놓아' 세속의 세계로 되돌아오지 못하는 사람을 정신분석학은 상징계와의 의미 소통이 불가능해진 정신분열증자로 분류한다. 정신증자는 '실재와의 만남'에 있어 상징적·언어적 '의미 분별' 체계에 기반을 두는 보통 사람들과 전혀 다른 환상 지각을 체감하며 산다.

"보통 사람은 느끼지 못하는 '외계인 같은 그것'이 어느 순간 강력한 힘으로 저에게 엄습해요. 내가 없어질 것 같고, '그것'에게 먹힐 것 같고, 무섭고 눈물이 나요. 경련하며 정신을 잃기도 하고, 정신이 멍해지기도 해요."

"제 안에 사람들의 눈엔 보이지 않는 '그분'이, '그녀'가 살고 있어요. 제 갈비뼈 사이에 있다가 예기치 않은 순간 불쑥 나와서 저에게 명령을 하고 제 행동에 이래라 저래라 참견하곤 해요."

세속의 의미 분별 구조와 도덕 법칙은 그 울타리 안에서 사는 사람들의 정신과 행동에 지대한 영향을 평생 미친다. 사람들은 때로 제약 없이 욕망을 충족해보고 싶어서 그 울타리를 벗어나려 한다. 그리고 충동에 휩싸여 그 경계선을 넘어서는 순간 뜻밖의 충격을 겪게 되고, 일상의 의미 세계로 복귀하기 힘든 나머지 약물이나 향락에 의존하는 중독증 상태나 정신 기능이 마비된 정신증 상태에 처하곤 한다.

행복과 이익을 추구하는 세속의 진리를 택할 것인가, 진실 인식을 추구하는 구도자의 진리를 택할 것인가? 이 물음은 단순히 머리와 이론 차원에서 답해질 수 있는 것이 아니다. 그것은 그 문제의식을 지닌 자가 그동안 정신의 성장을 위해 어떠한 치열한 노력 과정을 거쳤는지, 고통이 산재하는 현실을 얼마나 회피하지 않고 대면해왔는지, 현재 어느 정도 발달된 자아 능력을 지니고 있는지 등과 같은 정신의 조건들과 연결된다.

세속의 의미 체계에 포섭되지 않는 '실재 자체x'에서 내뿜어지는 미지(무의식)의 자극들을 대면하고 견뎌내는 자아 능력을 보유하지 못한 자에게는 속계와 진실계의 구분을 논하는 것 자체가 별 의미가 없다(즉 말장난이 된다). 정신의 힘이 충분히 강하지 못한 사람은 그가 속한 사회가 제공하는 생존에 유익한 의미와 환상들로 자신을 치장하고 합리화하면서 안주하는 것이 매우 안전한 자기 보호술이기 때문이다. 그 와중에 속계에서 일어나는 뜻밖의 사건들에 얽혀 크고 작은 정서적·생리적 고통을 겪게 되는 것은, 우리 '인간'이 감수해야 하는 불가피한 운명인지도 모른다.

경계 넘나들기 유희

A: 영원한 진리와 완전한 선과 지극한 아름다움은 어딘가에 반드시 존재
   한다.

-A: 세상은 끊임없이 변화하며, '영원한 실재'란 '관념'일 뿐이다.

그대는 정신을 응집시키면서 암암리에 속박하는 언어적 의미 체계의
바깥으로 나아가본 적이 있는가? 잘못하면 미칠 수도 있고 어떤 안전
도 보장받지 못하는 그 순간에 그대는 무엇을 체험했는가? 언어(의미,
경계) 없이 정신에 쓱 침투했다가 나가버리기도 하는 섬뜩한 '날것의
실재'를 직접 느껴보았는가? 정신을 '안정시키는 그것'과 '불안하게 만
드는 그것'을 학자들은 어떤 언어로 개념화했을까? 인간은 무엇에 의
거해 신념을 형성하고, 무엇으로 인해 신념이 해체되어 방황하거나 뜻
밖의 깨달음을 얻어 자유로워질까?
   이 물음들에 대한 답을 찾기 위해, 소중한 신념을 갖거나 잃게 되는
원인과 과정을 인간이 태어나는 최초 시기부터 차근히 반추해보자

아기는 '원초 자아primal ego'를 갖고 태어난다. 그것이 엄마(양육자)의 헌
신적 돌봄 관계 속에서 성장해 생후 6개월경부터 '나'라는 연속성 있고

통일성을 지닌 무엇에 대한 감각이 생겨난다. 어린 '나'는 자신 안에 들어온 이런저런 자극들을 느끼기만 할 뿐, 그것이 무엇인지 아직 명료히 분별하지 못한다. 내가 누구이고 삶이 무엇인지 모르는 그 상태가 한동안 지속된다. 그러다가 언어를 습득하는 과정에서 '나'와 '세상'이 무엇인지에 대한 분별이 조금씩 형성된다. 즉 세상을 언어적 의미로 이해하는 능력이 성장해가는 것이다. 양육자와 융합되어 지내던 유아의 정신성은 언어를 통해 '실재'를 '의미'로 이해하는 능력을 습득한 아동과 소년의 정신성으로 질적 변화를 거친다. 그 순간부터 그는 '언어적 의미'를 통해 세상을 분별하고 타자 일반과 안정된 관계를 맺는 '사회적 삶'을 살아가게 된다.

언어적 의미 분별을 시작하는 순간부터 인간의 정신은 실재 자체, 본능 자체에서 분리된다. 그때부터 인간은 본능에 따르는 동물과 달리 사회 법규와 더불어 사는 존재가 된다. 그리고 사회적 의미와 가치를 지닌 대상들과 상징적 가치와 의미를 교환하는 관계를 맺는다. 그것은 심지어 자기 자신과의 관계에도 해당된다. 즉 사회적 의미를 매개로 자기 자신과 만난다. "나는 학생이다. 신앙인, 회사원, 아버지, 어머니, 아들, 딸, 여자, 남자, 성공한 자, 선배, 후배, 은퇴한, 늙은, 젊은 인간이다."

이처럼 자기 자신을 사회에서 통용되는 이런저런 의미를 지닌 존재로 이해하는 순간, 사회가 부여한 의미를 현실에서 수행하려는 욕망과 목표 의식이 생겨난다. "나는 '엄마, 딸, 여자, 직업인'으로서 내가 지키고 수행해야 할 바에 충실해야 한다."

자궁 밖으로 나오는 순간부터 불안을 느낄 수밖에 없는 아기는 심신을 안정시켜주는 양육자와 융합해 지내다가 '분리'된 후 양육자를 대체하는 제3자(아버지·선생·사회)를 통해 '상징 의미'들을 배우고 내면화한다. 불안해하는 아이의 간절한 욕망을 반영하고 채워주는, 영원불멸성을 지니며 전능하고 무한한 돌봄을 베푸는 구원자라는 '상징 의미'도 생성된다. 그것이 '실재'인지, 아니면 '관념'이나 '언어적 의미'일 뿐인지에 대해 인류는 과거 수천 년간 수많은 탐구와 논쟁을 해왔다. 그 결과를 몇 마디 말로 요약하기란 불가능하다.

인류 공동체가 형성될 때부터 각 시대와 사회는 질서 유지를 위해 구성원들에게 심리적 안정감을 주고 삶의 목표와 방향을 안내하는 안정된 상징 '의미'들을 생성, 제공해왔다. 그 의미들을 철학자는 변치 않는 '동일성'이라 칭한다. '동일성'은 인간 정신의 불안을 없애주는 독특한 효력을 지닌 '영속적 의미'를 뜻한다(진선미, 성스러움 등). 항상성을 지닌 그 의미를 (어린 시절 보호자의 대체물로서) 마음에 깊이 새겨서 간직하는 한, 인간은 열악한 환경 속에서도 불안에 시달리지 않고 살아갈 수 있게 된다. "영원불멸하는 전능한 그분이 나를 영원히 지켜주실 거야!"

아울러 인간은 그 의미 속에 갇힌 채로 그 의미가 요구하는 삶만을 좇게 되는 후유증을 지닌다. 또한 그 시대의 '중심 의미'들이 담아내지 못한 '실재계', '무의식', X'와 인생이 지닌 다면적 요소들을 인지하는 것도 불가능해진다.

그 시대가 구성원들에게 권장하는 의미 동일성에 정신의 초점을 맞추며 살아감으로 인해, '그 의미가 포섭하지 못한 실재(무의식, X)'를 인지하지 못하게 되면 어찌되는가? 특정 동일성의 의미 체계 속에서 안정감을 유지하던 그 시대인의 삶에, 어느 순간 불쑥 뜻밖의 재난이 닥치게 된다.

중세 사회는 특정 종교의 진리 관점에 배타적으로 함입되어 있다가 변화된 시대 환경과 새로 등장한 과학적 진리관, 자본주의 가치관에 의해 상당 부분 해체되었다. 과학주의와 자본주의의 의미 체계와 그 혜택에 심취해 있는 현대인의 정신 역시 뜻밖의 재난에 의해 붕괴될 위험을 지닌다.

존재 일반이 끊임없이 변화하는데, 그 시대와 사회의 중심 의미 체계가 변화된 현실을 온전히 포섭해내지 못하면 어찌되는가? 의식이 지각하는 의미들 밖으로 외면된 '실재'가 지닌 수많은 요소들(차이성들)이 오랫동안 무의식 상태로 있다가 어떤 계기로 갑자기 의식의 표면으로 솟구치게 된다. '의미 영역 밖의 실재'가 예상치 못한 힘과 존재성을 드러내는 순간, 기존 의미들로는 도무지 이해할 수도 대처할 수도 없는 뜻밖의 곤경에 처해 당대 인류의 정신이 당황하게 된다. 전성기를 누렸던 로마 제국, 몽골 제국, 알렉산드로스 제국, 소련 연방의 종말이 그랬던 것처럼 오늘날 위력을 과시하는 국가들도 그때 해체될 수 있다.

이런 논리는 개인사에도 그대로 적용된다. 한 가지 의미와 신념만을 꼭 붙잡고 살아온 사람들은, 그 신념과 의미 '밖으로 부인되고 억압된 낯선 힘들'에 의해 언젠가 예상치 못한 곤혹스런 부작용을 겪게 된다. 그 시대가 구성원들에게 학습시키고 요구한 특정 동일성(중심 의미체계) 밖으로 한 번도 나가보지 못한 보통 사람은 인생사에서 돌출하곤 하는 재난의 원인과 본질을 온전히 이해하지 못한다. 그로 인해 재난이 일어나면, 보다 완벽한 의미(환상) 내지 새로운 구원자가 나타나 불안을 해소해주기를 간절히 바랄 뿐이다. 안전한 울타리 기능을 하던 의미 체계의 경계 밖에서 엄습하여 기존 신념(동일성)을 해체시키는 '무질서한 차이'와 '낯설음의 힘'들을 버텨내고 수용해낼 수 있는 인간은 극히 드물다. 그런 인간이 바로 영웅, '초인'이다.

10~20대에 인간은 '이 세상에 영원한 가치를 지닌 고귀한 무엇이 존재한다'는 말의 의미를 학교, 문화, 종교를 통해 배운다. 그리고 배워서 정신에 내면화한 그 특정 동일성 관념이 제공하는 특유의 에너지를 통해 낯선 현실에서 오는 불편과 힘듦을 버텨낸다. 이것이 신념, 의미, 환상이 인간 존재에게 제공하는 힘이다.

30대에는 '진리와 도덕'의 절대 가치를 겉으로 내세우면서 속으로는 비웃는 듯한 부조리한 현실을 겪는다. 겉으로만 화사한 의미들의 허구성, 현실과의 괴리, 무기력에 대해 실망하며 의심을 품게 된다. 그로 인해 신, 진리, 선과 같은 의미 동일성을 '실재'라고 믿어온 신념이 옅어지고, 말과 실재가 다름을 섬뜩하고 거북하게 실감케 하는 현실 사태들에 당황하면서 '의미 일반', 인생과 세상에 대한 인식(해석)을 새롭게 재구성한다. 철학적 의심과 정신의 새로운 확장은 주로 이때 일어난다.

40대 이후의 인간은 현실에서 낯익고 고상한 의미들과 낯설고 공허한 기표들 중 어느 한쪽에만 치우치지 않은 채 양쪽을 두루 지각하고 사용하는 탈이분법적 경험에 주목한다. 아울러 서로 다른 관점과 의미들을 함께 음미하는 것이 어느 정도 어떻게 가능한가에 관심을 두며 이런저런 시도를 하며 살아간다. 환상과 실재, 어느 한쪽에만 집착하지 않고 그 둘을 번갈아 음미해 감당해내고 향유하는 창조적 유희의 힘이 생기는 것이다.

인간에겐 안정된 동일성을 지닌 상징 의미에 대한 믿음이 있어야 고통스런 자극들이 밀려와도 삶의 목표를 정립하고 버티며 끝까지 추구해갈 수 있다. 자기 자신이 소중하게 여기는 관점과 생각이 과연 존재의 진실을 온전히 반영하는지 되물으며 동일성에 대한 '의심'을 실재에 대한 새로운 '자각', 새로운 의미 '발견'으로 전환시키는 창조적 반성 능력을 지닌 사람도 있다. 그런 사람은 뜻밖의 충격으로 인해 세상에 대한 영속적 신념이 깨지고 이상화해온 신념의 내용과 다르게, 낯선 실재의 모습들이 현실에서 적나라하게 드러나도 일방적으로 낙심하지 않는다. 그는 실망하기보다 그 고통 경험 속에서 '아, 인생이 이런 것이었구나!' 라는 더 깊은 성찰과 새로운 의미 재구성을 꾸준히 시도할 수 있다.

창조적 예술가의 혼을 지닌 자라면, '환상이 사라진 실재'가 무미건조하게 지각되어도 허무의 늪에 빠지지 않는다. 그는 어둠 속 심연에서 원시의 생명 기운을 감지하고 끄집어내어, 무덤덤한 삶 공간을 다채로운 창조 무대로 변화시킬 수 있다. 초월적·형이상학적 개념(의미, 환상)들이 주는 안전한 느낌에 머물다가 뜻밖의 고통과 상처를 주는 현실에 직면하면, 그 안전성은 사라지고 형이상학적 의미에 대한 신념도 흔들리기 마련이다. 그러나 충격적 현실 상황에서도 (형이상학적 의미들이 영원불멸한다는) 신념이 해체되는 과정을 버텨낸 사람은 더 이상 사회에 떠도는 현란한 의미들을 문자 그대로 '진리'라고 맹신하지 않는다. 아울러 기성 의미들에 대한 불신과 부정 상태에만 빠지지도 않는 '탈이분법적 이해' 상태에 진입하게 된다.

타자에 의해 유년기와 사춘기 정신에 어떤 의미들이 '순수 진리'로 각인되었지만 그것의 불완전성과 환상적 요소를 대면해 '의미들의 경계 바깥에 있는 실재'와의 충격적 만남을 용기 있고 치열하게 해낸 사람일수록, 특정 관념과 관습적 분별에 속박되지 않는 '탈경계' 상태를 소화하여 '새로운 의미'를 주체적으로 생성해낼 힘을 지니게 되는 것이다.

세상의 거친 파도를 회피하지 않고 수차례 통과해온 사람은 특정 이념이나 신념에 종속·고착되기보다 탈경계 차원에 접속한다. 그리고 그

곳에서 자신의 의지와 무관하게 펼쳐지는 삶의 파노라마를 주체적으로 해석해내고 의미와 무의미(의식과 무의식)를 함께 음미하는 삶을 살아가게 된다.

물론 우리의 현실에서 이처럼 서로 다른 영역 사이의 두터운 경계를 유연하게 넘나드는 유희를 실행하기란 지극히 어렵다. 의식과 무의식이 분열된 정신 구조를 지닌 인간 존재의 특성상, 특성도 가치 기준도 다른 여러 이질적 영역들을 위험한 적과 안전한 아군 구분 없이 두루 조화롭게 향유하는 '탈경계 유희'는 이상적 희망일 수도 있다.

인간은 '생각 활동'과 '상상적 자기도취' 성향이 비대하게 발달한 데 비해, '사회 현실'과 '생리적·심리적 상태' 같은 각종 제약에서 쉽게 벗어나지 못한다. 즉 인간 존재는 사고와 실천 사이에 괴리와 불균형이 심한 특이 생명체다. 게다가 의지와 무관하게 작동되는 내면의 방어기제는 불안을 일으킬 여지가 있는 위험한 실재성과 대면하는 것을 자동 차단한다. 그로 인해 안정감을 주는 특정 의미와 가치에 대한 (환상적) 신념에 계속 머무르려 하고, 생경한 지각들은 무심결에 외면당한다.

대다수의 평범한 사람들은 상식적 의미 너머의 생경한 탈경계(탈의미) 상태에 결코 자발적으로 진입하지 않는다. 뜻밖의 충격을 받아 기존 신념과 방어막이 깨질 때에야, 세상을 향한 기존 일상의 의미 작용이 마비된 무의미 상태에 처할 때에야 비로소 기존 관념과 다른 '실재의 심연'을 극히 짧은 순간 수동적으로 체험할 뿐이다. 비일상적인 '그 낯선 시간'이 길어지면 심신에 긴장과 불안이 고조된다.

"아, 못 보던 것이 보이고 못 듣던 소리가 내면에서 들리고, 이상한 기운과 느낌들이 엄습하고. 아, 내가 나 아닌 무엇에 빨려들어 '나 자신'

이 사라질 것 같다. 어서 빨리 안전했던 과거의 일상으로 다시 돌아가고 싶다."

이런 상태가 고조되면 극한의 방어기제인 '분열 작용'이 대대적으로 일어나 한순간에 고통 지각이 마비된다. 그 이후엔 주변 환경이 견딜 만한 무엇으로 변형 지각되는 망상 지각 상태에 처한다. 그때부터는 기존 일상의 희로애락 상태와 상징적 의미 분별 상태로 되돌아가는 것이 영영 어려워질 수 있다!

그런데 어려서부터 고통을 견디며 대결하는 자아 기능이 발달해온 사람은 '실재의 생경한 자극'이 엄습하더라도 대면·감당해내고 그로부터 새로운 깨달음을 얻는다. 정신의 확장을 욕구하는 진리 추구자, 존재의 심연을 체험해 표현해내고 싶어 하는 예술가, (운명적인 상처나 만성적 불안과 고통 증상으로 인해) 무의식과의 대결과 자기실현 과정을 끊임없이 추구해갈 수밖에 없던 소수의 사람들에게는 '상식적 의미 바깥' 체험이 종종 특별한 가치를 지닌다. 이들은 삶을 한계 짓는 여러 굴레에서 벗어나게 해줄 심오한 뭔가를 발견해내기 위해 자신과 세상과 삶 일반을 향해 열린 마음 구조를 유지하려 노력하며, 위험 부담을 지닌 '탈경계 유희'를 시도해 고유의 결실을 이뤄내곤 한다.

이들은 하나의 신념과 다른 신념 '사이', 하나의 관점과 다른 관점 '사이', 영원성과 시간성 '사이', 의미와 의미 '사이'의 심연과 무형의 경계를 넘나들며 세상을 다채롭게 모험한다. 그리고 때로는 의미 분별이 사라진 '무경계 상태'의 삶에 도전하기도 한다.

그 속에서 어떤 말이나 이미지로도 형용하기 힘든 엑스터시를 체험하기도 하고, 쾌락 원칙을 넘어서는 고통스런 쾌락과 죽음욕동에 함입되어 (헤밍웨이나 마크 로스코처럼) 자살하기도 한다("더 이상 이 답답한 의미와 규범의 굴레에 갇혀서 동일한 몸짓을 반복하고 싶지 않다!"). 그들은 이 세상과 인류가 활력 잃은 진부한 의미들의 늪에 빠지는 것을 예방해주는 인류의 아방가르드인 셈이다.

정신을 응집시키는 영원불변성(항상성, 같음)의 힘과 정신을 특정 의미들의 굴레에서 해방시키는 시간성(변화, 다름)의 에너지를 함께 활용하는 삶은 어떻게 가능한가? 같음과 다름, 영원불멸과 시간성, 의식과 무의식 사이의 어느 한쪽에만 고착되지 않는 삶. 탈이분법적 경계 넘나들기 유희술을 머리로만 이해하는 것이 아닌, 현실에서 우연히 체험한 실존 사례를 통해 서로 나누며 상호 보충해주는 공동체가 필요한 이유다.

　소시민의 생생한 욕망 언어, 학자의 엄밀하고 명료한 언어, 정신분석가의 무의식 심연을 경청하는 귀, 예술가의 직관 이미지, 종교인의 초월적 영성 언어, 선사의 선禪 체험 비유 들이 어우러져 이 시대와 사회가 정신에 각인시킨 특정 의미와 가치관의 경직된 경계를 넘어선 체험적 지혜를 다채롭게 음미하는 소통 환경이 갖춰진다면, (니체가 그토록 바랐지만 실패하고 만) 인생과 세상을 향한 '탈이분법적 다중 관점 유희'가 어쩌면 한국인에 의해 실현될 수도 있을 텐데.

철학자의 의심, 정신분석가의 눈

"이 세상에 진정 확실한 것이 있나요? 영원히 안심하고 믿어도 좋은 무엇이 과연 존재하나요?"

"학교 공부, 대인 관계. 이것들이 대체 내게 무슨 소용이 있는지 전혀 모르겠어요. 세상도 내 인생도 하찮게 느껴지고, 그냥 죽고 싶어요."

인간에겐 병리적 의심과 성숙한 의심이 공존한다. 편집증 요소와 자기애 인격 구조를 지닌 사람의 정신에서는 타인의 메시지들에 대한 긍정적 수용이 아닌 '병리적 의심과 거부' 반응이 자주 일어난다. 그 결과 외부세계의 자극들에 가치를 느끼지 못하고 편집된 지각으로 왜곡하여 거부하는 증상이 반복된다. 이처럼 낯설고 고통스런 외부 자극들을 견디고 수용하여 내면에서 소화해내는 작용이 결여되면 정신의 성장은 멈춘 채 생물학적 나이만 먹게 된다.

그에 비해 인류사를 진화시킨 비범한 의심들이 있다. 그중 하나가 철학자의 의심이다. 소크라테스, 데카르트, 흄, 니체의 의심은 정신분석가의 의심과 어떤 점에선 같고 어떤 점에선 다르다. 정신분석가는 기본적으로 의식이 지각한 현상(꿈, 증상)들과 의식이 표현한 언어들이 과연 문자 그대로의 의미와 사실성을 지니는지 의심한다. 정신과 신체에 지각되는 대부분의 현상들은 내부의 방어 작용에 의해 '무의식의 진실'이 변장되고 의식계의 현실과 타협해 형성된 표현물로 해석된다. 아울러 현재 나의 삶이 '진정한 나'의 욕망을 추구하는 것인지, 내 삶에 중요했던 '그분의 욕망'에 따른 것인지도 의심한다.

그런 반면에 철학자의 의심은 현재 세상이 우리에게 전해준 '진리'라는 이름의 무엇이, 과연 우리가 삶을 바쳐 탐구하고 그것에 따라 살아도 될 만큼의 진실성과 절대 가치를 지닌 것인지를 묻고 또 묻는다. 수많은 불안에 시달리는 인간에게 어떤 강렬한 희망을 갖게 하고, 현재 삶의 불만과 결핍을 완벽히 보상해줄 거룩하고 완전한 '진리'가 실재하는가? 진리에는 인간의 핵심 본질, 마땅히 추구해야 할 가치를 지닌 궁극 목적, 그리고 도덕성(완성된 선)이 담겨 있다고 믿어진다. 그리고 그런 진리를 최상의 가치로 마음에 받아들이는 것은 곧 진리의 말씀을 평생 실천하며 사는 것을 뜻한다. 이것은 간단한 과제가 아니다. 철학자들은 다시 묻는다. 시대와 사회가 진리(최상의 인생 길)라 규정하는 어떤 삶을 평생 추구하는 것이 과연 최상의 선택인가?

사회가 요구하고 권유하는 진리를 그냥 믿고 따르며 사는 것은 매우 안전한 생존 방식일 수 있다. 그런데 어떤 사람에게는 기존 사회가 권하는 '진리의 기준'에서 결핍과 불만족이 느껴진다. 그래서 그것의 본질과 진실성에 의문을 제기하며 새로운 뭔가를 찾으려 모험을 한다. 이런 의심과 모험에 의해 서양의 고대, 중세, 근대, 현대의 진리 기준과 모델은 서로 매우 다르다.

철학자는 당대 사회가 제공한 사유 체계 속에서 그 체계 '밖'으로 나와 존재의 실상을 보려 하는 독특한 지적 욕구를 지닌 존재다. 그 앎에의 욕구를 채우기 위해 철학자는 삶을 안정적으로 유지하는 상식적 사유의 타당성에 계속 의문을 던진다.

상식을 깨뜨리는 사람은 일반인의 정신에 혼란을 일으킨다. 그래서 그는 보통 사람과 정치가에게 현실성 없고 귀찮고 밉살스러운 존재로 지각된다. 그로 인해 소크라테스처럼 사회에 의해 처벌당하는 사태에 처하기도 한다. 그런 상황에서 사회적 관습과 철학적 사유 사이의 충돌이 일으키는 파장을 숙지하여 조화시켜야 하는 과제가 생기게 된다. 흄은 엄격한 반성 능력에 의해 얻어진 '냉정한 철학적 지식'보다 삶을 안정시키는 '자연적 신념'과 공동체의 관습이 더욱 심오한 삶의 지혜를 담고 있을 수 있다고 주장함으로써 두 입장 각각의 가치를 조화롭게 공존시킨다.

여기서는 철학적 의심의 진면목을 드러낸 흄, 니체, 그리고 한국의 철학자 박동환에 주목해보자.

흄은 18세기 영국인들이 확실한 사실이라고 믿었던 주요 관념들의 진리성에 의문을 제기했다. 가령, 우리가 확실한 지식이라 믿는 감각적 경험 지각들은 순간순간 끊임없이 변화한다. 그런데 그 변화 속에서 '나'와 '나의 인격'이 '불변적 동일성'을 지닌다는 관념은 과연 어떤 진실성을 지닌 것인가? 그리고 눈에 보이는 현상들을 어떤 '원인에 의한 결과'라고 생각하는 '인과성'이나 (인간관계와 사회 질서를 안정시키는) 도덕적 '당위성$_{ought}$'은 과연 검증 가능한 감각적 경험 지각에 근거한 것인가?

흄은 세계를 정복해 국가의 풍요를 누리게 한 '과학의 위력'에 매료된 당대 사람들이 확신했던 과학 이론의 타당성 검증 기준이 경험과 관찰을 통해 객관화할 수 있는 '감각 자료$_{sense-data}$'에 근거한다고 보았다. 그래서 그 판단 기준에 의거해 삶에 안정감을 주는 주요 관념들과 이론의 타당성을 검증하는 경험주의적 논리와 추론을 극대화한다. 그리고 놀랍게도 확고부동한 상식으로 통용되던 세 관념(동일성, 인과성, 당위성)이 경험적 사실(감각 자료)에 근거해 과학적 진실을 판단하는 기준에 부합하지 않으며, 타당한 지식으로 검증될 수 없음을 드러냈다. 그 관념들은 인간과 사회의 안정성을 확보하기 위한 노력과 시행착오 과정에서 오랜 세월에 걸쳐 형성되어 정착된 사회 관습의 산물이다. 아울러 생존 본능이 생존 유지에 유익한 기능을 하도록 만들어낸 '자연적 믿음natural belief'의 일종이다.

흄은 경험주의적 추론을 극대화할 경우 '냉철하고 엄밀한 사유'가 인간에게 제공하는 '결과적 진실'이 '아름답고 선하고 유익한 진리'와 다른 당황스런 내용일 수 있음을 드러냈다. 그런데 그런 '불편한 진실'은 일상생활의 안정에 도움이 되지 않는다. 따라서 사람들은 '실재'에 대한 정확한 인식에 도달하는 과정에서 자연 본능과 관습적 사고(상식)에 의해 끊임없이 내적 방해를 받게 된다. 보통 사람에게 중요한 것은 '안전한 생존과 행복'이지, '진실에 대한 정확한 인식'이 아니기 때문이다.

니체는 초자연적 진리와 도덕에 대한 전통 형이상학의 확신이 사회의 중심 의미로 자리 잡게 되는 과정, 그것이 우리의 정신에 '소중한 의미'로 자리 잡는 과정에 대해 끊임없이 의문을 제기하며 추적하는 계보학적 의심의 진수를 보여준다. 전통 철학자와 인류 일반에게 자부심의 토대로 작용했던 문장을 떠올려보자. "세상에는 목숨을 걸고 추구해볼 가치가 있는 영원불변하는 진리가 있다." "완전한 선이 이 세상과 내세에 필연적으로 실재한다."

위의 두 형이상학 관념에 계보학적 의심을 제기해보면 어느 순간부터 누군가가 망치로 머리를 내리친 듯 기성관념과 믿음이 돌연 흔들리며, 니체의 색다른 목소리들이 생생히 들려온다.

— '진리'란 언어의 효과로 생성된 은유적 의미 환상의 일종이다.
— '나'라는 존재는 항상성을 지닌 실재가 아니다. '항상된 나'라는 생각은, '(불변하는) 주어-(수많은) 서술어' 문법 구조에서 기인한 의미 환상의 일종이다.
— 인간이라면 마땅히 도덕규범을 '지켜야만 한다'는 '도덕적 당위'란, 사회 유지를 위해 반드시 사회 구성원들의 정신에 확실히 각인시켜야만 하는 필수 근본 환상이다.
— 과거의 철학은 언어, 개념, 논리, 의식의 힘에 대한 자기도취 환상과 굴레에 갇혀서 자신의 실상을 보지 못해온 로고스 중심주의, 의식 중심적 진리 추구 활동이었다. 미래의 철학은 이성과 더불어 예술의 창조적 직관, 본능적 도취를 포괄하는 다중 관점 유희 활동이 될 것이다.
— 삶의 보호막 기능을 하는 환상들을 모두 걷어내고 환상의 보호막 없이 '실재 자체'를 직면하는 것은 꽤 위험하다. '실재'의 심연을 보호막 없이 너무 오래 들여다보면 그의 정신이 (그 실재에 동화된) 괴물로 변할 수도 있다!
— 자기 삶의 의미를 주체적으로 해석할 힘을 지니지 못한 인간은, 힘 있는 타인이 제공한 의미를 받아먹으며 사는 길들여진 노예에 불과하다.
— 삶을 주체적이면서 다채롭게 살려면, 철학자의 '진실 추구의 눈'과 예술가의 '미적 환상의 눈'이 함께 필요하다.

니체는 당대 사회가 제공하는 관념과 의미들에 동화되어 살기를 거부하고, 그 시대정신의 경계(울타리)를 넘어 무의식(실재 자체)에 접촉하는 섬뜩한 실험을 하다 광인이 되었다. 그런 니체가 영혼의 심연을 체험한 후 표현한 위 경구들이 현대인의 정신에 깊이 내면화되면 그들의 정신성은 어떻게 될까? (진리와 환상을 구분하고 가치를 평가하던 각 시대와 사회의 상식 기준이 바뀌고, '하늘이 뒤집어지는' 현기증 현상이 일어날 수 있으니 조심하라.)

니체가 예견했던 그대로, 그의 말들을 이해하고 소화하려 곱씹는 과정에서 나의 정신에 뜻밖의 변화 파노라마가 펼쳐진다. 오랫동안 마음에 안정을 주었던 형이상학 관념들이 마음의 중심부에서 균열되고 흐느적거리면서 허무주의의 몸살이 일어난다. 관념의 보호막이 사라진 '날것의 실재'가 심신에 엄습하며, 이 세상과의 안전했던 인연들이 한순간에 끊어질지 모른다는 위기감이 출렁인다. 동시에 인간의 실상에 대한 예상치 못한 자각들이 깃들고, 정신이 공허해지는 동시에 새로운 차원으로 확장된다. 책에서 습득한 관념들이 아닌 생리적·심리적 차원의 현실에서 세상을 지각하고, 사람을 바라보는 눈이 180도 바뀌는 정신 현상이 짙게 밀려든다.

인류사에 등장했던 이런저런 철학들은 각 시대와 사회의 어떤 필요에 의해 생성된 고유 의미 체계의 생성물이라는 것이 계보학적 관점의 도움으로 선명히 지각되었다. 지금까지 추구해온 욕망과 삶의 선택들도 이 시대의 의미 체계에 물들어서 추동된, 이 시대가 요구했던 결과물임이 자각된다. 무엇이 진정 중요하고 무엇이 연연하지 않아도 되는 것인지가 순연히 자각된다. 니체는 현대인에게 의미와 무의미, 안전한 삶과 모험적 삶, 공허와 충만, 진실 추구의 섬뜩함과 귀함을 '함께 유희하라'고 안내하는, 심리적 부담과 전율을 주는 철학자이다.

한국의 철학자 중에는 평생을 '의심'하며 살아온 박동환 교수가 있다. 그는 "행복한 삶을 살고 싶으면 철학은 때려치우고 보통 사람처럼 상식을 믿고 살면 된다."라고 종종 비아냥거렸다. 애써 노력하여 어떤 사유의 결과물을 그분에게 제시하면, "나름 노력했구먼. 그런데 거기서 생각이 머무른다면 굳이 '철학자'라는 직업을 가질 이유가 부족해."라며 채찍질했다. 마음의 불안을 해소시킬 감동스런 진리를 빨리 얻고 싶어 하는 제자들에게 "사력을 다해 백척간두에 올라가서 한 걸음 더 내딛어보라."고 요구하는 격이었다. 애써 습득한 어떤 철학적 지식에 대해 감탄하며 의심을 내려놓고 안주하려는 순간, "그때 그곳에서 너의 '자리'와 너의 한계가 그 정도 수준으로 굳어지는 것이니, 진정한 철학자가 되고 싶으면 살아 있는 한 의심을 결코 내려놓으면 안 돼."라고 다그친다.

그는 세상에서 새로 주목받는 어떤 철학 이론의 향기와 에너지를 섭렵한 후에, 반드시 그 이론의 어떤 결함을 찾아낸다. 아울러 현재의 이론보다 완벽해 보이는 과거 동서양의 다른 철학들을 이리저리 탐색해 어떤 이론의 귀한 가치를 발견해낸다. 그러고는 현재의 주요 이론과 과거의 주요 이론 각각에 숨겨진 장단점을 꿰뚫어 자기 고유의 생각을 표현한다. 이런 과정을 반백년간 끊임없이 수행해온 의심의 철학자 박동환은, 보통 학자는 따라가기 힘든 '치열하게 의심하는 철학자'의 모델이다.

그의 제자였던 나는 한편으론 품위 있는 안정을 누리고 싶었고, 다른 반쪽은 새로움을 접촉하고 싶었다. 즉 인간과 존재 일반에 내재된 영원 불멸성과 시간적 변화에서 오는 가치와 기쁨의 비율을 반반씩 인정하고 싶었다. 그런데 박동환은 존재가 끊임없이 변화되고, 질서가 뜻밖의 힘에 의해 전복되고, 가장 화려하고 완벽해보이던 '진리'들도 시대 환경이 변하면 그 결함이 드러나 해체되는 부정성과 차이성을 유난히 강조한다. 그러면서 그 존재의 거대한 운동 원리와 힘의 흐름을 (의식의 언어로는 규정·포섭되지 않는) 절대적 무의식과 상대적 무의식의 조합인 'Xx', 'x-x'로 정리한다.

그에 의하면 특정 시대와 사회의 '의미 체계' 내부에서 정립된 '진리'의 빛나는 동일성(초시간적 영원성)은 잠시 지속될 뿐인 반짝임(환상)에 불과하다. 모든 존재와 이론들과 관념들의 실상은 언젠가 밀려오고야 마는 거대 파도인 '그것'의 힘에 우연히 접촉하는 순간 해체되고 망각되어 심연에 묻히고 만다. 이처럼 말로 형용할 수 없는 존재의 낯선 실상 앞에서 인간이 대비하거나 대처할 수 있는 것이 있다면, 그것이 무엇인가를 계속 묻고 반성하는 것이며, 그것이 철학자의 소임이다.

흄, 니체, 박동환은 그들이 속한 시대가 제공하는 고상한 의미들에 안주하지 않고, 당대를 넘어 다른 정신성을 지닌 새로운 시대를 개화시키는 사다리 역할을 한 선구적 철학자다. 그들은 개인과 그가 속한 특정 사회 민족 차원을 넘어 인류 차원의 새로운 생존 틀을 짜는 게임에 관심을 쏟은 인물이다.

철학자의 의심은 현재 우리가 믿는 '진리'(특정 관념)가 과연 거짓 없는 진실인지, 그것이 어디로부터 기원한 것인지, 진정 인간에게 유익한 것인지, 그것의 정체를 제대로 알고서 추구하는 것인지 진지하게 묻고 탐색하고 반성하며 곱씹는 활동이다. 현대인에게 주어진 시대적 인식의 틀과 상식 관점을 넘어서, 인생과 존재 일반을 거시적으로 왜곡 없이 보려고 노력하는 활동이다.

 그렇다면 상식을 믿고 현실 세계의 요구들에 적응하려 애쓰며 살아가는 보통 사람들에게 '철학자의 의심'은 과연 어떤 정신 에너지를 제공하는 것일까? 이런저런 스트레스를 떠안고 살아가는 오늘의 한국인에게 그들의 철학은 과연 어떤 정신적 열매를 맛보게 하는가?

 그들은 기존에 지녀온 사유 관점과 지평을 뒤흔들어 개개인의 정신을 확장시킨다. 아울러 기존 세계관의 굴레에서 벗어나는 자유와 해방을 준다. 그런데 안타깝게도 그들의 철학적 의심은 보통 사람들이 바라는 행복감을 유지·향상시키는 데 구체적 도움을 주지 못한다. 불안 증상에 시달리는 개인들에게 영혼의 안식과 위로를 제공하는 안정된 치료법을 제공하지도 못한다. 그것은 철학이 개개인의 구체적 삶의 요소나 문제들에 주목하지 않고, 인류 일반의 특성과 문제에만 관심을 쏟기 때문이다.

 극심한 죽음불안으로부터 구원해주는 전통 형이상학의 관념과 방법을 뒤흔들고 해체시킨 현대 철학조차 현대인에게 적합한 영혼의 치유책을 제공하지는 못한다. 그 결과 오늘날 '철학자'는 세인의 관심을 끄는 매력을 갖지 못한, 존재감 없는 무엇이다. '철학자의 전성시대'는 오랜 불안과 결핍을 해소해줄 '영원한 진리'가 영혼에 생생히 느껴지고 믿어지고 갈구되는 불안한 생존 환경을 전제로 한다.

 그런데 21세기는 이미 그런 환경이 더 이상 존재하지 않는, 자본주의 정신과 정보화의 혜택을 과도하게 향유하는 시대이다. 그런 배경에서는 매스컴에 자주 등장하는 유명인이 대중의 동일시 욕망을 불러일으키는 성공 모델로 부각된다. '날것의 진실'을 집요하게 캐묻고 탐구하여 꾸밈없이 세상에 알리려는 철학자는 그런 시대 환경으로부터 소외

될 수밖에 없다.

다행히도 이 시대에 일반인과 접촉하여 정신에 에너지를 제공하는 모델이 아직 남아 있다. 그들은 정신적·신체적 고통 증상을 일으키는 미지의 원인들에 접속하는 방법을 치열하게 소화해낸 '무의식 전문' 정신분석가이다. 그런데 대다수 정신분석가는 동시대 사람들에게 주어진 존재, 진리, 인간, 도덕, 의미, 가치, 논리, 인식의 한계 등을 의심하는 물음은 던지지 않는다. 그들은 확실한 답이 얻어지기 전까지(그리고 얻어졌다고 해도) 안주하지 않는 철학자의 치열한 의심이 인류사를 변혁시키는 위력을 지녔음을 잘 알지 못한다. 또한 우주의 생명 일반을 생성·소멸시키는 거대한 힘의 근원과 정체에 관한 최적의 개념과 이론을 발견하려는 노력을 등한시한다. 그들은 자신이 신뢰하며 사용하는 개념과 이론의 결함을 찾아내 보다 완벽한 개념과 이론을 생성해내려는 철학자의 투쟁, 전율, 의심을 모른다.

보통의 정신분석가들은 몇몇 정신분석 이론을 습득하고 그것을 임상 분석에서 활용해 치료 효과를 얻어내는 방법에만 관심을 가질 뿐이다. 분석가 자신의 존재 의미와 인식의 한계, 자신도 모르게 내면화된 어떤 가치관과 진리관의 특수성을 인류사적 차원이나 그 밖의 다른 관점에서 해석해보고, 그 해석의 한계를 다각도로 의심해보는 철학의 눈에 어둡다. 철학자가 인간 일반에 대한 거시적 이해를 추구한다면, 정신분석가는 개개인 삶의 특수성에 주목하는 미시적 이해에 몰두한다. 정신분석학은 삶의 목적, 도덕적 당위, 가치문제를 다룰 수 있는 학문적 개념 틀을 갖고 있지 않다. 그로 인해 도덕적 가치 판단이 늘 개입되는 개인 삶에 대한 종합적 판단과 안내가 어렵다는 한계를 지닌다.

이런 현실 상황에서 미래의 누군가가 '무의식'에 접속해 수십 년간 망각되어온 '또 다른 나'를 되찾아 회복시키는 정신분석가의 심연의 눈과 더불어, '철학자의 거대한 의심'과 상식 너머 '실재 속 무엇'을 포착하는 예술가의 직관을 활용해 지금껏 파헤쳐지지 못한 인생 영역을 탐험하는 모험가 정신을 발휘한다면 참 좋을 텐데!

심연의 빛

2022년 2월 3일 초판 1쇄 발행
2023년 8월 14일 초판 2쇄 발행

지은이   이창재

펴낸곳	도서출판 아를
등록	제406-2019-000044호 (2019년 5월 2일)
주소	10881 경기도 파주시 문발로 139, 407호
전화	031-942-1832
팩스	0303-3445-1832
이메일	press.arles@gmail.com

© 이창재 2022
ISBN 979-11-973179-3-4 03180

아를ARLES은 빈센트 반 고흐가 사랑한 남프랑스의 도시입니다.
아를 출판사의 책은 사유하는 일상의 기쁨, 아름다움을 발견하는 즐거움을 드립니다.
◦ 페이스북 @pressarles   ◦ 인스타그램 @pressarles   ◦ 트위터 @press_arles